河南省“十二五”普通高等教育规划教材
河南省省级精品课程配套教材

高等院校经济管理类教材系列

公共关系学

（第三版）

郎群秀　主编
王　挺　李　浩　副主编

科学出版社
北京

内 容 简 介

本书以实用、创新为特色，吸收国内外公共关系学研究的最新成果，结合信息社会、知识经济的特点，引用经典与现实案例，生动、准确地介绍了什么是公共关系、为什么要做公共关系、由谁来做公共关系以及怎样做公共关系等知识。除介绍公共关系的原理、历史发展、机构与人员外，本书重点还介绍了公共关系四步工作法、公共关系传播、公共关系活动模式、公共关系礼仪等新内容，内容涉及当代公共关系理论与实践的各个方面，具有科学性、创新性、可操作性强的特点。

本书既可作为高等院校经济管理类专业教材，也可供公共关系、市场营销等专业人员及其他业余爱好者参考。

图书在版编目（CIP）数据

公共关系学/郎群秀主编. —3版. —北京：科学出版社，2016.2
（河南省“十二五”普通高等教育规划教材·河南省省级精品课程配套教材）
ISBN 978-7-03-047146-8
Ⅰ.①公… Ⅱ.①郎… Ⅲ.①公共关系学-高等学校-教材 Ⅳ.①C912.3
中国版本图书馆CIP数据核字（2016）第016650号

责任编辑：任锋娟 朱大益 / 责任校对：刘玉靖
责任印制：吕春珉 / 封面设计：一克米工作室

科学出版社出版
北京东黄城根北街16号
邮政编码：100717
http://www.sciencep.com
铭浩彩色印装有限公司印刷
科学出版社发行 各地新华书店经销
*
2007年9月第 一 版 2017年12月第十六次印刷
2012年3月第 二 版 开本：787×1092 1/16
2016年2月第 三 版 印张：17 3/4
字数：409 000

定价：44.00元

（如有印装质量问题，我社负责调换〈骏杰〉）
销售部电话 010-62134988 编辑部电话 010-62135741（HF02）

第三版前言

PREFACE

改革开放三十多年，我国社会主义市场经济日益完善，公共关系事业随之得以长足发展。公共关系由原来的稚嫩变成了当今的成熟，由原来单一的企业公共关系变成了企事业单位、营利非营利机构普遍应用的多元格局，从小规模的公共关系宣传到今天的国家层面的公共关系战略，无不彰显公共关系实践的广泛与深入。

实践促进了公共关系学科建设的蓬勃发展，其研究成果日益丰硕。本书（2007 年第一版和 2012 年第二版）在各位编者的努力下，吸收众多研究者的成果，较为系统地反映了公共关系学科建设的前沿，精练地概括了公共关系的学科体系，得到了全国同行的认可，每年被北京、上海、广州、南京、昆明、长沙、乌鲁木齐、河南等省市五十余所高等学校选用作为教学用书。该书也成为河南省《公共关系学》省级精品课程使用教材，2013 年又被评为河南省“十二五”普通高等教育规划教材。

为了反映最新的学科研究成果，编者在第一版和第二版的基础上，吸纳公共关系实践的经验、理论的成果，并采纳了师生们的意见，再次进行了修订。

本版务求理论阐述深入浅出，实务操作灵活可行，案例选择经典与时代相结合，以期达到方便教学、便于阅读的目的。编者在修订本书过程中参阅了大量的有关资料，吸取了最新的公共关系理论和实践成果，在此向相关作者表示诚挚的谢意。

本书由郎群秀（河南科技学院）担任主编，由王挺（河南理工大学）、李浩（南阳理工学院）担任副主编。具体编写分工如下：郎群秀编写第一章，常洪利（河南城建学院）编写第二章、第十一章，王飞娟（新乡医学院）编写第三章、第八章，王挺编写第四章，李夏（河南理工大学）编写第五章、第六章，聂艳玲（河南科技学院）编写第七章部分内容、第八章，宗辉（河南科技学院）编写第七章部分内容、第十一章，李浩编写第九章、第十章。

书中疏漏及不足之处，敬祈广大读者批评指正。

编　者

2015 年 12 月

第二版前言

PREFACE

“十一五”期间，随着公共关系事业的发展，公共关系学科建设蓬勃发展，研究成果日益深入。为此，我们在本书第一版的基础上，吸纳公关实践的经验和使用本书的师生意见，重新进行了修订。

在保持第一版理论阐述深入浅出、原理分析明确易懂、实务操作灵活多变、案例分析有理有据等特色的基础上，新版又突出了内容精练、案例更新、强化应用等特点，以期达到方便教学、便利阅读的目的。本书在修订过程中参阅了大量的有关资料，并在此基础上吸取了最新的公共关系理论和实践成果，以更好地适应广大读者的需求。

本书由郎群秀主编，副主编王挺、李浩。具体编写分工如下：郎群秀（河南科技学院）编写第一章、第八章，常洪利（河南城建学院）编写第二章、第十一章，薛丽（许昌职业技术学院）编写第三章、第八章，王挺（河南理工大学）编写第四章、第五章，李夏（河南理工大学）编写第五章、第六章，张振宁（北方民族大学）编写第六章、第九章，宗辉（河南科技学院）编写第七章、第十一章，李浩（南阳理工学院）编写第九章、第十章。

书中疏漏及不足之处，敬祈广大读者批评指正。

第一版前言

PREFACE

公共关系这一概念自 20 世纪 80 年代初传入我国，发展到今天，无论是在公共关系理论的研究方面，还是在公共关系实务操作方面，都有了长足的发展。在我国现今的社会主义市场经济体制下，公共关系已具备一定的国情特点，并已形成具有中国特色的公共关系科学。我国很多人在思想意识、思维方法、职业选择等方面均表现出对公共关系的浓厚兴趣，已有很多人学习、研究并将它运用于实践。现在我国几乎所有的高校都开设了公共关系学课程，还有多所高等院校设立了公共关系专业，这些都说明了我国公共关系事业正向着更高的层次发展。

针对目前公共关系事业的发展状况，结合最新的研究成果，我们编写了本书，尝试对未来公共关系存在的问题与走向作出理论阐释，全书力求体现科学性、应用性、创新性、时代性特色。

书中有关公共关系的基本理论部分既有简洁明了的基本概念、原理表述，又有对这些概念和原理的分析，这易于为广大读者掌握。基于公共关系的应用性，本书有相当的篇幅是实务操作和案例分析，我们在论述中引用了大量的案例，以期使读者有比较直观的感性认识。本书在编写过程中参阅了大量的有关资料，并在此基础上吸取最新的材料，以更好地适应广大读者的需求。

郎群秀（河南科技学院）编写第一、第八章，王挺（河南理工大学）编写第四、第五章，朱猷卿（安阳工学院）编写第三章，李浩（南阳理工学院）编写第九章，朱猷卿、李浩共同编写第十章，熊延柳（南阳理工学院）编写第六、七章，常洪利（平顶山工学院）编写第二、十一章。

由于编者水平有限，时间仓促，不足之处在所难免，望广大读者批评指正。

目 录

CONTENTS

第一章　公共关系的本质

CHAPTER 1

学习目标

- 了解公共关系含义的不同流派。
- 认识公共关系的核心概念。
- 熟悉公共关系的基本要素。
- 理解公共关系的基本特征。

案例导入

“出奇”方能“制胜”

近年来，湖南卫视围绕“中国最具活力的电视娱乐品牌”目标，秉持“快乐中国”的核心理念，运用系列公关手段，逐步在公众心目中树立了良好的组织形象。

创新节目，以质取胜。1997 年，湖南卫视上星播出之后，相继推出了《快乐大本营》《玫瑰之约》《天天向上》《变形记》《我是歌手》《爸爸去哪儿》《花儿与少年》《金鹰独播剧场》等一系列名牌栏目，一时间风靡大江南北，在全国产生了广泛影响，确立了频道强势品牌地位。

定位独特，差异竞争。湖南卫视推出“快乐中国”的频道核心理念，围绕这一理念对栏目进行重新编排，《快乐大本营》《超级女声》《我是歌手》《爸爸去哪儿》等栏目，增加娱乐内容，凸显了快乐理念，在当今人们工作压力普遍较大的背景下，满足了人们减压、快乐的内在需求，节目被公众接受便是自然的事情了。

整合传播，立体互动。例如，《爸爸去哪儿》这部亲子真人秀在电视播出前进行了首映观影礼，节目的五对亲子嘉宾和全国近百家媒体参加，利用传统媒体造势。节目播出后观众的“好评”在社交网络上快速发酵，把话题讨论量一次次推向高峰，让“小众热点”变成“大众狂欢”。《爸爸去哪儿》的嘉宾是明星爸爸和星二代，节目满足了观众的猎奇心理。节目播出后还有后续跟进的宣传，如改编成电影。这种差异化编排、立体式传播、融合性互动的整合传播方式，大大提升了湖南卫视的公众关注度。

【分析】湖南卫视借助持续不断的创新、全媒体传播，成功塑造了自己良好的组织形象。其启示有三：

1）独特的组织形象定位是成功的基础。随着竞争的加剧，电视媒体在内的各类社会组织同质化日益严重，如何凸显特色，差异竞争，就成了制胜法宝。湖南卫视抓住“快乐中国”的鲜明特色，在我国地方电视媒体中独树一帜，满足了人们减压、快乐的内在心理需求，节目自然受宠。

2）创新是公共关系的生命。不怕做不到，就怕想不到。人们都知道世界上的最高山峰，但第二高的山峰恐怕鲜为人知。湖南卫视成功之处还在于做别人从未做过的事。《超女快男》《变形记》《爸爸去哪儿》等节目，尽管有些是引进国外版权，但是在国内都是首次有益尝试，不断推陈出新，避免了公众审美疲劳，吸引公众理所当然。这符合了公共关系的创新理论要求。

3）公共关系要利用各种媒体宣传组织。湖南卫视作为电视媒体这样特殊的社会组织，除了发挥自身传播功能外，依然借助其他大众媒体、网络媒体、人际媒体等开展立体化、整合式全媒体传播，善于借机造势，博取眼球。公共关系传播手段运用得炉火纯青。

（资料来源：尹良润，周颖，陈朋朋．2014．舍旧立新差异化定位．声屏世界·广告人，10；李慧君．2014．从公关策划的角度分析《爸爸去哪儿》成功的原因．中小企业管理与科技（上旬刊），2．）

湖南卫视良好的组织形象，得益于卓有成效的公共关系活动。

公共关系是现代社会的产物。1903 年，公共关系正式诞生。经过百年洗礼，随着市场经济和传播技术的发展，公共关系越来越成为现代社会的一种普遍现象，其作用也表现得越来越重要，作为一门科学的公共关系正是在此基础上产生的。但究竟什么是公共关系，学术界众说纷纭，诸如形象说、传播说、管理说等流派都有一定的影响。我们将从分析公共关系的本质入手，全面科学地揭示其基本含义与特征。

第一节 公共关系的含义

“公共关系”简称“公关”。公共关系的定义，是公共关系理论与实践研究中首先面临的问题，也是公共关系理论中的核心内容之一，更是学术界争论不休的课题。我们将通过对既有理论观点的综合考查，确定核心概念，然后再来探讨公共关系的具体含义。

一、公共关系含义的不同流派

历史上关于公共关系含义的表述非常之多，在某种意义上可以说，有多少公共关系专家便有多少种公共关系的定义。在众多的公共关系定义表述中，有一些表述是很有代表性的，概括起来可分为以下五种流派：

1. 流派之一：管理职能论

该流派认为，公共关系就是一种管理职能。

国际公共关系协会曾给公共关系作过如下定义：公共关系是一种管理功能，它具有连续性和计划性。通过公共关系，公立的和私人的组织、机构试图赢得同它们有关的人们的理解、同情和支持——借助对舆论的估价，以尽可能地协调它们自己的政策和做法，依靠有计划的、广泛的信息传播，赢得更有效的合作，更好地实现它们的共同利益。

这个定义非常鲜明地强调了公共关系的管理职能，其活动形式是“有计划的、广泛的信息传播”，结果是“更好地实现它们的共同利益”。

美国人莱克斯·哈罗博士对公共关系所下的定义更为细致。他认为：“公共关系是一种独特的管理职能。它帮助一个组织和它的公众之间建立交流、理解、认可与合作关系；它参与各种问题与事件的处理；它帮助管理部门了解公众舆论，并对之作出反应；它明确并强调管理部门为公众利益服务的责任；它帮助管理部门掌握情况的变化，并监视这些变化，预测变化的趋势，以使组织与社会变化同步发展；它以良好的、符合职业道德的传播技术与研究方法作为基本工具。”

最新版《有效的公共关系》（格伦·布鲁姆，等著. 2002. 明安香译. 北京：华夏出版社）定义：公共关系是这样一种管理功能，它建立并维护一个组织和决定其成败的各类公众之间的互利互惠关系。

管理职能论在我国学术界也颇有市场，不少公共关系学学者赞成这一观点。

2. 流派之二：传播沟通论

持这种观点的研究者更多地从公共关系的运作特点上来考虑，认为公共关系是社会组织与公众的一种传播沟通方式。

英国人弗兰克·杰夫金斯认为：公共关系是由为达到与相互理解有关的特定目标而进行的各种有计划的沟通联络所组成的，这种沟通联络处于组织与公众之间，既是向内的，也是向外的。

无疑，杰夫金斯特别强调公共关系是由“各种有计划的沟通联络所组成的”，强调了公共关系在运作方式和手段上依赖沟通联络的特点。

美国人约翰·马斯顿讲得更为坦率：公共关系就是运用有说服力的传播去影响重要的公众。

1981 年出版的《不列颠百科全书》将公共关系定义为：旨在传递有关个人、公司、政府机构或其他组织的信息，并改善公众对于其态度的种种政策或行动。

这一类定义强调的是公共关系的手段，认为公共关系不能离开传播沟通。在我国，也有大量研究者持这种观点，以至于与上述管理职能论构成势均力敌的管理学派和传播学派两大体系。

3. 流派之三：社会关系论

持这类观点的研究者避开了管理职能论倾向于公共关系的目标、传播沟通论偏重于公共关系的手段的争论，认为公共关系是社会关系的一种，必须从此入手来把握公共关系的实质。

美国普林斯顿大学的希尔滋认为：公共关系是我们所从事的各种活动、所发生的各种关系的通称，这些活动与关系都是公众性的，且都有社会意义。

希尔滋的定义比较抽象，更多的是从公共关系的本质属性上来思考问题的。

英国公共关系学会对公共关系所作定义为：公共关系的实施是一种积极的、有计划的以及持久的努力，以建立及维护一个机构与其公众之间的相互了解。

这一类定义往往比较笼统而抽象，理论色彩浓厚。

4. 流派之四：现象描述论

持这一类观点的研究者往往倾向于公共关系实务。与社会关系论偏重学理、抽象正好相反，现象描述论则倾向于直观形象和浅显明了，他们通常抓住公共关系的某一功能或某种现象进行描述，非常具体实在。

美国公共关系协会征询了两千多名公共关系专家的意见，从中选出的以下四种公共关系定义都带有很浓的现象描述色彩。

1）公共关系是企业管理机构经过自我检讨与改进后，将其态度公诸社会，借以获得顾客、员工及社会的好感和了解的经常不断的工作。

2）首先，公共关系是一个人或一个组织为获取大众之信任与好感，借以迎合大众之兴趣而调整其政策与服务方针的一种经常不断的工作；其次，公共关系是对此种已调整的政策与服务方针加以说明，以获取大众了解与欢迎的一种工作。

3）公共关系是一种技术，此种技术在于激发大众对于任何一个人或一个组织的了解并产生信任。

4）公共关系是工商管理机构用以测验大众态度，检查本企业的政策与服务方针是否得到大众的了解与欢迎的一种职能。

以上四种公共关系定义非常形象生动，还有一些定义就更为具体直观，举例如下：

公共关系是百分之九十靠自己做得对，百分之十靠宣传。

公共关系即通过良好的人际关系来辅助事业成功。

公共关系就是促进善意。

公共关系是信与爱的运动。

公共关系不是一台打字机可以买到，也不是一张订货单可以延期。它是一种生活方式——时时刻刻表露在各种态度与行动中，对于工作人员、顾客以及整个社会都有影响。

公共关系就是争取对你有用的朋友。

公共关系是说服和左右社会大众的技术。

公共关系是创造风气的技术。

广告是要大家买我，公共关系是要大家爱我。

公共关系就是讨公众喜欢。

这一类定义对于宣传公共关系是很有用的。它们简洁明了、生动形象、便于记忆。不过，它们只是揭示了公共关系的部分含义，从总体上讲不够全面、准确。

5. 流派之五：表征综合论

持这一类观点的研究者采用将公共关系的各种表征综合起来的办法来解决问题。

1978 年 8 月，在墨西哥城召开的世界公共关系协会大会上，代表们对公共关系的含义达成了共识：公共关系是一门艺术和社会科学。公共关系的实施是分析趋势，预测后果，向机构领导人提供意见，履行一连串有计划的行动，以服务于本机构和公众利益。这个定义目前在国际上有一定的代表性和权威性。

对于上述各种公共关系含义的表述，我们宜给予辩证的评价。

1）公共关系定义的多样性源于公共关系含义的多维性，我们不必立即强求有一个统一定义。公共关系学的研究对象相对来说是比较确定的，只要我们从总体上把握住公共关系的实质，形成共识，就能对学科理论作深入研究。

2）历史上形成的各种定义各具特色，各有优缺点。不少有代表性的定义，对推动公共关系的理论研究和实务活动产生了积极影响；也有一些定义具有相当大的片面性，导致了观念的偏差和行动的失误，有待于厘清。

3）公共关系的定义尚需进一步完善。随着公共关系实践和理论的发展，有必要也有可能进一步对公共关系作出更为科学的定义，为此，我们可以从核心概念入手，作为思考的起点和共识的基础。

二、公共关系理论的核心概念

任何学科都有其核心概念作为其理论基石而贯穿始终，组织形象是公共关系理论的核心概念。

所谓组织形象就是公众对于社会组织的总体评价，是社会组织的表现与特征在公众心目中的反映。

知识点　组织是人们依照一定的规范和目的所进行的社会组合。组织包括三个因素：第一，组织是社会成员的组合，即组织是群体的一种，须有一定数量的人员；第二，组织是依照一定规范组合起来的，即组织不是随机的杂乱无章的组合，而是以一定的规范为基础的；第三，组织具有一定的目的，是为实现或达到某一目标进行的组合。

形象是公众对于社会组织的总体评价，是主客体的统一。具体来说，第一，形象是一种总体评价，这种总体评价当然是各种具体评价的总和。具体评价构成局部形象，总体评价组合成总体形象。第二，形象确定者是公众，公众是形象的评定者。第三，形象源于社会组织的表现，即公众对于社会组织的印象不是凭空产生的，而是基于社会组织的表现。

1. 组织形象的构成

组织形象的构成主要包括以下三个方面：

（1）组织的总体特征与风格

组织的总体特征指组织最为显著的、能代表整体情况的一些特点，是公众对组织及其行为的概括性认识。组织总体特征的形成是长时间积淀的结果；比较抽象、概括，能比较全面地反映组织的情况；具有更大的稳定性，对公众的影响力也更持久一些。

组织的总体特征可以分为两大类：一类是内在总体特征与风格，另一类是外在总体特征与风格。

组织的内在总体特征与风格，是构成组织形象的“软件”，包括以下五个方面：

1）组织精神和风格。

2）组织的凝聚力。

3）组织的实力。

4）办事的效率。

5）服务对象和风格的选择。

组织的外在总体特征与风格，是组织形象的“硬件”部分，它包括组织建筑的布局，房屋的装饰，技术设备的状况，卫生及环境保护、美化的状况，员工的仪表、仪态，办公用品及设施中的色彩与标志，工厂的厂旗、厂徽、厂歌，特有的产品包装装潢等。外在特征可以使人一目了然，在大脑中产生鲜明的形象。

内在总体特征与风格和外在总体特征与风格是一对对应范畴。内在总体特征与风格是外在总体特征与风格的支柱和根据，它决定了外在总体特征与风格的取向，但它比较含蓄；外在总体特征与风格是内在总体特征与风格的直接表现，很直观，易造成第一印象，使公众迅速了解组织的特色。因此，塑造组织形象时，两者不可偏废。

（2）知名度与美誉度

评价组织形象最基本的指标有两个：知名度和美誉度。

知名度是一个组织被公众知晓、了解的程度，是评价组织“名气”大小的客观尺度。

美誉度是一个组织获得公众信任、赞许的程度，是评价组织社会影响好坏程度的指标。

知名度和美誉度分别从量和质两个方面评价组织形象。一个组织的知名度高，其美誉度不一定高；知名度低，其美誉度不一定低。反之亦然。

因此，一个组织若想树立良好的组织形象，就必须同时把提高知名度和美誉度作为工作的目标。

（3）组织形象定位

组织形象定位是组织在公众心目中确定自身形象的特定位置，这个特定位置通常是特定组织与同类组织相比较而确定的。因此，组织形象定位总是根据组织的自身特点、同类组织的情况和目标公众的情况三个要素来实行的。

补充说明 上述组织形象的要素乃是基本要素，现实中其操作性要素包括：①产品形象；②员工形象；③经营形象；④管理形象；⑤外观形象；⑥发展形象；⑦精神动力。不同性质的组织，其操作性要素体系也不尽相同。

2. 组织形象的特性

（1）组织形象的主客观两重性

组织形象作为组织在公众心目中的印象，必然会受到公众自身价值观、思维方式、道德标准、性格差异等主观因素的影响。因此，一个组织在不同的公众心目中会产生有差别的形象。但是，以公众对组织的总体评价看，组织形象还是具有客观性的。公众心中的组织形象不是凭空而来的，也不是他们头脑中固有的，它是组织自身行为及形象在他们心灵上的投影。根据统计学上的“大数定律”，评价的人多了，主观偏见自然就会减少，从而可以获得比较客观、比较真实的评价。

（2）组织形象的多维性

由于组织自身构成具有多维性，它必然会向社会发出各种各样的信息。从形象构成的要素分析看，如从产品、员工、经营、管理、外观、发展等方面，都能反映出一个组织的形象。哪一个方面出现失误，都会使组织形象受损。

（3）组织形象的相对性

任何组织形象都是相对于同类组织和特定对象而言的，具有相对性。首先，一个组织整体形象如何，它的实力的强与弱，知名度、美誉度的高与低，以及自身的特色等，都是同一定的参照物相比较而显现的；其次，因为组织形象的美与丑、好与坏受主客观两个方面因素的影响，任何一个因素的变化都会对组织形象产生作用。因而，组织形象只能是相对的，不可能一成不变。

（4）组织形象的相对稳定性

虽然诸多原因使组织形象不能不处在一个动态变化过程之中，不能不具有一定的相对性，但是一个组织的形象一旦形成，就会具有一定的稳定性。形象的变化不会是不可捉摸、转瞬即逝的。不论是作为“硬件”的外在形象、建筑风格、特殊标志，还是作为“软件”的组织精神、传统风格，往往会伴随着一个组织生命的全过程，并会在一定的时空条件下，在一定的公众之中，形成一些概念化的东西，造成一种心理定式，这是一种十分珍贵的无形的财富。

对组织形象的分析、了解，使我们有理由来进一步确认它在公共关系理论和实务中的地位。

3. 组织形象是公共关系学的理论核心

组织形象问题是公共关系理论的核心问题，组织形象概念是整个公共关系理论概念群中的核心概念。

（1）从历史的角度来考查

纵观公共关系发展的历史可见，这是一部以塑造组织形象为主导的发展史。

1）组织形象的塑造由自发走向自觉。古代的准公共关系活动从形式上看与现代公共关系运作非常相似，但是，这些活动公众的自主意识比较模糊，而公共关系活动者则更多地带有收买、操纵人心的色彩。主体对自身组织形象的塑造比较盲目，带有很强的自发性，组织形象意识到了现代才越来越明晰。

2）组织形象的塑造由被动走向主动。从艾维·李“公众必须被告知”的无奈之语，到爱德华·伯内斯“投公众所好”的功利之语，组织形象的塑造都仅仅是一种被动的行为；直到斯科特·卡特里普和阿伦·森特提出“双向对称”公共关系模式，才开始真正主动地考虑组织在公众心目中的形象，组织形象的塑造从此由被动走向主动。

3）组织形象的塑造由单一走向全面。早期公共关系活动手段非常单一，或是直接的人际沟通，或是通过新闻媒介作简单解释、宣传。第二次世界大战以后，公共关系运作水平有了相当大的提高，从方式方法上讲完全得益于塑造组织形象的手段不断改进，现代化的传播技术被广泛应用。

（2）从概念涵盖面的角度来考查

能够对公共关系的理论触角全方位涵盖的，目前只有组织形象这一概念。我们可以通过对关系、传播、公众等一些公共关系基本概念的分析来加以理解。

1）关系。公共关系是关系的一种，但关系这一概念的内涵非常复杂，如果将关系作为公共关系理论的核心概念，一方面显得极为空泛，另一方面无法真正反映公共关系活动的本质特征，从而给公共关系理论和实践造成一定的混乱，容易把公共关系引入“搞关系”“拉关系”的误区。

2）传播。传播是公共关系活动的手段，在公共关系运作中，传播发挥着不可替代的重要作用。但是，传播毕竟只是公共关系运作所必须借助的手段而已。如果将公共关系学对于传播的研究和传播学对于传播的研究相比较，就会发现，公共关系学对于传播的研究带有强烈的目的性和选择性，更加关注传播对于组织形象塑造的功用等。传播是传播学的核心概念而非公共关系学的核心概念。

3）公众。公众无疑是公共关系理论中的重要概念，是构成公共关系的要素之一。但如果将公众作为公共关系理论的核心概念，整个理论立足点将偏向于公共关系的客体方面，显然是本末倒置，与公共关系理论本意不符。所以，从概念涵盖面的角度来考查，选用组织形象作为公共关系理论的核心概念是妥当的。

（3）从职能的角度来考查

公共关系有许多社会职能，如搜集信息、决策咨询、协调关系、解决危机、形象塑造等。在这些职能中，塑造组织形象的职能是最为重要的。

公共关系活动可以为社会组织塑造良好的形象。一个社会组织有了良好的形象，可以赢得公众的理解和合作，从而促进组织的发展。

综上所述，组织形象应当也必然成为公共关系理论的基石。这一核心概念的确立，不但可以使公共关系含义的界定有了基础，而且可以将公共关系活动、公共关系学同其他社会活动和相关学科区分开来，并可以作为一条主线，构建公共关系学的学科理论体系。

三、公共关系的含义分析

确定了公共关系理论的核心概念之后，我们便可以对公共关系的含义作具体分析。

1. 公共关系含义的多种理解

“公共关系”一词源于英文 public relations，简称 PR。在英文原意中，PR 有多种指代，中文中的“公共关系”也是多义词，因此，对公共关系含义的理解和表述也必然是多层次的。公共关系这个概念至少可以归纳为以下五层含义：

1）公共关系是一种状态。有人说，世界上有了两个人就有了人际关系，有了两个集团、组织，就有了“公共关系”。也就是说公共关系是一种客观存在，是自古就有的，不管你承认与否，它都会影响组织的生存与发展。

2）公共关系是一种活动。公共关系借助协调、沟通和传播等活动来实现自己的目的，新闻发布、开业典礼、危机管理等都是其载体。公共关系是一种活动过程。

3）公共关系是一种职业。1903 年艾维·李成立宣传事务所，以收费的形式为企业进行公共关系策划，公共关系职业由此正式诞生。

4）公共关系是一门学科。1923 年，著名公共关系教育家、实践家伯内斯出版了世界上第一本公共关系专著《舆论明鉴》，并在纽约大学开设了公共关系课。这是对公共关系实践的总结与提炼，是公共关系的飞跃性发展与突破。

5）公共关系是一种意识、观念与思想。公共关系状态的客观存在、公共关系实践的发展与理论的日渐深入人心，使公共关系的观念得以逐步传播。公共关系观念作为人类精神文明的一种成果为越来越多的人所接受，对社会进步发挥着日益重要的作用。

上述阐述中都有“公共关系”一词，而它们的含义各不相同，可见公共关系的复杂性与多元性。

补充说明 社会上人们对公共关系概念的理解丰富多彩，例如：

1）湖南卫视的公共关系不错。（指静态评价）

2）小张是做公共关系的。（指职业）

3）小李是学公共关系的。（指学科）

4）小王很有公共关系头脑。（指观念意识）

5）某公司赞助希望小学是在搞公共关系。（指活动）

6）尼克松下台是公共关系的失败。（指形象和舆论环境）

7）郎老师写了本《公共关系》。（指公共关系理论）

2. 公共关系含义的表述

公共关系是社会组织为了塑造形象、协调关系，通过传播、沟通等手段来影响公众的科学与艺术。这一表述至少包含以下三层意思：

1）公共关系活动的根本目的就是塑造组织形象。组织形象是公共关系理论的核心概念，是贯穿公共关系理论与运作的一条主线。

2）社会组织通过传播、沟通手段影响公众。公共关系的主体是社会组织，客体是公众，手段是传播、沟通。换而言之，社会组织、传播沟通、公众是构成公共关系的三大要素。

3）公共关系既是一门科学，又是一种艺术。从理论上讲，公共关系是一门科学；从运作上讲，公共关系又是一种艺术。所以说，公共关系是科学与艺术的统一体。

总之，一个组织的经营管理职能是多方面的，如生产管理、技术管理、销售管理、财务管理、人事管理等，但公共关系作为一种经营管理职能有别于此。其经营管理目标不是产品质量、资金成本、技术水平、销售业绩，而是组织形象；其经营管理对象亦非生产中的人、财、物，而是目标公众关系；其经营管理手段不是行政的、技术的，而是传播沟通。

四、公共关系学

公共关系学是研究公共关系活动现象及内在规律的一门科学。

1. 公共关系学的研究对象和内容

公共关系学是公共关系实践活动的反映，它的研究对象只能是公共关系活动现象及其内在规律。公共关系学可分公共关系理论、公共关系实务和公共关系发展史三大块。从目前的研究状况看，公共关系学三大块的发展并不平衡，一般来说，理论部分相对薄弱，实务部分比较活跃充实，发展史的部分还比较落后。

公共关系理论包括基础理论研究和核心理论研究两个部分。基础理论研究主要指与公共关系相关的基础学科理论研究。公共关系涉及的学科十分广泛，历史唯物论、社会学、心理学、新闻学、传播学、管理学、舆论学、广告学、市场学、经济学等基础学科和应用性学科都与公共关系学有密切的联系，也是公共关系学的理论来源。核心理论研究主要研究公共关系本身的理论体系，内容涉及公共关系的本质、价值，公共关系的从业人员，公共关系的三个基本要素等。

作为一门应用性学科，公共关系实务便成为公共关系学研究的主要部分。公共关系实务主要研究如何应用公共关系理论去指导实践，以提高公共关系活动的效果，达到协调关系、塑造形象、促进发展的目的。其内容包括公共关系调查、策划、实施、评估（四步工作法），公共关系专题活动，公共关系礼仪等。

公共关系发展史的研究主要以公共关系自身的历史变迁和发展作为主要内容，探讨其发展的历史事实和规律，揭示其发展的历史必然性，并且将历史的研究同逻辑的分析结合起来，从大文化的背景上对公共关系作哲学的思考。

2. 公共关系学学科性质

人们对公共关系学性质的认识，目前尚无完全统一的看法。公共关系学涉及的学科十分广泛，关于其学科归属问题，比较流行的有三种说法：①公共关系具有管理的职能，公共关系是管理学的范畴，因此，公共关系学是管理学的一部分；②公共关系是一种社会关系，本质上是一种社会组织的行为，因而，公共关系学是社会学或组织行为学的分支学科；③公共关系是一种传播活动，它遵循传播规律，所以，公共关系学是传播学的一个应用领域。很显然，这三种观点各有其侧重点，分别强调了公共关系的管理职能、主体行为和传播手段这三个方面，都有一定的合理性，但也都有片面性。不能简单地把公共关系学归属于某一学科，公共关系也不是单纯某一门学科（除公共关系学）的范畴。公共关系横跨许多学科的研究领域，这些学科都可以而且应该从各自学科的角度对公共关系现象和规律进行研究，但正因为这样，任何学科都不可能对公共关系进行全面的研究，除了公共关系学之外。所以，以公共关系为研究对象的公共关系学就必定是一门综合性的边缘学科。

当然，公共关系学有自己的侧重点和专门理论。公共关系学需要研究社会组织的行为，但重点是研究社会组织的管理行为；公共关系学需要研究社会组织的管理职能，但重点是研究社会组织的形象管理；公共关系学需要研究传播活动，但重点是研究社会组织的传播活动。既然作为一门独立的学科，其理论研究的核心部分至少应有自己独特的内容，是任何其他学科所不能替代的。总之，应当把公共关系学理解为一门独立的综合性、边缘性应用学科。

3. 学习和研究公共关系学的方法

学习和研究公共关系学，要坚持辩证唯物主义和历史唯物主义的方法论，注意拓展自己的知识领域，形成合理的知识结构，理论联系实际，注重操作能力培养。

（1）掌握基本原理

公共关系原理，是人们把公共关系实践活动中获得的感性认识和具体经验，经过理性思考，总结、概括、提炼出来的一种“公理”性、“规范”性的思想体系和行为“准则”，它是客观实践的比较准确的反映，能够正确地反映客观事物的本质和规律，并经得起客观实践的检验。因此，它对公共关系实践活动能够起到巨大的指导作用。学习公共关系首先要掌握公共关系的基本原理。

（2）理论联系实际

公共关系学是一门应用性学科，具有较强的实践性。公共关系理论，源自公共关系实践，接受公共关系实践的检验，在实践中得到修正和发展。离开公共关系实践，不可能有公共关系理论；同样，不把公共关系理论与公共关系实践相联系，不可能真正理解公共关系理论的实质。只有理论联系实际，学以致用，学用结合，方能把握公共关系的真谛。

（3）分析公共关系案例

学习公共关系学者，尤其是初学者，不一定具有公共关系实践经验。我们可以运用公共关系学理论来对照、分析、总结、提炼自己关于“关系”的体验和经验，同时，可以借鉴别人的公共关系实践经验。公共关系案例是从公共关系实践活动中挖掘出来的，一般都比较典型、鲜明，能够充分体现公共关系学中的某一原理或准则，通过分析、研究，更易于加深我们对这些原理、准则的理解和把握。

（4）博采众长，为我所用

公共关系学的学科特点，决定了这门学科著作、观点的多样化和相近、相关学科的多样性。我们要实事求是，择善从之，博采众长，为我所用。注重从多学科中汲取营养，从其他学科的角度考查、剖析公共关系学中的问题，既要从善如流，又要有所取有所不取。这样，必能学好公共关系学，完善公共关系学。

第二节 公共关系的要素

关系的构成要素是主体、媒介、客体，公共关系是关系的一种，公共关系相应的三大构成要素分别为社会组织、传播、公众。

一、公共关系的主体——社会组织

所谓社会组织，是指由一定的社会成员，按照一定的规范，围绕一定的目标聚合而成的社会机构或社会团体。它是一个与“个体”相对应的概念，是人们有意识地为实现某个特定目标，依照一定结构形式而打造的有机整体。它有领导、有目标，成员之间有明确分工和职责范围，而且有一套运行制度和行为规范。

社会组织是公共关系的主体，是公共关系活动的发起者和实施者。公共关系处理的是组织与公众之间的关系，而不是私人的关系；是一种组织的活动而并非个人事务。所以，公共关系的主体是社会组织，而不是个人，应从组织层面去认识和理解公共关系。

作为公共关系活动主体的组织，可以是各类企业、公司，也可以是各级政府部门，还可以是学校、协会等各种社会团体。

从不同的角度可以对社会组织进行不同的分类。例如，从社会功能的角度，可以把社会组织分为经济组织、政治组织、文化组织和其他组织；从社会经济效益角度，可以把社会组织分为营利性组织和非营利性组织；从社会属性角度，也就是从公共关系角度进行分类，社会组织有以下四种类型：

1）营利组织（如生产企业、商业企业、银行等）是指以营利为目的、从事经营活动的各类社会组织，其受益者首先是组织的所有者。这类组织为了自己的经济利益，为了在市场竞争中争取顾客，一般都会比较主动地去争取公众的支持，树立良好的组织形象，但比较容易偏重于关注与市场活动直接相关的公众，其公共关系行为的营利性比较明显。

2）服务组织（如医院、学校、新闻组织、体育组织、文化组织等）是为了适应社会发展公用事业的需要而由国家设立的专门性机构，以服务为主。它的受益者是与该组织直接接触的人。

3）公益组织（如政府机构、研究机构、基金会、慈善机构等）是以国家和社会利益为目标、为国家和社会公众谋利益的社会组织，受益者是社会大众、自由人群，即社会上不特定多数人的利益（或社会全体的利益），不仅限于与该组织直接接触的人，也包括没有接触的人。

4）互益组织（如工会、俱乐部、政党等）是指主要目标在于使其成员受益，而不是以服务社会公共利益为首要目标的社会组织。互益是指某一特定群体内的互助性利益。互益组织主要服务于内部会员，代表会员的利益与政府或其他社会组织联系，并促进本组织内部的沟通。

二、公共关系的手段——传播

人与人、人群与人群通过传播形成关系。公共关系作为关系的一种，自然也是通过传播来传递信息、协调公众行为、塑造良好的组织形象的。传播是公共关系活动的手段，也是公共关系活动的过程，是连接公共关系主体与客体的纽带和中介。没有传播，就无法在社会组织和公众之间建立联系，公共关系便无从谈起。

传播伴随着人类的产生而产生，人类在发展过程中，每时每刻都离不开相互传递信息、交流感情和往来活动，可以说传播行为是人类赖以生存与发展的基本活动。

信息传播过程是一种信息传输过程，信息传输是信息从一定的信息源发出，经过适当的传播媒介和信息通道，输送给接收者的信息运动过程。信源和信宿的地位是相对的。在现代社会，人们每天都在进行传播，每天也都在接受传播，传播已成为人们社会生活的一个重要组成部分。

1. 传播沟通的一般方法和基本步骤

传播沟通的一般方法和基本步骤可以归纳为以下五个方面：

1）确定传播沟通的对象。社会组织进行传播沟通，首先要确定传播沟通的对象，然后才能根据受众目标来制定相应的传播沟通时间、场所以及方式、方法、途径、手段等对策。

2）拟定传播沟通内容。传播沟通内容要根据公共关系目标尤其是当前必须实现的子目标，以及目标公众的具体情况而定，同时对要传播信息的结构、次序等也要予以关注，以求引起公众的兴趣，增加对公众的吸引力。

3）安排信息传播的具体形式。社会组织的公共关系人员要注意选择适当的形式传递信息。如果用书面广告传递信息，就要确定文字、色彩等成分，使用新奇、对比、引人注目的图片和标题等；如果通过电台传递信息，就要仔细选择语言、语速等细节。

4）选择信息传播媒介。选择媒介的依据有：公共关系工作目标、要求，公共关系工作对象，公共关系信息内容，社会组织经济条件四点。

5）反馈传播沟通效果。社会组织传播信息后，应调查传播的信息对受众的影响，反馈公众对所进行的信息传播的反应，具体了解公众对传播的信息的接受程度，以便调整传播的策略。

2. 传播沟通在公共关系中的作用

传播沟通是公共关系的重要手段与机制，是社会组织联系公众的“纽带”和桥梁。现代社会是一个由传播与沟通所维持的相互联系的关系网，社会组织要塑造组织形象，就要将好的组织形象传播给公众，并通过与公众的信息互动，达到有效沟通。因此，对于整合协调社会组织与公众利益的公共关系来说，传播与沟通是公共关系必不可少的要素之一，是公共关系最为基本的手段。传播沟通在公共关系中的作用既有利于社会组织，也有利于社会公众。

1）有利于树立社会组织的良好形象。社会组织塑造良好的形象，最根本的还是靠自身的良好行为，但是光有良好的行为，社会公众并不知道，也收不到好的效果，传统的“酒香不怕巷子深”观念，在市场经济竞争非常剧烈、企业和产品同质化条件下，已经过时了。

今天，要想让公众知晓，“酒香也要勤吆喝”，必须通过传播沟通，将信息传送出去，提升知名度，奠定良好形象基础。

2）有利于实现组织与公众间双向信息沟通。当今是信息社会，各种信息铺天盖地，怎样在众多复杂信息中找到自己需要的信息，就成了一个大问题。社会组织通过有效的信息传播，选准目标公众，满足公众对于特定信息的需求，同时，通过及时的信息反馈，获得公众的需求信息，实现组织与公众的双向信息交流。

三、公共关系的客体——公众

任何关系都由主客体双方构成，公众是公共关系活动的客体，是公共关系活动对象。因此，正确认识和理解公众是开展公共关系工作的前提和先决条件。

公众的英文为 public，泛指公众、民众，也指具有“合群意识”的社会群体。公共关系学中所说的公众，并不是广泛意义上的公众、民众，而是针对公共关系主体社会组织而言的公众，即与社会组织的运行发生一定关系的个人或社会群体。就某一社会组织来说，它的公众既包括与它有关系（涵盖组织内部和组织外部）的个人，也包括与它有关系的其他社会组织。公众关系是由组织运行过程中涉及的所有个人关系、群体关系、组织关系所共同构成的；这些个人、群体和组织构成了组织的公众环境，组织的公共关系工作便是针对这个公众环境进行的。换句话说，公众总是与特定的公共关系主体相关，与某一组织的公共关系传播行为相关。公众的态度和行为会影响该组织的目标、决策和行动；相反，组织的目标、决策和行动也会影响公众的态度和行为。

公共关系的过程是组织与公众之间经过传播沟通活动相互影响、相互制约的过程。公众是任何公共关系不可缺少的一个方面，离开了公众，公共关系活动就无所指向，失去目标，公共关系活动本身也失去意义。因此，任何组织在计划和实施自己的公共关系工作的时候，都必须首先确认甄别自己的公众对象，分析研究自己的公众对象，根据公众对象的变化去调整自己的公共关系战略和行为。

公众作为公共关系对象、客体并不是完全被动的，不是随意受摆布的。各类公众都有主动表达意志、愿望的主观能动性，从而对公共关系主体形成舆论压力。因此，公众的观点、意见、态度和行为在公共关系过程中是一个不断变化的因素。

公共关系对公众的研究主要是从传播沟通对象的角度，研究公众的总体特征和各个目标公众的具体特点，研究影响公众行为和舆论的心理、文化等因素，研究不同的公众类型及其对公共关系政策和活动的影响，研究一些主要的公众关系对组织的作用和意义。

公共关系的主体——社会组织，公共关系的手段——传播，公共关系的客体——公众，这三大要素构成了公共关系，缺一不可。

四、公共关系三大要素的协调

1. 社会组织的主导性

社会组织作为公共关系的主体决定了公共关系的状态和活动。社会组织的任何运作，都会通过传播来影响公众，尤其是在当今信息社会，社会组织的任何运作很快就会引起公众的反响。

2. 传播的效能性

公共关系之所以能够产生作用，得益于传播沟通手段。因此，社会组织的各种良好的行为要转化为实际公共关系中的知名度和美誉度，必须充分依靠传播、沟通。在现代社会，“做了还要说”，“做得好加上说得好”，是非常重要的。

3. 公众的权威性

虽然公众在公共关系活动中处于被影响、被作用的地位，但是公众绝不是消极的被愚弄的对象。“凡宣传皆好事”的观点在公共关系历史上早已过时。社会组织越来越认识到自身的每一步发展、每一项成就都离不开公众，公众的支持是无形的财富和成功的决定性因素。因此，在现代公共关系的三大要素中，公众的权威性已日益被公认。

4. 主体、传播、客体的统一协调

构成公共关系的三大要素，存在着多种多样的组合，一切公共关系活动所追求的都是这三大要素的最优状态和优化组合；然而，最优状态和优化组合总是相对的，即协调是相对的，不协调则是绝对的。公共关系从业人员的职责是使之尽量趋向协调。

要取得三者的协调，必须充分重视三大要素的方方面面，切不可偏重一方忽视其他。

第三节　公共关系的特征

如果说核心概念揭示的是公共关系的本质，基本要素揭示的是公共关系的内在架构，那么，基本特征则揭示的是公共关系的外在特点，这些外在特点是核心概念的外化，也是基本要素的延伸。

一、以事实为依据

1. 实事求是是公共关系活动的前提

无论是形象塑造还是关系协调，公共关系工作都必须坚持实事求是地反映情况，真实地传递信息。这一点是一切公共关系活动的前提，也是每一个公共关系人员和公共关系组织都必须无条件遵循的法则。

有人误以为公共关系就是为企业及其他社会组织乔装打扮从而欺骗公众，把本来不完美的宣传为完美的，把本来大的问题化为小问题，以此给社会组织带来实惠。这一种观点是绝对错误的。事实上，虚假的、伪善的宣传只能一时迷惑公众，一旦被公众识破，组织的形象便会彻底毁掉，组织将为此付出惨重的代价。

因此，无论从哪一方面来讲，都应事实在先，公共关系在后，公共关系立足于真实而发挥作用。

2. 公共关系活动从掌握事实开始

在一切公共关系实务活动中，对客观事实全面、完整、公正的了解是第一步工作。无论是内部关系调解、外部公众协调、形象修正完善、危机关系处理，都从调查研究掌握事实开始，没有调查就没有发言权。在没有充分掌握事实之前进行所谓策划、出主意，只能是无的放矢或混淆是非，这一点是必须清楚认识的。我们在公共关系理论研究和实务运作中，往往比较强调公共关系策划的价值。毫无疑问，公共关系策划是公共关系活动中最精彩最闪光的部分。但公共关系策划并不是凭空产生的，策划必须建立在扎实的调查研究基础之上，是调查研究的自然延续。

二、以沟通为手段

1. 认清沟通的公众对象

公共关系是指一定的社会组织与其相关社会公众之间的相互关系。如果说人际关系以个人为支点，是个人之间的关系，那么公共关系则以组织为支点，是组织与其公众结成的关系。公共关系发展如何、良好与否，直接影响社会组织的生存和发展，也就是说，社会组织必须坚持着眼于自己的公众，才能生存和发展。公共关系活动的策划者和实施者必须始终将公众认作自己的“上帝”，因此，公共关系活动的重要方式就是与公众对象的沟通。为了有效地进行沟通，必须对公众对象的特性作具体细分，用心去体察公众对象的各不相同的心态和行为动机，从而达到最佳的沟通效果。

2. 明确沟通的主要目标

在公众之中树立组织的美好形象是公共关系活动的根本目的。如果说搞好人际关系的目的是为了个人的生存和发展，那么搞好公共关系的目的是为了使组织拥有良好的声誉，以利于组织的生存和发展。塑造形象是公共关系的核心问题，组织形象的美化是公共关系活动追求的效果。美誉，即美好的组织形象是社会组织所向往的。

因此，公共关系活动中的沟通并不是一般的情感交流，而是为组织形象进行的有目的的社会活动。公共关系活动中的沟通与其他职能部门所进行的沟通相比，最明显的区别就在于其运作目标上的差异。

3. 立足于长远的沟通

社会组织与公众建立起良好的关系，获得美好的声誉，让公众获益，所有这一切，都不是一日之功所能及的，必须经过长期艰苦的努力。如果广告和推销大量地考虑眼前效果，那么，公共关系则主要着眼于长远效果。

所以，公共关系活动中的沟通要防止过分急功近利，要注意情感的价值与力量。事实上，目的性过于明确的利益化的沟通往往会带来不好的效果，难以履行公共关系的职责。

4. 真诚是公共关系人员的信条

世界上有影响的公共关系从业人员行为准则都对从业人员有着关于真诚方面的品德约束，这是为人的重要品格，更是公共关系人员必不可少的信条。公共关系从业人员作为社会组织形象的直接代表，其真诚品质代表着社会组织对公众负责的崇高社会责任心。只有时时处处真诚待人、真诚传播信息，才能得到广大公众的信任与认同，才有可能赢得良好的社会评价。

三、以互惠为原则

1. 公共关系明确认定利益目标

我们尽管强调情感与真诚，但作为服务于特定社会组织的公共关系，对其利益目标是不会含糊的，而是公开认定自身公共关系活动的利己特点，而且，情感、真诚与利益目标不但不矛盾，反而是缺一不可的。

有些人认为强调利益目标就会损害公共关系形象，其实不然。对于现时期社会组织来说，没有利益目标的公共关系倒是虚伪的、不存在的，公开的利益目标态度只会使利益目标更趋合理。

2. 公共关系的道德是“大家都赢”

公共关系对利益目标的强调与坑蒙拐骗对利益目标的追逐截然相反。坑蒙拐骗之流在追逐利益目标时是不惜损害公众对象甚至有意损害公众对象的，其利益目标的实现恰恰是以掠取公众对象的利益为手段，所以其形象自然是极为糟糕，为人们所不齿；相反，公共关系所追求的利益目标是合理的利益目标，是通过为公众对象提供利益服务而取得的，是为社会道德规范认同和支持的。最好的公共关系状态便是公共关系主体与公众对象在道德规范下的利益目标的共同实现，这不是“我赢你输”或“你赢我输”，而是“大家都赢”，即互惠互利。

以上三个特征最为明确地勾画出公共关系运作的外在特点，从而区别于其他社会活动。

小　结

公共关系是一个多义词，历史上曾经出现管理职能论、传播沟通论、社会关系论、现象描述论、表征综合论五种流派。

公共关系理论的核心概念是组织形象。所谓组织形象，就是公众对于社会组织的总体评价，是社会组织的表现与特征在公众心目中的反映。

组织形象的构成包括组织的总体特征与风格、知名度与美誉度、组织形象定位三个方面。组织形象具有主客观两重性、多维性、相对性和相对稳定性的特性。

公共关系的含义在现实中具有多种指代，公共关系是一种状态，一种活动，一种职业，一门学科，一种意识、观念与思想。

我们认为公共关系概念是社会组织为了塑造形象、协调关系，通过传播、沟通等手段来影响公众的科学与艺术。

公共关系学是研究公共关系活动现象及内在规律的一门科学，包括公共关系理论、公共关系实务和公共关系发展史三大块。它是一门独立的综合性、边缘性应用学科。

公共关系的三大构成要素分别为社会组织（主体要素）、传播（中介要素）、公众（客体要素），三大要素须协调发展。

公共关系的特征是以事实为依据、以沟通为手段、以互惠为原则。

案例分析

“飞鸽”自行车伴随白宫新主人飞向美国

天津自行车厂建于1936年，是中国第一家自行车厂，最初生产“铁锚牌”自行车，1950年试制出新中国第一辆自行车，取名“飞鸽牌”，该车获得过中国第一枚自行车银奖（当时最高奖）。天津自行车厂已成为全世界最大的自行车厂家，日产量达11 000辆，平均每5.2秒飞出一只“鸽子”，20多个型号产品获优质奖，年总产值7亿元。大批“飞鸽”自行车在国内外供不应求，销往76个国家和地区，为国家赚取了大量外汇并荣获金龙腾飞金杯奖。

然而，就是这样一个世界最大的自行车厂，却始终未能打进自行车需求量较大的美国市场。

1989年2月，天津自行车厂听到一个消息：新当选的美国总统布什要访华。布什在1974～1975年任驻北京联络处主任时经常与夫人一起骑车在北京游览。他们认为骑车既可健身，又可直接接触普通百姓，了解中国社会。这位“汽车王国”的大使爱骑自行车一时传为佳话，他们骑车在天安门前的留影发表后，为布什夫妇赢得了“自行车大使”的雅号。于是，该自行车厂便接受了新华社的建议，商讨是否争取将“飞鸽”自行车作为国礼赠给布什。厂领导认为这是一次很好的机会，可以借名人宣传“飞鸽”，使世界上都知道“飞鸽”自行车，也宣传中华民族的好客与热情，搞一次国际公共关系活动。于是，他们在新华社和其他新闻单位的协助配合下，经过努力，得到了国务院办公厅等有关部门领导的支持与同意，决定选择1988年年底才出产的新品种——造型美、重量轻、骑行方便的QF83型白绿过渡色男车和QF84型红白过渡色女车作为礼品。两辆车经鉴定测试均达到国际1504210安全标准，工厂将车送到了北京。

1992年2月25日，在钓鱼台国宾馆18号楼的大厅里，李鹏总理将两辆崭新的“飞鸽”牌自行车送给布什夫妇，布什夫妇仔细地看了看车子连声说：“好极了，美极了！”布什总统还兴致勃勃地骑上了车子，在众多记者面前作出骑车的样子，让他们拍照。他还风趣地对记者说：“我保证明天早晨要骑一骑。”李鹏总理笑着对布什总统说：“以后您可以在白宫里骑。”当布什总统把印有中美两国国旗的靴子作为礼品送给李鹏总理时，他说：“比起你们送给我的极好的礼物，我的东西稍差些。”

对于这一新闻，国内外有上百家报纸进行了报道，还刊登了布什总统在国宾馆骑自行车和当年布什夫妇骑“飞鸽”自行车在天安门前的照片。新华社专稿写道：“飞鸽”自行车伴随白宫新主人飞向美国。人们祝愿，这一对“飞鸽”将带去中国人民对美国人民的深情厚谊，为进一步促进中美友谊作出贡献。

“飞鸽”不仅带去了中国人民的友谊，也带来了企业的经济效益。从此，天津自行车厂的产品带着“飞鸽”商标进入美国市场，连续三批“飞鸽”自行车以其美观的造型、可靠的性能和鲜艳的色彩，赢得了美国顾客的喜爱。

（资料来源：于莉. 2003-12-12. “飞鸽”——走向世界的自行车. 人民日报海外版，2.）

案例讨论：

1.“飞鸽”的成功经验是什么？

2. 该案例的启示是什么？

思考与练习

一、思考题

1. 历史上关于公共关系的定义有哪些流派？各自的主要观点是什么？

2. 何谓组织形象？试述其构成要素。

3. 公共关系的本质是什么？

4. 什么是公共关系学？其研究内容包括哪些方面？

5. 如何正确理解公共关系学的学科性质？

6. 如何科学合理地学习和研究公共关系学？

7. 公共关系的构成要素是什么？它们之间的相互关系如何？

8. 如何正确把握公共关系的基本特征？

二、课堂讨论题

1. 你原来心目中的公共关系是什么？现在呢？

2. 有人之所以选修公共关系学，是因为在生活中不善于处理人际关系，学习公共关系学是为了搞好人际关系，这些同学能达到目的吗？换句话说，公共关系和人际关系是一回事吗？

三、课外实践题

1. 调查了解你校未学过公共关系学的同学或社区居民对公共关系的认识，找出其共性的合理与不合理的东西，并分析原因。

2. 在本班范围内以即兴演讲的方式举行自我推销训练，注意合理的形象包装，突出优点，彰显个性。

3. 参观调查某企业的公共关系状态，并且分析其公共关系经验和启示。

第二章　公共关系的发展

CHAPTER 2

学习目标

- 熟悉公共关系产生与发展的历史过程。
- 了解现代公共关系在世界和中国的兴起和发展。
- 掌握现代公共关系产生的基本条件。
- 认清当代中国公共关系发展的前景与趋势。

案例导入

蓝色光标上市——中国公关业的突破

2010 年 2 月 26 日，一个看似平凡的日子，却有着深刻的含义——北京蓝色光标品牌管理顾问股份有限公司（简称蓝色光标）在深交所创业板挂牌上市，成为中国首家登陆资本市场的公共关系服务机构，也吹响了本土公关业探寻发展空间的号角。

在业界，“蓝色光标”这 4 个响当当的字无人不知，作为公关行业的龙头企业，其发展历程可谓一路平坦，也让其他公司望尘莫及，从 1996 年 9 月成立公司到 2009 年 12 月获批上市，短短 13 年间，蓝色光标就完成了一次质的飞跃，虽然这个资本扩张的速度不及汽车制造业的吉利、中文搜索引擎的百度，但是比起全球智业咨询公司，高喊“永远不上市”的麦肯锡，蓝色光标持久的经营业绩、坚定的上市步伐，让我们看到了一个越来越清晰的趋势——越来越多的智业咨询机构将会勇闯资本市场的大门。

在公关业界，蓝色光标的上市振奋人心，舆论给予了积极的评价。中国国际公共关系协会常务副会长兼秘书长郑砚农表示，“蓝色光标闯关创业板成功是中国公共关系行业的一件大事，是中国本土公关公司发展模式的有益尝试，也是国际公关领域内独立公关公司发展模式的有益尝试，反映出中国经济社会和资本市场对专业公共关系公司的认可。”国际关系学院副院长郭惠民指出，上市意味着对行业资源的优化整合，可能会令中国公关市场进入新一轮的行业洗牌。

（资料来源：孔琳，周晓兰. 2010. 蓝色光标叩开资本大门. 国际公关, 2.）

【分析】这是一个资本与智业融合的时代，是对智谋、创意歌颂的时代，至少在今天的中国公关界，蓝色光标已经扛起了这面旗帜，这正是国内智业机构闯荡资本市场大门的决心与勇气，相信在不久的将来，必定会有第二、第三家“蓝色光标”。

第一节　公共关系前史

一、公共关系产生的一般历史条件

公共关系是人类社会发展进步的一种必然现象，其产生与发展可以追溯到古代人类社会生活中的一些早期的“公共关系观念”和不成系统的“准公共关系”（又称“类公共关系”）。

近现代的公共关系是伴随着商品经济的发展、政治民主化浪潮的日益高涨和大众传播对社会发展的促进而诞生的。20 世纪初，公共关系才作为一种专门职业而萌芽；20 世纪 20 年代，公共关系才形成一门新的学科。

二、古人对类公共关系的认识

1. 古代中国的情况

中国是四大文明古国之一，有着悠久的历史和灿烂的文化。早在春秋战国时期，就有了公共关系思想的萌芽。中国古代的公共关系思想以“礼之用，和为贵”为特征，以真善美为主要行为规范。这主要表现为以下四个方面：

1）在观念认识上，重视民众舆论，强调“仁者”爱人。早在西周末年，有人就针对周厉王施政酷虐而带来的怨声载道、民情鼎沸的情况，提出了“防民之口，甚于防川”的观点，认为舆论好坏直接关系到政权巩固与否，强调重视民众舆论。后来，孔子提出一系列的“仁”者爱人，以仁爱为核心，重视“仁”“义”的思想。他提出“己所不欲，勿施于人”；“己欲立而立人，己欲达而达人”；“爱人者，人恒爱之”，“敬人者，人恒敬之”，“天下兼相爱则治，交相恶则乱”，把“仁”“义”作为为人处世的宗旨。这种“仁”“义”观念是现代公共关系“公众意识”和“声誉观念”的雏形。

2）在行为规范上，讲究“礼”“信”。“礼”就是行义的方式和沟通的手段，其核心是互敬、平等与谦和。“信”强调知行、言行合一。孔子说“民无信不立”，“人而无信，不知其可也”；“与朋友交，言而有信”。“礼”“信”是孔孟思想的重要内容。“言必信，行必果”，守信用、讲仪式，早在古代就成为约束、调节人们言行的规范。在中国古代历史的长河中，以“信义”建功立业，以“礼仪”树立信誉的例子俯拾皆是，它们都具有公共关系色彩，也反映了讲究信义的行为准则。

3）在交往方式上注重“人和、平等、谦让”。孟子说：“天时不如地利，地利不如人和。”古代商业者在处理同消费者的关系时讲究“和气生财”“宾至如归”“童叟无欺”。在处理人与人的关系时，强调“和为贵”，追求社会秩序的和谐安宁，处事中庸。做事追求平等平均，与人相处讲究谦让有礼，这些都与公共关系思想有相通之处。

4）讲究语言传播的经验和技巧。我国的语言文化非常丰富，我国人民在长期的社会交往中积累了许多语言传播的经验和技巧，也出现了许多雄辩之才。例如，战国时期苏秦凭三寸不烂之舌，到处游说，宣传“合纵”主张，共同对付秦国；而张仪靠自己的唇枪舌剑，四处交游，离间各国，宣传自己的“连横”主张，瓦解了六国联合的军事同盟。晏子使楚以幽默、雄辩的口才，反击了楚王的污辱，维护自己和国家尊严的故事，更是脍炙人口，为世人称颂。

2. 古代西方的情况

与中国不同，古代西方（主要是古希腊、古罗马）人们对人文关系的处理在观念上不是很重视，而是注重现实的处理，故其在这方面的认识也主要表现在对具体操作问题上的研究。由于当时科学技术还不发达，故演讲、修辞、逻辑等一些主要着眼于如何“劝服”他人的专门性技术方法便成为重要的认识课题。例如，古希腊亚里士多德的《工具论》《修辞学》，苏格拉底的诡辩术，古罗马西塞罗的演说词，统治者文告、战记等程序性的仪式都体现了古代西方人在人文关系上的认识成果。

亚里士多德在他的《修辞学》一书中，就怎样运用语言来影响听众的思想与行为作了精心的阐述。古希腊人认为，一个人的修辞能力是参与政治活动的一个重要条件，否则，政治家的思想就无法有效地传递给民众，也就难以得到民众的理解与拥戴。因此，西方公共关系学界对亚里士多德《修辞学》一书评价很高，认为它是一本最早探讨公共关系学理论的专著。

古希腊人对于沟通技术也是十分推崇的，一些深谙沟通技术的演说家往往就因此而被推选为首领。据记载，古罗马的独裁统治者恺撒就是精通沟通技术的人。他认为要获得民众的支持，就必须以自己的思想观念去影响他们，其手段之一就是散发有关传单去宣传、鼓动。据说，恺撒最后能在政治上获得成功，与那本载述他的战绩的纪实著作《高卢战记》分不开。这本书曾被西方一些著名的公共关系专家称为“第一流的公共关系著作”。

三、古人在类公共关系方面的实践

中国古代除了具有丰富的公共关系思想观念，还有众多的公共关系实践活动。春秋时期孔子周游列国，四处讲学；战国时期君子士大夫争相养士，笼络人心；商鞅变法，立木建信；刘备三顾茅庐，感动诸葛亮为其效力；诸葛亮七擒七纵孟获，孟获终为所感；张骞出使西域、文成公主吐蕃联姻、郑和下西洋……在中国古代，类似的公共关系实例很多。这些思想和活动，虽然带有明显的自发性、零散性、盲目性，具有浓厚的政治色彩和伦理色彩，但我国人民在长期的社会交往中形成的重道义、讲信用，重友谊、讲礼仪，重艺术、讲技巧的优良传统，是中华民族优秀的宝贵遗产，也是现代公共关系思想的历史源流之一。

同样，在古代西方社会也可以找到许多类似公共关系活动的实践事例。

古雅典统治者曾在民众大会中实施过一种特殊的投票法——贝壳放逐法，即每年初召开民众大会时，公民可将他认为有可能危害民主政治的人名合记于陶片上，如某人票数过半，则被放逐国外。这表明了统治者对民众舆论的重视。

古罗马曾将其法律刻在十二块铜牌上，向全国民众公开发布，其目的虽然是维护少数奴隶主贵族的利益，但法律中也有对贵族权力的限制规定，这也是罗马统治者公开争取民众的一种手段。

西方基督教的流传，从某种意义上说，也依靠了公共关系手段。公元 1 世纪时，教徒彼得和保罗通过布道演讲、各类函件、策划事件以及其他类似公共关系的活动，来宣传基督教教义。他们还通过礼拜、弥撒等传经布道来宣传其主张。

四、评价

无论是东方还是西方，人类历史上的任何统治者几乎都要使用宣传舆论与诱导劝说等多种传播沟通手段，以树立自身的神圣形象与地位，争取民众的支持，服从其统治。但在大众传播事业及其技术尚不发达，以竞争和开放为特征的商品经济尚未出现之前，这些早期的公共关系活动只能是零碎而不成体系的，远没有成为专门职业，更不可能成为一门学科，与现代公共关系有很大的区别。

公共关系的兴起和发展并成为一门科学和一种职业，还只是 20 世纪初的事情。它是商品经济、民主政治和传播技术得到高度发展以后，才逐步形成和发展起来的。

第二节 现代公共关系的产生与发展

一、公共关系产生、发展的过程

公共关系作为人类社会活动的一种客观状态和一种观念意识早已存在，但作为一种科学系统的理论和一种新型的职业，却是在19世纪中叶末20世纪初兴起于美国的。其发展过程可以分为三个阶段。

1. 酝酿阶段（巴纳姆时期）

19世纪30年代，美国报界由《纽约太阳报》领头，掀起了一场“便士报”运动。这在美国报业发展史上是一个里程碑意义的时期，美国以大众为读者对象的通俗化报纸，就是在这个时期诞生的。在此之前，由于报纸昂贵，只有贵族阶层才能买得起，报业发展十分缓慢。由于《纽约太阳报》提出一便士就可以买一份报纸，一般大众也能买得起，至此，报纸从贵族手中解脱出来，走向大众。这种报纸以低廉的价格以及通俗和关切大众的内容获得全社会的认可和接受，成为迅速进入千家万户，并使政府部门及各类巨头们不敢忽视、竞相争取的具有重要影响力的社会舆论工具。报刊大众化与报刊商业化相辅相成，发行量大增的结果是广告费的猛涨。一些大巨头和大公司为节省昂贵的广告费，雇用专门的“报刊宣传员”来炮制新闻甚至“神话”，而报刊为迎合读者、增加可读性，亦乐于接受，二者互相利用、互相配合，掀起了一场声势浩大的报刊宣传活动。

这一时期，最有代表性的人物就是菲尔斯·巴纳姆。巴纳姆因宣传、推动马戏事业而闻名于世。他曾在报纸上制造过这样一个神话：美国有一个黑人女奴叫海斯，已经160多岁了，她在100年前曾养育过美国第一任总统乔治·华盛顿。消息发表后，立即引起轰动，人们争相抢购报纸。这时，巴纳姆又顺势以不同笔名向报纸寄出“读者来信”提出疑问，人为地制造一场广泛讨论。他还厚颜无耻地说：“只要我巴纳姆的名字能够在报纸上经常出现，我不在乎别人怎样评价我。”他的信条是“凡宣传皆是好事”。这一段不光彩的时期被称为“巴纳姆时期”，也是“公众被愚弄时期”。

2. 产生阶段

（1）公共关系的产生（艾维·李时期）

19世纪末20世纪初，美国进入垄断资本主义时期，全国1%的人口占据所有财富的54%，企业创造财富的同时，给社会环境带来了日益严重的污染。大财团控制了政府，资本家毫无节制地扩大生产和榨取工人血汗，劳资关系日趋紧张和对抗。企业这种“非人性化”的行为引起了社会公众的强烈不满和抨击。在新闻界，一批年轻正直的记者，追求社会的公正与平等。在一段时间内，他们专门搜集、报道工商巨头们的丑闻，揭露巨头们的不法行径和不道德的商业活动，形成了一场声势浩大的“揭丑运动”。从1903～1912年，有2000多篇揭露企业丑闻和阴暗面的文章发表，使得一些大公司声名狼藉，难以维持。一些具有远见卓识的企业家，开始意识到能否得到社会公众的支持，是一个企业生存的关键。他们纷纷向新闻界请教，希望帮助企业宣传自己的形象，求得公众谅解。于是，一种代表企业利益，运用各种传播沟通手段帮助企业与公众“对话”，并从中获取劳务费用的新职业就应运而生了。这一崭新行业的开拓者就是被称为“现代公共关系之父”的艾维·李。

艾维·李出身于美国佐治亚的一个牧师的家庭，毕业于普林斯顿大学，曾在《纽约时报》《纽约世界报》等几家报刊当过记者。1903 年，艾维·李和乔治·派克在纽约合资成立了公共关系事务所“派克和李公司”，为社会公众提供收费的公共关系服务。这是最早向客户提供公共关系咨询服务而收取报酬的营利性公共关系机构，也是现代公共关系诞生的重要标志。1905 年，艾维·李发表了阐述其活动宗旨的《原则宣言》。他指出：“我们所做的一切都是公开的。我们的计划是坦白和公开地代表企业单位及公众组织，对与公众有影响且为公众关注的问题向报界及公众提供迅速而准确的消息。”这就是“门户开放策略”，他的公共关系思想与宣传思想是“公众必须迅速被告知”——对公众“讲真话”，把真情告诉公众，如果披露真情对公司不利，那么就应当调整公司自身的行为，求得社会谅解。艾维·李用他的智慧驱散了罩在大公司与其公众关系上的神秘和冷漠的气氛。在洛克菲勒财团面临公共关系极端恶化的局面时，艾维·李建议洛克菲勒财团邀请劳工领袖协商解决劳资纠纷，广泛进行慈善捐赠，改变自己在公众心目中的不良形象。在处理宾夕法尼亚铁路公司发生的人员伤亡事故时，他果断地采取公布事故真相、向死难者家属提供赔偿、对受伤者支付治疗费、向社会各方面诚恳道歉等措施，取得了良好的效果。1904 年总统竞选期间，他还为尚未登上总统宝座的罗斯福组织了一次成功的公共关系活动，这一切，使艾维·李的名声大噪。同时，在他的推动下，一些工商企业也纷纷改变他们对待公众的态度，企业家们已开始认识到，企业的兴衰成败与公众关系的好坏有直接关系。

由于艾维·李的特殊贡献，公共关系事业在美国各行各业蓬勃发展起来，从而公共关系开始成为一种新的职业，因此，人们称他为“现代公共关系之父”。

知识点　“揭丑运动”又称“扒粪运动”，是美国新闻史上一场以新闻记者为主体，以报纸、杂志为武器，矛头直指一些不法资本家黑暗内幕的新闻大揭露风潮。

据统计，从 1903～1912 年的 10 年间，美国新闻界曾发表了 2000 多篇揭露丑闻和阴暗面的文章，同时还配有社论和漫画。由于参与的人越来越多，社会影响越来越大，涉及范围也越来越广，逐渐形成了一股声势浩大的社会舆论力量，从而成为美国新闻史上一场著名的“揭丑运动”。

在强大的舆论冲击下，那些经济寡头们开始认识到，只有主动与新闻媒介搞好关系，以诚恳和真实的态度使组织与公众得到沟通，以讲真话来求得公众的谅解，才能改变组织的形象。

启示：“揭丑运动”对公共关系的重要作用被工商界人士所认可。

（2）公共关系学的产生（伯内斯时期）

艾维·李对现代公共关系产生和发展的贡献是巨大的，但是，他并没有构建系统的公共关系理论。在公共关系发展史上，第一个用科学来指导公共关系工作并使公共关系理论化、科学化的是美国人伯内斯。

伯内斯，1891 年出生于奥地利，次年随父母移居美国，是著名心理学泰斗弗洛伊德的外甥。伯内斯曾受聘于美国福特汽车公司，担任该公司的公共关系经理。1923 年，他以教授的身份首次在纽约大学讲授公共关系学课程，同年出版了世界上第一部公共关系经典著作《舆论之凝结》。在书中，伯内斯首先详尽阐述了“公共关系咨询”这一概念，并解释了公共关系咨询服务的两重作用：一是为商业和产业界提供政策建议，使之实行合理化的社会行为；二是通过宣传上述政策和行为，赢得公众的好感和支持。在书中，伯内斯还提出了公共关系的原则、实务方法和职业道德守则等。1928 年，他出版了《舆论》一书；1952 年，又写出了《公共关系学》教科书。伯内斯的主要贡献就在于，他把公共关系学理论从新闻传播领域中分离出来，并对公共关系的原理与方法进行较系统的研究，使之系统化、科学化，最终成为一门独立完整的新兴学科。

伯内斯公共关系思想的核心是“投公众所好”，以公众的态度为出发点。他认为，在对公众宣传之前应该首先了解公众喜欢什么，对组织有什么期望和要求，在确定公众的价值观和态度的基础上进行有的放矢的工作。这就改变了艾维·李单向提供信息的工作方式，发展成为双向的信息沟通。

3. 发展阶段（现代时期）

20 世纪 50 年代，公共关系得到了突飞猛进的发展，公共关系日益走向成熟，其中最有代表性的是卡特里普和森特。

卡特里普，1915 年出生于西弗吉尼亚，曾担任过记者、编辑。1952 年他与森特合著的《有效的公共关系》一书，第一次明确提出了双向交流的公共关系原则，从而创造了公共关系“双向对称”的模式。

卡特里普和森特认为：公共关系就是一个组织为与公众建立良好关系而运用的传播原理和方法。他们认为：一方面要把组织的想法和信息向公众进行传播和解释，另一方面要把公众的想法和信息向组织进行传播和解释，其目的是使组织与公众结成一种和谐关系。他们还认为：利益和信息都是双向均等的，唯有双向均等才是公平的，这是公共关系的本质。只有注重公众利益，才能同时得到组织利益，这是公共关系人员必须遵循的职业道德。卡特里普和森特提出的利益双向均等、信息双向沟通的双向对称模式，纠正了过去的偏差和倾斜，揭示了公共关系的本质，使公共关系又向前迈进了一大步，标志着现代公共关系思想的成熟。

从公共关系发展的基本过程可以看出：公共关系从巴纳姆时期的愚弄公众到艾维·李的讲真话（单向传播）到伯内斯的投公众所好（双向非对称）再到卡特里普和森特的双向对称原则的提出，表现出公共关系日益深入和发展，并不断走向成熟。

1）以巴纳姆为代表的第一种公共关系思想，一切为了自己，制造各种谎言愚弄公众，全然不顾公众利益，没有任何职业道德可言。

2）以艾维·李为代表的公共关系思想，主张讲真话，尽可能地向公众提供所需要的各种真实信息，但也是明显地站在企业一方，为资本家服务的，是一种单向功利的公共关系思想。

3）以伯内斯为代表的公共关系思想，强调以公众的态度为出发点，然后围绕公众的态度，进行有的放矢的公共关系活动，坚持投其所好的原则。伯内斯的这种模式，具有一定的双向性，但它以实现组织自身利益为目的，并没有把公众利益置于同等重要的位置，因而是非对称的。

4）以卡特里普和森特为代表的公共关系思想，强调公共关系的科学化和职业道德，主张利益均等、沟通对称，把组织利益与公众利益置于同等重要的位置，因而是科学的、道德的，是现代公共关系思想的标志。

知识点　单向吹嘘式的公共关系是“职业公共关系的前奏”，以“便士报运动”为代表，巴纳姆是这一时期最具代表性的报刊代理人；单向传播式的公共关系是“职业公共关系的开创”，以“揭丑运动”为代表，艾维·李是这一时期的代表人物；双向沟通式的公共关系使“公共关系科学化、系统化、规范化”，其代表人物是被誉为“公共关系泰斗”的伯内斯；双向对称式的公共关系是当代公共关系发展的高级阶段，其代表人物是被世人誉为“现代公共关系教育之父”的卡特里普和森特。

二、现代公共关系产生的基本条件

现代公共关系产生于20世纪初的美国，它是当时美国及资本主义社会的基本矛盾以及经济、政治、科学技术、文化等诸条件综合作用的结果，是社会发展到一定阶段的必然产物，是社会文明进步的必然结果。

1. 公共关系产生的政治条件

社会政治生活的民主化是公共关系赖以产生和发展的社会政治条件。

从封建社会进入资本主义社会是人类社会民主化进程中的一个重要里程碑。封建社会的政体特点主要体现为独裁、专制、世袭三个方面，其政治生活的特征表现为“民怕官”。

与封建制相反，资产阶级革命后推行共和制、立宪制，变独裁为民主，变专制为共和制，变世袭为民选，这就带来一系列根本性的变化。这些变化使公众地位上升，其影响主要是通过纳税制与代议制来实现的。

由于实行纳税制，纳税人有权了解政府的政治运作情况，政府则有义务将政府事务的决策与运作情况定期向纳税人公布与报告，接受纳税人的监督。

由于实行选举制，一方面要求民众精心挑选能真正代表自己意志的人去行政、执政，民众不仅有选举权，而且有知情权、议政权、监督权，要求政治有透明度；另一方面，被选举者为了登上“宝座”或保住“宝座”，就不能不注意与社会各界公众搞好关系。唯有这样方能拉来选票、保住官位，这是政治上促进公共政治生活民主化的动因。

在这种民主政治的社会氛围中，政治生活的特征表现为“官怕民”，民众的地位发生了根本性的变化。

2. 公共关系产生的经济条件

公共关系产生的经济条件主要表现为社会生产分工的加剧、商品经济的高度发展，特别是买方市场的形成。

（1）社会分工的发展

人类社会经历了几次大的分工，分工推动了生产力的发展，但也增加了各行业之间的相互依赖与制约；分工越细，寻求合作的愿望就越强，因此，对于发展生产力而言，寻求合作也就与产生分工一样必然与迫切。

同时，这种社会的分工和组织的分化不仅仅表现在经济生产领域，它还使人们所处的环境更加复杂多样，人与人之间的关系也逐渐变得更加复杂和多元化，整个社会也在不断地发生分化。一方面，人与人更加隔膜、难以相互理解；另一方面，人又是一种社会动物，离不开社会，离不开合作，为了适应这种社会环境，人们就必须更加自觉主动地协调人与人之间、组织与组织之间的相互关系，需全方位地协调与合作，这样，社会才能得以正常运行与发展。公共关系就是适应了这一历史发展的客观需求而产生的，并且一经产生就取得了突飞猛进的发展。

（2）商品经济的高度发展是公共关系产生的加速器

商品经济对公共关系的需求可以从以下三个方面得到体现：

1）商品经济的高度发展呼唤着协作。商品经济以市场为轴心形成了极广泛的分工与协作。为了在竞争中取胜，商品生产者的分工也越来越细，专业化程度也越来越高，商品生产者所拥有的一切都必须从市场购进，生产出来的一切物质产品与精神产品又必须在市场上售出。因此，光有细微的分工还不行，他们必须考虑跨行业、跨地区的合作，需要公共关系这样的综合性新学科来协调各方面的关系。

2）商品经济的高度发展需要和谐的社会环境。因为商品经济条件下，生产完全是为了交换，商品交换关系的通畅与稳定对于生产者来说生死攸关，因此，他们渴望能够有商品交换之外的另一种力量来支持他们的事业，来保护和改善商品的交换关系，形成一个相对安定和谐的社会发展环境。公共关系也就随着这种需求从传统的传播活动中“分离”出来，专门为组织与公众建立安定和谐的社会生存环境。

3）买方市场的形成、消费市场的成熟增加了对公共关系的迫切需求。在生产力尚不发达的时期，市场产品的需求大于供给，是卖方占完全优势的“卖方市场”，这时，他们根本不会考虑公共关系的问题。随着生产力的发展，市场上产品“供过于求”，形成“买方市场”。消费者可以根据个人喜好灵活地选择任何一种他们看中的商品。为了吸引和留住消费者，销售者便会想办法有效地维护买卖双方的联系，最大限度地争取广大公众的理解、信任、支持与合作。因此，了解消费者、研究消费者、与消费者公众建立密切的联系并赢得公众的支持，就成了商品生产者与销售者生存、发展的重大课题，公共关系就成了企业生死攸关的关键环节。

3. 公共关系产生的科学技术条件

公共关系产生的科学技术条件主要是大众传播与现代通信手段的发展，这为公共关系提供了物质手段。

在现代社会中，科学技术日新月异，信息传播飞速发展，从报纸、杂志、电报、电话、广播、电视到光导通信、卫星转播、互联网络无不具有极高的传播广度、速度、深度与高保真度并且费用低廉。崭新的传播媒介迅猛发展，甚至超出人们的想象、瞬息万变的信息同时变得“瞬息可悉”。例如，全世界的人可以同时看世界杯足球赛、奥运会比赛，也可以同时看到赛场上的企业广告。现代化的手段使世界范围内大规模的信息沟通和交往成为可能，也就为公共关系事业的大发展提供了必要的技术保障与方法。

第三节　公共关系在中国的发展

一、公共关系在中国的传播与发展

20 世纪 70 年代末 80 年代初，公共关系概念第一次被引入中国。80 年代初，北京、深圳、广州、珠海三资企业中的宾馆、酒店参照母公司的管理模式设立了公共关系部，引进了公共关系职能。例如，广州的白天鹅宾馆、中国大酒店、北京长城饭店等可以说是 80 年代早期中国公共关系的典范。

1984 年 11 月，广州白云山制药总厂率先在国内挂出了第一块国有企业公共关系部的招牌，并注资 120 万元，开展公共关系活动。同年 10 月，世界第二大公共关系公司——美国希尔·诺顿公司（又名伟达公共关系顾问公司）捷足先登在北京设立了办事处，当时美国之音的报道称“中国是一块肥沃的公共关系市场”。1985 年 8 月，世界最大的公共关系公司——美国博雅公司与中国新闻发展公司达成一项协议，共同为在中国从事外贸的外国机构提供公共关系服务。为此，1986 年 7 月，在北京设立大陆第一家公共关系公司——中国环球公共关系公司。

20 世纪 90 年代，随着国际公共关系公司纷纷抢滩中国市场，一批本土中资专业公共关系公司开始涌现，如蓝色光标、信诺、迪思、宣亚、时空视点、嘉利、灵思、注意力等。其中蓝色光标 2010 年年初在创业板上市，成为公共关系行业第一家上市公司。他们边学习边干，从最初为客户提供宣传品制作服务和咨询服务开始，逐步发展了会务管理、媒介关系、市场调研等公共关系业务。与此同时，这一时期也诞生了中国第一代公共关系职业人，这些人接受了国际公共关系公司专业公共关系的熏陶并经历了市场竞争的严峻考验，成为当前中国公共关系业的骨干力量。

2000 年 10 月，世界最大的独立公共关系公司——爱德曼国际公共关系有限公司宣布在中国推出中国公共关系资讯网（WWW. Chinaprnews. com）。

1985 年，深圳大学传播系开办了中国内地第一个公共关系专业。到 1987 年，我国教育部（原国家教委）正式把公共关系列入行政管理、工业经济、新闻学等专业的必修课。1986 年 11 月，中国社科院新闻研究所公共关系课题组编著了我国内地第一部公共关系专著《公共关系学概论》，由科学普及出版社出版。1986 年 1 月，中山大学在广州成立了第一个公共关系研究会。1987 年 6 月 22 日中国公共关系协会在北京成立，这标志着公共关系在中国得到了正式确认和接受。1991 年，希尔·诺顿公司受中国政府所聘，负责在美国国会游说，争取美国给予中国最惠国待遇，成为第一家服务于中国政府的外国公共关系公司。1991 年 4 月 26 日，中国国际公共关系协会在北京成立，并且赢得了 2008 年世界公共关系大会（号称世界公共关系业“奥林匹克”）的承办权。1993 年起，由中国国际公共关系协会主办了中国最佳公共关系案例大赛，每两年举行一届。目前中国已有 1000 多所高校开设了公共关系课程，几十所高校开设了公共关系专业。

我国公共关系的发展，得益于一批专业学者孜孜不倦的探索，国际关系学院副院长郭惠民、复旦大学国际公共关系研究中心主任孟建、上海师范大学公共关系学系主任叶茂康、中山大学公共关系传播研究所所长廖为建、华东师范大学品牌文化与公共关系研究中心主任张云、西南大学文化与社会发展学院院长秦启文、深圳大学与华中科技大学双聘教授余明阳，以及华中科技大学陈先红教授等人，他们为中国公共关系业的发展打下了坚实的理论基础。

我国的公共关系事业正在迅猛发展，公共关系已成为一个引人注目的职业。1999 年 5 月，国家劳动和社会保障部把公共关系作为职业正式列入《中华人民共和国职业分类大典》，标志着中国政府正式承认了“公共关系”这一职业。2000 年 3 月，《国家劳动和社会保障部第 6 号令》将“公共关系员”列入 90 个持证上岗职业之一，并于当年 7 月 1 日起开始实施。劳动和社会保障部于 2000 年 12 月 3 日举行了全国首次公共关系员国家职业资格全国统一鉴定。据统计，2000～2005 年，共有 82 053 人参加了公共关系职业资格技能考试，其中 63 698 人分别取得初级、中级、高级公共关系职业资格证书。这一切标志着中国公共关系业的职业化、专业化地位被正式确认。中国公共关系业正逐步进入专业化时代。据中国国际公共关系协会发布的《中国公共关系业 2010 年度调查报告》显示，2010 年公共关系市场再次迎来了快速增长的发展势头，整个行业年营业额估测为 210 亿元人民币，年增长率为 25%左右。汽车、IT、快速消费、医疗保健和金融位居市场份额的前五位。网络公关、事件营销、危机管理、世博公关得以快速增长。

随着现代公共关系在中国的不断发展，公共关系在激烈的市场竞争中，扮演着越来越关键的角色。公共关系在北京奥运会、上海世博会的申请与举办等重大国家事件中起到了非常积极的推动作用。作为重要传播沟通工具的公共关系正逐渐被中国企业、非营利组织乃至各级政府所接受，在促进经济、社会协调发展等方面发挥着越来越重要的作用。

补充说明 中国公共关系业存在的问题：

1）社会公众对公共关系的认识还存在很多误区。例如，认为公共关系只是一种知识而不是技能，或者认为公共关系可以“包治百病”，无所不能；而相当多的人仍将公共关系与“人际关系”混为一谈，这是当前开展公共关系业务的最大障碍。

2）本地公共关系公司的专业化水平、服务品质与国际公共关系公司仍存在较大差距，还没有完整的服务体系，缺乏职业道德的约束；整个公共关系市场仍处于无序状态，导致客户和社会公众对公共关系业的服务认识不足，长此以往将影响整个行业的发展。

3）高素质公共关系人才的严重缺乏制约了中国公共关系业的迅速发展，必须培养一支训练有素、有敬业精神和职业道德的公共关系从业人员队伍和管理队伍。

4）当前公共关系教育仍以知识教育为主，培养的学生还不能满足专业公共关系公司在公共关系技能方面的要求；理论研究方面还停留在纯理论研究上，缺乏对公共关系技术的研究；急需建立一套完整的专业公共关系业务培训机制和培训课程，以弥补当前公共关系教育和研究的不足。

（资料来源：丁军强．2002．公共关系理论与实务．北京：北京交通大学出版社．）

二、中国公共关系前瞻

1. 职业化

由于在社会各个行业和领域中发挥着越来越重要的作用，公共关系已逐渐从其他经营管理职能和行业中分化出来，成为一种越来越受人们尊重和向往的独立的社会职业。另外，科学技术的日新月异使得世界经济结构发生大转移，第一、第二产业的从业人口不断减少，第三产业的从业人口迅速增加。而公共关系活动主要在第三产业，因此它已成为吸纳就业人口的重要部门。

2. 技术化

随着科学技术的发展，公共关系的工作手段也不断现代化。电子技术、通信卫星等现代化的大众传播媒介和信息传播手段以及计算机对市场资料的储存和分析整理等先进技术在公共关系活动中广泛应用。信息传播双方已成为真正意义上的平等交流伙伴，实现了更深层次含义上的双向互动。

3. 国际化

由于经济全球化的发展，跨国公司和贸易不断增多，这些跨国公司和贸易在世界各地市场中所遇到的种种问题，如伦理道德、语言风俗、文化传统、社会制度等，使国际性公共关系活动的开展成为当务之急。

4. 多元化

随着公共关系的不断发展以及社会对公共关系需求的不断增长，它已经越来越多地同各种类型的社会组织相结合，公共关系不断渗透到社会的各个领域。目前，国际上已形成了公认的公共关系应用三大领域：一是政府或政界；二是经济实业界；三是非营利性组织（包括教堂、博物馆、学术团体等）。

5. 战略化

一方面，组织之间的竞争日趋激烈，公共关系作为一种重要的传播战略手段，将为组织塑造一种“全球形象”，而被组织纳入战略管理层面，其战略性地位日益加强；另一方面，人类正越来越多地面临一些全球性问题，如环保、人口膨胀、战争与和平等，这些问题的存在与解决，已非一个国家和一个民族所能承受，它必须通过国际间沟通，通过全球性、跨文化的沟通去达成共识，并在此基础上，制定出国际化的标准。而公共关系在解决这些问题的过程中，是富有成效和优势的。

中国国际公共关系协会常务副会长兼秘书长郑砚农在融合与发展的中国公共关系业中谈到了中国公共关系业的机遇和责任，他指出：中国加入世贸组织，加速了国际化的进程，改革开放不断深入，促进了经济体制的改革和观念的转变，北京申奥、上海申博的成功，给经济腾飞增添了新的亮点，中国巨大的市场吸引着更多的外国公司走进来。而中国企业要谋求更大的发展，参与国际竞争，又要走出去。政府和城市要树立良好的形象，企业要打造知名的国际品牌，这一切都让我们感到，我们正处在一个信息时代、一个沟通时代和一个品牌的时代。公共关系从来没有像今天这样让人们感到它的重要。我们看到，政府机构改革，公共政策更加透明，公共外交的发展、危机的处理，新闻发言人的培训等，需要我们大力增强非政府公共关系的实践。国际贸易纠纷增多，投资贸易需要我们把传播领域扩大，要用公共关系的方法营销企业、营销地区和营销城市，帮助企业塑造知名的品牌，使企业家树立品牌意识，增强企业的竞争力。中央批准在上海成立中小企业板，不难联想到资本企业运作中财务公共关系和投资者的重要关系。美林集团总裁在接受中央电视台采访时，当问及美林在发展中最重要的是什么时，他说最为重要的就是投资者关系。我们要不断地推广公共关系理念和公共关系方法，让全社会认识它、掌握它、运用它服务于我们的经济和社会发展；不断地培养高素质的公共关系人才，改变目前人才短缺、良莠不齐的现状；不断通过调查研究，规范公共关系市场，使公共关系业能够健康、有秩序、快速地发展；要借助中央开发西北地区，振兴东北工业地区的东风，加速公共关系业在全国范围内协调发展。

补充说明 国内公共关系咨询业成长历程：

第一阶段是“点子”阶段。也就是所谓“拍脑门出点子”的阶段，点子能救活一个企业。在那个时期，“点子公司”似乎成了咨询公司的代名词，“点子”公共关系在我国一哄而上，一时之间，似乎人人都可以搞公共关系。经过一段时间的发展，人们才认识到，其实一个好的策划，并不是拍脑门出来的，而一个点子也不能成为企业发展和成功的法宝，所谓“点子公共关系”也并不是真正的公共关系。因此这类公共关系的出现是短暂的，是与当时社会和企业发展的特定需求相结合的。

第二阶段是“关系”阶段。公共关系公司只是强调发稿和撰稿能力，与媒体的关系甚好。其实这仅仅是一个很低的层面，撰稿和媒体发布仅仅是公共关系的基础或者说是公共关系的一种工具。至于对企业产品和品牌的促进能不能量化，对品牌的哪个方面能得到量化根本不作分析，更谈不上整体规划了。

第三阶段是“科学化、专业化、系统化”阶段。公共关系咨询公司凭借对品牌的理解和整体战略咨询能力赢得客户，而不是比拼价格。那种靠朋友关系请客吃饭，以求在媒体发表稿子、宣传产品的方式已经有些过时了。

未来的公共关系业将跨入第四阶段。领先的公共关系公司将形成自己的传播理论，并形成独特的操作模式。

小结

公共关系作为一种客观存在的社会关系和社会现象，具有久远的历史，而它作为一种专门化的社会职业和一门学科，其发展至今不过百年的时间。20 世纪初，公共关系作为一种专门职业而萌芽；20 世纪 20 年代，公共关系才形成一门新的学科。公共关系的发展经历了三个阶段：萌芽阶段、形成阶段和发展阶段。

美国是现代公共关系的发源地，也是公共关系走向世界的策源地。第二次世界大战后，美国各种公共关系协会纷纷成立，现在公共关系业已经遍布美国大部分领域，其成为世界上公共关系最发达的国家。公共关系不仅在美国得到了发展，而且在世界各地都得到了广泛的普及。

20 世纪 80 年代，我国实行改革开放，公共关系业正式产生。经过三十多年的发展，公共关系理论研究和公共关系实务运作各方面，已初步形成了较完整的理论体系，并在实务运作中达到了相当的水准。

加入 WTO，给我国的公共关系事业带来机遇和挑战。如何适应新时期信息时代和全球一体化经济的要求，公共关系业还面临着新的课题。

案例分析

公共关系之父——艾维·李

艾维·李是美国佐治亚州一个牧师的儿子，毕业于普林斯顿大学，曾受雇于报业大王赫斯特的《纽约日报》，后在《纽约时报》《纽约世界报》当记者，是一位在企业界很有影响的新闻记者。他在工作中发现，为需要制造舆论的企业服务可以得到更多的报酬，于是，1903 年他辞去了从事 5 年之久、报酬低微的记者工作，在纽约与乔治·帕克一起开办了“公共关系事务所”。

在那个时期，铁路业在与新闻界打交道时，遵循着保守秘密的原则。在一次重大的铁路交通事故之后，宾夕法尼亚铁路公司聘请了艾维·李来处理同新闻界的关系。按惯例公司应该对新闻界封锁一切消息，但是艾维·李说服该公司的董事长改变其以往的政策。他邀请记者们参观事故现场，并且由铁路公司支付经费。他还成立了新闻发布中心，报道事故过程、提供信息，并协助记者收集有关事故的材料。尽管这种行动让保守的铁路管理者无法理解，但是后来，宾夕法尼亚铁路公司的管理层也不得不承认，新闻界对这个事件的报道要比以往任何时候都公正得多。

1913 年，洛克菲勒家族镇压了科罗拉多州燃料钢铁公司工人的罢工，制造了“勒德洛大惨案”。小约翰·洛克菲勒聘请艾维·李来处理这起事件。艾维·李来到科罗拉多州，同当事者双方进行了会谈，并劝说老约翰·洛克菲勒同矿工及其家属进行会谈。同时，艾维·李还散发了一份报道“事实”的宣传单，以向人们提供管理部门对这次罢工的看法。他甚至说服科罗拉多州的州长写文章支持他们。

通过老约翰·洛克菲勒与工人们的接触，公司的管理政策和工人福利有了改善，艾维·李最终把一场劳资冲突变成了有益于双方的局面。据 T 罗斯集团公司董事长戈登·西尔斯说，艾维·李所取得的成功是基于这样一种事实：“在问题转向新闻界之前，艾维·李就试图解决这一问题，或至少确定了解决这一问题的适当的方针。”

鉴于艾维·李的成就，洛克菲勒家族聘请他全面修复家族的名声。在“揭丑运动”中，洛克菲勒的名字已经受到了“揭丑者”的严厉抨击和损害。艾维·李建议洛克菲勒家族向社会公布他们给慈善机构数以百万计美元的捐款数目。他还说服老约翰·洛克菲勒同意记者和摄影师拍下他打高尔夫球，以及和家人、朋友在一起的场面。1937 年当老约翰·洛克菲勒去世的时候，他在公众心目中的形象已从一位冷酷、贪婪的大亨变成了一位乐善好施的慈善家，人们把他当作一位善良的老人、伟大的人道主义者来哀悼。

早在 1933 年，艾维·李就评述了自己对洛克菲勒家族所做出的贡献：自 1918 年以来，我一直同洛克菲勒先生合作，我所做的唯一事情就是在洛克菲勒先生感兴趣的政策中协助他，并让公众通过一种自然的方式来认识这些政策。由于艾维·李在公共关系领域的卓越贡献，他被后人称为“公共关系之父”。

（资料来源：陈先红. 2007. 公共关系原理. 武汉：武汉大学出版社.）

案例讨论：

1. 结合本案例，谈谈“揭丑运动”产生的历史背景。
2. 根据公共关系的基本原则，对艾维·李的公共关系策略进行评价。

思考与练习

一、思考题

1. 现代公共关系为什么会首先出现于20世纪的美国？
2. 现代公共关系的发展经过哪几个阶段？各阶段的特点如何？
3. 试分析中国公共关系事业发展的前景。
4. 公共关系产生的基本条件是什么？
5. 在古代是否已有公共关系？为什么？
6. 怎样看待“揭丑运动”？它与今天的“3·15”有何异同？
7. 简述艾维·李和伯内斯对现代公共关系的贡献。

二、课堂讨论题

1. 假如你发现你的一个最要好的朋友偷了公司一大笔钱，你应该怎么办？

2. 在我国古代公共关系活动的具体操作过程中，特别讲究“礼”和“信”的行为规范。“礼”的核心内容是“互敬、平等与谦和”；“信”是指“知行、言行”合一。如果把“礼”“信”视为古代公共关系的沟通和协调手段，对我们今天开展公共关系活动有什么启示？

三、课外实践题

在公共关系发展早期，艾维·李就提出了“讲真话”的思想。但直到今天，这一思想在公共关系实际工作中仍然会遭遇尴尬。在班级做实验，了解人们为什么不愿说真话、说真话的阻力来自何方，以及如何克服这种阻力。

第三章　公共关系的价值

CHAPTER 3

学习目标

- 掌握公共关系的基本职能。
- 了解公共关系的功能。
- 理解公共关系之于社会组织的价值。

案例导入

法国白兰地挺进美国市场

美国人一向不喜欢白兰地而偏好威士忌加冰块，同时美国又已有一个十分庞大的酒类市场。因此许多欧洲白兰地酿造公司动了许多脑筋，尝试了众多的推销手段，但仍无法在美国取得可观的销售量。1957 年，法国白兰地酿造公司的市场人员获悉当时的美国总统艾森豪威尔将举行 67 岁生日的盛大宴会，立即想到公司珍藏了 67 年的白兰地酒。该公司总经理特意向艾森豪威尔致信，声称将无偿赠送两桶含有特殊意义的白兰地酒，让总统在宴会上招待美国各界嘉宾豪客。总统对此很感兴趣，便请该公司总经理入白宫讲述这两桶酒如何与众不同。

1957 年某日，美国首都华盛顿的主要干道上竖立着巨型彩色招牌："欢迎您，尊贵的法国客人!""美法友谊令人心醉!"。整洁的售报亭悬挂着一长列美法两国的小国旗，它们精致玲珑，在微风中轻柔地飘拂，传递着温馨的情意，报亭主人特意设计绘制的"今日各报"的广告牌上最鲜艳夺目的是美国鹰与法国鸡干杯的画面和"总统华诞日贵宾驾临"以及"美国人醉了！"等大标题，吸引着络绎不绝的路人的目光。

马路上，许多轿车、摩托车、自行车拥向白宫。

白宫周围，已是人山人海。人们满面笑容，挥动法兰西国旗，期待贵宾的出场。

贵宾是谁呢？贵宾就是光临华盛顿的法国特使——两桶法国白兰地。

当两桶法国白兰地——仪态不凡的美酒亮相时，群情沸腾，欢声四起，有些人甚至大声唱起了法国国歌《马赛曲》。

此刻，美国公众似乎闻到了清醇芬芳的酒香，更由此品尝到了友谊佳酿的美味。

从此，法国白兰地就昂首阔步地挺进了美国市场，国家宴会和家庭餐桌上几乎都少不了它的"倩影"。

（资料来源：谢红霞，胡斌红. 2004. 中国新公关 组织形象塑造. 北京：经济管理出版社.）

【分析】本案例提示我们，政府是外部公众中非常特殊的也是最主要的一部分公众。因为它是拥有权力和权威的公众，是综合协调、宏观调节社会组织行为的权力机构，所以社会组织是否受到政府公众的欢迎，取得其信赖和支持将直接关系到自己的形象乃至生存和发展。法国白兰地挺进美国市场的关键是：首先取得了政府公众的有力支持，从而打开了欧洲许多白兰地酿造公司惊羡不已的美国市场，并获得了巨大的成功。

从本案例中我们可得出结论，社会组织要加强与政府的信息沟通，要密切与政府机构及政府要员的感情联系，以此来促进与政府的良好关系，并为社会组织开“绿灯”。

由法国白兰地酒挺进美国市场的公共关系活动，我们可以体会公共关系的魅力。

公共关系以建立社会组织的良好形象为工作目标，围绕这一目标所开展的具体活动和工作便形成它的职能范围；同时，公共关系又是“内求团结，外求发展”的艺术，这门艺术必须有对内和对外两个方面的作用。公共关系的价值表现在信息搜集、决策咨询、传播推广、协调沟通四大职能上，也表现为对社会组织的直接功能和对社会、个人的间接功能上。本章主要探讨公共关系的基本价值。

第一节　公共关系的信息搜集职能

公共关系在组织的经营管理活动中，首先要发挥信息情报的搜集、整理、分析、评估的作用，充当组织的“耳目”，使组织“眼观六路，耳听八方”，对与组织相关的社会环境和公众舆论保持高度的敏感性。

一、公共关系信息搜集的内容

组织与公众环境之间存在着大量的信息交换行为。社会信息是组织赖以生存和发展的一种重要资源，从公共关系的角度去处理信息资源，主要包括以下两个方面：

1. 公共关系中的形象信息

公共关系处理的信息是与组织的公众形象有关的信息，即了解公众对本组织的产品、政策、行为、人员等多方面的印象、看法、意见和态度，了解本组织在公众心目中的位置，了解本组织在公众中的形象。这种组织的公众形象的信息又具体分为产品形象要素和组织其他形象要素两个方面。

（1）产品形象的信息

产品是组织的缩影，组织的存在价值通过其产品被人接受和喜欢而得到确认。了解产品的公众形象，也就是了解产品在公众中享有的知名度和美誉度。

1）产品的知名度信息。知名度是被相关公众认知与了解的程度。产品被人们认知与了解，这是企业市场传播活动的“原点”，即出发点。产品知名度的信息包括公众对品牌商标的认知率，公众对产品功能和外观特征的了解程度，公众对产品包装的印象，公众对产品广告的记忆（包括产品广告的主题词、主题曲、广告人物、色彩等）。有了一定的认知和了解，公众对产品才会有进一步的评价意见：好还是不好，喜欢还是不喜欢，信赖还是不信赖等。

2）产品的美誉度信息。美誉度是被公众喜爱、赞誉、信赖的程度，以及由这种美誉度而产生的市场接纳度，即被消费者接受和需要的程度。美誉度是以知名度为前提的，但是知名度本身并不意味着美誉度，因为知道和了解以后并不一定喜爱和信赖，更不一定真正需要和接纳（采取购买行为）。

一般来说，“顺意公众”在“知晓公众”中所占的比例越高，以及“行动公众”在“顺意公众”中所占的比例越高，美誉度就越高，产品的形象就越好。这在市场上除了表现为产品的市场占有率高之外，还表现为产品销售过程中的“商标指名率”（顾客购买某类产品时指明商标购买的比率）较高和“商标统一率”（顾客在购买商品时对某一商标品牌的偏爱程度）较高。

（2）组织形象的信息

一个组织的公众形象不仅反映在产品上，还反映在公众对组织的其他要素的评价方面。例如，公众对组织的方针政策、经营行为、管理水准、技术和人才实力、环境特色、人的精神风貌、对社区的参与、对社会的关怀等方面的印象和评价，也是组织公众形象的重要内容。组织的公众形象就是组织的整体素质和实际表现在公众心目中的认知和评价，也同样反映为组织的知名度和美誉度两个方面。

1）组织的知名度信息。前面说的产品知名度未必完全等同于组织的知名度。组织形象的知名度信息除了产品的品牌商标的社会认知率之外，还包括组织名称和标志的社会认知率，组织主要领导人的社会知名度，对组织历史与现状的了解程度，对组织的政策和行为的知晓程度等。有的企业生产的产品广为人知，但由于不注意宣传企业，或由于产品品牌与企业名称脱节，因此企业本身缺乏相应的知名度。对于产品更新换代比较快，产品市场生命周期比较短的企业，要注意自己在市场上的企业知名度。对于那些没有产品的组织，或其产品不直接面对消费者的企业来说，组织的知名度就更为重要。了解和掌握公众对组织认知、了解程度的信息，是组织作决策的重要依据。

2）组织的美誉度信息。组织的美誉度指公众对组织信赖、支持、拥护的程度，包括组织的有关方针政策、组织的活动和行为、组织的领导及其人员等，在社会公众中是否“得人心，受欢迎”。公众对组织的支持率是一个很重要的信号，它标志着组织在公众心目中的地位：高还是低，重要还是不重要，正面形象还是反面形象，可信赖还是不可信赖，喜欢还是不喜欢，得到拥护还是遭到反对等。它预示着民心所向。只有得人心的政策和活动，方能得到公众的拥护和支持。因此组织在制定政策或举办活动之前，要注意了解组织在公众中的美誉度状况，分析组织可能获得的公众支持率（采取支持行为的“行动公众”在“知晓公众”中所占的比率），以此来制定相应的公共关系策略。

2. 公共关系中的公众环境信息

公共关系作为环境的“监测器”，要注意跟踪分析公众环境的变化动态，及时把环境中的各种“变数”反馈回来，把握环境变化中的各种潜在的趋势，预报环境中各种潜在的问题和危机，提高组织对环境的应变能力。

（1）目标公众的变化信息

组织的公众环境是一个开放系统，处于变化与发展之中，目标公众的性质、形式、数量、范围会不断产生调整和变化。例如，原来存在的关系可能逐渐消失，原来没有的关系可能迅速形成，一部分关系可能不断扩大，一部分关系又可能渐渐缩小，有的关系可能越来越稳固，有的关系却越来越动荡，竞争的关系可能转化成协作的关系，友好的关系也可能转变成敌对的关系，等等。公众环境的变化，必然导致公共关系工作目标、方针、政策和手段的变化。因此，必须以动态的、发展的眼光来认识自己的公众对象，随时掌握公众变化的信息资料，据此来修改原来的公众关系档案。

（2）社会环境的动态信息

公共关系的信息功能具有宏观性、社会性，即帮助组织了解社会各个方面的动态，包括社会政治动态、经济金融信息、文化科技情报、新闻舆论热点、时尚潮流变化等动态信息，并注意分析各种社会动态对组织的直接或间接的影响，充分利用环境中的有利因素和有利时机，及时避免环境中的各种不利因素的影响。从这个角度说，公共关系是一个组织的环境监测器和预警系统。

二、公共关系信息搜集的渠道

为了搜集和掌握大量的信息，公共关系工作必须为组织建立和疏通各种信息渠道，开拓各方面的信息来源。

1. 内源信息渠道

内源信息渠道主要指组织内部的信息渠道与来源，它包括正式的信息渠道和非正式的信息渠道。

（1）正式的信息渠道

正式的信息渠道指按照正式的组织层级系统传递信息的渠道，是组织内部规范化、程式化的沟通渠道。任何组织为了达到管理的目的，都必须在组织内部建立有效的信息传播制度，如请示、汇报、批示、指令的程序，制度化的例会，从中形成各种文件、简报、通讯，其中既有决策层的决策意见，又有具体职能部门的工作汇报、情况综合资料等。收集和了解来自这些正式渠道的信息，对于公共关系部把握组织的整体状况，及时了解决策层的意图和各职能部门的动态，是非常必要的。因为公共关系部门是组织正式授权的对外发言机构，也是组织内部横向沟通的协调机构，如果不了解情况就没有足够的权威性和说服力。

（2）非正式的信息渠道

非正式的信息渠道指通过非组织的人际传播传递信息的渠道。任何组织内部除正式的传播制度和体系之外，必然存在着非正式沟通渠道，这是组织内部人际关系活动的结果。组织成员的许多意见和看法，经常通过非正式的渠道相互交换和传递，从而形成某种人际舆论，对人们的态度和行为构成一定的影响。搜集这方面的信息，能够了解组织内部公众的情绪和需求，了解内部成员对组织的凝聚力和向心力如何。

补充说明 非正式的信息渠道是组织内部信息交流的“自由市场”，是对正式信息渠道的补充。非正式信息往往可从组织内部的“意见领袖”处获得。意见领袖不是由组织任命或由群体推举产生，而是自然形成的，他可能是普通职工，但由于他的个人品质、业务能力或工作经验得到群体内其他成员的好感，他们认为他就是“领袖”。这样的“领袖”往往比正式群体的领导者更具权威性，对成员的影响也更大。

2. 外源信息渠道

外源信息渠道指组织外部的信息渠道与来源，它包括公开的信息渠道和非公开的信息渠道。

（1）公开的信息渠道

公开的信息渠道主要指经由大众媒介及其他方式公开发布的信息资料来源。在当今“媒介爆炸”的年代，信息的公开化程度越来越高，一些有价值的信息，各类媒介都争先发布，通过各种有形无形的传播网络覆盖社会的每一个角落。人们几乎都能够平等地得到来自报纸、杂志、广播、电视的信息。但并不是任何人都能够准确地理解这些信息的含义，以及信息中预示的变化趋势。公共关系部门的责任在于从人们知道的消息中洞察出尚不为人察觉或注意的微小变化或潜在危机，并及时分析这些变化或危机对组织的潜在影响，为组织作适应性的调整提供信息和决策的依据。

示例　**一张照片后面的巨额利润**

1964年，《中国画报》的封面刊出这样一张照片：大庆油田的"铁人"王进喜头戴大狗皮帽，身穿厚棉袄，顶着鹅毛大雪，手握钻机刹把，眺望远方，在他背景远处错落地矗立着星星点点的高大井架。几乎同时，《人民日报》杂志撰文报道说，以王进喜为代表的工人阶级，为粉碎国外反动势力对我国的经济封锁和石油禁运，在极端困难的条件下，发扬"一不怕苦，二不怕死"的精神，抢时间，争速度，不等马拉车拖，硬是用肩膀将几百吨采油设备扛到了工地。不久，《人民日报》报道了第三届全国人大开幕的消息，其中提到了王进喜光荣地出席了大会。

当时，由于各种原因，大庆油田的具体情况是保密的。然而，上述几则由权威媒体对外公开播发的极其普通的，旨在宣传中国工人阶级伟大精神的照片和新闻，在日本三菱重工财团信息专家的手里变成了极为重要的经济信息，揭开了大庆油田的秘密：①根据对照片和新闻的分析，可以断定大庆油田在中国东北的北部，且离铁路线不远。其依据是：唯有中国东北北部的寒冷地区，采油工人才需戴这种大狗皮帽和穿厚棉袄；唯有油田离铁路不远，采油工人才能将百吨设备运到油田。②可推断大庆油田的大致产量，并可确定是否已开始出油。其依据是：首先从照片中王进喜所站的钻台上手柄的架势，推出油井的直径是多少；从王进喜所站的钻台与他背后隐露的油井之间的距离和密度，又可基本推出油田的大致储量和产量；从王进喜出席人大会可断定大庆油田出油了。③根据中国当时技术水准和能力及中国对石油的需求，中国必定要大量引进采油设备。于是，日本三菱重工财团迅即集中专家和人员，对所获信息进行剖析和处理之后，全面设计适合中国大庆油田的采油设备，做好充分的夺标准备。果然不久，中国政府向世界市场寻求采油设备，三菱重工财团以最快的速度获得定购合同，赚取了巨额利润。

（2）非公开的信息渠道

从公开的信息渠道得到信息往往是第二手、第三手的信息，而大量第一手活生生的信息，常常不是从公开的信息渠道获得，而是从非公开的特别关系渠道获得的。关系越多，信息的来源就越多；关系越活，信息就越灵通。公共关系部门要充分开发和利用在社会各方面的关系，通过各方面的"消息灵通人士"搜集第一手的信息和动态，使组织能够保持信息资源方面的优势。当然，非公开的信息渠道也必须是在符合法律和道德的前提下构建的，否则，即便像默多克传媒帝国，其旗下已有168年历史的《世界新闻报》采用非法的窃听手段来获取新闻，最终也难免自取灭亡的命运。

三、公共关系信息搜集的意义

公共关系的信息情报工作，是整个公共关系工作的重要基础，它在组织的运转中具有重要意义。

1. 了解公众，监测环境

组织面对着复杂的公众对象，需要随时了解各类公众对组织的态度和行为的变化，追踪和分析公众舆论的动态，使组织对外界环境保持高度的敏感性，以便组织能够有针对性地制定自己的公共关系传播策略与方案。公共关系的信息工作可以有效地发挥这种功能。

2. 评估效果，分析形象

公共关系的信息工作是一种信息的反馈机制，对于所施行的政策和方法的效果进行跟踪反馈，及时了解宣传和外交活动的社会效果，分析组织形象状态的变化，如知名度提高了多少，美誉度改善了多少，朋友增加了多少，不满和反对的人减少了多少，等等。只有对公共关系工作的效果进行评估，才能检验策略和方法是否正确和适当，才能及时发现公众形象存在的问题和差距。2011 年双汇“瘦肉精”事件，几乎使双汇重蹈三鹿覆辙，但及时的信息反馈和危机公关，万人大会向公众致歉，开放式的办厂让我们看到了一个真实的双汇，3000 多吨问题食品的销毁，也让双汇挽回了消费者的信心，实现了浴火重生，但这些都不是一劳永逸的。由此可见，公共关系的形象传播工作，作为一个动态的过程，需要运用各种信息调研手段不断反馈效果，以调整组织形象。

3. 预测趋势，咨询决策

组织面对着变动不定的复杂环境，需要充分运用公共关系的信息手段，预测各种社会因素的变动、组合与发展趋势，评价这种趋势对组织的利益和目标的影响，为组织进行战略决策提供意见。从这一方面来说，公共关系的信息工作是为决策服务的，因此也是决策咨询职能的一部分。

第二节　公共关系的决策咨询职能

公共关系在组织的营运决策中，发挥着咨询、建议、参谋的作用，协助决策者考虑各种复杂的社会因素，平衡各类复杂的社会关系，从社会公众和整体环境的角度评价决策的社会影响，预测决策的社会后果；帮助决策者在决策中将组织的利益和公众利益结合起来，将近期目标与长远目标统一起来，将经济效益与社会效益统一起来，使组织的决策方案实现最优化。

小提示　公共关系在组织的营运过程中起着咨询、建议、高参的作用，因此，公共关系人员是高参、智囊、军师，而非决策者，否则，就不是公共关系人员了。公共关系及其人员一定要明确自己的角色，避免角色错位。

一、公共关系咨询的范围

公共关系对决策的咨询和参谋工作，不同于技术、经济和其他职能部门，它不是从技术的、经济的、业务的、人事的角度为决策提供意见，而是从社会公众的角度、组织形象的角度和传播沟通的角度为决策提供咨询服务。

1. 确定目标公众对象

公共关系的咨询参谋工作首先要为组织识别和确认公众对象，搞清楚自己的公众对象在哪里，公众环境有何特点；哪些是首要公众，哪些是次要公众；哪些是内部公众，哪些是外部公众；哪些是顺意公众，哪些是逆意公众，哪些是边缘公众；哪些是周期公众，哪些是稳定公众；哪些是知晓公众，哪些是行动公众等。组织面对的社会关系千头万绪，公共关系部门要帮助决策者梳理出头绪来，清晰地解释各类公众对于组织的利害关系，揭示组织与各类公众对象之间关系的性质、程度，提供一个有效的组织公众关系档案库，以备决策者随时检索和查询。因此，公共关系人员是组织决策者的社会关系顾问。

2. 设计组织的公众形象

公共关系的决策咨询工作又表现在设计组织形象，规划公众形象的各种要素，使各种形象要素按照既定的形象方案组合成一个整体的组织形象。公共关系首先要帮助组织进行形象“定位”，即为组织在公众心目中和市场上选择一个适当的位置，确定一个具有个性和统一的形象，这是公共关系决策中的一个重要环节。

如果组织的社会角色是明显和清楚的，那么只要使它更鲜明、更富于社会吸引力即可。对此，公共关系决策工作集中于各种形象标识的统一设计、制作和统筹安排。例如，研究和推敲组织的标识图案、专用字体、专用色彩等形象传播符号，并延伸到组织经营活动的各种物质载体上去，如宣传品、办公用品、产品包装等，使组织的形象在视觉上具有强大的聚焦效果和冲击力。

如果组织的社会形象是不清楚的、模糊的、难以界定的，甚至是完全不符合组织的本来身份的、混淆和混乱的，那么，公共关系决策工作首先就是为组织界定角色、明确身份、重塑形象或改造形象。例如，某食品厂以罐装食品为主导产品，但其企业名称、产品品牌、商标设计和包装设计均难以使人联想起“食品”，而容易被认为是“工艺品”，形象识别的误差很大。这就是形象错位，需要重塑形象，重新定位。

3. 制定组织的传播策略与方案

公共关系决策咨询功能还表现在为组织制定公共关系传播的策略与方案。公共关系要运用各种外交和宣传手段去沟通公众、树立形象，在投入公共关系资源和实施传播沟通之前，首先要制定出完善的公共关系策略与方案：制定目标——“对谁说”；设计内容——“说什么”；选择媒介——“用何种方式说”；策划时机和地点——“何时何地说”；预算费用——“准备投入多少资金”等。这些问题未解决之前，公共关系工作是不可能正式纳入经营管理的轨道和科学运作的。

4. 制定公共关系应变对策

公共关系的咨询参谋功能在变化和动荡的环境中显得更为突出和迫切。国际公共关系界于 20 世纪 70 年代末以来特别强调“问题处理”（issue management）和“危机处理”（crisis management）这两个概念，就充分说明了这一点。“问题处理”是指公共关系部门对于那些有争议的、将要进入立法程序的问题以及这种问题对组织的潜在影响进行分析、预测并制定应变对策和方案，使组织在社会活动中保持主动性和应变力。这说明公共关系在“事发之前”就必须启动其决策机器，发挥“超前管理”的功能。而“危机处理”是指发生突发事件、面临危机的时候的公共关系应变对策，如何帮助组织在社会动荡中保持平衡状态，渡过危机。这是公共关系应变决策的又一典型项目。可见，公共关系人员还是组织领导人的应变智囊。

二、公共关系咨询的方式

公共关系的咨询和参谋工作贯穿于决策的全过程，在决策的每一个环节都发挥作用。从决策目标的确立，决策信息的搜集，决策方案的选择，到决策效果的评估，都提供咨询建议。

1. 为确立决策目标提供咨询建议

决策的第一步是确立决策的目标。公共关系的咨询参谋作用，首先表现在为制定目标提供咨询建议。这种参谋的角度不同于技术、财务、人事等专业角度，而是一种相对超脱的、客观的角度，即从社会公众的角度去评价决策目标的社会制约因素和社会影响效果，努力地使决策目标与公众利益和环境因素相容。特别是现代组织的决策日益专门化，整体的决策目标体系需要分解为各个职能部门的专门决策目标，如生产决策目标、技术开发决策目标、财务决策目标、市场营销决策目标等。各职能部门的专家或管理人员将决策的焦点高度凝聚于本部门的专业目标，往往容易疏于从全局和社会的角度考虑决策所可能导致的社会效果。因此，急需公共关系部门站在公众和社会的立场上，综合评价各职能部门的决策目标可能引起的社会问题，从公众利益的角度去观察企业的缺陷，敦促有关部门，依据公众需求和社会价值及时修正可能导致不良社会后果的决策目标，使企业决策目标既反映企业发展的要求，也反映社会公众的需求，使公共关系本身成为整体决策目标系统中的组成部分。

2. 为决策提供信息服务

公共关系的决策参谋作用还表现在为决策提供各种社会信息，完善各种公众咨询渠道，建立各种信息来源，包括广泛的外源信息和及时的内源信息，并根据决策目标将各种信息整理、归类、分析、概括，提供给最高管理层或各个专业部门作为决策的客观依据。

3. 协助拟定和选择决策方案

决策方案是实现决策目标的各种方法和措施的总和。公共关系的参谋作用又表现在运用公共关系手段，为决策者评价、选择和实施有关的决策方案，特别关注决策方案在经济效益和社会效益方面的统一和协调，敦促决策者重视决策行为的社会影响和社会效果。同时，调动公共关系手段，广泛征询各类公众对象的意见，促进决策过程的民主化和科学化。

4. 从公众关系角度评价决策效果

公共关系参谋作用也表现在分析、评价决策实施的公众影响和社会后果，以及这种后果对决策目标的制约作用。运用公众网络和公共关系渠道，对那些付诸实施的决策方案进行追踪和反馈，使组织能够及时了解情况，并根据反馈的情况来调整决策目标，进一步完善决策方案。

三、公共关系咨询的作用

在组织的经营管理决策中，公共关系主要帮助组织解决以下问题。

1. 平衡部门利益和整体利益

如前所述，现代组织的专业化分工越来越细，各业务部门和职能机构越来越专门化，各专业部门的负责人往往都是专家，习惯从自己的专业角度考虑问题，维护部门的利益，容易忽略整体的协调和整体目标。而公共关系部门超脱于各专门的业务部门之外，站在宏观的角度考虑问题，提出的决策意见有利于平衡部门与整体之间的关系。虽然平衡部门与整体利益关系主要是最高决策者的职责，但公共关系部门的“非专业化”意见在一片专业化的呼声中显得较为超脱和客观，能帮助最高决策者注意到各专业化部门容易忽略的那些边缘性的因素，确定决策的平衡点。

2. 平衡近期目标和长远目标

公共关系特别关注那些趋势性、前瞻性的问题，关注环境变化的动态和种种潜在的因素，其决策眼光不拘泥于眼前的得失功利。因此公共关系的决策咨询意见要帮助组织观照长远利益和长远目标，并且将这种长远利益和长远目标与组织的近期利益和近期目标联系起来、结合起来。

3. 平衡组织自身利益与社会公众利益

公共关系是组织谋求发展的一种策略。而公共关系发展观认为，组织的任何发展都必须与自己的公众环境的发展相协调。任何损害公众利益的发展，只不过是为将来设置陷阱；任何促进公众利益的发展，才是符合组织的根本利益的。所以组织的决策目标中要反映公众的需求和利益。

4. 平衡经济效益与社会效益

公共关系部门要为促进组织的经济效益服务，但同时公共关系在经济组织中又是最重视社会效益的一种职能。公共关系本身的性质决定了它必须关注公众的利益，将经济组织的社会效益摆在重要的位置，通过良好的社会效益促进长远的经济效益。经济组织公共关系的真谛就在于营利性和社会性的平衡。因此，在决策过程中，公共关系部门总是要站在社会公众的角度去评价决策目标的得失，尽可能维持两种效益之间的平衡。

第三节　公共关系的传播推广职能

公共关系在组织经营管理中发挥着传播推广的作用，即通过各种传播媒介，将组织的有关信息及时、准确、有效地传播出去，争取公众对组织的认知、了解、信任与好感，提高组织及其产品、人员的知名度和美誉度，为组织创造良好的公众舆论，树立良好的社会形象。

一、公共关系传播推广的任务

公共关系是运用传播沟通艺术来争取公众、扩大影响、树立形象的。公共关系的传播推广工作要完成以下三个方面的任务：

1. 创造舆论，告知公众

公共关系的宣传功能首先在于“告知公众”，即向公众说明和解释组织的有关政策、行为和形象，争取公众的了解和理解，促使公众的认同与接受。这是一种为组织创造和形成公众舆论的工作。当公众对组织缺乏认识和了解的时候，组织就需要主动地传播自己、介绍自己，促进公众的认知与了解；当组织的政策和行为与公众有关的时候，就需要满足公众的知情权、知晓权，主动作出说明和解释，消除公众的疑虑，避免舆论的误解。让公众知道并正确地了解本组织，是建立良好公众形象的基本前提。

2. 强化舆论，扩大影响

运用各种现代媒介加强公众对组织的印象，深化公众对组织的了解，提高组织的社会知名度和美誉度，为组织及其产品推广形象，扩大影响，是公共关系宣传的重要任务。当一个组织及其产品有了基本的公众印象及良好的评价之后，还需要注意坚持不懈地作宣传推广，不断维持、完善已经享有的知名度和美誉度，强化良好的公众舆论趋势，强化良好的社会公众形象。一个组织处于形象良好的状态时，传播投入的效益一般都能获得比较理想的结果；相反，如果忽略了传播工作，公众对组织的印象会逐步淡漠，良好的形象会因为传播失误而受损。

3. 引导舆论，控制形象

公共关系宣传的功能还在于调节组织的信息输出量，引导公众舆论向积极、有利的方向发展，根据舆论反馈适当调整组织的行为，控制组织的形象。例如，当公众对组织的评价毁誉参半的时候，公共关系宣传需要小心谨慎地发挥“观念向导”的作用，缩小不利舆论的影响，引导有利舆论的发展。当组织的信誉度不能与知名度同步发展时，或知名度过高而脱离组织实际需要的时候，公共关系宣传要以低姿态介入舆论，适当降低组织的知名度和公众对组织的注意力。当组织形象不佳的时候，公共关系宣传应根据具体的原因，或者诚恳地向公众道歉和解释，争取公众的谅解；或者澄清事实真相，纠正舆论误解，扭转被动的局面，恢复组织的声誉。

二、公共关系传播推广的方式

公共关系的传播推广工作要运用现代信息社会所提供的一切传播媒介和传播方式，从现代化的大众传播到最古老和原始的人际传播。在实践中，公共关系传播推广的方式相当多样化。仅从公共关系传播推广的影响范围和具体手段来划分，大致可以概括为三大传播方式。

1. 大众传播方式

大众传播指专业的传播机构（如新闻单位、出版发行机构），通过大众传播媒介（如报纸、杂志、广播、电视等），将大量复制的信息传送给分散的大众。其特点是传播机构的专业化、传播对象的大众化、传播内容的公众化、传播手段的技术化、传播活动的高效化。现代信息社会又称为大众传播时代，公众舆论生活被各种大众媒体所主宰，要对公众舆论施加影响，最有效的手段莫过于大众传播。

公共关系的传播对象大部分是不直接见面的、远距离的、大范围的。要实现远距离、大范围的沟通，就要依赖大众传播媒介。例如，利用大众媒介进行广告宣传，能有效地提高知名度；利用大众媒介作新闻宣传，则既能提高知名度，又能提高美誉度。因为大众媒体本身具有一种“授予地位”的传播功能，即赋予被传播者特别重要的社会地位，扩大被传播者的社会影响。所以，凡是经过大众媒体正面报道的信息，都易于占领公众舆论的制高点，获得较高的公众认知率和良好评价。争取大众传播的机会，提高组织在大众媒体的出现率，是公共关系传播推广的一项日常工作。

2. 组织传播方式

组织传播主要指运用组织的自控媒介进行的传播活动方式。公共关系的传播推广工作要密切地配合组织的目标，按照既定的计划、方案去进行，仅仅依靠大众媒体和公众传播方式是不行的。一方面是因为大众媒体的传播往往是难以事先周到计划和控制的；另一方面是因为大众传播和公众传播方式的成本比较高。而组织自身直接控制的各种媒体随时随地均可利用，传播工作更主动、自如，能够紧密配合组织的需要。

组织自控媒介包括组织自办的报纸、杂志、网站；自编的画册、书籍；公司的简介、宣传品；企业的陈列室、橱窗；内部的有线广播和闭路电视系统；企业的标识系列——企业的标志、商标、标准字体、专用色彩及其在环境、车辆、服饰、包装、办公用品等载体上的应用。例如，河南新飞电器有限公司利用自己的网站，不仅详细介绍了公司产品情况，还展示了企业文化、企业荣誉、科技实力等，其中包括文字、图片、视频，既有理念诉求，也有服务提示，既有信息披露，更有公众反馈，很好地展示了企业形象。

3. 人际传播方式

人际传播主要指利用个人的传播优势，面对面地进行游说、演讲，以影响对方的观点、态度和行为。在说服性的传播活动中，人际传播以其私人性和情感性显示出特别的优势。人总是在受到特别的关注和重视的时候最容易接受别人的意见，也总是在情感交融的状态中最容易与他人达成共识。人际传播活动是个体对个体、面对面的传播方式，最有利于表达特别的关注和重视，最有利于进行情感的沟通。特别是在中国的文化传统中，个人特殊的传播威望常常会覆盖组织传播甚至大众传播，以显出独特的号召力和影响力。

三、公共关系传播推广的特点

公共关系的传播活动既有别于我国传统的政治宣传工作，也有别于纯粹的商业性宣传活动。通过比较，可以了解它的传播特征。

1）公共关系的传播活动不同于政治宣传工作。政治宣传工作属于政治思想工作范畴，公共关系传播活动则属于任何组织的经营管理范畴；政治宣传工作以纵向的传播机制为特征，公共关系传播活动则以横向、多元的传播机制为特征；政治思想宣传工作以内向型为主，以内部人员的思想教育为主，公共关系传播活动则以外向型为主，以影响公众和形象推广为主；等等。

2）公共关系的传播活动也不同于纯粹的商业性宣传。商业性宣传以宣传产品、吸引顾客为目的，公共关系传播以传播组织形象、影响公众舆论为目的；商业性宣传是一种直接的促销手段，以追求近期的市场效益为主，公共关系传播是一种非商业性的传播，以追求长远的社会影响为主。

了解了公共关系传播推广的特点，我们就能够恰当地区分组织中政治宣传工作、商业广告宣传和公共关系宣传工作的不同作用。这三者的作用在实践中是比较容易混淆的。概括来说，政治思想宣传主要是做人的思想工作的；商业广告宣传主要是推销产品的；公共关系宣传则主要是增进公众对组织的了解，提高组织的知名度，扩大组织的社会影响，树立组织的公众形象的。这三种宣传工作对企业组织来说都不可缺少，但各自的角度不同、内容不同、方式不同，作用也不同。因此既不能相互混淆，也不能相互取代。

第四节　公共关系的协调沟通职能

公共关系是组织与社会环境之间的一种协调沟通机制，即运用各种协调、沟通手段，为组织疏通渠道，发展关系，广交朋友；为组织减少摩擦，调解冲突，化敌为友。通过发挥协调沟通的职能，使公共关系成为组织运转中的润滑剂、缓冲器，成为组织与各类公众交往的桥梁，为组织的生存和发展创造天时、地利、人和的环境。

一、公共关系协调沟通的范围

一个组织与公众的关系较复杂，既有内部的关系对象，又有外部的关系对象，因此协调沟通的范围和对象既包括内部的协调沟通，也包括外部的协调沟通。内求团结，外求和谐，是公共关系协调沟通工作的宗旨。

1. 内部的协调与沟通

一个组织的内部关系状态直接反映着组织的内部凝聚力。管理阶层与全体员工之间的关系，组织内部各个职能部门之间的关系，是组织内部形象的试金石。组织能否得到内部成员的认可、信赖和支持？内部关系融洽和谐，意味着认可度高，信赖度强；关系紧张和存在摩擦，意味着管理阶层或组织的政策不得人心、不受欢迎。在决策层、管理层和广大员工之间，存在着如何加强沟通，联络感情，增进了解，相互配合的问题。解决这个问题应该是公共关系工作的一部分。

公共关系工作将组织自身的成员视为“公共关系对象”，尊重组织成员分享信息的权利，即知晓权和了解权。通过建立和完善组织内部的各种传播沟通渠道和协调机制，促进组织内部的信息交流，上情下达，下情上达，横向联络，分享信息。在充分的信息交流与分享的基础上，促进全体成员思想上的认同和行为上的一致，提高组织的向心力、凝聚力。如果内部传播有障碍，沟通不灵，组织的成员对本组织的信息没有了解的优先权，甚至外部社会早已纷纷扬扬，自己的成员还蒙在鼓里，就会在组织内部产生麻木不仁、忧虑不安、焦急烦恼、猜疑传言等消极情绪和现象，从而形成隔阂冷漠、离心离德的状况。

示例　**上海通用汽车借助“微信企业号”打通内外部关系**

作为一个庞大的汽车集团，上海通用企业“微信企业号”真正打通了员工内部、上下游供应商之间错综复杂的关系。

员工内部：提供员工关爱及服务，以及相关员工信息查询，包括人员服务（餐厅、班车等信息）、HR 助手（员工信息查询）和工厂开放日（员工及家属活动）等。

上下游供应商：作为公共关系部、市场部、公共关系代理及执行公司、核心媒体的信息公告平台，提供核心产品及品牌信息查询、稿件下发、工作手册检索及活动信息管理、提醒；为员工和经销商提供车展、经销商大会等活动的管理、查询和通知，包括活动流程、信息统计、航班查询、酒店选择、服务投票等。

2. 外部的协调与沟通

在对外交往方面，公共关系承担着组织“外交部”的繁重任务，要运用各种交际手段和沟通方式，热情地迎来送往，积极地对外联络，为组织开拓关系，广结良缘，为组织的生存和发展减少各种社会障碍，增加各种有利的机会，创造和谐的公众环境。

1）任何组织的发展都离不开社会各方面的配合与支持。组织从自身利益出发，首先要处理好各类直接的业务来往关系，诸如顾客与用户关系，原材料与能源供应关系，产品的销售网络关系，运输部门的关系，银行信贷及投资人关系，生产经营的协作者关系，教育、技术部门关系等，以保证组织日常人、财、物与技术的经营运转。

2）要妥善处理好组织与各种权力制约部门之间的关系。如政府各职能管理部门，像工商管理局、税务局、审计局、公安局、司法部门以及海关，还有目前体制下存在的各业务主管部门，争取这些职能管理部门的理解和支持非常重要。

3）主动建立和发展各种非业务性的社会关系，如社区关系、新闻界关系、社会名流关系、社会团体关系等，尽可能扩大组织的公共关系网络，广结善缘。通过争取公众的好感和支持，为组织的生存和发展奠定“人和”的基础。从这个角度来说，公共关系在组织中要发挥“外交部”的功能。

二、公共关系协调沟通的方式

面对错综复杂的矛盾和日新月异的关系，公共关系的协调沟通工作包括社会、组织和个人三个层面的协调沟通。

1. 社会的协调与沟通

当一个组织面临的公共关系问题涉及广泛的社会公众，需要与社会各方面的人士进行协调的时候，便要采取社会性的沟通方式，即组织直接与社会各界人士接触、交流，直接与广大公众沟通。具体形式是多种多样的，较为常见的有以下五种：

（1）社会对话活动

就公众关切的热点问题，组织的官员或专业人士利用公众活动的形式和场合，直接征询公众的意见，回答公众的问题，解释有关的政策和行为，寻求共识。

示例 **知屋漏者在宇下，知政失者在草野——温家宝总理“网络问政”**

“知屋漏者在宇下，知政失者在草野。”这是汉代政论家王充《论衡》中的一句话。意思是说，是否漏雨，在屋宇下的人最清楚；政策得失，老百姓的评说最重要。

2009年2月28日、2010年2月27日、2011年2月27日，温家宝总理连续三年通过中国政府网、新华网，同海内外网民进行在线交流，重现网络时代“炉边谈话”，传递了中国政府网络问政新风。

三次网络在线交流，网民提问数量在逐年增加，由2009年的30余万条，到2010年、2011年的50余万条，问题涉及面从第一年的金融危机、灾区重建、个人生活，第二年的劳动就业、社会财富分配、反腐倡廉、世博会，到今年（2011年）的物价、大学生就业、节能减排、医疗保险等，问题面广量大，绝大部分都与保障和改善民生直接相关，温总理三年分别回答了29个、24个、20个问题。

温家宝总理网络问政具有问题广泛性、交流直接性、提问尖锐性、沟通亲切性、目标明确性的特色。其公关启示也很明确。首先，要把互联网建设成为政府组织传播的常态平台。其次，要进一步畅通网络举报监督渠道。最后，要对网络传播渠道进行合理的规范和引导。

（资料来源：郎群秀. 知屋漏者在宇下，知政失者在草野——温家宝总理“网络问政”. 公关世界，2011, 4. ）

（2）大型公众咨询活动

在重大的政策出台之前，策划主题活动，发动成千上万的公众参与这一主题的讨论，群策群力，集思广益，并增加组织与公众之间的双向了解和理解。南方某大城市的市委和市政府，推出系列性的“千家谈”活动，如“房改问题千家谈”“社会治安千家谈”“物价改革千家谈”“交通管制千家谈”“菜篮子工程千家谈”等，吸引市民和有关单位踊跃发表各种不同的意见，提出各种建设性的方案。市领导为这一活动定的口号是“让政府了解您，让您了解政府”。这种双向了解充分体现了社会性沟通的宗旨。

（3）举办开放日活动

举办开放日活动即组织机构定期向社区和各界人士开放，接待各界人士参观机构的运作过程，接待各种咨询、投诉、来访，提供各种便民、实惠的服务，以增进了解和友谊。

（4）信访和热线电话

除了传统的来信来访形式之外，利用现代通信手段设置诸如市长电话、市长专邮、热线服务项目（包括城市的交通、天气、邮电、金融、购物指南等），以及官员接待日、现场办公服务等，这些都是加强社会协调沟通的具体形式。

（5）社区参与活动

组织机构积极参与社区的福利、慈善事业，支持社区的物质文明和精神文明建设，或利用地方性节日与社区举行联欢活动等，以进行感情投资。

2. 组织的协调与沟通

公共关系协调沟通工作的一个重要内容，就是协调好本组织与其他社会组织和团体的关系。组织对组织的协调沟通方式，一般有以下四种：

（1）互访活动

组织与组织的领导人或有关人员之间进行互访、会谈，不仅是一种礼节性的活动，而且有利于促进相互之间的了解、信任与合作。广州郊区某企业过去与当地社区关系紧张，当地乡政府每年都因企业的排污、车辆来往与停放等问题与该企业打官司闹纠纷。后来，企业的领导人主动拜访了乡政府的领导，并邀请乡政府领导回访企业，通过互访，增进了了解，达成了谅解，合理地解决了实际问题，增进了相互间的友谊。从那以后企业便有了一个良好的社区环境。

（2）会议交流

如果同时涉及多个组织之间的关系，通过安排多方“圆桌会议”平等地进行对话交流，也有助于组织与组织之间的协调。

（3）谈判

谈判是就一些双方共同关注又比较棘手的问题安排谈判，也是组织对组织的一种常规性的沟通协调活动。

（4）参与行业协会或跨行业协作组织

当今社会的协作关系日益广泛，一个组织可充分利用各种协作性、交流性的社会团体活动，去发展组织之间的联系。

3. 个人的协调与沟通

公共关系的协调沟通工作也要利用个人的人际关系作用，如交际、游说等。特别是在中国的文化背景下，人们比较重视个人关系，组织的公共关系工作中伴随着较浓的人情关系因素，包括地缘关系和私人关系。人际关系不通则公共关系不达，甚至组织的信誉也往往由个人关系来担保。虽然其中有许多东西与国际公共关系惯例不相符，但却是一种中国的国情。将来随着开放的深入和现代化进程的发展，可能会有所改变，但应该说，个人关系的好坏肯定会对组织的公共关系有一定的影响和制约，古今中外概不例外。因此，公共关系的协调沟通工作也要充分注意个人的作用，充分利用人际关系的网络，为组织的公共关系目的服务。

三、公共关系协调沟通的目标

在复杂多变的社会公众环境中，公共关系的协调沟通工作主要要实现以下两个目标：

1. 减少摩擦，化解冲突

组织的社会关系越多越广泛，产生矛盾和摩擦的机会就越多。运用各种协调沟通的手段就有助于组织减少各种社会摩擦，减少各种社会冲突。从这个角度说，公共关系是组织的润滑剂、缓冲器。

矛盾和差异的存在是客观的，处理不当就可能转化为冲突和对抗；而处理得当也可能化干戈为玉帛。2009 年 6 月，某公司工人张某由于从事破碎、开压力机等有害工作，罹患尘肺病，但由于公司漠视人的生命而故意隐瞒和阻挠，被多家医疗机构确诊为尘肺病的他，却被专门鉴定机构作出了“肺结核”的诊断。为寻求真相，这位 28 岁的年轻人只好跑到一家权威医院，不顾医生劝阻“开胸验肺”，以此悲壮之举揭穿了谎言。可见，处理各种社会摩擦与冲突，除了要适当运用行政手段和法制手段之外，适当地运用公共关系协调的手段，去缓和、淡化矛盾，防止矛盾恶化，是非常重要的。

2. 广结良缘，借力发展

在现代社会，关系本身就是一种财富，朋友越多，关系越好，发展的机会就越多，事业就越容易成功。运用公共关系的各种协调沟通手段广交朋友、广结良缘，能够借助社会公众的力量来发展自己，促进事业的成功。广东某企业聘请了近百位文化、艺术界的人士组成了一个名流顾问团，借助他们的社会声望和影响有效地扩大了企业的声誉，提高了企业的知名度。类似的例子数不胜数。这说明只要公共关系意识强，关系也能转变为生产力。

以上公共关系的四大职能仅仅是公共关系最主要、最突出的职能，是各类不同组织的公共关系工作普遍存在的共同点。公共关系还具有其他的职能，如教育、服务、处理危机事件等，或者还可以作类似的更为具体的分析。特别是各种不同的组织，其公共关系的具体职能也各具特点。

第五节　公共关系的功能

公共关系的基本功能是公共关系之所以产生和存在的基础，是其价值所在。公共关系功能是指公共关系对社会组织及其社会环境所发挥的积极、独特的作用与影响。公共关系的功能经历了一个不断演变、发展的历史过程。最初它只是一种简单的宣传活动，发展到今天已成为一个多元化、多层次的功能体系，可分为直接功能和间接功能。

知识点　所谓“职能”，一般可理解为人或组织应有的职责和作用，公共关系职能也就是公共关系机构或从业人员的职责与作用。所谓“功能”，既可作与职能近似的理解，也可理解为对职能的抽象总结和概括。这里说的公共关系的功能，主要是相对公共关系的职能而言的，它是指对公共关系职能的总结，或者说，它是公共关系职能发挥过程中所显示出来的效能。

一、公共关系的直接功能

公共关系的直接功能是指其直接对组织生存、发展带来的影响与作用，主要表现在两个方面：一是导向作用，二是增强组织实力的作用。

1. 导向作用

市场经济要求组织迅速完成转轨变型，公共关系的导向作用能加速这一过程的实现。

（1）组织观念导向

公共关系为组织设计并培养独特的企业精神、组织文化、组织哲学和组织方针，使组织能顺应形势，在竞争中有精神支柱，发挥组织的整体实力和优势。

（2）组织政策导向

公共关系理论的导入，为组织制定经营政策、质量政策以及多种有效措施增添了新鲜内容，使之更具生命力。例如，珠海重奖有功科技人员的政策就对组织吸引人才产生了巨大的效应，极大地增强了组织的优势和竞争能力。

（3）组织行为导向

公共关系对组织的员工素质提出了新的要求，对组织自身整体行为也提出了新的要求，这对于改善组织的经营作风、工作效率，提高组织的工作质量与服务质量都很有意义，有利于为组织赢得良好的信誉。

（4）组织形象导向

公共关系的主要任务是为组织塑造形象。公共关系将争取公众的活动变成一项自觉、科学的系统工程。例如，运用公共关系技巧提高组织的知名度和美誉度，科学地进行组织形象设计、定位、确立，为组织创造巨大的无形资产。

（5）组织舆论导向

公共关系将组织放在信息社会之中去考查它的生存与发展，利用各种传播媒介与手段来传播组织形象，传播组织的观念与政策，赢得公众的理解与支持。在现代信息产业迅速发展的社会中，社会舆论正在发挥越来越大的作用。

在社会主义市场经济条件下，公共关系的五种导向作用相辅相成，构成一个完整的导向系统。它对组织在发展中创造良好环境、减少前进阻力、适应社会环境有着不可估量的作用。可以说，在竞争中通过导向作用最大限度地争取社会公众的这种公共关系功能，是其他管理手段和功能所无法比拟的。

2. 增强组织实力的作用

强大的实力是组织在竞争中立于不败之地的基础。公共关系作为组织竞争中的一大资源，若能合理开发利用，可以产生巨大的能量，有效地增强组织实力，创造无形资产，促进有形资产积累。

二、公共关系的间接功能

公共关系的间接功能是指公共关系对其功能对象（社会、组织、个人）所发挥的一种间接作用。间接功能主要表现在公共关系对个人和社会的作用两个方面。

1. 对个人的作用

公共关系对个人的作用主要表现在以下三个方面：

1）促进个人观念的更新。

2）促进个人知识的更新。

3）促进个人能力的提高。

2. 对社会的作用

公共关系主要用于对组织内外环境的监测与调适，在这一过程中，组织的主观能动性必然会对社会环境产生影响，主要表现在以下三个方面：

（1）优化社会经济环境

公共关系可以帮助组织争取最好的经济效益，引进大量先进管理科学技术，提高组织的整体素质，同时促进组织经济的横向联合、协调发展，促进整个社会经济的繁荣。

（2）优化社会互动环境，净化社会风气

社会互动是指社会横向关系，人与人、群体与群体之间的交往和相互作用。公共关系引导社会树立新观念，提倡双赢，并首先从我做起，引起社会互动，为净化社会风气发挥日益重要的作用。

（3）优化社会心理环境

公共关系可以通过创造良好的环境与氛围，培育健全的社会心理，通过利益调整与心灵沟通，达到和谐发展，从而使社会环境得到优化。

小　结

公共关系以建立社会组织的良好形象为工作目标，围绕这一目标所开展的具体活动和工作便形成它的职能范围。

公共关系在组织的经营管理活动中，首先要发挥信息情报的搜集、整理、分析、评估的作用，充当组织的“耳目”，使组织“眼观六路，耳听八方”，对与组织相关的社会环境和公众舆论保持高度的敏感性。

公共关系信息搜集的内容主要包括公共关系中的形象信息和公众环境信息两个方面。公共关系信息搜集的渠道包括内源信息渠道、外源信息渠道两种。公共关系信息搜集在于了解公众，监测环境，评估效果，分析形象，预测趋势，咨询决策。

公共关系在组织的营运决策中，发挥着咨询、建议、参谋的作用。公共关系咨询的范围包括确定目标公众对象、设计组织的公众形象、制定组织的传播策略与方案、制定公共关系应变对策。公共关系咨询的方式包括为确立决策目标提供咨询建议、为决策提供信息服务、协助拟定和选择决策方案、从公众关系角度评价决策效果。

公共关系在组织经营管理中发挥着传播推广的作用，任务在于创造舆论，告知公众；强化舆论，扩大影响；引导舆论，控制形象。公共关系传播推广可以概括为三大传播方式：大众传播方式、组织传播方式、人际传播方式。

公共关系是组织与社会环境之间的一种协调沟通机制，即运用各种协调、沟通手段，为组织疏通渠道，发展关系，广交朋友；为组织减少摩擦，调解冲突，化敌为友。公共关系协调沟通的范围既包括内部，也包括外部。公共关系协调沟通的方式包括社会的协调与沟通、组织的协调与沟通、个人的协调与沟通。

公共关系功能是指公共关系对社会组织及其社会环境所发挥的积极、独特的作用与影响，可分为直接功能和间接功能。公共关系的直接功能是指其直接对组织生存、发展带来的影响与作用，主要表现在两个方面：一是导向作用，二是增强组织实力的作用。公共关系的间接功能是指公共关系对其功能对象所发挥的一种间接作用。间接功能主要表现在公共关系对个人和社会的作用两个方面。

案例分析

“金利来”创名牌

“金利来，男人的世界!”动人的广告词，把名牌金利来领带传播得家喻户晓。然而，人们对于金利来如何创出名牌来却知之甚少。金利来（远东）有限公司董事长曾宪梓道出了他艰辛创名牌的道路。

创业之初，曾宪梓夫妇以一把尺子、一把剪刀及一台国产蝴蝶牌缝纫机起家，当时他们上有父母，下有3个孩子，一家6口人挤在一间60平方米的屋子里，生活相当艰苦。当时香港人设计的时装都用外国名字，可曾宪梓却将自己生产的领带取了一个中国名字“金狮牌”。一个新牌子要挤进市场已属不易，打上中文牌名，推销更是难上加难。

虽然曾宪梓作了种种努力，他精心制作的领带销路仍然不好，这使他感到困惑，原因到底在哪里？终于，他在一个亲戚那得到了启迪。过年时，他送了几条领带给那位亲戚，不料那位亲戚不仅没有谢意，反而满脸不高兴地说：“我才不用你的领带呢，金狮金狮——什么都输掉了。”原来香港话的“狮”与“输”读音相近，而这位亲戚是个马迷，最忌这个“输”字。

这一夜，他躺在床上，翻来覆去睡不着，拍着自己的脑袋喃喃道：“怎么早没有想到这一点呢？”他下决心改换领带的牌名。然而改成什么呢？他苦苦琢磨了大半夜，终于获得了灵感，决定将“金狮”的英文字母gold lion用意译和音译结合的办法来产生品牌名，即“gold”意译为金，“lion”音译为“来”，中间加一个人们喜欢的“利”字，于是“金利来”的牌名诞生了。“金利来”多吉利的名字，世界上有什么人不喜欢“金”“利”“来”呢？

有了好的产品、好牌子，又怎样使它叫得响，提高它的知名度呢？

一个偶然的机会，在朋友的帮助下，曾宪梓终于鼓起勇气，把“金利来”推到电视广告上去。他回忆往事时，感慨颇深地说：“我得感谢我的一位朋友，当时他在香港无线电视台工作。1971年，适逢取得世界冠军的中国乒乓球队访问香港，这位朋友力邀我购买电视台转播乒乓球表演赛的赞助权，在比赛中穿插播出“金利来”领带广告。我听了连连推辞，广告费要30 000港币，而当时的30 000港币可以买600平方米的房子了，我这个天天为6口之家奔忙的人，如何支付得起这笔费用呢？我确实拿不出这笔钱。这位朋友从中斡旋，作了通融，答应做完广告后收钱并以分期付款的方式缴齐。多么诱人的机遇呀！我决定冒一次险，不冒点险怎么能打出自己的品牌呢？”

决心是下了，但这广告怎么做？如何选择朗朗上口又能吸引人的广告词呢？曾宪梓决定自己动手撰写。他精心推敲出一句句精练动人的广告词：“金利来，男人的世界”“方格——热情慷慨；斜纹——勇敢决断；圆点——爱慕关怀；细花——体贴温馨”。

果然，出色的广告使“金利来”一炮打响。表演赛结束后，订单雪片一样飞来，电话也响个不停，“金利来”出名了。

一个名牌，一个在香港创造的中文商标名牌终于打响了。

曾宪梓深感欣慰。他不信只有外国商标才能创造名牌，他坚持用中文作商标，创造中国自己的名牌的愿望终于实现了。

（资料来源：边一民. 2004. 公共关系案例评析. 杭州：浙江大学出版社.）

案例讨论：

1．“金利来”的成功经验是什么？

2．该案例的启示是什么？

思考与练习

一、思考题

1．公共关系信息搜集主要包括哪些方面？通过什么渠道来搜集信息？

2．公共关系对于组织发展具有决策职能吗？为什么？

3．试述公共关系决策咨询范围及方式。

4．公共关系传播推广有哪些方面的任务？其方式有哪些？

5．公共关系协调沟通主要是对内吗？它主要包括哪些方面？有何方式？

6．公共关系的直接功能是什么？

7．公共关系的间接功能是什么？

二、课堂讨论题

1．有人认为公共关系作用巨大，无所不能，只要很好地开展公共关系工作，组织将顺利发展；而有人则认为公共关系是花拳绣腿，华而不实，只有注重技术改进，把产品质量搞上去，组织才能稳步发展。你认为呢？

2．组织只要建有公共关系部，开展公共关系业务，就能很好地塑造良好形象，这种说法对吗？如何才能更好地发挥公共关系的作用？

三、课外实践题

1．调查了解学校开展公共关系的状况，分析是否充分发挥了公共关系的作用及其成因。

2．自选主题，以小组的形式组织一次公共关系宣传活动，锻炼和检验自己的公共关系能力。

第四章　公共关系人员与组织机构

CHAPTER 4

学习目标

- 了解公共关系意识的含义和内容。
- 理解全员公共关系意识的特点和功能。
- 熟悉公共关系人员的素质和要求。
- 掌握组织的公共关系工作机构种类及模式。

案例导入

大衣怎样放

一家公司准备聘用一名公关部长，经笔试筛选后，只剩下八名考生等待面试。面试限定每人在两分钟内，对主考官的提问作出回答。当每位考生进入考场时，主考官说的是同一句话："请您把大衣放好，在我面前坐下。"然而，在考试的房间中，除了主考官使用的一张桌子和一把椅子外，没有别的东西。有两名考生听到考官的话以后，不知所措；另有两名急得直流泪；还有一名听到提问后，脱下自己的大衣，搁在主考官的桌子上，然后说了句："还有什么问题？"结果，这五名考生全部被淘汰了。

剩下三名应试者，一名听到主考官发问后，先是一愣，旋即脱下大衣，往右手上一搭，躬身致礼，轻轻地说道："这里没有椅子，我可以站着回答您的问话吗?"公司对这个人的评语是："有一定的应变能力，但创新开拓不足。彬彬有礼，能适应严格的管理制度，可用于财务和秘书部门。"另一名应试者听到问题后，马上回答道："既然没有椅子，就不用坐了。谢谢您的关心，我愿听候下一个问题。"公司对此人的评语是："守中略有攻，可先培养用于对内，然后对外。"最后一名考生的反应是，听到主考官的发问后，他眼睛一眨，随即出门去，把候考时坐过的椅子搬进来，放在离主考官侧前约一米处，然后脱下自己的大衣，折好后放在椅子背后，自己就在椅子上端坐着。当时间到的铃声一响，他马上站起来，欠身一礼，说了声"谢谢"，便退出考试房间，把门轻轻地关上。公司对此人的评语是："不着一词而巧妙地回答了问题；性格富有开拓精神，加上笔试成绩佳，可以录用为公关部长。"

（资料来源：涂光晋. 2014. 公共关系案例. 沈阳：辽宁大学出版社.）

【分析】公共关系工作是一项极富挑战性和创造性的工作，公共关系人员是组织与公众的中介者，但绝不是"传声筒"，必须以自己的想象力和创造能力来影响和感染公众。不满现状，不断超越，追求卓越，追求创新是公共关系人员的应有素质。

公共关系活动有一个从自发到自觉的过程，自觉的公共关系活动一经开展，便产生了建立组织机构的需要。目前许多组织都组建了公共关系部门，成为决策的重要"参谋"。公共关系人员是公共关系工作的策划者、承担者和执行者，他们是否具有良好的素质，将会影响公共关系工作能否顺利开展。如何利用和组合公共关系的组织机构，认识公共关系人员的角色，以及对公共关系人员进行培养和选拔，是公共关系工作不可缺少的环节。

第一节　公共关系意识

公共关系意识是公共关系工作人员基本素质的核心。

一、公共关系意识的含义

公共关系意识也称为“公共关系思想”“公共关系观念”，是指一种尊重公众，自觉致力于塑造组织形象、传播沟通、争取公众理解与支持的观念和指导思想。

公共关系意识有三层基本含义：①对公众地位、作用的认识；②对影响和争取公众的必要性和能动性的认识；③对公共关系如何影响公众的认识。

二、公共关系意识的内容

公共关系意识是一个复杂系统，其内容概括起来有以下六个方面：

1. 尊重公众的意识

尊重公众的意识，也可称为“投公众所好的意识”“公众优先的意识”，是公共关系意识中最重要和最基本的意识。20 世纪 80 年代以来，在我国尊重公众的意识随着市场经济的发展和国外公共关系的引进逐渐觉醒，“公众就是上帝”“顾客至上”“公众永远是对的”“投公众之所好”等一些发达国家公共关系口号的引进就是这种意识觉醒的表现。组织树立这样的公共关系意识是对过去计划经济条件下“皇帝的女儿不愁嫁”的官商思想的一次革命，是进入市场经济、投入激烈竞争的一种必要的思想准备，在当前改革、发展的浪潮中更应加强这一点。那么怎样才算具备了尊重公众的意识呢？

（1）在组织的发展决策中，要尊重公众的需求

伯内斯早在 1923 年就指出，公共关系工作是为了“赢得公众的赞同”，“公共关系应首先服务于公众利益”，因为这涉及组织本身的生存需要。在市场经济条件下，组织不能积极满足公众的需求，其生存就会受到威胁。某军工厂在改革中需要转产，国家给了一大笔投资。该厂没有考虑现在和将来公众的需要，而是去看别的厂生产什么最赚钱。当时电冰箱、洗衣机正畅销，于是该厂也引进国外生产线生产电冰箱、洗衣机。几千万投资花完了，产品生产出来时，市场也基本饱和了；而新产品又不是第一流的，于是造成产品滞销，走进新的“死胡同”。而另外一些企业看到信息社会中公众对不断发展的电子、信息行业的新需求，生产与计算机配套的中文系统，获得巨大市场。软件、移动电话市场的火暴也完全是顺应了公众新需求的结果。

（2）当组织与公众发生矛盾时，应尊重公众的权威性

一方面，要学会站在公众的立场和角度去考虑问题，化解对立的观点；另一方面，即使在争执中公众有时并非完全正确，自己要受一些损失，也应将“正确”让与公众，承认他们的利益，承认他们的说法有道理。美国有一家希尔斯百年老店，提出的口号就是：“第

一，顾客永远是正确的；第二，如果顾客是错的，请参照第一条。”“货物售出，可以退换。”他们知道肯定会有人从中占便宜，但他们坚信大多数公众是正直的；结果该店不仅没有垮掉，反而发展到全美50个州，成为最著名的连锁店之一。因此，从公共关系的角度看，“顾客永远是对的”的口号，不是认识论的真理判断，不是法律上是与非的裁判，而是一种公共关系意识的经典表达，是一种以退为进的成功经验，是公共关系教育的重点。

（3）为公众服务时要热情，要负责到底

美国国际商用机器公司的优质服务是举世闻名的，“‘IBM’就意味着最佳服务”是其成功的公共关系口号。公司是这么说的，也是这么做的。公司要求对用户的每一条意见必须在24小时内予以答复。有一次，美国佐治亚州亚特兰大市一家公司使用的国际商用机器公司的计算机出了毛病，8小时之内，公司就派了8名专家来处理问题，其中4位是来自欧洲的，1位是来自加拿大的，1位是从拉丁美洲来的，充分体现了对公众负责的精神。当顾客有了意见时，国际商用机器公司把顾客意见和抱怨看作一种黄金般的机会。公司一位经理说：“当一个顾客给我们打电话时，那是一个多好的机会呀！使我发愁的倒是那些不打电话来抱怨的顾客。”另一位经理说：“记住，来电话抱怨与不想打电话抱怨的人数之比是1∶50，后者是恼火得连话也不想对你说。”有时顾客提出的批评不一定正确，该公司还是尽力按照顾客意思办而不惜花大量的钱财。

（4）于细微处体现公共关系意识

北京长城饭店公共关系部常从一些小事入手培养员工的公共关系意识。一次，有位服务员在打扫房间时，发现客人床头摊放着一本书，她没有信手把书合上，而是细心地在摊开的地方夹了一张便签当作书签。事后，客人对服务员细致的服务倍加称赞，并将此事告诉了同来的几十名同事，回国后还写了三篇文章，赞扬她在长城饭店受到的优质服务。公共关系经理抓住这件小事告诉员工：公共关系要从细微处做起，所有员工都应通过自己的一举一动体现公共关系意识。

（5）要主动投公众之所好

公共关系界一直流传着一个典型案例：一位女士来到巴黎一家饭店投宿，她放下东西后就出去办事，回来后发现室内床罩、窗帘、沙发罩等都换成了红色的，她高兴地问公共关系部经理为什么作了更换。公共关系部经理回答，因看见该女士的衣服、鞋子、手袋都是红颜色的，知道她一定喜欢红色，就将房间的布置都换成了红色的。这位女士非常满意，当场拿出1万美元作为小费。这一案例反映了现代服务中典型的“投公众之所好”的公共关系意识。服务型组织如此，生产型组织若有此意识也一定会使组织精神面貌焕然一新，从而使组织走向成功。

2. 塑造形象的意识

塑造形象的意识是公共关系传播工作的核心，其他方面的公共关系意识是在尊重公众意识这个逻辑核心的基础上围绕着如何塑造组织形象的实务而展开的。在计划经济条件下，我国的组织缺乏竞争，只要完成上级的计划就能生存，形象问题不突出。可现在，几乎所有的民用品都供过于求，市场竞争日益激烈，越来越多的人意识到组织形象与名牌特色是一个组织的无形资产和无价之宝。改革的大潮中，一些组织成功了，一些失败了，失败的原因很多，其中一条就是缺乏塑造形象的意识。过去人们常说“酒好不怕巷子深”，而现在，在快节奏的商战中，这句话已经不够用了。

示例 **青蛙王子微博传播**

作为日本婴童日化企业的领军者，青蛙王子积极顺应时代发展的潮流，于 2010 年 11 月正式开通了青蛙王子官方微博。官方微博开通以来，相继举办了“Oh My Baby 织微博抢好礼”“Super Baby 秀宝宝赢好礼”“圣诞舞夜广告口号大征集”“呱呱团跳不停”以及“青蛙王子跨年送新礼”等一系列微博活动，效果显著，得到广大网友的热情参与、积极互动，在网友简短的留言中，消费者对青蛙王子的喜爱显而易见。因此可以说，公共关系意识催发了公共关系策划，公共关系策划创造了佳绩。

随着公共关系事业的发展，一些组织清醒地认识到组织的形象、品牌、知名度、美誉度对组织生存发展的价值，甚至视其为组织的生命。

3. 真诚互惠的意识

真诚互惠的意识是公共关系的交往意识和功利意识。

组织不可避免地要同外界交往，要在竞争中营利生存。但公共关系理论指导下的竞争，不应是“你死我活”“尔虞我诈”的，而应该是现代文明的竞争，既竞争又合作，共同发展。现代哈佛谈判术也提倡成功的谈判双方都是胜利者。

互利互惠的前提是“真诚”，缺少“真”就是虚情假意，说一套、做一套，互惠就难以成立。

互利互惠的意识表现在四个层次上：①目的的互利互惠；②计划的互利互惠；③行为的互利互惠；④效果的互利互惠。只有这样，才能赢得公众，使组织在竞争中永远立于不败之地。

4. 传播沟通的意识

传播沟通的意识实际上也是一种重视信息的意识、一种平等民主的意识。组织为了塑造良好形象、实现其目标，必须做到以下三点：

（1）重视信息传播

公共关系的竞争不是财力、物力的竞争，而是开发信息资源、开发舆论力量、开发智力的竞争。公共关系产生时就借助于传播事业，发挥着传统方法起不到的作用。今天公共关系最能发挥影响力的也依然在传播领域。只有具备传播沟通的意识，才有可能自觉传播，挤占“‘注意力’市场”，争取到广大公众，赢得他们的理解与支持。改革需要组织的高质量产品，也同样需要组织的知名度、美誉度，需要精神消费和品牌消费。

（2）当组织与外界发生矛盾时，要具备民主意识

要遵循双向对称原则，平等竞争、公平合作，能容纳多种意见，不能厂大欺客，也不能曲意逢迎，要有意识地去主动沟通，在沟通中寻求理解与支持，在沟通中谋求和谐发展。

（3）塑造形象要深入细致，不怕麻烦

新加坡的航班在世界上一直享有最佳服务的盛誉，除了正点准时的起落和服务人员热情甜美的微笑以外，特别讲究与乘客进行沟通。我国某省省长出国曾乘坐新加坡航班，空中小姐不但用汉语服务，而且讲的是地道的该省长家乡的方言，真正做到宾至如归、亲切感人。原来当乘客订机票时，小姐们就开始筹划接待方案，记照片，背姓名，为了在世界

上塑造最佳服务形象真可谓用心良苦。

5. 创新审美的意识

创新审美的意识突出了公共关系是塑造组织形象的艺术的内涵。公共关系是一门科学，又是一门艺术，既有规律性、实验成功的可重复性，又强调创新性、唯一性。如果说公共关系的原理在全世界都是大同小异，那么公共关系实务则特别强调各国、各民族、各地区、各企业的个性、艺术性和创新性。

公共关系要随人类社会的发展不断创新。良好的组织形象需要相对稳定，但稳定不是一成不变，而是一种积极的稳定，在稳定中孕育着发展；不但要超过对手，而且要超越自我、超越昨天。可以说每一次成功的公共关系活动都是一次创新。公共关系要有敢为天下先的创新意识。公共关系作为人类精神文明的成果充分反映了对美的追求。公共关系实务需将组织形象按照公众心中美的规律去塑造，唯有美的形象才能为人们欣赏和接受，唯有美的活动才能吸引人、打动人，让人们参与和投入。

6. 立足长远的意识

立足长远的意识是塑造组织形象稳定性的要求，也是其艰苦性的表现。组织形象是主体作用于客体的一种信息，可以传播、储存，可以保留很长时间而不失真，但它不是一朝一夕可以完成的。一种形象一旦传播出去、树立起来，就具备了相对稳定性。这一特性要求组织树立形象时一定要慎重，有立足长远的意识，而不能朝三暮四。获得“全国优秀公共关系企业”称号的杭州民生药厂是1926年的老字号。新中国成立以后由于种种原因多次更改过厂名，别说外商，连本国人如不是行内的都搞不清楚。1984年该厂厂长出国访问时与外商谈起杭州第一制药厂，外商则回答“没听说过”；而一提到以前的民生药厂，外商都说知道，有的父辈还同民生做过交易。厂长没有想到老字号依然有很大影响，于是他们在市经委支持下恢复了老厂名，在对外交往中取得了事半功倍的效果。

三、公共关系意识的培养

公共关系意识同一切人类先进的思想一样，由少数先进的实践者、开拓者从实践中领悟出来并将其上升为理论。因此，培养、启发、引导、灌输先进的公共关系意识，就成为组织现代化的重要任务之一。培养公共关系意识的有效途径可以归纳为以下四种：

1）普及公共关系知识，明确公众在公共关系中的地位，明确组织形象是无形的资源，明确公共关系意识的科学性，以科学的理论抵制不正之风。

2）学习公共关系的历史与产生条件，明确公共关系意识是对历史发展规律的自觉认识，从而增强培养公共关系意识的自觉性。

3）结合学习马克思主义的唯物史观和方法论，学习现代社会主义市场竞争原则，明确人民群众是创造历史的动力，学会真诚合作。

4）加强业务学习，分析成功案例，提高基础素质、文化素质，培养敬业精神，加强实践，学习先进；领导要以身作则，上行下效。

四、全员公共关系意识

全员公共关系意识又称“全员PR”，是指组织全体人员都要具有公共关系的意识。理论界有人认为这样的提法不符合公共关系职能的本意，是一种降格。因为公共关系是一种高智慧的职业，要靠策划参与竞争，是一门专门的科学与艺术；一个组织内不可能全体人员都是高智慧的专家与艺术家，不可能都是智者、参谋、外交家、宣传家。

其实，这是一个问题的两个方面，好的形象需要专家策划，更需要全体员工展示，只靠专家自己展示是远远不够的。因此，不能否定全员公共关系意识的重要性。全员公共关系意识与专家公共关系意识非但不矛盾，而且是相辅相成的。公共关系工作需要组织专家、专业公共关系人员和每个员工都参与到其中才能成功。

1）培养全员公共关系意识有利于塑造良好的组织形象。喜来登饭店集团是世界上最大的豪华饭店集团组织之一。天津喜来登饭店开业不久，一位外宾发现他衣服上掉的扣子一到这里就被服务员钉好了，他很感动，立即写了表扬信。像这类小事不胜枚举，而正是这些小事使饭店树立起美好形象。员工的自觉行为被派来暗访的调查员上报到美国喜来登总部，该店遂被评为该集团亚洲最佳饭店。

2）培养全员公共关系意识有利于维持组织良好形象，使专家的策划不至于落空。否则，专家精心策划的活动就可能由于某个员工没有公共关系意识而失败。某饭店到北京开发市场，请公共关系专家精心策划，率先办起北京第一家企业家信息茶座，报纸、电视台都作了报道，引起了不小的轰动。而当一些企业家特地赶来交流信息时，却被门口的工作人员挡了驾，告知没有这么回事；结果被人告到报社，认为这一公共关系活动是欺世盗名。更有甚者，该店由于员工素质差，一次因为顾客对菜汤味道有怨言而对顾客大打出手，最后不但被告到报社，而且不得不停业整顿。

3）培养全员公共关系意识有利于员工素质的提高，使组织立于不败之地。公共关系是现代社会文明的产物，现代社会是一个分工越来越细、合作也越来越重要的社会。培养全员公共关系意识，可以使员工开阔眼界，了解社会、同伴及竞争对手，学会合作，培养健全人格和获得社会尊重，还可以促使他们从行为上注意组织形象，热情，负责，讲究仪表、礼仪，善于沟通，团结互助。

第二节　公共关系人员

公共关系人员从狭义上理解是指从事公共关系职业的专职人员。

劳动与社会保障部为公共关系人员下的定义是：专门从事组织机构公众信息传播、关系协调与形象管理事务的调查、咨询、策划和实施的人员。

从广义上理解，公共关系人员泛指组织内部和外部从事直接的公共关系工作、公共关系理论研究和公共关系教学的人员，以及在公共关系协会等公共关系组织机构工作的人员。

小资料　据统计，目前全球公共关系从业人员广泛地分布在各种组织中：大约40%的从业人员在工商企业中工作，27%的从业人员在公共关系公司、广告公司和咨询服务机构就业，14%的从业人员服务于协会、基金会和教育机构，其余的公共关系人员则在医疗保健组织、政府机关和慈善组织、宗教组织及社会福利组织中工作。例如，美国政府中就有4400位公共事务专业人员，美国公共关系学会拥有1万多名会员，而博雅、尚德威克在内的全球最大的6家公共关系公司的雇员都超过了1000名，一些位列《财富》杂志500

强的大型公司的公共关系部门的公共关系人员数也在 100 名之上。公共关系从业人员不仅数量多、增长快，还是少数几个高薪行业之一。根据美国公共关系学会的调查，公共关系从业人员平均工资（年薪）接近 5 万美元，那些为身价亿万美元的大型公司服务的公共关系人员年薪收入高达 10 万美元、20 万美元甚至更多。而且他们除了 6 位数的工资外，还能得到股票期权、奖金福利和丰厚的退休金。美国波士顿忠诚投资公司聘用的一位公共关系高级副总裁，年薪超过 50 万美元；时代华纳公司最高层公共关系职位的补偿一揽子方案总数竟达 100 万美元。

公共关系人员是公共关系事业的主力，是组织形象的主要策划者和传播者，其素质的高低、优劣，直接影响到公共关系的效果。公共关系人员应具备较好的心理素质，有良好的知识结构和实用的能力技巧，并要具备很好的职业道德，这样才能成为一个合格的公共关系人员。

补充说明　在一些行业外的人看来，公共关系工作对人的要求就是“俊男靓女”加“口若悬河”，这其实是对公共关系工作的极大误解。公共关系工作是一项专业性很强的工作，对其从业人员也有特殊的要求。俊男靓女固然好，口若悬河亦所求，综合素质若不佳，两者齐备也枉然。作为一名专业的公共关系从业人员，首先应具备合理的知识结构和专业技能，其次应有较强的综合能力，此外还必须有良好的心理素质和道德素质。

一、公共关系人员的心理素质

素质是一个集生理学、心理学和社会学等多种意义的综合范畴。狭义的素质单指人的生理解剖特征；广义的素质则主要是指人的社会心理特征，它包括人的感知能力、记忆能力、思维能力、反应能力和运动能力，以及个人的性格、兴趣、知识、品格及气质等特征。公共关系人员的心理素质是组织公共关系人员基本素质的基础。一般论述公共关系人员心理素质往往从希波克拉底对人类性格的四种划分开始，即胆汁型、多血型、黏液型、抑郁型，或从内向型、外向型剖析；而在社会生活中，我们见到的绝大多数人都是综合型，人的心理素质也是如此，社会角色的要求与塑造大大超过生理因素对一个人影响的程度。总的来说，公共关系需要情商高的人才。

根据公共关系工作的实际需要，公共关系人员的心理素质必须具备以下四个方面：

1. 追求卓越、渴望成功

成功首先需要的是成功的心态、成功的欲望，需要有成功的动力。俗话说：“不怕做不到，就怕想不到。”想不到，就不会成功，可如果连追求卓越、渴望成功的愿望都不具备，想都不想，就会从根本上与成功无缘。

公共关系需要人发挥自己最大的聪明才智，以不断创新的能力去竞争，要敢想、敢于创造惊世之作，策划出引起轰动的公共关系活动。与一个普通工人在生产线上按部就班地完成自己工序的任务不同，公共关系需要去创造、策划，放眼组织之外，关心社会公众，在全国乃至世界范围内寻求机遇、寻求成功，因此需要更强大的动力系统。

公共关系活动虽然有时看上去轰轰烈烈，但凡是从事专职公共关系的人都深知其中甘苦。策划一个大型公共关系活动，是对心力、体力要求极高的考验；社会对公共关系工作期望又很高，如果没有强烈的事业心，就吃不了这种苦。不求上进的平庸之辈和只顾眼前、见好就收的实用主义者都不可能成为一个合格的公共关系专业人员。

2. 易于投入、热情工作

公共关系行业有些像医生行业，是为组织和社会组织诊断，由于职业道德和生存需求，往往不能自由选择公众对象，正如同医生不能选择病人一样。另外，公共关系行业在很大程度上是一门中介行业、代理行业，因而不可能只埋头做一件事就会获得成功，一个公共关系人员如果不能迅速转换角色、迅速投入新领域，就无法工作。

公共关系是一个既动脑又动手，既有学又有术的职业，公共关系人员不是审批方案的决策者，要做到嘴勤、手勤、腿勤，要动脑，要动手写、动手做，要到处跑。一个公共关系人员能否胜任这些工作、是否受欢迎，关键在于是否具备易于投入、热情工作的心理素质。

3. 自信

公共关系要创新，必然要承受压力，甚至是巨大的压力。有自信心，是公共关系人员职业心理最基本的要求。有了自信心，才能激发极大的勇气和毅力，最终创造奇迹。

公共关系是一项创造性的劳动，它的价值在于塑造组织最佳形象，创出前所未有的效益；因而在手法、技巧上要敢于走前人没有走过的路。当一个创造性的新方案一时得不到大多数人的理解与支持时，有较强的自信心，敢于坚持用实践去检验真理，很可能就能成功；如果缺乏自信心，怀疑自己的根据，不敢承担必要的风险，也许一个天才的设想，就会被平庸所扼杀；一个创新的领域被经验主义所束缚，公共关系就会失去其创造性的艺术光芒而丧失其存在的价值。

4. 开放乐观

公共关系本身就是一种开放型的工作，因此要求公共关系人员以一种开放的心理适应这一工作。公共关系人员在同外界打交道时会遇到各种各样的人，应该能够应付自如、游刃有余，善于“异中求同”，与各种类型的人建立良好的关系。

此外，公共关系人员还应具有强烈的求知欲，多研究新事物，关心新问题，接受新知识、新观念，不拒绝一切有益于公共关系的信息。公共关系工作要求创新，会带来一定的风险，工作中就必然会遇到各种各样的困难与挫折，这一点比其他行业更突出一些。面对困难与挫折，公共关系人员应能达观面对，走到哪里就把微笑带到哪里，而不能把满脸愁云带给公众。这不仅是对公共关系人员的一种心理素质要求，还是公共关系人员的一种职业规范。

二、公共关系人员的知识素质

公共关系人员的知识素质是指其知识结构与水平，知识结构与水平在很大程度上决定了一个人的业务能力和思维能力。公共关系人员的知识结构是公共关系知识体系在公共关系人员头脑中的固化，这个知识体系包括职业公共关系人员从事公共关系工作所必需的专业知识和相关知识。一般来说，成功的公共关系人员应该是一专多能的“杂家”，我们通常要求公共关系人员所具备的知识结构包括以下四个方面：

1. 公共关系的基础理论知识

公共关系理论是人们对于公共关系社会实践活动的科学的总结和理论概括。知识应包括公共关系的基本概念，公共关系的由来和基本原则，公共关系三大要素，即社会组织、公众和传播的概念和类型，不同类型的公共关系机构的构建原则和工作内容，公共关系工作的基本程序，等等。

公共关系的理论体系与知识结构是一个开放的系统，要不断地发展、充实，逐渐吸收各国的特色并深入行业之中，开拓新的领域。

2. 公共关系的基本实务知识

公共关系是一门哲理性、实务性都很强的学科，公共关系人员除了需要通晓公共关系的基本理论知识以外，还必须具备公共关系的基本实务知识。公共关系的基本实务知识包括公共关系调研的知识，公共关系活动策划的知识，公共关系活动实施与评估的知识，处理各种危机的知识，公众对象分析的知识，与各类公众打交道的知识，社会基础文明和社交礼仪礼节的知识等。劳动与社会保障部颁布的《公共关系员职业鉴定标准》对公共关系人员应掌握的技能提出了相应的知识体系：

1）该标准 2.2.1 小节要求掌握：①公共关系的含义；②公共关系的要素；③公共关系的职能；④公共关系的工作程序及其原则。

2）该标准 2.2.2 小节要求掌握：①中国公共关系的发展历程和现状；②国际公共关系发展史。

3）该标准 2.2.3 小节要求掌握：①公共关系职业道德规范的形成过程；②公共关系职业道德规范的内容和基本要求。

3. 与公共关系密切相关的学科知识

1989 年全国高级公共关系教学研讨会上，来自全国的 100 多位学者认真讨论了一个合格的公共关系专业大学生应具备哪些知识、学习什么课程，最后形成了一个达成共识的教学计划，其中所设课程如下：

1）专业骨干课程：①公共关系学；②公共关系人员素质；③专业公共关系；④公共关系策划。

2）传播学及相关门类课程：①传播学原理；②媒介理论与实务；③演讲与口才；④人体语言；⑤公共关系应用写作；⑥电脑应用；⑦谈判理论与技巧。

3）管理学及其相关课程：①管理学原理；②组织文化；③市场营销；④广告概论；⑤会计学原理；⑥法律门类课程（如经济法）。

4）基础课程：①社会学；②心理学；③文化学；④逻辑学；⑤实用美学。

此外，公共课按教育部规定开设。

4. 与对象相关的特定的公共关系知识

公共关系部应是一个人才能力互补的群体，作为其中一员应有自己的专长，或长于对内关系，或长于传播交往，或长于专题策划，或长于国际公共关系，以便在群体中发挥自己的作用。没有一定专长的公共关系人员在今天的公共关系工作中一定会感到力不从心，难以有大的作为。

三、公共关系人员的能力素质

能力在心理学上指顺利完成某种活动所必需的、直接影响活动效率的个性心理特征。公共关系是一种综合性的工作，它对公共关系人员的能力有较高的要求。

知识点 美国著名公共关系学者卡特里普等人所著的经典著作《有效的公共关系》将公共关系工作概括为十大类：写作；编辑；与新闻媒介联络；特殊事件的组织与筹备；演讲；制作；调研；策划与咨询；培训；管理。根据这些工作内容，将公共关系人员的能力概括为：①对紧张心理的控制能力；②个人创造能力；③好奇心与求知欲，有很强的认知能力；④精力过人、有雄心大志；⑤客观地考虑问题，实事求是，有出色的判断能力；⑥具有从他人的角度观察问题的能力；⑦为他人服务的精神；⑧友善；⑨全面的适应能力；⑩较少个人意识。

公共关系人员必须具备以下五种能力：

1. 组织能力

组织能力是指公共关系人员完成某种特定任务的策划、指挥、安排、调度及协调的能力。它是公共关系人员从事公共关系活动的重要保证。公共关系人员的组织能力主要表现为：搜集、整理信息的能力；组织人员制订公共关系计划的能力；组织实施公共关系方案的能力；组织协调内外关系的能力等。

公共关系活动是一种目标明确的活动。像纪念活动、庆典活动、记者招待会、各种联谊会、商品展览会等信息、资料需要公共关系人员去搜集、整理、分析和传递；周密的计划需要公共关系人员去策划和制订；活动的实施需要公共关系人员去组织安排；组织内外成员的关系需要公共关系人员去协调；组织成员的积极性需要公共关系人员去调动。因此，公共关系人员如果缺乏组织能力，公共关系活动将无从展开。

2. 宣传能力

宣传能力是指公共关系人员将组织的有关信息通过自己或新闻媒介向公众进行有效传递的能力。它是组织与公众建立联系的手段和桥梁，是塑造组织形象的重要渠道。公共关系人员的宣传能力主要包括语言表达能力和非语言表达能力。

（1）语言表达能力

语言是人类最重要的交流工具，是信息传递最有力的手段。实验证明，借助语言表达的信息，在意义上的损失最小。因此，较强的语言表达能力是公共关系工作对公共关系人员的最基本要求。公共关系人员应能熟练地从事与公共关系有关的应用文写作，如新闻稿、演讲稿、调查报告、宣传资料、说明书、年度报告或工作总结、各种公文等。这类文体要求行文简洁、规范，内容充实、生动，文笔清新、流畅，给他人以较强的说服力、号召力和感染力。公共关系人员与他人交流思想、沟通信息时多数情况要通过口头交谈、讨论进行，这就要求公共关系人员具有较强的口头表达能力，主要包括演讲、交谈、谈判和说服他人的能力。公共关系人员只有加强学习和训练，才能思维敏捷、反应迅速、表情达意、能言善辩，其语言表达能力才能提高。

示例

林语堂宗亲演讲

被称为“幽默大师”的林语堂，一生著作甚丰，其中最畅销的是1937年完成的《生活的艺术》。该书在美国已发行了40版以上，历经数十年不衰。

林语堂不但文章好，而且言谈风趣。有一次，纽约某林氏宗亲会邀请他演讲，希望借此宣扬林氏祖先的光荣事迹。这种演讲吃力不讨好，因为不说些夸赞祖先的话，同宗会失望；若太过吹嘘，又有失学人风范。当时，他不慌不忙地上台说：“我们姓林的始祖，据说是商朝的比干丞相，这在《封神榜》里提到过；英勇的有《水浒传》里的林冲；旅行家有《镜花缘》里的林之洋；才女有《红楼梦》里的林黛玉。另外还有美国大总统林肯，独自驾飞机越大西洋的林白，可说人才辈出。”林语堂这一段简短的精彩演讲，令台下的宗亲雀跃万分，禁不住鼓掌叫好。然而，我们细细体会他的话，就会发现他所谈的都是小说中虚构的人物，或是与林氏毫无关系的美国人，并没有对本姓祖先进行吹嘘，诚然幽默可喜，不愧为中国的“幽默大师”。

（2）非语言表达能力

非语言表达能力也称形体表达能力。人们可以利用态势如面部表情、手势、身体的姿态和目光来表达感情和交流信息。例如，伸出大拇指，表示对他人称赞；目不转睛，表示认真听或对此事感兴趣。非语言表达能力较强的公共关系人员能用此表达丰富的感情，能够起到语言表达所起不到的作用，把一些不便口头和文字表达的信息传递给对方。所以公共关系人员在与他人交往的过程中要注意对方用态势和表情所传递的信息，自己也要善于在不同场合下用态势和表情传递信息。

3. 社交能力

社交能力是指公共关系人员与他人交往的能力。公共关系人员与他人交往使组织与公众之间建立良好的人际关系，为组织的生存和发展创造良好的环境。一个缺乏社交能力的人往往人为地在自己与社会、自己与环境、自己与他人之间设置一道心理屏障，这样的公共关系人员将不能适应现代社会发展的需要，也难以胜任公共关系工作，从一定意义上说，公共关系人员是外交家，是社会活动家。

4. 应变能力

应变能力是指公共关系人员应对各种情况的变化，使组织形象不致受损的能力。组织在发展，外界环境在发生着不断的变化，有些变化是出人意料的，这时如果不采取相应的措施，组织的发展就会受到影响，组织的形象就会受到损害。当不利于组织的突发事件发生时，公共关系人员就应有技高一筹的应变能力。公共关系人员在不利的局势下，要处乱不惊，果断处理，采取相应的措施控制事态向不利的方向发展，控制舆论，防止歪曲的事实引起公众的恐慌和不安，否则，后果不堪设想。例如，山西假酒轰动全国，其影响无疑也波及全国的老牌名酒——杏花村酒，这时公司领导人员、公共关系人员已意识到要采取相应的措施，以降低假酒对他们的影响。他们请质检部门对本厂的酒进行检验，并在太原召开了新闻发布会。但其结果是该公司的酒的销量依然大幅下降。究其原因，是该公司公共关系人员采取的措施不力。假如新闻发布会在北京举行，向全国发布，并配以其他的公共关系活动，不仅会减少假酒对公司的影响，还可以利用此次机会提高公司的信誉，塑造良好的企业形象，但该公司的公共关系人员没有如此，未能消除全国人民对山西假酒的恐慌，导致酒的销量急剧下降。

此外，公共关系人员在日常的工作中，分析处理问题时，要有灵活的工作方法，协调各种关系，化解各种矛盾。在解决各种矛盾冲突时，要善于用自然、轻松、幽默的方式来解除尴尬，缓解气氛，这种应变能力对公共关系人员来说是非常重要的。

5. 创新能力

创新能力是指公共关系人员具有流畅、独特、变通、创新以及超越平常思考与活动的能力。公共关系工作是一项富有挑战性和创新性的工作，公共关系人员的创新能力是公共关系活动的生命力和吸引力所在。在当今充满竞争的社会开展公共关系活动没有现成的固定模式可遵循。无论开展宣传性的公共关系，还是发展维护性的公共关系；无论采取防御性的公共关系，还是采取矫正性的公共关系；无论提供建设性的公共关系，还是举办兴趣性的公共关系；无论从事征询性的公共关系，还是提供服务性的公共关系，公共关系人员都必须具备丰富的想象力和创造力。公共关系人员在公共关系活动中只有不断求新、求异，领先一步，才能引起公众的兴趣，激发公众的合作意识，达到扩大组织的影响，塑造组织形象的目的。创新能力是公共关系人员开拓事业的重要条件之一。公共关系人员要提高自己的创新能力，就要博览群书，勤于思考，要敢于想别人所没有想的，做别人所没有做的，打破常规，大胆设想，刻意求新，在实际工作中要有丰富的想象力，善于运用复合思维。实践证明，成功的公共关系活动都是公共关系人员的创造能力和智慧的结晶。

示例

汤匙与温度计

汤匙与温度计是我们常见的生活用品，然而，有位美国青年突发奇想，将它们“嫁接”在一起，推出了“温度匙”，使用者由此可以观察到匙内所盛汤水或食物的温度。该产品备受育婴母亲的欢迎。该青年由此创办了一家工厂，后来逐步发展成为大企业。

公共关系是一门专业化程度较高的职业。上述的组织能力、宣传能力、社交能力、应变能力和创新能力是公共关系人员必须具备的能力。当然这并不意味着只有具备这些能力的人，才能从事公共关系的工作。因为能力可以通过学习、培训、实践得到提高，具有这些能力的公共关系人员才有可能在公共关系活动中施展自己的才华。

四、公共关系人员的情绪智商

公共关系是一门同人打交道的学问，是一种“赢得爱的艺术”，又属于“智业”，因此，公共关系人员应该具备高智商和高情商。

众所周知，IQ（intelligence quotient）代表智商，它曾是测定人生成就的权威性标准。但在高科技时代，IQ 的权威性正在动摇，一种全新的测量标准已经产生，那就是 EQ（emotional quotient），即情绪智商。公共关系人才培养也可借鉴这一标准。

1. 情绪智商的含义

情绪智商这一概念是美国耶鲁大学心理学家彼得·塞拉维和新罕布什尔大学的约翰·梅耶于 1990 年首次提出的，并于 1996 年对其含义进行了修订。所谓情商，是指个人对自己情绪的把握和控制，对他人情绪的揣摩驾驭，以及对人生的乐观程度和面临挫折的承受能力。正如 IQ 被用来反映传统意义上的智力一样，EQ 亦被用来衡量一个人的情感智商的高低。如果说智商分数更多地用来预测一个人的学业成就，那么情商分数则被认为是用于预测一个人能否取得职业成功及生活成功的更有效的指数，它更好地反映了个体的社会适应性。

情绪智商这一概念自提出以来，已受到社会各界人士的高度重视，人生成功的方程式也由此改写为 20%的 IQ 加 80%的 EQ 等于 100%的成功，EQ 教育已成为 20 世纪最重要的心理学研究成果。特别是在人类逐渐跨入网络时代的今天，随着人际交往的密切，公共关系成为 21 世纪的紧俏行业，EQ 更将成为每个渴望自我完善、自我实现的人理应关注的重要课题。

2. 情绪智商的内容

沙洛维介绍情绪智商时涵盖了心理学家嘉纳的个人智能，继而扩充为以下五大类：

（1）认识自身的情绪

认识情绪的本质是 EQ 的基石。这种随时随刻认知感觉的能力，对了解自己非常重要。中国有句古话："人贵有自知之明。"不了解自身真实感受的人必然沦为感觉的奴隶，反之，掌握感觉才能成为生活的主宰。公共关系人员要帮助组织、企业认知自我，也要先学会有自知之明。

（2）妥善管理情绪

情绪管理能力包括自我安慰，摆脱焦虑或不安。古语云："自知者智，自胜者强。"这方面能力较匮乏的人常需与低落的情绪交战，掌控自如的人则能很快走出生命的低谷。公共关系人员要能帮助组织、企业走出低谷，首先要有自己能走出低谷的能力。

（3）自我激励

成就任何事情都要靠情感的自制力——克制冲动与延迟满足。要有"自强不息，水滴石穿"的精神。保持高度热忱是取得成就的动力。一般而言，能自我激励的人做任何事的效率都比较高。公共关系人员要帮助组织、企业激励员工，提高办事效率，首先要学会自我激励。

（4）认知他人的情绪

同情心也是基本的人际技巧，同情建立在自我认知的基础上。具有同情心的人较能从细微的信息中察觉他人的需求，公共关系人员要学会"一眼识透他人心"，要学会"换元思维"，即站在对方、第三方角度看问题。

（5）人际关系的管理

人际关系就是管理他人情绪的艺术，我们应该探讨这方面的能力与技巧。一个人的人缘、领导能力、人际和谐程度都与这项能力有关，一个公共关系人员对公共关系工作胜任与否也与这项能力有关。充分掌握这项能力的人常常是社会上的佼佼者。因此，公共关系人员应特别善于学习，成为管理他人情绪的高手，进而成为引导社会情绪的高手。

IQ 与 EQ 虽互异但不冲突，每个人都是两者的综合体，IQ 高 EQ 奇低的人或 EQ 高 IQ 奇低的人都很少见。公共关系人员两个方面都要发展。

五、公共关系人员的职业道德准则

道德是一定社会调整人们之间以及个人和社会之间的关系的行为规范的总和。公共关系要讲职业道德。早在 1923 年，伯内斯在他的第一本公共关系专著中就提出了公共关系从业人员的职业道德。此后，各国的公共关系协会、国际公共关系协会都制定了公共关系的职业道德和行为准则，中国也作了这方面的探索。公共关系职业道德成为公共关系事业发展过程中一个不可回避的热点问题。组织公共关系人员应自觉遵循这些已为行业认同的道德准则。

在众多公共关系组织制定的职业准则中，《国际公共关系道德准则》的影响最大。很多国家的公共关系组织都采用该准则，或以此为范例作些变动，以适应自己国家的需要。除了《国际公共关系道德准则》外，《英国公共关系协会行为准则》和《美国公共关系协会职业标准准则》的影响也很大。

1.《国际公共关系道德准则》

《国际公共关系道德准则》由国际公共关系协会名誉会员、法国的卢亚恩·马特拉特起草，于 1965 年 5 月 12 日在雅典国际公共关系协会全体大会上通过，所以又称《雅典准则》；1968 年 4 月 17 日德黑兰全体大会对该文件进行了修改，因而也称《德黑兰宣言》。

《国际公共关系道德准则》有如下条款：

1）应该努力做到：①为建设应有的道德、文化条件，保证人类可以享受《联合国人权宣言》所规定的诸种不可剥夺的权利作贡献；②建立各种传播网络与渠道，以促进基本信息自由流通，使社会的每一成员都有被告知感，从而产生归属感、责任感、与社会合一感；③牢记由于职业与公众的密切关系，个人的行为——即使是私人方面的——也会对事业的声誉产生影响；④在自己的职业活动中尊重《联合国人权宣言》的道德原则与规定；⑤尊重并维护人类的尊严，确认各人均有自己作判断的权利；⑥促使为真正进行思想交流所必需的道德、心理、智能条件的形成，确认参与的各方都有申诉情况与表达意见的权利。

2）应该保证做到：①在任何时候任何场合，自己的行为都应赢得有关方面的信赖；②在任何场合，自己均应在行动中表现出对他所服务的机构和公众双方的正当权益的尊重；③忠于职守，避免使用可能引起误解的语言，对目前及以往的客户或雇主都始终忠诚如一。

3）应该避免：①因某种需要而违背真理；②传播没有确凿依据的信息；③参与任何冒险行动或承揽不道德、不忠实、有损于人类尊严与诚实的业务；④使用任何操纵性方法与技术引发对方无法以其意志控制因而也无法对之负责的潜意识动机。

2.《中国公共关系职业道德（草案）》

为了矫正国内公共关系界出现的某些不正确的公共关系行为，同时使公共关系人员有章可循，推动中国公共关系事业的健康发展，1989 年 9 月 27 日全国省、市公共关系组织第二次联席会议提出了《〈中国公共关系职业道德准则〉草拟及实施方案》。

《中国公共关系职业道德准则（草案）》以我国社会公认的道德规范和我国公共关系实际为出发点，并借鉴了《国际公共关系道德准则》《威尼斯准则》及国外其他一些有参考价值的文件。虽然它还不尽如人意，有待于进一步完善，但它的诞生无疑是中国公共关系事业发展史上的一件大事。

这里，我们将该职业道德准则的正文条款转引如下：

1）每个公共关系从业人员必须使自己的公共关系实践和理论符合我国的宪法、法律和社会公认的道德规范，必须铭记他自身的一举一动都将影响到社会公众对这种职业的总体评价。

2）在任何情况下，公共关系从业人员必须做到全心全意为我国的社会主义事业服务，都应该考虑有关各方的利益，首先应该考虑社会公众的利益，同时也应该考虑自己所在组织的利益。

3）公共关系从业人员在进行公共关系活动的时候，力求真实、准确、公正和对公众负责。

4）从事各种专门公共关系的专职人员应该在借鉴、钻研和实践的基础上努力提高各自的公共关系业务水平。

5）公共关系教育工作者应该以一种严肃、认真、诚实的态度对待公共关系高等教育和普及教育。

6）公共关系从业人员不得参与不道德、不诚实或有损于本职业尊严的行为。

7）公共关系从业人员不得为了个体利益故意传播虚假的或使人误解的信息。

8）每个公共关系从业人员不应该有意损害其他公共关系从业人员的信誉和公共关系实务，但是如果有证据证明其他公共关系从业人员有不道德、不守法或不公正行为，包括违反准则的行为，应该向自己所属的公共关系组织如实反映。

9）公共关系从业人员不得借用公共关系名义从事任何有损公共关系信誉的活动。

10）公共关系从业人员不得利用贿赂和其他不正当手段来影响传播媒介人员真实、客观的报道。

11）公共关系从业人员在国内外公共关系实务中应该严守国家和各自组织的有关秘密。

3. 劳动与社会保障部在《公共关系员》1999 年职业标准“职业道德”中的相关规定

其规定公共关系人员的职业道德是：①奉公守法，遵守公德；②敬业爱岗，忠于职责；③坚持原则，处事公正；④求真务实，高效勤奋；⑤顾全大局，严守机密；⑥维护信誉，光大形象；⑦服务公众，贡献社会；⑧精研业务，锐意创新。

第三节 组织的公共关系工作机构

公共关系工作机构是专门执行公共关系任务、实现公共关系功能的行为主体，是公共关系工作的专业职能机构，属于社会咨询机构或组织的职能部门。近几年，随着我国社会主义市场经济的稳步发展，公共关系职业化特点越来越明显，公共关系工作机构也越来越健全。根据公共关系实践的历史和现状，我们可以将公共关系从业人员的岗位归属分为三类组织机构：组织内部的公共关系部、专业的公共关系公司和独立的公共关系社团组织。

一、公共关系部

公共关系部（简称“公关部”）是社会组织为了实现组织目标、贯彻公共关系思想，由专业公共关系人员组成的以塑造形象、协调关系为任务的专门机构。它与组织内部的人事、财务、计划、业务、技术等部门一样，是组织的重要职能部门。

1. 组织内设公共关系机构的名称和形式

各类不同的组织，公共关系机构往往以不同的名称和形式存在。除“公共关系部”之外，还有许多不同的名称。根据对国外组织中公共关系机构的名称的不完全统计，使用得比较多的有：公共关系部、公共事务部、公共信息部、传播沟通部和公共关系与广告部。我国政府中的“新闻办”“信访局（处）”“交际处”“联络处”“对外宣传处”等，其中都有公共关系工作，承担部分公共关系职责。

公共关系机构的名称在国外已沿用了约 90 年，已得到世界性的理解和接受。我国的组织在规范自己的公共关系行为和职能的时候，可以考虑与这个国际性的概念和名称“接轨”。

2. 公共关系机构在组织中的性质和地位

（1）公共关系机构的性质

由于公共关系的职能具有传播性、沟通性，即统筹管理组织有关传播沟通的业务，因此其职能目标和业务内容完全不同于其他的职能部门。

（2）公共关系部门的地位

从管理作用上看，公共关系职能部门在组织总体中扮演一种“边缘”“中介”的角色，即处于决策部门与其他专业职能部门之间、组织与外部环境之间，担负着建立联系、沟通信息、咨询建议、辅助服务、策划组织、协调行动等责任。

1）公共关系部门在组织内部管理中的地位。从系统论的观点来看组织的管理结构，公共关系部门作为一个子系统，其位置介于管理子系统与其他非管理子系统之间。公共关系部门介于高层决策中心与各个执行部门之间，介于各管理、执行部门与基层人员之间。

2）公共关系部门在企业外部经营中的地位。公共关系部门介于组织与公众之间，对外代表组织，对内代表公众，通过传播活动保持组织与公众环境之间的双向沟通。

3. 组织内设公共关系机构的基本模式和设置要求

（1）组织内设公共关系机构的四种基本模式

1）部门隶属型，即公共关系机构附属于组织的某个职能部门。

2）部门并列型，即公共关系机构与组织的其他职能部门平行排列，处于同一层次。与第一种类型相比，此种类型的公共关系机构在组织中的地位和权力比较高，反映了公共关系业务在组织中的独立性和重要性。

3）高层领导直属型，即公共关系部处于整个组织系统中的第三个层次，但作为一个三级机构，它并不隶属于哪一个二级机构，而是直属于组织的最高层领导，直接向最高决策层和管理层负责。这种类型综合了以上两种类型的特点，公共关系部门具有较大的沟通权限，可以直接与最高行政长官沟通，并代表最高行政长官与其他部门沟通，直接介入决策。

4）公共关系委员会，即由组织的主管领导牵头，各职能部门负责人共同组成的公共关系工作协调委员会，统一指导和协调全局的公共关系活动，下设公共关系办公室，负责日常工作。

各类组织在具体设置公共关系机构的时候，必须根据自身的性质、特点、需要、规模等具体情况来考虑。

（2）设置公共关系部的基本要求

1）精简。无论从哪个角度设立公共关系部，都要符合投入较少的人力、物力、财力，完成较多、较好任务的要求。精简包括两个主要内容。①人数不能过多，人员要精干。一般来讲，公共关系部的人数不能超过组织内部各管理机构的平均人数。美国一家公共关系协会，对企业公共关系部的平均人数进行了调查，按每年销售额来确定公共关系部的人员数量，超过 10 亿美元的企业，公共关系部的平均人数是 65 人；5 亿～10 亿美元的企业，是 20 人；2.5 亿～5 亿美元的企业，是 13 人；1 亿～2.5 亿美元的企业，是 12 人；0.5 亿～1 亿美元的企业，是 6 人；0.5 亿美元以下的企业，平均是 4 人。②机构内部层次不能过多，要因事设职，因职设人，要责任明确，分工恰当。机构内部层次的减少，可促使信息流通加快，密切工作人员之间的关系，有利于交流思想，提高工作效率。

2）针对性。针对性是在组建公共关系部时，要根据不同的组织、不同的性质，面对不同的社会公众来设置。这样能体现特色，有利于开展工作，产生实效，不能按照某一模式生搬硬套。

3）专业性。设置公共关系部要做到专业化、正规化。专业化是指该组织的人员受过专门的公共关系训练，有强烈的公共关系意识和公共关系能力。正规化是指组织上和工作内容上都要保持其正规化，公共关系部专门从事公共关系的计划组织工作，任务明确，不能把不涉及公共关系的事务性工作都交给公共关系部。

4）协调性。协调性就是要求在设置公共关系部时，要立足于公共关系工作的协调性。设置公共关系部要做到：①要使它与组织内部的各个部门相协调，并能起到协调各部门关系的作用；②公共关系部内部的层次结构和工作人员也应相互协调，以便充分发挥它本身的作用，要建立一条稳定的信息输出和反馈的通道；③在设置公共关系部时，还要对组织与社会各界的协调起积极作用。具备了这种多方面、多层次的整体协调条件，才能设置合理的、有效的公共关系部。

（3）公共关系部与组织中其他部门的关系

在工作中，公共关系部与市场营销部、人力资源部和法律顾问处的联系尤为紧密。这些部门的工作在一定程度上互相融合并有所交叉。正因如此，在某些情况下，公共关系部和市场营销部、人力资源部、法律顾问处之间会产生摩擦。

在一个组织中，市场营销部与公共关系部的职能最容易发生混淆，因为它们都直接面向社会公众，并与其他一些社会组织发生联系。所以有的组织干脆把公共关系部归入市场营销部。事实上，市场营销部主要面向社会公众中的消费者这一块，而公共关系部则必须面对政府公众、媒介公众、社区公众、消费者公众等在内的所有目标公众，两个部门的工作虽有交叉之处，但并不相同，而在有些工作的进行上则有必要加强合作。例如，组织的产品广告宣传一般是市场营销部的职责，但这一广告的设计和发布不仅仅在于推销产品，还关系到组织形象的传播和确立，这就需要公共关系部门的加入，把广告的设计和发布纳入组织形象整合传播的范围统筹考虑。如果不能处理好这一关系，组织就无法以一种声音对外说话，组织形象也有可能因此支离破碎。

从 20 世纪 60 年代初期起，国外许多组织开始致力于人力资源开发，并纷纷设立了人力资源部，承担内部人力资源的配备和员工的培训、沟通工作，并与政府有关部门和其他一些社会组织保持某种联系。人力资源部的某些职能和公共关系部有交叉之处，如处理不当，也容易发生矛盾冲突。在这一点上，公共关系部应主动与人力资源部进行协调，明确各自的职责范围，商定在某些领域互相合作的方法，从而更好地开展组织内部公共关系工作。在国外，一些组织的公共关系部与法律事务部的矛盾存在已久。尤其当组织发生某种危机事件或诉讼纠纷时，法律事务部一般希望通过法律法规的途径予以解决。公共关系部则希望尽可能减少负面影响，通过和方方面面关系的沟通、协调予以解决。两个部门都希望自己的部门能在事件的处理上承担主要职责。其实这两种方法并不对立，关键仍在于从实际出发，选择最有利于组织形象建设的对策，同时加强两个部门之间的合作。即便有些事件的处理不得不诉诸法律，公共关系部也应主动配合法律事务部，在社会舆论的营造和各种关系的协调上予以支持，以减少公众对组织的误解，在保证公众利益的同时，合法地保护组织形象不受损害。

4. 公共关系部的内部分工和工作内容

公共关系部的内部分工，一般可分为对内关系、对外关系和专业技术制作三个方面。

（1）对内关系

对内关系主要是处理员工关系、部门关系、股东关系等。

（2）对外关系

对外关系主要指政府关系、社区关系、媒介关系、顾客关系等。

（3）专业技术制作

公共关系的许多方法有比较高的专业技术要求，可根据公共关系手段和技巧进行分工。

公共关系部的工作内容极为丰富，英国公共关系专家杰夫金斯将之归为 26 条，全面地概括了公共关系部在对内关系、对外关系以及专业技术制作三个方面的职能。这 26 条正好可用 26 个英文字母来标示，故又称“公共关系的从 A 到 Z”。

A. 写作并向报刊发布新闻、照片和特写，发布前编好报刊的名单。

B. 组织记者招待会，接待参观访问。

C. 向媒介提供信息。

D. 为管理部门安排接见报刊、广播和电视记者的访问。

E. 为摄影师作情况介绍，保存照片资料。

F. 编辑出版供员工阅读的杂志或报纸，组织其他形式的内部通讯，诸如录像带、幻灯片和墙报等。

G. 编辑、出版以经销商、用户、顾客为对象的对外刊物。

H. 编写并提供各种资料，诸如培训资料、企业的历史年度报告、新员工须知，以及供学校用的教育招贴。

I. 制作视听材料，诸如纪录片、同步幻灯片、录像带，包括分发编目、放映以及维护工作。

J. 组织有关展览会，提供陈列品，并提供交通工具。

K. 创制并维护企业识别标志，诸如商标配色图案，专用印刷的风格以及车辆上的标志等。
L. 主办有关公共关系活动。
M. 组织参观工厂等活动，并提供各种方便。
N. 参加董事会和生产、市场营销及其他主要负责人会议。
O. 出席销售和经销商的会议。
P. 代表企业出席行业性会议。
Q. 负责同公共关系顾问联系。
R. 培训公共关系员工。
S. 进行意见调查或其他调研活动。
T. 当广告工作也由公共关系部管理时，监管广告的发行与制作，也是其主要业务。
U. 和政治家或公职人员联系。
V. 当新厂房或办公楼落成举行开幕式时，接待来宾和新闻界。
W. 安排官员和国外人士来访、参观。
X. 举办纪念活动，如百年纪念或获奖纪念。
Y. 从报纸、广播、电视或其他外界的报告中获得反馈，进行组织整理。
Z. 分析反馈，评估预定目标的实现结果。

二、公共关系公司

公共关系公司（简称“公关公司”）由职业的公共关系专家和各类公共关系专业人员组成，是专门为社会组织提供公共关系咨询或受理委托为客户开展公共关系活动的信息型、智力型、传播型的服务性机构。独立的公共关系机构称为公共关系代理公司、公共关系事务所、公共关系咨询公司等，称“公共关系公司”的居多。

1. 公共关系公司的特点和组织机构

公共关系公司的特点表现在：公共关系公司不从属于任何社会组织，在产权上是独立的，体制上也是独立的，以办理社会上其他组织或个人委托的公共关系事务的收入作为本机构的经济来源，自负盈亏，经济上是独立的；它以是否有利于本机构的利益作为唯一的经营指导方针，在经营上是独立的。对于委托公共关系公司办理自己公共关系事务的组织，一旦它们与一家机构就委托办理其公共关系事务达成协议，这家公司就成了它们临时或长期的“公共关系顾问”。

从工作范围看，有局限于地区的小公司，也有跨地区、跨国的大公司。从业务内容看，有承担单项业务的公司，也有承担多项业务的公司。从人员组成看，有几个人的小型公司，也有几十人的中型公司，还有几百人的大型公司。

2. 公共关系公司的服务方式

公共关系公司的业务涉及政治、经济、金融、传播、调查、咨询等。它提供公共咨询的服务主要通过两种方式进行。

（1）咨询性服务

咨询性服务是一种“软件服务”，它们在委托人要求咨询之后再根据委托人的情况提出方案。委托人可以就某项公共关系工作的程序问题、有关公众的背景调查、公共关系工作进程中的疑难问题等，向公共关系公司提出咨询，求得它们的指导和帮助。公共关系公司在与委托人达成协议后，将对委托人的公共关系活动予以指导、建议和监督，帮助委托人解决公共关系工作中的疑难问题。它们从公共关系的角度，为组织的管理决策提供依据。公共关系公司在提供这些咨询性服务时，相当于组织的外在智囊机构。

（2）技术性服务

技术性服务是一种“硬件服务”，主要包括两个方面内容。一是代理专门的公共关系实务活动。例如，为客户制作有关的电影、电视片及视听资料，为客户举办各种展览和赞助活动，为客户制订和实施传播计划、设计广告宣传等，公共关系公司以自己的专业人员和专门设备为客户从事各项公共关系实务。二是为客户培训公共关系工作人员。公共关系公司提供技术性服务时，其作用类似专业性的代理机构。由于一些组织的公共关系部往往受各种条件的限制，不可能有齐备的技术设施和各种专长的公共关系人员，当它们要进行具体的公共关系专项活动时，总要委托公共关系公司来代理。

3. 公共关系公司的经营方式

公共关系公司一般有以下三种经营方式：

（1）单独经营的综合服务

这种公司的规模较大，要求有雄厚的资金实力；需要两类专门人才，即擅长各类公共关系的专家和公共关系技术专家。

（2）单独经营的专项服务

这种公司的规模较前者要小得多，资金投入也有限，对专业人员的要求比较单一。

（3）与广告公司合作

这是从 20 世纪 70 年代末国际上出现的趋势。主要原因是商业广告在工业发达国家的经济生活中一直占据着稳固的重要地位，新兴的公共关系公司无法在业务水平和经营经验方面与老牌的广告公司匹敌，再加上两种公司的性质有许多相同之处，因此出现了合营的趋势。

根据我国的实际情况，可以先采用后两种经营方式，待时机成熟，力量雄厚后再朝单独经营的综合服务方面发展是比较客观的。

4. 公共关系公司的主要业务

公共关系公司的主要业务，概括起来有两个方面：一是专门提供公共关系咨询；二是接受客户委托，为其开展公共关系工作。具体说来，公共关系公司的业务内容主要有以下十二个方面：

1）为客户提供公共关系咨询服务，如进行企业产品的形象调查、公共关系诊断、公共关系规划设计等。

2）为客户提供公众联络沟通服务，如建立起与顾客、政府、社会、新闻界、教育界、金融界之间的联系。

3）为客户收集、汇编有关信息、情报和资料，如新闻剪报、市场信息、民意测验资料，以及各种政治、经济、金融、文化、科技等情报。

4）为客户策划新闻传播，包括为客户撰写新闻稿，选择新闻媒介，组织新闻发布会等。

5）为客户设计和制作公共关系广告，并作出广告预算、广告成本分析、广告效果检测和分析等。

6）协助客户推广产品，创造有利的市场条件。

7）为客户策划、组织大型会议，如信息交流会、经验研讨会、产品展销会、公众对话会等。

8）为客户策划、组织各种专题公共关系活动，如剪彩仪式、周年庆典、联谊活动，以及与社区、文化、体育、慈善、福利等有关的大型公众活动。

9）为客户安排和组织主要的外交活动，如组织贵宾和要员的访问、参观、大型宴会等。

10）为客户设计、编制、印刷各种文字宣传资料纪念品和介绍性书籍、公共关系杂志、宣传画册、宣传招贴、产品或服务介绍，以及代表标志的徽章、商标、招牌、纪念品等。

11）为客户制作影片、录像带、录音带等视听宣传材料。

12）为客户提供公共关系培训服务，包括举办公共关系人员、传播人员培训班等。

5. 公共关系公司的工作步骤

公共关系公司的工作步骤如下：

（1）协议

由公共关系公司与客户签订正式合同或达成某项协议，明确承担的任务、公共关系活动的具体项目、预计取得的效果、完成的时间和各项收费标准。

（2）调查

系统地研究客户的基本情况及环境因素。例如，客户在社会上的形象、与公众的关系、采取的策略措施所引起的效果、机构的性质、外界的影响、发展趋势等。

（3）计划

根据调查结果，研究和制定完整的、切实可行的公共关系活动计划，拟定具体活动项目，并从人力、物力、资金等几个方面做好预算。

（4）实施

采用一切可能的方法和技巧，利用适当的传播媒介和沟通方式，贯彻实施公共关系计划，搜集发布信息，协调各方面的关系。

（5）评估

检查为客户开展公共关系活动的实施效果，并及时进行调整，以适应条件和目标的变动。

6. 公共关系公司与公共关系部门各自的优劣势比较

对专业的公共关系公司和组织的公共关系部门这两类公共关系机构的优劣作一番综合的比较分析，有利于人们在实际的公共关系实践中有意识地扬长避短，从而最大限度地发挥它们的互补作用。从把握组织存在问题的客观性来看，专业公共关系公司旁观者清，看问题相对客观公正。而组织内部的公共关系部门则常常会由于“身在此山中”，而“不识庐山真面目”，有时还难免由于某种压力或出于某种目的而患得患失，违心地逢迎某种观点，从而造成观察问题或处理问题的主观偏见。

（1）从服务的专业水平看

专业公共关系公司拥有一批具有各种专门知识、经验丰富的专业人员，相比一般组织自身的公共关系部门，具有明显的人才优势。在处理危机、应付复杂局面、解决舆论问题等方面，也比一般组织的公共关系部门实力强、办法多。

（2）从与社会的联系看

专业公共关系公司有比较全面的信息资源，考虑问题更全面、更长远，而组织自身的公共关系部门则缺乏广泛的信息源，但对本行业、本组织的公众了解更为深入。

（3）从意见受重视的程度看

专业公共关系公司“外来的和尚会念经”，其提出的意见和方案，比较容易为组织的决策层所重视和接受，而组织自身的公共关系部门平时所提的各种意见和建议，则往往不受重视。

（4）从服务的及时性看

组织自身的公共关系部门在紧急情况下可以作出快速的决策和反应，外聘的公共关系公司在这方面就比较差。

（5）从费用开支看

中小社会组织如果建立比较齐全的公共关系部门，独自承担本组织的所有公共关系事务，其实并不经济合算。特别是实施较大的公共关系活动，所需的东西样样要添置，更易造成浪费。反之，大型社会组织把所有的公共关系事务都委托给专业公共关系公司去做，同样也未必合算。大型社会组织的大部分公共关系工作均可以由自己的公共关系部门去策划和实施，唯有一些专业性、技术性要求较高的业务，则不妨委托专业公共关系公司去代理或协助解决，这样有利于组织公共关系管理水平的提高，符合组织发展的长远利益，同时也能为组织节省一些开支。

三、公共关系协会

公共关系协会是非官方、非营利性的群众社团组织。行业性协会的建立和发展，是公共关系成熟程度的一个标志。国际公共关系协会成立于 1955 年。随着公共关系的发展，公共关系协会也在我国各地广泛出现。1986 年 11 月，上海市公共关系协会成立。1987 年 6 月，中国公共关系协会成立以后，各省市乃至地县和乡镇都出现了公共关系协会。

公共关系协会的基本任务包括：加强从业人员之间的交流、协调与合作；维护本行业专业人士的基本权利和利益；推动公共关系学术理论的发展，编辑出版会刊和专业资料，传播公共关系学知识；规范本行业的职业道德和行为准则，维护本行业的形象和声誉；培养和训练公共关系从业人员，不断提高业内人士的专业水准；为会员及各界人士提供公共关系专业方面的咨询服务；建立和发展本行业与社会各界及国外同行之间的联系与合作。

1. 公共关系协会的主要活动

（1）会员联络

各个公共关系协会都由一定数量的会员组成。协会的任务之一就是与分散的会员建立经常性联系，对内加强凝聚力，把协会变成“会员大家庭”，对外加强横向联系，与其他公共关系团体建立合作往来关系，形成有效的社会网络。

（2）规程制定

公共关系的规程主要包括各公共关系社团的组织宗旨、工作任务、工作要求以及公共关系从业人员的职业道德规范等。制定、宣传并监督执行规程的落实，是公共关系社团的一项基础性工作。世界各国公共关系社团都极其重视规程的制定，美国、英国、日本以及中国的公共关系协会都制定了详细的从业人员职业道德规范。

（3）专业培训

进行公共关系专业知识和技能的培训，是公共关系社团的一项经常性工作，有的公共关系社团本身就是一所培训学校，如博雅公共关系学校、沈阳立人公共关系培训所等。英国公共关系协会还经常举办 AM 证书和文凭两个层次的考试。

（4）知识普及

公共关系社团肩负着向公众宣传公共关系基本知识、介绍公共关系发展历史、反映国内外公共关系现状的义务，同时还有为会员和公众提供从事公共关系管理深造的义务。

（5）资料编制

编辑并印制公共关系的图书、报刊和其他资料，是公共关系社团进行公共关系信息交流、传播公共关系知识、营造公共关系氛围的重要手段。当前，我国的公共关系协会已形成了不同层次和范围的网络，并正向国际化的趋势发展。在美国影响较大的公共关系出版物有《国际公共关系评论》《公共关系新闻》《公共关系杂志》等；英国的公共关系资料主要有《公共关系简报》《公共关系年鉴》《国际公共关系协会评论》等；在中国内地也涌现了《公共关系报》《公关导报》《公关世界》《公共关系》等具有较大影响力的出版物。

2. 公共关系社团的发展趋势

随着社会主义市场经济的发展，生产的社会化和社会分工的细化，客观上要求公共关系社团在组织建设、服务项目等方面有较大的转变，以适应市场经济的发展和深化改革、扩大开放形势的需要。

（1）公共关系社团的地域局限性向社团的协同性转化

公共关系事业的发展要求公共关系社团必须突破地域的界限，在保持自身组织独立运行的同时，应走联合之路。

（2）公共关系社团工作职能由单一性向多元化发展

社会的发展要求公共关系社团把工作职能、服务项目向改革的各个方面、开放的各个领域拓展，向发展市场经济的各种活动渗透，使咨询服务、教育培训、策划活动、编辑出版、理论研讨、对外交流等职能得以充分发挥，从而进一步加强公共关系社团的生命力。

（3）公共关系社团从社会事业型向兼服务经营型转化

公共关系社团本身虽不是营利组织，但要讲社会效益和一定的经济效益。公共关系社团有了一定的经济效益，有利于增加社会效益。在优质服务的指导思想下，开展有偿服务，是公共关系社团发展的必然趋势。

小　结

公共关系意识是指经过公共关系实践和公共关系知识积累之后，对公共关系活动经验的高度概括与升华，是一种自觉的公共关系观念。

全员公共关系意识是指组织的全体成员自觉而积极地进行公共关系工作的一种观念。组织的全体成员应自觉地树立公共关系意识，围绕公共关系目标，彼此相互协调和配合，为实现公共目标作出贡献。

公共关系工作人员是公共关系活动的主体。无论是专业的公共关系人员，还是非专业的公共关系人员，其本身所具有的知识、素质、能力及职业道德水准将对公共关系活动的效率产生直接的、深远的影响。

公共关系机构是开展公共关系活动的组织保证。组织内部公共关系机构是组织的一个重要管理部门，在组织中处于全局性的地位。它发挥着“决策参谋部”“情报信息部”“外交部”的作用。公共关系公司已成为蓬勃发展的新兴行业。国外许多企业不仅内部设置公共关系机构，而且还常聘用公共关系公司作为顾问，把技术性强、难度高的公共关系问题委托给公共关系公司，力争使公共关系活动更有效。组织内部的公共关系机构主要负责日常公共关系事务的处理。卓有成效的公共关系活动要求公共关系人员有较高的素质，理想的公共关系人员的素质是由多种能力体现出来的。

案例分析

微笑也要有分寸

某日华灯初上，一家饭店的餐厅里客人满堂，服务员来回穿梭于餐桌和厨房之间，一派忙碌气氛。这时一位服务员跑去向餐厅经理汇报，说客人投诉有盘海鲜菜中的蛤蜊不新鲜，吃起来有异味。

这位餐厅经理自信颇有处理问题的本领和经验，于是不慌不忙地向投诉的客人那张餐桌走去。一看是熟主顾老食客张经理，他不禁心中有了底，于是迎上前去一阵寒暄：“张经理，今天是什么风把您吹来了，听服务员说您老对蛤蜊不大对胃口……”

这时张经理打断他说：“并非不对胃口，而是我请来的香港客人尝了蛤蜊以后马上讲这道菜大家千万不能吃，有异味变了质的海鲜，吃了非出毛病不可！我是东道主，自然要向你们提意见。”餐厅经理接着面带微笑，向张经理进行解释，蛤蜊不是活鲜货，虽然味道有些不纯正，但吃了不会有事的，希望他和其余的客人谅解包涵。

不料此时，在座的那位香港客人突然站起来，用手指指着餐厅经理的鼻子大骂起来，意思是，你还笑得出，我们拉肚子怎么办？你应该负责任，不光是为我们配药、支付治疗费而已。这突如其来的兴师问罪，餐厅经理一下子怔住了，他脸上的微笑变成了哭笑不得。

到了这步田地，他揣想如何下台阶呢？他在想，总不能让客人误会刚才我面带微笑的用意吧，又何况微笑服务是饭店员工首先应该做到的。于是他仍旧微笑着准备再作一些解释，不料，这次的微笑更加惹得那位香港客人恼火，甚至流露出想动手的架势，幸亏张经理及时拉住餐厅经理的衣角，示意他赶快离开现场，否则简直难以收场了。

（资料来源：王冬琨. 2012. 酒店服务礼仪. 北京：清华大学出版社.）

案例讨论：

1．餐厅经理出现错误的原因是什么？

2．假如你是餐厅经理，面对这样的局面你该如何做？

思考与练习

一、思考题

1．公共关系意识的内涵是什么？它包括哪些内容？

2．何谓全员公共关系意识？如何培养全员公共关系意识？

3．公共关系人员应具备什么样的素质和能力？

4．公共关系人员的职业道德准则有哪些？

5．谈谈设置公共关系部的意义和作用。

6．公共关系部的工作范围有哪些？

7．如何科学合理地设置公共关系部？

二、课堂讨论题

1．许多人认为，由于他们的性格内向，身材及长相一般，所以不具备成为成功公共关系人员的条件。你如何评价这种看法？你认为性格和容貌在优秀公共关系人员的成功中起多大作用？

2．在一些企业中，公共关系部是附属于其他一些部门的。你认为公共关系部应附属于哪一个部门？是办公室、宣传部、营销部还是市场开发部？为什么？

3．假如你毕业后到一家大型企业面试，这家企业之前从没有雇用过任何公共关系人员，由于你的简历上写着你是某大学公共关系专业毕业的大学生，他请你向他讲清楚两个问题：第一，公共关系人员在公司里做些什么？第二，公共关系能为公司带来什么？

三、课外实践题

1．假如让你通过面试和笔试来招聘公共关系人员，你会怎么做？设计笔试的问题和面试的内容，并组织进行情景模拟招聘。

2．某一生产日常生活用品的企业，现有员工 1300 人左右，经济效益比较好，发展呈上升态势。但企业的公共关系问题比较突出，现欲成立一专门机构，即公共关系部。帮助设计一个公共关系部的组建方案，就机构的设置、人员的配备、职责的确定等内容作出详细的分析说明。

第五章　公共关系的对象

CHAPTER 5

学习目标

- 了解公众的含义和特征。
- 认识对公众的分类方法。
- 熟悉对各类公众的认知及关系的处理方法。
- 理解公众的心理定式和消费心理。
- 掌握获得公众的艺术。

案例导入

时尚潮流 PK 传统规范

——外交部以微博“淘宝体”发布招聘启事

“亲，你大学本科毕业不？办公软件使用熟练不？英语交流顺溜不？驾照有木有？快来看，中、日、韩三国合作秘书处招人啦！这是个国际组织，马上要在裴勇俊、李英爱、宋慧乔、李俊基、金贤重、Rain 的故乡韩国建立喔。此次招聘研究与规划、公关与外宣人员 6 名，有意咨询 65962175，不包邮。”

被认为是外交部官方微博的“外交小灵通”在 2011 年 8 月 1 日发布的一则“淘宝体”招聘启事，立即引来众多网友的关注。

在与南都记者的交流中，“外交小灵通”以诙谐幽默的语言回复了记者提问。不同于马朝旭、姜瑜等外交部发言人的中规中矩，也不用采访提纲，这个外交部新闻司开设的微博以“哇”“哦”“嘿嘿”等“卖萌”词汇，展现了外交部的另一面。

“小灵通只是个二传手啦”，“外交小灵通”微博 2011 年 8 月 2 日通过微博私信接受南都记者采访时表示，此前发布的招聘由外交部亚洲司负责。据外交部亚洲司工作人员介绍，这是第一次通过微博招聘。“通过在微博上发布招聘通知以后，效果很好。”外交部亚洲司一名工作人员接受南都记者采访时表示：“通过微博和官网公告同时招聘，网友参与非常踊跃，效果很明显。”

微博作为官方信息发布平台，在国内外已不足为鲜。在国外，著名微博客系统推特（twitter）就成为大批国家政要的“扬声器”。2010 年 10 月，推特网站推出国家元首（首脑）人气排行榜，美国总统奥巴马以当时 400 多万粉丝高居榜首。此外，俄罗斯总统梅德韦杰夫、英国前首相布朗、德国总理默克尔等均开设了推特账号。据美国《华尔街日报》2011 年年初报道，全球已有逾 60 位国家首脑使用推特。

2010 年被称为“中国微博元年”。从这一年开始，政府部门开通微博逐渐成为政府与公众沟通的新方式，不过以地方政府部门为主，尤其是各地公安系统成为“头啖汤”尝试者。外交部是第二个开通微博的中央部门。国家林业局 2011 年 3 月正式在人民网开通官方微博，是中央部委中第一家在网上开通的微博。而文化部文化产业司也开通了腾讯微博。

与其他政府官方微博相比，“外交小灵通”显得更为活跃、语言更幽默。

（资料来源：孙延敏. 2013. 公共关系入门：理论与案例. 上海：上海交通大学出版社.）

【分析】外交部发布招聘启事，一般人认为肯定是一副老夫子面孔，但是现在居然用微博“淘宝体”发布招聘启事，让人不禁耳目一新。实际上，仔细分析，非常正常。其一，组织传播主要看公众，即招聘对象。外交部招聘公共关系人员，首选的是年轻的大学生，大学生对“淘宝”很熟悉，“淘宝体”显得亲切、顺眼。其二，公共关系工作的不变法则就是创新。纵观历史，文字应用的创新，也是历史的进步。在符合法律法规的前提下，只要公众认可，一切皆可为。

公众即公共关系的客体。公众是组织赖以生存和发展的基础，也是公共关系的工作对象。社会组织在其运行过程中，将要面对各种阶层、各种类型的公众。社会组织如何将本组织的各种信息有效地传播给公众，从而在公众中树立良好的形象和声望，维系组织与公众的良好关系，必须深入研究公众及其分类，寻找并确立社会组织的目标公众，最终实现社会组织的目标。

第一节　公众的含义和特征

公众是公共关系学中的一个基本概念。正确理解这个概念，科学地对公众进行分类，对于把握公共关系的真谛至关重要。

一、公众的含义

所谓公众，是指与特定的公共关系主体相互联系及相互作用的个人、群体或组织的总和，是公共关系工作对象的总称。

在日常生活中，有人将公众等同于群众和人民大众。其实，公众与人民、群众、人群是完全不同的概念。人民作为一个政治哲学及社会历史范畴，量的方面泛指居民中的大多数，质的方面指一切推动历史前进的人们，其中包括劳动群众，也包括各个历史阶段推动社会发展的阶级、阶层或集团。群众包括于人民之中，但其内涵更具体、稳定。人民是个流动的概念，在不同的历史时期有不同的内容，但其主体和稳定的部分始终是从事物质资料和精神资料生产的劳动者，这部分人就是群众。

公众作为公共关系学的概念，特指公共关系主体交流信息的对象，它与公共关系主体有相关的利益，如果没有公共关系主体，也就没有公共关系客体的存在，而且不同的公共关系主体有不同的公共关系客体。

知识点　人群作为社会学用语，在量的方面指居民中的一部分，在质的方面指松散的结构，不一定需要合群的群体意识和相互连接的牢固纽带，凡是人聚在一起均可称为“群”。

二、公众的特征

公众虽然与人民、群众、人群一样同是由一定数量的人们构成的，但其概念的含义及应用有着特殊的规定和意义，它有以下独特之处。

（1）整体性

公众不是单一的群体，而是与某一组织运行有关的整体环境。任何组织的生存和发展都离不开一定的公众环境。公众环境与自然环境、地理环境不同，它是指组织运行过程中必须面对的社会关系和社会舆论的总和。这些社会关系和社会舆论范围很广，涉及组织内部和外部，社会方方面面，而且相互关联，构成复杂。例如一家企业，既有内部的职工公众、股东公众，又有外部的社会公众，不仅包括市场上的顾客、销售商，还包括社区、政府、新闻界、文化界、体育界等有关的团体、组织或个人。公共关系工作不可只注意其中某一类公众，而忽略其他公众。因此，首先应该将组织面对的公众视作一个完整的环境，要用全面、系统的观点来了解和分析自己面临的公众。

（2）共同性

公众不是一盘散沙，而是具有某种内在共同性的群体。当某一群人、某一社会阶层、某些社会团体因为某种共同性而发生内在联系时，便成为一类公众。这种共同性即相互之间的某种共同点，如共同的利益、共同的需求、共同的目的、共同的问题、共同的意向、共同的兴趣、共同的背景等。因此，了解和分析自己的公众，必须了解和分析其内在的共同性、内在的联系，这样才可能化混沌为清晰，从公众整体中区分出不同的对象来。

（3）多样性

公众的存在形式不是单一的，而是复杂多样的。“公众”仅是个统称，具体的公众形式可以是个人，可以是群体，也可以是团体或组织。日常的公共关系工作对象，包括各种各样的个人关系、群体关系、团体关系、组织关系等。即便是同一类公众，也可以有不同的存在形式。公众形式的多样性，决定了沟通方式和传播媒介的多样性。

（4）变化性

公众不是封闭僵化、一成不变的对象，而是一个开放的系统，处于不断变化发展的过程之中。任何组织面临的公众，其性质、形式、数量、范围等均会随着主体条件、客观环境的变化而变化。公众环境的变化，必将导致公共关系工作目标、方针、策略、手段的变化。反过来，组织自身的变化也会导致公众环境的变化，如组织的政策、行为、产品的变化，使公众的意见、评价、态度或行为发生相应的变化，这种变化的结果又可能倒过来对组织产生影响、制约作用。可见，必须以发展的眼光来认识自己的公众。

（5）相关性

公众不是抽象的、各组织“通用”的，而是具体的、与特定的组织相关的。公众总是相对一定的公共关系行为主体（组织或个人）而存在。一群人之所以成为某一组织的公众，是因为他们与该组织具有一定的相关性、互动性，即他们的意见、观点、态度和行为对该组织的目标和发展具有实际或潜在的影响力、制约力，甚至决定组织的成败；同样，该组织的决策和行为也对这些公众具有实际或潜在的影响力、作用力，制约着他们利益的实现、需求的满足、问题的解决等。这种相关性是组织与公众形成公共关系的关键。

补充说明　有学者把公众的特征概括为，宏观恒定，微观渐变；利益一致，欲求冲突；群体概念，个体显现。

第二节　公众的分类

一个社会组织，经常要面临复杂而又广泛的公众，根据公共关系工作的具体目标，必须区别和选择公众，然后才能针对公众的特点采取适当的工作方法，有目的地开展公共关系工作。因此，对复杂多样的公众进行分类是社会组织开展公共关系的前提。

为保证公共关系工作的针对性，使公共关系工作富有成效，我们往往根据不同标准的公众进行重新划分，以下为几种常见的分类法。

一、公众发展分类法

按照公众对组织的出现次序，我们可以将公众划分为非公众、潜在公众、知晓公众和行动公众。

1. 非公众

非公众是指同本组织不发生任何牵连的社会群体。它既不受组织影响，又不对组织产生影响。划分出本组织的非公众可以帮助我们减少公共关系工作的盲目性，将非公众排除在公共关系活动范围之外，避免不必要的浪费。

2. 潜在公众

潜在公众是指将来可能与组织发生利害关系的公众。组织的目的和行为已经引起了某个共同的问题，但公众还未意识到问题的存在，此时这个社会群体就是公共关系人员的潜在公众。如某自行车厂，由于工作人员的疏忽，一批电动车（1000 台）的喷漆出现了问题并出了厂，估计半年之后，这 1000 台电动车将会出现脱漆现象。也就是说，有 1000 名消费者将面临共同的问题——电动车油漆剥落。然而此时，消费者还未意识到问题的存在。如果该厂公共关系部门重视公众的利益，及早解决，就会使影响企业信誉的问题得到比较好的解决。尽早认识到潜在公众可以使公共关系人员有计划、有目的地调整公共关系目标，防患于未然。

3. 知晓公众

知晓公众是指潜在公众发展而来的没有集中出现在组织面前的公众。作为知晓公众，他们已经意识到问题的存在，并急于了解问题产生的根源及解决的方法。因此，知晓公众对任何与他们所面临的组织及有关问题的信息都十分关注。作为组织，一旦知晓公众形成，就应该立即开展经过精心策划的公共关系活动。如前例，电动车厂如明知问题已发生，却抱着侥幸心理，不采取措施解决问题，那么企业将面临 1000 个知晓公众和 1000 台斑剥落离的电动车公诸于众，电动车厂的声誉将大大受挫。但该厂公共关系部如这时觉悟还来得及，立即策划补救措施，全力投入问题的解决。

4. 行动公众

行动公众是由知晓公众发展而来的，并对组织的影响已作出反应，准备采取行动或正在采取行动的公众。在这个阶段，公众已不仅仅表达意见，而是采取行动，对组织构成压力，迫使组织必须采取相应的行动。无论公众的行为是积极的还是消极的，组织的反应已不能仅停留于口头语言、书面文字上，而必须采取实际的行动。也就是说，行动公众必然促成公共关系行为的产生。面对行动公众，除了采取相应的行动别无选择。当然，高超的公共关系行动方案，必然使行动公众的压力转变为动力，转变为对组织有利的合力，这乃是公共关系人员追求的最佳结果。

二、组织态度分类法

根据组织对公众的态度，可将公众分为受欢迎的公众、被追求的公众和不受欢迎的公众。

1. 受欢迎的公众

受欢迎的公众是指乐意与组织合作并且能给组织带来利益或存在共同利益的公众，如股东、赞助者、为组织作正面宣传的新闻工作者。

2. 被追求的公众

被追求的公众是指非常符合组织的利益和需要，但对组织很陌生或不感兴趣、缺乏交往的公众，是组织求之难得的公众。如意向尚不明朗的投资者、大批发商、大客户和未与组织有所联系的社会名流及新闻单位等，组织要想方设法地同他们建立联系。

3. 不受欢迎的公众

不受欢迎的公众是指违背组织的利益和愿望，对组织构成潜在或现实威胁的公众。如反复纠缠索取赞助的团体或个人，以势压人、多吃多占多拿的“电霸”“水霸”“路霸”，专门揭露阴暗面的记者。对不受欢迎的公众，组织往往设置障碍，力图躲避，但要讲究策略，避免树敌。

三、公众态度分类法

根据公众对组织所持态度可以将公众分为顺意公众、逆意公众和边缘公众。

1. 顺意公众

顺意公众是指对组织的行为和政策等持赞赏态度，甚至支持态度的公众。

2. 逆意公众

逆意公众是指对组织的行为和政策等持否定意向和反对态度的公众。

3. 边缘公众

边缘公众又称中立公众或独立公众，这部分公众对组织的政策和行为持中间态度或态度不明朗。

在公共关系中，由于顺意公众的意见、态度和行动对组织的目标和活动具有至关重要的意义，他们不仅在行动上支持组织，还可以通过他们的社会关系，扩大组织在社会中的影响，提高组织的知名度和信誉度，所以，组织的公共关系人员非常重视这支公众队伍。而边缘公众由于其对组织的态度不明朗，他们既可能转化为顺意公众，又可能转化为逆意公众。因而，争取边缘公众转化为顺意公众常常成为公共关系工作的重点。对于逆意公众，公共关系人员要研究其产生态度的根源，要有针对性地开展公共关系工作，促使逆意公众的态度发生转变。

四、公众重要程度分类法

根据公众对组织的重要程度来分类，可把公众划分为首要公众、次要公众两类。

1. 首要公众

首要公众是对组织的生存、发展和成败有着极其重要影响力的公众。例如，对一个企业来讲，员工、用户和新闻界等都是首要公众，是组织需要花很大的人力、物力来维持和改善与他们之间关系的公众。

2. 次要公众

次要公众是对组织的生存发展有影响但不起决定作用的公众，如与企业或组织有往来的金融、财政、税收、社区等部门。尽管这些部门对组织的生存和发展不直接产生影响，但它们从各个方面制约着组织。因此，组织在做好首要公众的公共关系的同时，要努力调节好与次要公众的关系，为组织的发展创造有利环境。

第三节 基本的目标公众分析

处于社会化大生产过程中的社会组织，必然会涉及社会上经济、政治、法律、科研、教育等各种不同部门，要同各种各样的社会部门和个人发生关系，这些单位和个人构成了特定组织公共关系的公众。开展公共关系的作用在于促进组织与公众之间的了解与合作，协调组织与环境之间的相互利益关系，消除可能出现的各种矛盾和冲突，促进彼此之间的信任，树立良好的组织形象，为组织的生存发展提供良好的环境条件。

一、员工关系

员工关系包括组织内部上下级之间的关系，各个职能部门、科室、班组之间的关系及员工之间的关系。

员工是构成组织的主体，是组织最为直接的公众。组织的存在价值和发展目标，首先必须得到员工的理解、认可，依靠他们才能付诸实施。而健全的组织结构、高效的组织效能、健康和谐的组织气氛和全体员工协调合作的精神，乃是组织具有竞争能力的基本保证。因此建立良好的员工关系，有利于培养员工对组织的认同感、归属感和凝聚力，依靠全体员工代表组织的形象，发挥良好的作用。

1. 员工关系处理的基本内容

（1）尊重员工个人价值

人事管理有一个发展过程，西方管理学家认为，现代化管理的主体是人。组织中人与人之间的和谐关系，能够形成良好的人事关系环境，来发挥人的内在动力，这是一种建立在“社会人”模式上的人性管理，是一种难以用数字说明的管理艺术。公共关系学将这种人性管理从内部推向外部，由此，要调动员工的积极性，就需要满足人的多方面需要。人要自尊、自信、自我实现、当家做主，只有员工的个人价值受到肯定和尊重，才可能自觉地将自己的利益与组织的利益融为一体，并在对外交往中自觉以团体一员的责任心维护组织的良好形象。

根据我国社会制度的特点，现阶段，我国企业职工的需要大致有四个方面：劳动的需要、物质的需要、文化的需要和社会的需要。职工的劳动需要和物质需要是最基本的需要，文化的需要和社会的需要与职工心理和精神方面有关。这两个方面的需要表现在：就业的要求和工作的满足感；基本生活条件的要求，衣食住行有保障；合理的经济报酬，根据能力和贡献大小，给予相应的经济报酬和物质奖励；心理上、文化精神方面的满足，诸如学习技术、文化要求；增强个人工作能力；丰富的业余文化生活，调节身心；希望与同事和上下级之间关系的和谐；个人才能和潜能得到极大发挥；希望受到同事尊重，获得表彰等。

知识点 美国心理学家马斯洛将人的需要分成从低级到高级五个层次，即生理需要、安全需要、社会需要、自尊需要、自我实现需要。马斯洛认为，人们行为的推动力是无止境的，一种需要得到满足，会向更高层次推进。因此，当物质生活条件得到一定满足之后，人们会越来越追求更高层次的需要。

（2）尊重员工的民主权利

不能把员工仅仅看成物质资料的生产者，更重要的是把他们看成组织的主人，尊重他们的民主权利。例如，参加组织的决策过程，得出建议和意见，组织应将生产、经营、人事变动、对外交往等大事情告知职工，必要时在决策前开展民主讨论，充分发挥职工的主人翁精神，真正实现民主管理。

（3）建立、运用激励机制

运用激励机制是搞好员工关系的保证，激励机制对挖掘人的潜力、调动人的积极性具有重要意义。例如，民主管理激励机制和奖惩激励机制，使员工巩固和发扬正确行为，否定和克服消极错误的行为。

（4）保持与员工的沟通

具体地讲，要有多层次、多形式的民主对话和沟通形式。对话是指持有不同看法的人就某一问题进行交谈、彼此沟通、互相理解，正确处理和协调各种不同的利益和矛盾。沟通是搞好员工关系的必要条件。一方面，组织要对员工有充分了解，才能采取适当措施，不断提高士气和效率，建立起员工对组织的信任和信心；另一方面，组织要对员工通报有关情况，与员工对话应是双向的感情沟通和思想交流，切忌走过场、赶时髦、讲空话，只有把职工当朋友、知音，在和谐、团结的气氛中真诚恳切地交换意见，坦率认真地探讨问题，才能达到沟通、理解、信任、激励的目的。

（5）处理好正式组织与非正式组织的关系

管理学中的“人群关系理论”和“行为科学”发现，组织中存在某种按照编制而建立的正式组织和其他各种非正式组织。例如，同乡、同学、同经历、同一居住区或情投意合的人结成的自由、松散的人际活动圈子，有的形成固定的组织，如同乡会、同学会，有的较松散甚至连本人也没有明确意识到。这些非正式组织以情感作为聚合的纽带，因而，它的联络沟通往往更密切、更有效、更富弹性，它们在组织中发挥着重要作用。组织领导者和公共关系人员要善于发现本单位的非正式组织，并特别重视处理与非正式组织的关系。

同时，必须重视和利用非正式组织的意见领袖。意见领袖指非正式组织的首领和核心人物。他们往往有某方面出色才干，号召力强、影响大，受团体内部人员的尊重、信任。重视意见领袖的作用并与他们保持联系，或授以相应的权力，调动其积极性，尽量使非正式组织的行为与组织行为协调一致。

另外，要分析非正式组织的非正式消息，准确把握职工思想动态。非正式组织中流传的非正式消息，一般具有两重性：一方面可能引起思想混乱，影响、干扰组织的正常决策与计划；另一方面，可以从某一方面反映民心民愿，反映人心向背，便于组织掌握情况。公共关系人员应利用非正式组织成员间信息沟通快、交流范围广的特点，及时、准确地了解职工的思想动态和需求以及对组织各项决策的意见和看法，做到信息畅通，并进行引导和疏通。

2. 协调员工关系的具体方法

协调员工关系主要包括协调上级与下级的关系、同级之间的关系、下级与上级的关系三个方面。

（1）协调上级与下级的关系

1）塑造良好的领导形象。领导形象是领导者的“德、才、学、识”在其下级心目中的反映，领导形象的好坏取决于领导者身体素质、政绩及与下级沟通的多少。公共关系部门应帮助组织领导者树立形象，使员工主动自愿地接受领导，积极地做好工作。

2）支持并公正评价下级的工作。下级都希望能在自己职责范围内全权负责，创造性地完成上级交给的各项任务，并获得肯定的评价。上级必须尊重下级的这一愿望。

3）要平等待人。上级、下级在组织中地位有高低之分，但在人格上却是平等的。上级应和下级真诚相处，平等相待，尊重下级、关怀下级，与下级同甘共苦。

（2）协调同级之间的关系

同级之间是平行的关系，主要应解决下述两个方面的问题。

1）培养信任感。同事之间的信任是相互合作的前提。同事之间交往应讲究“信”“诚”，态度和蔼可亲，礼貌周全，待人宽，对己严。

2）分清职责界线。可减少扯皮和矛盾，避免办事拖拉、相互推诿，以形成良好的协作关系，提高办事效率。

（3）协调下级与上级的关系

协调下级与上级的关系包括尊重和了解上级，求得上级支持等。尊重上级的职权，尊重和服从上级的决策和构想，尊重上级的人格，了解上级的性格、能力和特长、知识水平、工作生活习惯、处事方式等，针对这些特点与上级进行沟通。让上级了解自己工作的重要性，以求得上级的支持、体谅和帮助。具体可通过反复强调、侧面疏通、实绩启迪等方式。

二、股东关系

股东关系指企业与其投资者（企业财产所有者）的关系，也称金融公共关系、财务公共关系。它也是企业内部公共关系的重要组成部分。企业与股东关系是西方社会企业经营管理中的一个突出问题。股东与企业之间的关系日益复杂化。我国社会主义企业制度改造和创新过程中，股份制企业已开始蓬勃发展，大量上市股份公司和未上市的股份公司正逐渐成为我国企业构成中的重要组成部分。研究股东关系不仅要研究股东，还要研究影响股东关系的股票市场的参与者，即股东关系的工作对象既包括董事会成员、分散于社会的人数众多的股东，也包括对投资者的判断具有一定影响力的证券分析专家、股票经纪人、投资公司及金融新闻人员等。

股东关系之所以重要，受到企业重视，主要在于股东对企业有两种重要功能。

1. 决策和协调功能

由于股东是企业的投资者和所有者，其收益大小、财产增值多少，直接取决于企业的经营管理效果，因此他们十分关心企业的经营管理状况，会利用股东代表大会来影响企业的经营管理决策。加上股东出于对自身利益的关注，信息比较灵敏，会很快把信息传递到企业，使得企业对市场变化有敏锐的反应能力。股东的决策和协调功能在现代企业中越来越重要。

2. 推销功能

现代企业的股东既是投资者，又是企业产品的消费者，具有双重身份。股东除自身愿多购买本企业产品外，还会尽力向消费者推销本产品。

重视股东的两种功能，会使企业获益匪浅。企业公共关系部门建立良好股东关系是保证企业继续生存和健康发展的重要条件，加强与股东关系的信息沟通。争取现有股东和潜在投资者的了解信任，创造有利的投资环境，稳定股东队伍，吸引更多的投资者，扩大企业的财源。

建立良好股东关系的方法有以下三种：

（1）维护股东的正当权益

股东对持股企业有如下权利：参与公司经营管理权；优先认股权；经营成果分享权；剩余财产分配权等。企业在处理股东关系时，不论其占有股份多少，都要特别注意尊重股东的“特权意识”，努力维护股东的正当合法权益。

（2）加强与股东的信息交流

组织应经常向股东汇报企业的经营管理状况，包括企业的方针政策、发展目标和计划；资金流动和运用情况；股利分配政策；盈利预测和企业财务报表；有企业经营状况的各种详尽统计数字等。向股东汇报时，必须严格执行“公开事实真相”的原则，不论企业经营状况是好是坏，也不论股东地位高低，都要如实向股东汇报，求得股东的帮助和支持，建立与股东同舟共济、荣辱与共的关系。与股东建立联系的方式有：印制供股东阅读的公共关系刊物；寄发企业首脑致股东的信函；召开股东会议，提供图文并茂的中期报告和年度报告；举行信息发布会和座谈会，向新闻界提供新闻宣传稿；组织股东及专业投资分析家参观企业等。

（3）争取股东对企业决策的参与和支持

组织应通过多种方式，促进企业与股东的互相理解和增强感情交流，鼓励股东对企业经营管理提出意见和建议，吸收股东对企业改革创新的构想，使企业得到更好发展，并通过股东提高企业在社会公众中的信誉和声望。

示例

最好的圣诞礼物

美国通用食品公司每逢圣诞节便准备一套本公司的罐头样品，分送给每一位股东。股东们为此感到非常自豪，他们不仅极力向别人夸耀和推荐公司的产品，而且在圣诞节之前便准备好一份详细名单，由公司按名单把公司生产的罐头作为圣诞礼物寄给他们的亲友们。因此，每到圣诞节前，通用食品公司都会额外收到一大批订单。股东们既享受到折扣优待，公司方面也赚到了一大笔钱。

三、顾客关系

顾客指企业产品的购买者或者消费者，包括生产资料消费者和生活资料消费者。消费者不仅指商品的使用者，而且指服务的享受者。对工商企业而言，满足顾客需要是产品营销活动的中心和出发点，是企业赖以生存、发展的先决条件。在商品经济社会，没有企业，顾客的需要也就无法满足。因此，顾客与企业的关系，是生死与共、息息相关的亲密关系。建立和搞好同顾客公众的关系，是组织公共关系部门的一项头等重要的工作。

良好的顾客关系的基本目标，并不在于直接推销产品或服务，而是通过公共关系传播来沟通与顾客的关系，使顾客对企业有一个全面的了解。顾客关系沟通包括联络感情、求得谅解、保持关系；收集意见、反映情况、消除障碍、改进工作；稳定顾客队伍、巩固销售市场。顾客公共关系的工作内容主要有两个方面。

1. 维护顾客的正当合法权益

维护顾客的正当合法权益是处理顾客关系应遵循的一条基本原则。《中华人民共和国消费者权益保护法》为维护消费者利益提供了法律依据和规范。

因此，任何组织要想建立良好顾客关系必须依法办事，自觉维护顾客的上述各项正当权益。

2. 重视与顾客的信息沟通

1）通过各种途径及时向顾客传播有关信息，如组织的方针、政策、经营状况，产品的特征、使用方法及销售方式，维修及售后服务的具体办法，各类服务项目等。传播信息可借助各种大众传播媒介和人际传播方式。

2）收集顾客信息。了解各类顾客对产品的品种、质量、价格、服务等要求，针对顾客需要提供产品和服务，根据顾客意见、建议不断改进工作。

3）提供适合顾客的优质产品和服务。首先，投其所好、适其所向。为了赢得顾客，必须进行消费者调查，了解各类顾客的消费特点及各类商品的销售特点，力求做到投顾客所好。其次，供其所需、补其所缺。这就要求在经营上有远见卓识的精神和维护消费者利益的企业道德，千方百计地了解顾客意向，及时发现市场上的紧俏商品并及时提供，做到“雪中送炭”。最后，激其所欲、解其所疑。

4）妥善处理与顾客的纠纷。任何组织在处理顾客的问题时都难免发生差错、出现失误、引起顾客的纠纷。对待顾客的纠纷，应及时处理，如迅速准确地答复顾客的投诉和质询，诚恳地解释，及时地纠正错误，并承担相应的责任，尽可能地解决实际问题，平息顾客不满，稳定顾客情绪。

5）妥善处理与中间环节的关系。生产企业与消费者之间存在批发、运输、零售等一系列中间环节。从某些意义上讲，顾客关系就是企业与这一系列中间环节的关系。企业在顾客中的信誉，很大程度上要靠这些更接近顾客的中间环节去建立和维护。如果中间环节发生差错，顾客往往会追究企业的责任，从而影响企业的声誉。

示例　　“乘客至上”的新加坡航空公司

新加坡航空公司（以下简称新航）在国际航空业群雄角逐的激励竞争中独占鳌头，多年连续被国际民用航空组织评为优质服务第一名。新航的服务有很多独特之处，它把西方的先进技术及管理手段与东方的殷勤待客传统有机地融合在一起，把“乘客至上”的公共关系思想贯穿于服务的全过程，给每一位乘客留下极为深刻的良好印象，使来自各国的乘客自然成为新航的义务宣传员，再加上通过新闻媒体作广告宣传，公司的形象就不胫而走，誉满五洲。新航的服务准则是：对所有乘客一视同仁地施以关心和礼貌，在一切微小的服务细节上给乘客留下难忘的印象，并树立公司的整体形象。这些服务准则通过每一位工作人员的良好举止体现出来。这些服务措施有：①订票时可得座位号，登机时对乘客以姓相称；②殷勤款待，乘飞机如同做客；③照顾乘客休息用餐，将饭店服务方式搬进机舱；④纪念品加优惠券，希望乘客再来光顾。

以上这些及其他各项服务措施，构成新航充满活力的公共关系，使新航在国际航线上赢得了声誉，赢得了顾客，在激烈的国际竞争中胜人一筹。

四、媒介关系

媒介公众又称新闻界公众，指新闻传播机构及其工作人员，如报社、杂志社、广播电台、电视台及其编辑、记者等。新闻是大众传播的主要内容之一。新闻界通过新闻报道、新闻评论、组织社会讨论等方式，在社会范围内发挥表达舆论、引导舆论的特殊功能。随着现代化新闻传播技术的发展，新闻媒体已成为具有宣传报道、舆论监督、信息传播等多重职能的权威性机构，是组织极为重要和特殊的一类公众，它们具有两重性特点：一方面新闻媒介是组织与广大公众沟通的重要中介；另一方面新闻媒介是最需要特别争取的公众对象。

组织与新闻媒介之间的相互关系应当保持实事求是的原则，如实地介绍和反映生产以及经营中的有关情况及存在的问题，接受新闻界的舆论监督，并充分利用新闻媒介的传播影响力，扩大与新闻机构的广泛联系与沟通，在新闻界建立组织良好的社会形象。

搞好新闻界关系的工作内容主要包括以下八个方面：

1）公开事实真相，真诚对待新闻记者。公共关系部门应为他们提供便利，促其尽快、准确地了解事实的真相，使他们在报道时采用有利于组织的语言。

2）主动向新闻单位提供有新闻价值的素材。

3）尊重新闻界的自身权力。不要迫使新闻界发表有利于自己的新闻，扣压不利于自己的新闻报道，或者无理纠缠、威胁、干扰记者的正常工作。

4）礼貌地对待新闻界人士的采访，公平对待各种新闻机构，不蓄意掩盖或隐瞒坏消息、阻挠记者采访。

5）邀请新闻界人士参观。通过参观，既为记者提供了新闻题材，又为组织创造了新闻宣传的机会。

6）与新闻界人士长期接触，增进相互了解。经常将组织的有关信息向新闻界报道，将本组织的报刊宣传材料送与新闻界人士阅读。

7）了解新闻媒介的背景、特点和风格，以及行为规范。

8）适当给予新闻界经济、物质等方面的支持，提供必要的方便。

通过上述工作，可促使组织与新闻媒介之间的合作关系更加谐调。

示例

律师与记者的无奈

某律师在消费当地一家颇有影响的食品企业所生产的食品时，发现产品存在严重的质量问题。于是，他与企业进行了交涉。企业接待人员同意研究后给其一个答复，但此后便没了下文。无奈，律师将有质量问题的食品拿到当地一家颇有影响力的报社，将情况反映给记者。该报社遂派记者到企业进行现场采访，记者在企业拍摄到很多违反国家食品生产规定的现场画面。企业领导发现后强行索要记者所拍资料，不成后，将记者扣留。在当地公安人员的解救下，记者们在被困 1 个多小时后得以安全返回。事后，该报以系列报道的形式将消费者反映的有关该企业的问题，以及记者在企业中所拍摄的材料、经历公之于众，企业经营一时陷入困境。

五、政府关系

政府公众指政府各级行政机构及其官员和工作人员，即组织与政府沟通的具体对象。这里的政府主要指其作为管理社会的权力机构，组织应与之建立良好的公共关系。

搞好与政府关系的工作内容主要包括以下五个方面：

1）加强与政府的信息交流，实现有效的沟通。一方面，公共关系部门要详尽地分析研究政府的方针政策和法律，提供给组织领导和各职能部门，使组织的一切活动都保持在政策和法律许可的范围内。另一方面，公共关系部门应利用一切机会和手段，将组织的具体情况传至政府有关部门，并根据情况的变化发展，主动提出对政策的建设性意见；还要把握机会，通过适当方式进行说服性工作，协助发现并纠正政策执行中的偏差和失误。

2）熟悉政府机构的内部层次、工作范围和办事程序，并与各级主管部门保持稳定的联系和良好关系。减少人为的“公文旅行”和“踢皮球”现象，免走弯路，提高办事效率。

3）把握一切有利时机，扩大组织在政府部门中的信誉和影响，使政府了解本组织对社会、对国家所作的贡献和取得的成就，以提高政府部门对企业的信心和重视程度。例如，利用新厂房落成、新技术产品问世、企业周年庆典和企业赞助社会公益事业等机会，邀请政府及主管部门的领导出席本组织的重要活动。

4）利用已经建立的良好公共关系，如良好的消费者关系、社区关系、新闻界关系等，影响或改变政府对本组织的看法，树立组织在政府及主管部门中的良好形象。

5）协调组织利益与国家利益的关系。组织与政府关系的一个重要方面是组织利益与国家利益。公共关系人员是组织与政府之间的中介人，要善于从组织的角度协调与国家的利益，在不影响国家利益前提下，尽可能多地争取组织利益。当组织利益与国家利益发生冲突时，则应顾全大局、维护国家利益。

示例　　　　　　　　通向企业成功的一条“路”

某市政府在进行城市基础设施建设的过程中，深感财力不足。为此，决定向企业筹集资金。市政府将筹资政策在当地媒体公布后，绝大多数企业不感兴趣。但有少数企业出于某种考虑，从自身财力出发，提供了数量不等的资金。其中出资较大的一家企业按政策规定获得了一条新建路的冠名权。企业用自己的名称作为这条路的名称，并获市政当局的批准。出资修路的广告效应由此得以显现。与此同时，其他出资修路的企业，也以不同形式得到了相应的回报。

六、社区关系

社区是组织赖以生存和发展的基本环境，是组织的根基。社区公众指组织所在地的区域关系对象，包括当地的权力管理部门、地方团体组织、左邻右舍的居民百姓。社区关系也称区域关系、地方关系。社区公众是由特定的活动空间所确定的，区域性、空间性很强，社区公众与组织在空间上紧密地联系在一起、千丝百缕难以分离，共同的生存背景使社区公众具有“准自家人”的特点。

社区关系的重要性表现在组织的生存和发展需向社区索取社会资源，包括良好的后勤服务、舒适的生活环境、充足的劳动力资源及充分的消费和购买力。

搞好社区关系的工作内容主要包括以下三个方面：

1）保护和改善社区的生态环境。组织要注重环境保护和生态平衡，使居民能安居乐业。同时，要主动改善社区的生态环境，参与或出资赞助社区“三废”治理和绿化活动，美化社区环境。

2）参与和支持社区公益活动。社区组织是社区中财力雄厚、组织严密的成员，应积极参与和支持各种公益活动，为社区发展作出贡献。

3）促进社区繁荣、维护社区秩序。组织应尽力利用自身的优势，关心并带动社区经济的发展，为社区带来更多的福利和利益。同时，还应在维护社区公共秩序、治安保卫方面，为维护社区稳定作出努力。

补充说明　为了维护良好的社区关系，可从以下六个方面来努力：①保持与社区地方政府、民间团体、其他组织的联系；②向社区居民开放组织的服务设施和娱乐设施，丰富社区居民的文化生活；③协助地方政府解决人口就业问题；④邀请社区公众参观本组织，介绍组织的经营方针、历史、经营状况、生产工艺流程对社区的作用，加深社区公众对组织的了解；⑤赞助社区的公益事业，如体育、文化、社会福利事业等；⑥积极为社区排忧解难，协助解决社区遇到的问题。

七、其他公众关系

1. 名流公众关系

社会名流是指那些对公众舆论和社会生活有较大影响力的人物，如政府要员、工商界和金融界要人，科技、教育、学术界的专家和知名学者，文化、艺术、体育界的名人，以及其他社会生活中的知名人士等。社会名流往往是新闻界或社会公众舆论注意的焦点，虽然数量有限，但知名度较高，传播作用较大。与他们建立良好的关系，能够直接或间接地为组织创造良好的舆论气氛。

名流公共关系的作用表现在以下三个方面：

1）利用社会名流的智慧、专长和见识为组织经营和管理提供有益的意见咨询。因为社会名流或者足智多谋、见多识广，或者是某一领域的专家、权威，这样在无形中为组织增加了知识财富和信息来源。

2）借助社会名流的社会声望影响社会公众，以提高组织的知名度和美誉度。利用社会公众“崇名”心理，扩大组织的社会影响。

3）通过社会名流的社会关系网络，为组织广结良缘，扩大组织自身的安全交往范围，以期收到事半功倍的公共关系效果。

2. 国际公众关系

国际公众是指一个组织的活动进入国际范围与对象国的政府、媒体、顾客等的关系。国际公众对象具有与国内公众完全不同的社会、文化、历史、风俗等背景，是一种跨文化的传播。

当今世界经济趋向全球化、信息化。世界各国和各地区经济在科技革命的推动下，呈现许多新的情况和新的特点。经济的全球化迅猛发展，跨国企业成为经济全球化的主导力量，国际关系中经济因素作用增强。因此，国际公共关系已成为组织公共关系活动的重要内容。

搞好国际公众关系的目的是争取国际公众和舆论的了解、理解和支持，为本组织及政策、活动、产品和人员，塑造良好的国际形象，创造良好的国际声誉，为组织的发展开拓更为广阔的空间。

开展国际公共关系，需要运用跨文化传播手段，促进组织形象的国际化。因此，对从业人员的素质要求更高，不仅要运用外国的语言文字，而且要了解对象国的历史文化、风俗习惯、公众心理，还要懂得国际商法和国际交往惯例等。组织可自己培养处理国际公共关系事务的人员，也可借助国际公共关系机构处理国际公共关系事务。国际公共关系的成功还必须善于运用国际新闻传播和广告传播手段，既要运用本国对外传播工具，更要了解对象国及国际知名的新闻媒介和广告媒介，与国外的新闻机构和广告业建立关系，懂得如何为它们提供新闻资料和广告资料。

总之，组织一定要善于抓住机遇，运用国际公共关系帮助自己走向世界。

第四节 公众心理分析

一、公众的心理定式

1. 公众心理定式的含义

所谓公众心理定式，是指在一定社会条件下，由人与环境相互作用而出现的、公众对某一对象的共同心理状态与一致的行为倾向。人们在共同的生活中，其心理和行为存在着一种社会标准化的倾向，并保持着群体共同的意见。这表明，群体规定着人们的行为，促使他们保持一致。这种共同的“规定”就是公众心理定式的主要组成部分。所以公共关系中的群体对其成员心理与行为的影响是很大的。善于利用这些心理影响，将有利于提高公共关系工作效率。

公众心理定式的种类可按公众类型来划分。例如，国民公众心理定式，又称为民众心态或国民性格；城市公众心理定式，称为市民心理；某一社会组织的心理定式，可称为社会风气，如厂风、校风、店风等。

2. 公众心理定式的特点

（1）自发性

公众心理定式的自发性表现在公众心理定式是对特定情境的适应性反应，是一种社会标准化的倾向。任何一类公众都表现出相同或相似的心理倾向，这种心理倾向不是天生的，而是在一定条件下，经过公众之间的相互影响逐渐积累凝结而自发形成的。在这个过程中，并没有人进行专门的引导与控制，而是无意识心理发生着强烈作用。这种公众的心理和行为与一个组织经过决策、为完成组织目标而产生的自主性行为有着显著不同。

补充说明 美国心理学家谢里夫用实验说明了这种现象。实验是在暗室里进行的。首先让一个个被试者进入暗室，在他们面前的一段距离内出现一个光点，光点出现几分钟后就熄灭了，这时让被试者判断光点移动的方向。实际上光点并没有动，只是暗室里由于存在错觉，每个人都觉得光点在移动。这样的实验反复几次后，每个人都建立了个人的反应模式，有的人觉得是上下移动，有的人觉得是左右移动。实验继续进行，再让被试者一起看光点，可以相互讨论并说出自己的意见。实验进行几次后，被试者对光点移动方向的判断通过暗示和模仿，逐渐趋于一致，形成共同的意见，这种共同的意见就是群体规范。

（2）内隐性

公众心理定式具有内隐性，是一种内在的心理倾向，由人们对某个对象的评价、情感体验和意向三个因素组成，所以它自身不易直接把握。由于这种定式在公众中自发形成和普及并渗透到社会生活的各个领域，因而人们可以从自身的经验中觉察出来。同时，定式又有外在行为上的表现方式，可以通过实验和录像分析等手段预测和观察。

（3）主动性

公众心理定式不只是存在于大众心底的一种状况。它一经形成并成为公众的内在心理倾向之后，便表现出激发人的行为的主动性，从而起着控制与支配公众的现实生活的作用。特别是当它导致公众的某些一致的行为时，具有一种难以控制的力度。

（4）规范性

公众心理定式是人们对某一自然现象或社会事物的共同心理反应，在其反应方式、策略、原则和标准上，带有一定程度的规范性。这种心理定式具有普遍的制约力，规范着人们的心理和行为。例如，我国的传统节日春节，家家户户都要包饺子、贴春联、拜年等。

3. 公众心理定式的构成

公众心理定式主要由首次效应、晕轮效应、刻板效应、移情效应构成。

（1）首次效应

首次效应是一种先入为主的心理机制，这种心理的作用具有持续影响人的认知活动的效应。例如，在人际交往中，第一次交往给他人留下深刻的印象往往可以奠定以后交往的基础，所形成的第一印象的心理定式是难以改变的。

（2）晕轮效应

晕轮效应是一种以点赅全的心理定式，即从对象的某种特征推及对象的总体，从而产生美化或丑化对象的印象。美国心理学家阿西曾做过一个试验，给被试者一张列有五种品质（聪明、灵巧、勤奋、坚定、热情）的表格，要求被试者试想具有五种品质的人。被试者普遍把具有五种品质的人想象为一个理想的友善的人。然后，他把这张表格中的“热情”换为“冷酷”，在要求被试者根据这五种品质想象出一个合格的人。结果发现，被试者普遍推翻了原来的看法。晕轮效应一般是人们在掌握有关信息很少的情况下对整体作出的判断。

（3）刻板效应

刻板效应是指人们头脑中存在的对某类事物或人物的固定印象。这种印象不是一种个体现象，而是一种群体现象，它反映的是群体“共识”。例如，就民族特点看，一般人们认为美国人乐观开朗，不拘小节；英国人总是一副绅士派头；德国人擅长哲学思辨；犹太人则善经商等。刻板效应具有二重性，即既有合理性又有局限性。公共关系人员对待刻板效应的态度应该是不仅要承认它的合理性而且要重视它的局限性，在公共关系活动中实事求是，正确地知人、识事、辨物。

（4）移情效应

移情效应是指人们把对特定的对象的情感迁移到与该对象相关的人或事物上的一种心理机制。例如，“爱屋及乌”形容人们爱某人之深情移及和这个人相关的人和事物上。在公共关系活动中，公共关系人员在塑造组织形象时要善于发挥移情效应，设法把公众对组织的名人或品牌产品的情感迁移到组织的知名度上来。

二、公众的消费心理

1. 影响消费心理的因素

影响消费心理的因素很多，概括起来主要有以下四个方面：

（1）政治因素

一定的社会政治制度对人们的消费方式和内容有着很大的影响。这种影响无须他人从旁教诲，自然使人们形成一种心理。例如，我国在“文革”时期，在“左”的政治思潮冲击下，人们似乎越穿得简单、粗糙，就越“革命”，不论男女老少，都是清一色的“干部服”“解放帽”。

（2）社会经济

社会经济因素主要是指社会生产力和消费对象的价格对消费心理的影响。人们能够消费的对象是由生产提供的，生产能够提供什么，制约着一定社会人们可能消费什么或影响社会消费结构的形势与变化。例如，在我国封建社会，无论皇帝怎样富有，也不可能有飞机、电话、电视机等生活资料的消费。当然，社会生产力发展水平也制约着人们的消费方式。消费者为了满足消费需求，必须根据自己收入状况，根据不同商品和劳务的价格水平，在各种商品和劳务之间选择。

（3）社会文化

社会文化是影响消费心理的重要因素。文化是一种历史现象，每一社会都有与其相适应的文化。文化与消费心理有千丝万缕的联系，但这种联系又往往令人难以捉摸。例如，中国人一般喜欢神似而形不似的国画，西方人则更重写实感强的油画；中国人、日本人进餐常用筷子，西方人则多用刀叉。我国土地辽阔，城乡之间、地区之间文化上有很大差异，这种差异也反映在人们的消费心理上。例如，各地对服装色彩的喜爱不同；不同地区的人用餐的内容和方式不同；不同文化程度的人，有不同的生活标准和准则，反映在购买动机上也是不同的。

（4）自然因素

影响消费者心理的自然因素很多，主要包括民族、种族、地理、年龄结构、体形、健康状况、季节和节日等因素。例如，节日对消费心理的影响，春节将到时，很多人利用节日期间家人团聚，探访亲友，人们总是要买些礼物。此时为节日提供的商品，有节日的体现，才能招徕消费者购买。

2. 消费心理的种类

人们在购买商品过程中的心理现象，是以各种特殊的形式和规律表现出来的，从而形成各种类型的消费心理。因个人的性别、年龄、地位、兴趣等影响也会形成各种不同的消费心理。归纳起来消费心理有以下六种表现形式：

（1）求实心理

这是公众最基本、最普遍的一种心理活动。这类消费者注重商品的实际效用和质量，讲究经济实惠、使用方便、经久耐用、安全可靠，不大追求商品的外形和包装。

（2）求好心理

这是公众对所购买的商品要求质量要好的心理。为了满足公众这种心理需求，公共关系人员要积极主动、热情地介绍本组织的商品或产品的各种性能质量，按质论价，以适应各类公众消费的需要。

（3）求新心理

这是公众以追求商品的时尚和新颖为主要特点的心理。这类消费者的心理富于幻想，喜赶潮流，特别重视商品款式新颖，格调清新，不太注意商品实用与否和价格高低。

（4）求名心理

这类公众追求的是名牌商品。求名心理反映了优质名牌产品在消费者心中的信誉，持有这种心理的消费者多是具有一定的社会地位、经济条件的消费者。这些消费者有时表现出一种有意“显名”和“炫耀”的虚荣心理。他们喜欢购买名贵商品，以显示其生活之富裕或地位之重要，从中得到心理上的满足。

（5）习俗心理

这类公众由于习惯和风俗等原因，长期不变地购买同种商品，这种心理具有相当稳定性。例如，有的人买洗发膏，不管新生产多少种香波，他还是买“海鸥”牌的。

（6）求美心理

这是公众重视商品的欣赏价值和艺术价值为主要特点的心理。这类公众购买商品时特别注意商品的包装、造型、色彩和艺术的美，重视商品对人体的美化作用、对环境的装饰作用及对人的精神陶冶作用。例如，有的消费者买衣服时，十分注意上装、下装颜色的协调和自己的体形、肤色的配合。

3. 公众消费心理活动的一般规律

公众消费心理活动虽然是极其复杂的，但还是有其规律可循。消费者购买商品过程中的心理活动一般经历认识过程、情感过程和意志过程。

（1）认识过程

消费者购买商品的认识过程一般又可分为感性认识和理性认识阶段。首先消费者通过自己的感官对商品有一个笼统的印象，有了一定的认识，然后将这种初始的感性认识上升到理性认识，凭借自己的知识、经验对商品作出综合的推测、判断。最后通过记忆、思考、想象等复杂心理活动对商品的认识变得更深刻。

（2）情感过程

在认识客观对象过程中，消费者由于受情境、客观对象、个人情绪等方面的影响，总要作出某种情绪判断，即情感。在购买过程中，影响消费者情感变化的因素很多，概括起来有购买环境的影响、商品的影响、个人情绪的影响、服务态度的影响。人的情感过程是复杂的，但有稳定的、持续的表现形式，一般包括兴趣、喜欢、联想、欲望、激情和比较等心理状态的情感过程。

（3）意志过程

为了保证消费者由购买动机转化为购买行动，实现购买目标，必须经过意志过程。意志是通过行动表现出来的，这是消费者心理活动的重要阶段。消费者在购买商品过程中又分为采取决定和执行决定两个阶段。在实际行动中，人的意志又有坚强和懦弱的特点，这一特点对于购买者行为有很大影响。

三个心理过程既有区别又有联系，相互促进。消费者意志和情感随消费者对外界的认识而产生，反过来又影响消费者的认识过程。三个过程相互依赖、互为作用地影响消费者态度和消费者行动，从而形成一个统一的心理活动全过程。公共关系人员认识这一活动的规律性，对于有预见性和针对性地开展公共关系活动是非常重要的。

4. 公众消费的需要倾向

公众不是被动的客体，他们具有主观能动性。因此，公众在有选择地进行购买活动时，不得不表现出其所有的需求倾向。

（1）知晓需要

知晓需要是公众购买时的第一位心理需要，因此，作为一名公共关系人员应实事求是地把一些厂家的“真品”告知公众，让公众放心地去购买商品。

（2）尊重需要

有这样一句至理名言：聚力需要聚心，聚心必先尊重人，人人都有被尊重的需要。公众在购买商品的过程中，同样期待被尊重。著名心理学家马斯洛认为，尊重需要得到满足，能使人对自己充满信心，对社会满腔热情，体会到自己生活在世界上的用处和价值；尊重需要包括对自己人格的尊重、意见的尊重、情感的尊重和言语的尊重等。作为商品的生产者和经营者，切不可以公众的身份、地位、衣帽取人，更不能以获利大小取人，为了企业的利益、国家的利益，要先学会尊重人。

（3）经济便利需要

这是消费者注重经济实惠，追求物美价廉、货价相符的心理需要。另外，消费者普遍存有购买方便迅速，服务周到、热情，商品易携带、维修和使用的心理需要。

（4）美观需要

爱美之心，人皆有之。所谓美观心理需要，就是要求商品美观，使人产生美感和舒适感的心理需要。个人的社会地位、文化修养、兴趣爱好、个性特征等不同，人们的美观需要也不同，在购买过程中则表现为消费者对产品的形态、色彩有不同的审美观。但共同的物质生活条件、文化背景和心理、生理机能，又使人在欣赏事物时有一定的共同之处，使得同一群体内的消费者审美观有近似之处。因此，企业在产品设计、包装装潢和广告图案中，应充分考虑到人们的美观需要，以引发一致性的信念和购买行为。

（5）价值需要

价值是指对一个人有意义或重要的事情。价值的概念是从人们对待满足他们需要的外界物的关系中产生的，是事物与人的需要之间的一种关系。越能满足人的需要，事物的价值就越高。不同价值对不同人的重要程度反映在人们不同的行为表现和追求上。公众的价值需要有浓厚的主观色彩，它源于人的物质和精神需要，从满足人的需要可能性来评价一切事物。一个强调经济价值的人在购买商品过程中注重的是实用；而强调理论价值的人可能因为一本书的获得而大喜过望。总之，人们在购买过程中都有一定的目的性。目的就是被意识到了的需要，就是对价值的直觉追求。

三、获得公众的艺术

公共关系工作是获得公众的艺术，没有公众，公共关系工作就会无的放矢，就会失去工作的实际意义。如何获得公众？概括起来有以下四种：

1. 劝导方法

劝导就是劝说和引导。公共关系人员通过对公众的劝说和引导而引发公众心理的认同变化，从而产生服从组织导向的行为。劝导方法主要有流泻式劝导、冲击式劝导和渗透式劝导。

（1）流泻式劝导

流泻式劝导是以告知为基本目标，没有特定的针对性的普及性劝导方法。流泻式劝导没有严格对象范围，犹如地上的积水一样自由流泻，它以“广而告之”“广而导之”对公众心理产生“知”和“导”的影响。例如智能液晶电视机广告，公众不知道现在买这种电视机是否合适，各个智能液晶电视厂家的广告和流通部门的广告宣传使公众了解了智能液晶电视机的销售行情，从不知到知晓，在知晓过程中不自觉地受到了引导，这就是流泻式劝导对这部分公众的影响。这种方法适用于组织初创时的广告宣传，但要注意引导内容的真实性和吸引力。

（2）冲击式劝导

冲击式劝导是一种全力说服公众改变态度的专门性劝导方法。与流泻式劝导相比，冲击式劝导就像灭火和冲洗汽车的高压水枪一样，以集中的水力“灭火去污”，影响公众改变态度，真正解决这部分公众对组织行为“知”而“不信”“不行”的问题。冲击式劝导往往和批评结合在一起，此时应注意：全面了解特殊公众的情况及其意见、原因等；调查研究掌握第一手可靠的说服资料；选择适当的机会和环境；语言表达要得体；巧妙运用非语言表达；体现关心但不必显示热情；挑明利害但不必代作结论或决定；简明扼要，点到为止；旁敲侧击，巧用幽默；以身作则，取信于众。

（3）渗透式劝导

渗透式劝导是一种以舆论氛围方式影响观众的方法。其特点是作用持久而温和，像浸润某种固态的液体一样，缓慢地产生着作用。这种作用的结果，使某些公众产生从众心理，作出自我否定，放弃个人意见的从众行为，并自觉不自觉地对组织的行为导向产生“服从”和“同化”效应。渗透式劝导关键在于要形成正确的舆论。心理学研究表明，人们在正确舆论的影响下，大约有 1/3 的人会作出由衷的或故意的认同。

2. 暗示方法

暗示是指在无对抗的条件下，用含蓄间接的方法对人们的心理和行为产生影响的方法。暗示的形式有语言暗示和非语言暗示；有意暗示和无意暗示；外界暗示和自我暗示等。暗示的功效在于对公众有启迪思考、批评教育、缓解气氛、调节情绪、强身健体等功效。例如，就启迪思考功效而言，传说孔子拜访老子，问老子身体如何。老子先问孔子“我牙齿如何”，又问“我舌头如何”，孔子答“牙齿都掉了”“舌头很好”，说完孔子马上告辞。孔子的学生不解，孔子告诉学生：“老子已给我上了一课，他告诉我柔弱胜过刚强。”这时，孔子从老子那里获得了暗示，也获得了启迪。在公共关系活动中，公共关系人员运用暗示的方法，要注意暗示技巧，自觉遵循和运用暗示规律，暗示规律和人的感知规律是一致的。

（1）强度

暗示信息要有一定的刺激强度才能被暗示对象感知。强度过小容易被忽略，过大可能引起反感。例如，有的人惯于把领导的每句话当作指令来狐假虎威，对此群众形容其“拿着鸡毛当令箭”，这说明狐假虎威的暗示是令人反感的。过分追求暗示的身份、地位只能使暗示的结果适得其反。所以，公共关系人员在公共关系活动中巧用暗示，必须通过分析暗示信息的性质、被暗示对象的心理状态和心理特征，恰当地选择暗示的方式。

（2）对比

暗示有效与否，关键要有一定的对比度，对比度太小暗示不清晰，对比度过大会产生副作用。例如，战国时期的魏文侯有一次问众臣“我是怎样的一位君主”，众臣都答“君王是仁君”，只有一个叫任座的大臣说“君王得了中山封自己的儿子，这不是仁君所为”。魏文侯听了大怒。这时另一位叫翟璜的大臣赶紧奏言：“君主是仁君。我听说君王仁厚而后大臣耿直，任座敢于直言，正说明君王是仁君。”魏文侯听了转怒为喜，既褒奖了任座，又改变了册封。这里，魏文侯的情绪转变是因翟璜巧妙地运用了反话正说的暗示。翟璜的暗示之所以有效，是因为他的暗示内容和其他大臣的言论形成了适度对比。对比方式有颜色对比、声音对比、图像对比。这些对比都要公共关系人员在公共关系活动中恰当选用。

（3）协同

暗示要和对象各种感觉器官感知到的信息相协同才能发生效用。否则，就会受到被暗示对象的抵制或拒绝。例如，某企业向社会公开招聘翻译人才，似有“尊重知识，尊重人才”的暗示。但是，经过严格考核被录用的竞争者都发现平时辅导他们外语的教师就在这家企业看仓库。这种“尊重知识，尊重人才”的暗示显然和竞争者的发现是相抵触的。由此可见，只有遵循人的感知规律的暗示才能引起注意，获得暗示对象的认同。

3. 感染方法

感染方法是以一定的方式引起人们和自己相同或相似的情绪反应和情感共鸣的方法。感染方法与暗示方法的不同之处在于感染是以感情的传递为特征的。感染的基本方法主要有间接感染和直接感染。

（1）间接感染

间接感染是指通过影视戏剧、文学作品、演讲、报告、诗歌等形式引起公众的情感体验。这种感染的特点，一是感染者和被感染者无须直接见面交流，而是通过一定的中间媒介而形成的感染，如感染者的介绍、渲染，或典型人物的感情魅力打动人心；二是间接感染影响面广，如一首好歌、一部电影、一个英雄模范人物的先进事迹，其感染力不仅能广泛地震撼人心，还能使几代人受到启迪。

（2）直接感染

直接感染是通过感染者自身的语言、表情动作、行为所显示的情绪和情感，在无压力的条件下影响公众发生类似情感的方法。直接感染的特点有以下三点：一是即时性，即这种感染的时间较短，带有冲动的色彩，随即进入平静状态。二是情境性，即这种感染的发生受到特定时间环境的影响。例如，某单位有人突遭横祸，立即发起募捐要比过一段时间的募捐更有感染力。三是互动性，这是指感染往往使在场者产生相互模仿、相互作用。例如，在足球比赛现场，有些观众情绪激动，也会感染周围其他观众乃至全场观众狂呼或者骚乱。

在公共关系活动中，公共关系人员运用感染法增强感染力量，不仅要提高感染者自身素质，使感染者以知识渊博、才能出众、品行优良感染公众，还要注意寻求组织态度与公众态度的相似性，全面认识公众的心理特征和倾向，正确处理感染者与被感染者的关系。只有这样，才能真正使感染者产生“以情感人”的效应。

4. 吸引方法

公共关系工作是争取公众的艺术，吸引公众的方法主要有以下五种：

（1）利益吸引

公共关系工作要以公众利益为出发点，把公众利益放在第一位。组织如果只顾自己的利益，不顾公众的利益，自己的利益最终也得不到保障。只有激发公众和组织共同获利的需要，才能更好地发展组织与公众的关系。

（2）形象吸引

组织形象关系到组织的生存与发展。良好的组织形象、产品形象、服务形象，对公众具有强大的吸引力，是争取公众的法宝。随着我国市场经济的发展，更多的组织注重自身形象塑造。近几年来一些企业 CI（corporate identity，企业识别）战略取得了良好的效果。

（3）信息吸引

在当今信息社会里，组织的生存与发展需要及时接受和传播自己的信息，以此吸引公众。实践表明，公众总是选择接收那些与自己观念一致或与自己需求相关的信息，拒绝或回避那些与自己认识抵触或不感兴趣的信息。因此，公共关系人员应注意了解组织的公众需求，分析其心理，一方面力求传播出去的信息为更多的公众所接受，另一方面及时地搜集有关公众的信息。

（4）示范吸引

示范吸引就是用直观的、可学习模仿的行为来吸引公众。例如，企业有意识地举办展销会，对产品进行演示操作，免费品尝，然后征询公众意见，这样可以引发公众兴趣，激发他们的购买欲望。

（5）目标吸引

组织目标是组织未来所要达到的状态或事实。鲜明的组织目标会增加对公众的吸引力，并得到公众的理解、支持。公共关系人员在公共关系活动中可把组织目标贴附在社会时尚、公众关注的热点事件上，以此来吸引公众。

小　结

公众是公共关系学中的一个基本概念。公众是与特定的公共关系主体相互联系及相互作用的个人、群体或组织的总和，是公共关系工作对象的总称。正确地理解这个概念，科学地对公众进行分类，对于把握公共关系的真谛至关重要。

对复杂多样的公众进行分类是社会组织开展公共关系的前提。常见的分类方法有公众发展分类法、组织态度分类法、公众态度分类法和公众重要程度分类法。

常见的目标公众有员工、股东、顾客、媒介、政府、社区、名流和国际公众等。

公众心理定式主要由首次效应、晕轮效应、刻板效应、移情效应构成；常见的消费心理有求实心理、求好心理、求新心理、求名心理、习俗心理和求美心理等；可以通过劝导方法、暗示方法、感染方法和吸引方法等艺术获得公众信任。

案例分析

中国·焦作国际太极拳交流大赛

中新网河南焦作2015年8月20日电（王昊）作为目前国际上公认度较高的太极拳赛事，以“太极圣地·山水焦作”为主题的第八届中国·焦作国际太极拳交流大赛，20日晚在河南省焦作市太极体育中心拉开战幕，共有来自41个国家和地区的456支代表队的5016名运动员报名参赛。

本次赛事为期一周，赛事分为个人项目、集体项目和太极拳推手三大项目，涵盖了太极拳、太极掌、太极剑、太极器械等。与此同时，组委会还组织了太极拳段位考评、太极名家走进焦作、太极拳非物质文化遗产展馆展览等系列活动，旨在进一步传播中国太极文化，让公众对其拥有更深层次的了解。

作为本次赛事亮点，组委会还专门为陈式太极拳“四大金刚”陈小旺、陈正雷、王西安、朱天才和其他五派代表人物赵幼斌、翟维传、马海龙、孙永田、和有禄9位具有代表性的传承人分别设立工作室，从而为中外太极拳爱好者提供了与这些太极名师进行面对面交流的机会。

本次赛事由国家体育总局武术运动管理中心、中国武术协会、河南省体育局、焦作市人民政府共同主办，赛事创立于2000年，至今已经成功举办七届。主办方告诉记者，赛事的举办对于弘扬太极拳文化、打造太极拳品牌、扩大焦作的对外影响、提升焦作知名度发挥了重要作用。据了解，本届大赛运动员、裁判员、工作人员总人数超过6000人，无论是境外还是境内，参赛规模均超过往届。

（资料来源：王昊. 2015. 中国・焦作国际太极拳交流大赛：超5000选手参与争夺. http://www.chinanews. com/ty/2015/08-20/7480245.shtml[2015-8-20].）

案例讨论：

1．举办“焦作国际太极拳交流大赛”活动所要面对的公众有哪些？按重要程度进行分类。

2．这些公众有什么特征？如何建立良好的公众关系？

思考与练习

一、思考题

1．什么是公众？公众具有哪些特征？

2．如何对公众进行分类？

3．员工公众有哪些需要？如何处理好员工关系？

4．股东公众有哪些需要？如何处理好股东关系？

5．顾客公众有哪些需要？如何处理好顾客关系？

6．简述媒介关系的作用和处理方法。

7．简述政府关系的作用和处理方法。

8．简述社区关系的作用和处理方法。

9．公众的心理定式有哪些？公众的消费心理有哪些？如何获得公众的信任？

二、课堂讨论题

1．某企业组织了一次征集合理化建议活动，结果在收集来的几十条建议中，意见占了相当部分，其中要求改善待遇的意见甚为强烈。企业经理皱着眉头说：“这叫合理化建议吗？一开口就要福利，我们员工的素质太低了。”你如何评价经理的这番话？

2．谈谈你对“随大流”和“逆反”两种心态的认识。

三、课外实践题

深入一家企业作实地调查，分析该企业是如何处理与各类公众的关系的。

第六章　公共关系的传播

CHAPTER 6

学习目标

- 理解公共关系传播的含义及特点。
- 掌握公共关系传播的基本要素及隐含要素的内容。
- 清楚公共关系传播的模式及类型。
- 熟悉公共关系传播的原则及传播媒介知识。
- 熟练应用公共关系传播中的各种技巧。

案例导入

创四年首播收视纪录 金罐加多宝携手中国好声音进入黄金时代

第四季加多宝中国好声音于 2015 年 7 月 10 日晚在浙江卫视迎来全球首播。周董领衔的超豪华导师阵容，唤醒耳朵的新鲜好声音，让节目一开播就迅速锁定了亿万粉丝的眼球，毫无悬念地拔得当晚激烈综艺战的头筹，CSM50 城市的收视率高达 5.35%。与此同时，金罐加多宝“淘金行动”自节目首播之日起，同步升级为好声音专版，并联合全球招募的金牌合伙人共同打造“金彩星期五”。

首播创收视新纪录。第四季加多宝中国好声音在上周播出后，最新出炉的 CSM50 城市收视率为 5.35%，拿下当天所有时段所有节目收视冠军再次创造中国电视综艺节目首播收视新纪录。此外，在网络视频播放上，第四季加多宝中国好声音亦势头凶猛。腾讯视频数据显示，第一期节目正片 16 小时播放量突破 1 亿次，截至发稿时，累计播放量 2 亿次，成为史上首日网络播放量最高和史上网络播放量最快破亿的综艺节目。

伴随着高收视而来的是社交媒体上人气爆棚的话题讨论，截至发稿时，“中国好声音”以 85.3 亿阅读 448.1 万讨论量全天盘踞新浪热门话题榜首位，更在节目开播后荣登新浪话题榜总榜第一。同时，“加多宝中国好声音”话题讨论量亦达 5.4 亿。而在微信朋友圈，不少网友纷纷吐槽，“朋友圈完全被好声音攻陷了的节奏”。

“淘金行动”升级好声音专版。在首播前一天，金罐加多宝联合百度外卖、京东商城、滴滴打车等 14 家“淘金行动”合作伙伴召开一场史上最有“声价”的微信发布会，正式对外宣布推出金罐加多宝“淘金行动”好声音专版。

首播当天，“淘金行动”好声音专版正式上线，首批入驻金罐加多宝“金彩星期五”的 14 位金牌合伙人联手派发超强福利，滴滴百元出行大礼包、百度外卖好声音套餐、京东优惠券、海信电视优惠券等以及金罐加多宝为“金彩星期五”定制的添金宝宝（千足金），价值共计近千万元，吸引互动参与量超百万频次，掀起首场“金彩星期五”大联欢。

（资料来源：张晓莉. 2015-7-24. 创四年首播收视纪录 金罐加多宝携手中国好声音进入黄金时代. 北京晨报，C8.）

【分析】当今是一个全民传播时代，但是，传播需要策略和平台。当周董遇见好声音，好声音遇见金罐加多宝，金罐加多宝遇见移动互联网＋金牌合伙人，加上前三季的合作，加多宝与《中国好声音》节目已经实现你中有我、我中有你的完美融合，实现节目与品牌的双赢，整合传播营销应用得淋漓尽致。

传播是公共关系的一个基本要素。作为以树立组织自身形象为最终追求的公共关系活动，其目的就是要在社会公众心目中展示组织存在的价值，传递组织的各种信息。这种价值的显现和信息的传递所依赖的唯一手段就是传播，离开了传播，一切形象均无法确立，所有的信息将不存在。事实上，在许多情况下，公众和组织之间可能产生误解，导致公共关系的失调，其原因在于传播渠道缺乏，彼此不能互相理解。所以，公共关系人员必须掌握传播的基本技巧，利用各种可能的机会同公众进行多方面的沟通。本章将从公共关系传播的基本理论出发，科学而全面地阐述传播的技巧及其运用。

第一节 公共关系传播概述

一、传播的基本含义

1. 传播及公共关系传播的定义

“传播”一词来自英语 communication，意为信息的传递、交流、输送、沟通，同时，它还包含着一个分享信息的含义。信息的范围也很广，包括人能感知和传达的一切，包括消息、意见、观念、知识、资料、数据等。传播是随着人类诞生而产生的，是人类社会赖以生存和发展的前提。概括起来，我们认为：传播是指人们运用符号并借助媒介来交流信息的过程。公共关系传播是指社会组织为了提高自身的知名度、美誉度，运用符号并借助媒介来与公众交流信息的过程。公共关系在一定意义上就是一种传播活动。公共关系的过程是组织主体与公众客体之间的一种信息传播和交流的过程。

知识点 传播的含义：第一，信息的传递，即传播者通过一定的方式和工具将传播内容传递给信息的接收者；第二，信息的双向互动，即受传者将收到信息后引起的反应以传播者的角度反馈给对方，以形成下一次传播过程的出现，这样构成了双向交流、互传信息、相互传递和反馈的循环交流过程；第三，信息的共享，由于双方的信息沟通使人类在传播的同时取得了一致认识、理解和帮助，从而形成共识和行动。

2. 传播的要素

传播的核心是信息，然而在整个传播过程中如果只有信息，就完不成传播。任何一个传播活动的形成，必须具备相应的必要条件，这些构成传播活动的必要条件，我们称之为要素。传播的要素有哪些？古往今来，许多学者对其进行了探索和分析。早在古希腊时期，亚里士多德在其《修辞学》里就通过分析，得出了传播的三个要素。他提出在演讲过程中离不开三个方面，即演讲人（传播者）—演讲稿（信息）—听讲人（受传者）。1926 年，美国政治学家哈罗德·拉斯维尔在他著名的论文《社会传播的结构与功能》中提出了关于传播的五要素公式，即有名的“拉斯维尔公式”。这个公式认为任何一个传播过程都可以分解为五个部分，他称这五个部分为五种分析：针对传播主体的控制分析；针对传播信息的内容分析；针对传播媒介的工具分析；针对传播对象的受众分析；针对传播效果的效果分析。根据以上五种分析，拉斯维尔得出至今为传播学公认的传播要素理论——5W 理论：谁（who）——传播主体；说什么（says what）——传播内容；通过什么渠道（in which channel）——传播媒介；对谁说（to whom）——传播对象；产生什么效果（with what effect）——传播效果。

因为这五个要素的英文表述各有一个以 W 打头的疑问词，这个五要素理论也叫 5W 模式。通俗地讲，我们也可以将这五个 W 描述如下：

1）传播主体——信源（传播者）。

2）传播内容——信息（编码）。

3）传播媒介——信道（工具）。

4）传播对象——信宿（受众）。

5）传播效果——反馈（影响）。

上述五个要素属于传播的“硬件”，直接关系到传播过程能否完成，是传播的基本要素。

事实上，传播还离不开一些其他要素，这些要素则直接关系到传播效果的好坏，属于传播的“软件”，也被称为传播的隐含要素，具体包括以下四个方面：

（1）时空环境

时空环境包括时间和空间两个方面。从时间角度看，真正衡量传播效果的是单位时间内所传播的有效信息量。当然，传播时机（在何时进行传播）的选择，对传播效果也是有一定影响的。例如谈判，谈判时间适当与否，会对谈判效果产生影响。

空间指传播活动存在于一定的物理环境。传播信息总是在具体的空间环境之中进行，不同的环境条件会使人对信息有不同的感受，并产生不同的传播效果。

（2）心理因素

心理因素主要是指信息接受者的情感心理状态。在不同的情感状态下，人们接受信息的效果是不一样的。心理学原理揭示了这样一条规律：凡是在一定活动中伴随着使人“愉悦”的情绪体验，都能使这种活动得到强化，而“不满意”的情绪体验，则使这种活动受到抑制。因此，传播行为的发生、延续和发展都是建立在双方心理相悦这一基础上的。没有心理上的沟通，是无法获得最佳的传播效果的。

（3）文化背景

传播是一种文化现象。在传播过程中，传受双方的文化差异，必然会对传播效果产生影响。不同的经济环境、风俗习惯、民族心理、性格特征、思维方式和价值观念等，使人们对同一信息内容可能产生不同的主观感受。因此，在跨文化传播中，务必了解和尊重受传者的文化习惯，避免产生沟通障碍。

（4）信誉意识

信誉意识包括两个方面：一是指传播内容的可信度；二是指传播者被受众所信赖的程度。

在传播过程中，信息内容权威性越高，受众对之就越信服；反之，就很难使受众信服，从而影响传播效果。所以，对新产品的宣传，广告主往往利用用户来信、有关学术权威机构的鉴定、产品获奖的名次等来提高其广告信息的可信度。

3. 传播模式

传播模式主要包括线性传播模式、双向传播模式和公共关系传播的一般模式等。

（1）线性传播模式

线性传播模式最早由香农和韦弗于 1949 年提出，其模式如图 6-1 所示。这种模式是一种单向直线运动过程，信息由信息源传出，经过传播者将其用信号发出，受传者接收到信号再还原成信息，得到结果，在信号传递过程中，还会受到噪声的干扰。这种传播模式在传播学上具有广泛影响，被称为“香农-韦弗模式”。

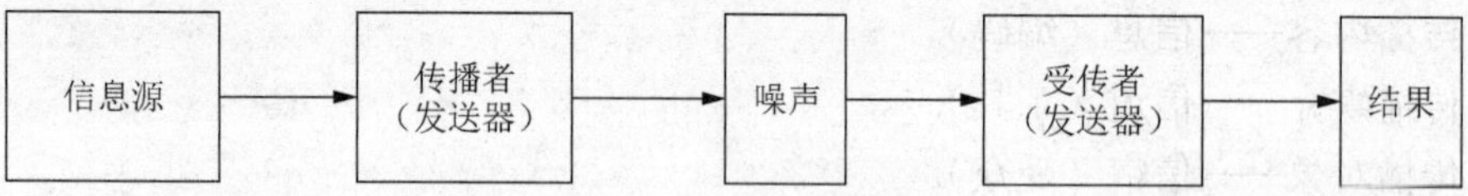

图 6-1 线性传播模式

由图 6-1 可见，线性传播模式在阐述人类的社会传播过程中具有明显的缺陷：首先，它容易把传播者和受传者的角色、关系和作用固定化，一方只能是传播者，另一方只能是受传者，不能发生角色的转换；而在人类的传播活动中，这种转换是常见的，现实生活中的每个人既是传播者，又是受传者。其次，线性传播模式缺乏反馈的要素或环节，不能体现人类传播的互动性质。

（2）双向传播模式

美国学者施拉姆和奥斯古德于 1954 年提出双向循环式传播模式，其过程如图 6-2 所示。

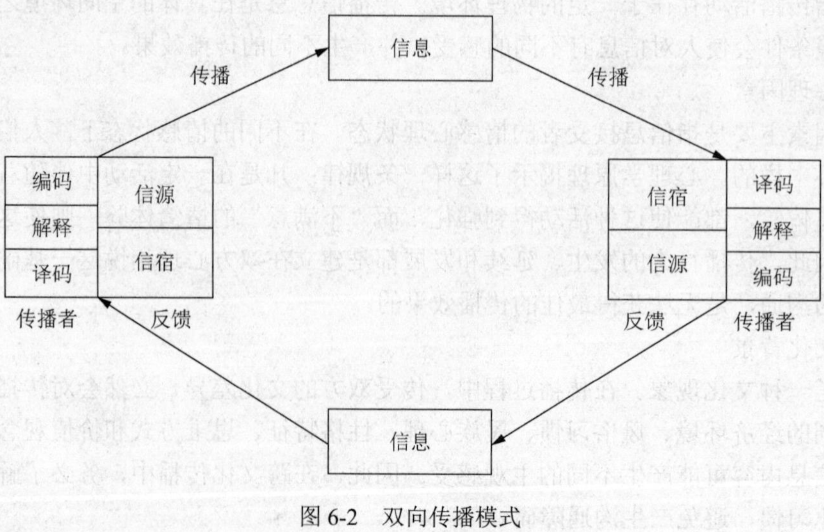

图 6-2 双向传播模式

从图 6-2 可以看出，该模式与线性传播模式有明显的不同。

1）这里没有传播者和受传者的概念，传播双方都作为传播行为的主体，通过信息的授受处于你来我往的相互作用之中。

2）该模式的重点不在于分析传播渠道中的各个环节，而在于解析传播双方的角色功能；参加传播过程的每一方在不同阶段都依次扮演着译码者（执行接收和符号解读功能）、解释者（执行解释意义功能）和编码者（执行符号化和传达功能）的角色，并相互交替着这些角色。

3）这种模式引入了反馈机制，把传播理解为一种互动的循环往复的过程。在这一循环系统中，反馈还对传播系统及其过程构成一种自我调节和控制。

（3）公共关系传播的一般模式

公共关系传播的一般模式是根据双向传播模式理论，并内在地包含了拉斯韦尔 5W 模式的基本要素，结合公共关系的特点而形成的。其过程如图 6-3 所示。

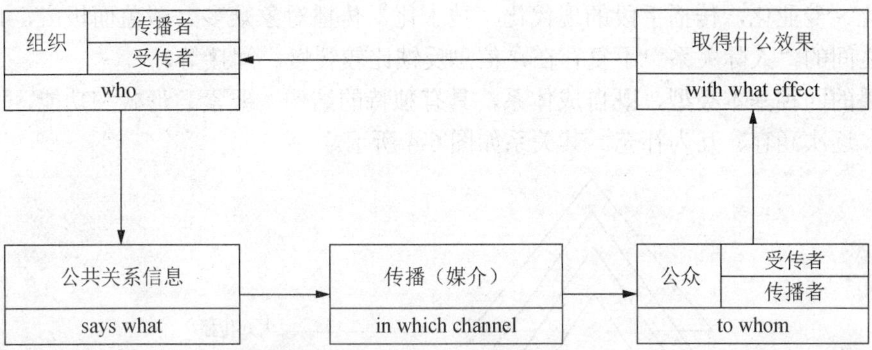

图 6-3　公共关系传播的一般模式

公共关系传播的一般模式表明，信息来源是社会组织，传播的内容是与组织及公众相关的信息，传播渠道是人际传播、大众传播等媒介，传播对象是组织所面临的各类公众，根据反馈信息，不断调整、修改下一步传播策略，进而开始更新更好的传播。

4. 传播的类型

根据人类传播的发展过程，一般可将传播分为四种类型：自身传播、人际传播、组织传播和大众传播。

（1）自身传播

自身传播也叫人的内向交流，即传播的“双方”集于一身，本身内部进行交流。其表现形式是人的自言自语、自问自答、自我发泄、自我陶醉、自我反省和沉思默想等。这种传播的特点是“主我”（I）和“宾我”（me）之间的内向沟通。因此，从严格意义上讲，它是个人内心的思维活动。从传播学角度看，它却是人类传播的基本单位和细胞。

（2）人际传播

人际传播是指个体与个体之间的沟通交流。它是最常见、最广泛的一种传播方式，其表现形式分为面对面传播和非面对面传播两种。前者一般通过语言、动作和表情等媒介进行交流；后者则通过电话、电报和书信等媒介进行交流。

这种传播的特点是个性性、私人性和信息反馈的及时性。因此，在传播过程中，双方不断地相互调整、相互适应，传播效果也易于显现。

（3）组织传播

组织传播是指组织和其成员、组织和其所处环境之间的沟通交流。组织和其成员之间的传播有两种形式：一种是职能传播，如厂长与车间主任、经理与员工之间的角色沟通，其沟通方向一般为下行和上行的垂直传播；另一种是非职能传播，员工与员工、校长与师生之间的感情沟通，其沟通方向一般为平行的横向传播。

组织和其所处环境之间的沟通交流，就是组织和其外部各类公众的沟通交流。其特点是：传播的主体是组织，传播的对象十分广泛、复杂，传播具有明确的目的性和可控性。

（4）大众传播

大众传播是指职业传播者通过大众传播媒介（报纸、杂志、广播和电视等），将大量复制的信息传递给分散的公众的一种传播活动。从媒介角度看，它有两大类型：一类是印刷类的大众传播媒介；另一类是电子类的大众传播媒介。这种传播的特点是：传播主体的高度组织化、专业化，传播手段的现代化、技术化，传播对象众多、覆盖面极广，传播者和受传者之间的“人际关系”不复存在，信息反馈比较缓慢、间接等。

传播的四种基本类型，既自成体系，具有独特的结构、要素、形式和功能，同时又相互联系、逐次涵容、互为补充。其关系如图 6-4 所示。

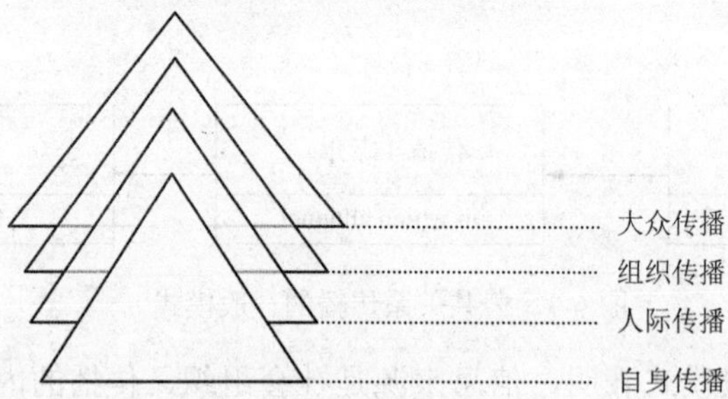

图 6-4　四种传播类型关系

从这个树状的层级系统中，自身传播位于最底部，并与其他传播形式重合，成了一切传播形式的基础。而大众传播则处于该系统的顶端，具有最大的传播规模和包容能力。在这个系统中，由下往上，传播形式出现了四个变化：第一，受众面越来越大；第二，传受双方在距离和感情上越来越远；第三，信息的个性化越来越淡；第四，组织系统和传播技术越来越复杂。

二、传播效果的比较评估

1. 传播效果层次

传播效果是指受众在接受了传播者传出的信息后，在情感、态度和行为方面发生的某种程度的变化。传播效果研究一直是传播学特别关注的一个领域，因为人类的传播行为都是有一定目的的，而传播效果如何直接关系到传播目的的实现程度。同样，公共关系传播的目的能否实现，公共关系传播在公共关系工作中的作用能否充分发挥，关键也要看公共关系传播是否达到了预期效果。因此，公共关系传播也重视对效果的分析和研究，对传播过程及各要素、各环节的分析研究也是始终围绕着如何增强传播效果来展开的。

根据传播对受众的作用大小和影响程度，可以把公共关系传播效果分成四个层次。

1）认知层次，即公众通过一定的传播渠道了解了组织的有关信息，由非公众转化为知晓公众。这是公共关系传播首先应达到的效果，也是产生其他传播效果的前提。

2）情感层次，即公众由认知触动了情感，实现了双方的情感共鸣，缩短了公众与组织之间的心理距离，公众对组织产生了认同感。这是公众对组织产生积极态度和合作行为的必要条件。

3）态度层次，即公众对组织的态度发生了积极变化，加深了对组织原有的好印象或转变了原来的不良印象。态度是人对事物或现象认识程度、情感表达和行为倾向的总和。态度一旦形成具有一定的稳定性，它是公众采取进一步行动的准备，决定和支配着他们的言行。

4）行为层次，即公众采取了组织所期望的、对组织有利的行为。这是公共关系传播效果的最高层次，是其他层次效果不断积累的结果，也是公共关系传播期望达到的最终目的。

2. 影响传播效果的因素

传播是一个复杂的系统过程，构成这个过程的每一个因素都会对传播效果产生不同程度的影响。例如，传播者、传播对象、传播内容、传播媒介和传播环境等因素都直接制约着传播效果。归纳起来主要有传播者和接受者两个方面。

（1）传播者角度的影响因素

1）传播信息来源方面的因素。在大众传播中，信息来源的正确与错误，即信息的可靠性与传播效果有着直接的关系。一般来说，受传者对传播来源的依赖很深，人们普遍信赖权威意见而不太信赖非权威意见；信赖专门性信息而不太信赖普通信息。信息来源的权威性可导致很好的传播效果，传播媒体的权威程序也影响传播效果。信息来源的专门性也与传播效果密切相关。在年龄、职业、兴趣相同或相近的受传者中，专门性的信息来源要比一般性的信息来源具有说服力。信源的专门性越强，说服能力就越强。

2）传播媒介方面的因素。公众对传播媒介的要求：一是要使用简便，易于掌握，易于得到；二是比较有效，即它的使用效果能受到普遍的重视与承认，特别有效时，即使使用、驾驭上有一定难度，人们也会努力去得到或掌握它。公众对媒介选择的这两个因素可以根据美国传播学者施拉姆的“媒介选择的或然率公式”（媒介选择的或然率＝报偿的保证/费力的程度）来考量，受众在选择获取信息方法上遵循经济学的“最省力原理”，总希望以最小的付出获得最大的回报。从这个公式可以看出，媒介选择的或然率与报偿的保证成正比，而与费力的程度成反比。一般来说，读者选择购买一份报纸的主要目的是获取自己感兴趣的新闻信息或其他资讯。所以公共关系工作要注意选择适当的媒介传播信息，选择不当就有可能接收不到或者没有影响。

3）传播者的态度、方式和技巧方面的因素。用比较和缓的、心平气和的语调进行演说、讲解，受众比较容易理解、容易接受。相反，盛气凌人的官腔、板着面孔进行说教、“唱高调”，受众就不愿接受，甚至产生反感。另外，技术因素受客观条件的制约。

4）传播内容方面的因素。传播内容对传播的说服能力会产生最为直接的影响。信息的内容即传播者传播的信息是否为受众所关心、感兴趣，是否重要、新鲜，是否可靠、可信，这一点是受众价值判断的中心点，也是决定传播效果的关键所在。公共关系人员在传播信息时要注意内容的趣味性、与受者的相关性以及信息来源的可靠性，内容的真实性，观点的客观性、科学性。

传播内容的客观性、倾向性、真实性和指导性等问题一直是大众传播学研究者关心的问题。内容是否客观、真实，传播者在编写内容时的政治立场和思想倾向，是制约传播效果的关键因素。除去信息内容自身的要求外，内容的表现方式也非常重要。形式、方法不当，再好的内容也难以传播出去，可能还会引起误解甚至反感。表现方式包括从传播者的形象、权威性，内容的结构、节奏、变化到用词造句的方法、语气、语调等方方面面。

此外，信息量的大小以及信息传播频率都是影响传播效果的重要因素。

（2）接受者角度的影响因素

1）先验观念的影响。先验观念是指人们在头脑里固有的对世界的印象和形成的主要观点。先验观念除了影响受众对传播内容的选择以外还影响受众对新事物的理解、接受程度。受传者在接受新内容时，先验观念会先替媒介作出解释，从而导致传播信息在受众理解上的误差。

2）团体规范影响。无论什么性质、什么形式的团体，存在时间的长短都会对传播构成影响。团体都有左右其组成分子意见的力量，这虽然有少数服从多数、个人服从集体的意味，但团体施加给每个成员的影响是不容忽视的，它无形或者有形中为其成员划定了一个言行的准则。针对这一特点，大众传播工作者应把各种团体规范作为传播的参照。

3）人际传播的影响。人际传播的影响主要表现为拉扎斯菲尔德的“二次传播”“意见领袖”理论。意见领袖对于传播效果的影响就显得至关重要，因为意见领袖在“二次传播”中可能加入自己的主观阐释，所以有时信息从信源到信宿的差异会因此变得非常大。普通受众也有可能充当“二次传播”的角色，他们对传播也发挥一定的作用。人际传播的影响对于大众传播业者的启示在于，对重大信息不宜作泛泛的、肤浅的报道；加大信息报道的力度和深度，少留一些模糊的、含混不清的信息给受众，尽量做到清晰、准确、生动、有力，这样才能收到好的传播效果。

4）个人差异的影响。个人差异主要是指个人在心理、生理等方面所表现出来的差异。这些差异又表现在性格和人格等方面。个性是人在生物因素的基础上，经过社会环境的影响和自身实践活动而形成的心理系统对客观现实的认同，也是一个人之所以为“这个人”的基本精神特征。对个人性格的影响因素包括性别、年龄、种族、文化程度等。此外，个人所受教育的程度也是一个很重要的因素。

5）受传者接收信息的条件。时间、空间对受传者接收是否有利，对传播效果也有相当大的影响。受传者接收环境存在各种干扰，有些受传者没有足够的时间接收，这些因素都会影响受传者投入接收，进而使传播效果大打折扣。

第二节　公共关系传播原则及媒介

一、公共关系传播原则

公共关系工作中的传播活动呈现出无处不有、立体交叉、灵活多样的复杂现象。公共关系传播要遵循以下原则，才能保证传播工作取得效果。

1. 目的明确原则

公共关系传播是带有明确目的性的传播。公共关系传播的总目标是树立、改善组织形象，形成有利的舆论环境，获得各界的支持。在总目标的指导下，公共关系传播每一次具体活动中，工作也有具体的目的。

这种目的明确的传播往往要求目标公众也要明确，这是传播目的中的重要内容。组织的公众都是组织公共关系工作的对象，但对于某项具体的公共关系工作来说，成为对象的仅仅是与此项工作有关的那些公众，即组织的目标公众。目标针对性原则就是指组织的传播活动工作要围绕目标公众开展。组织的对象明确，才可能在传播活动中做到有的放矢，节省成本，提高工作效率，收到更好的传播效果。

补充说明　公共关系传播的一般性目的可以分为以下四种：引起公众注意；诱发公众兴趣；取得公众的肯定态度；促发公众的支持行为。

2. 双向沟通原则

双向沟通原则是指传播双方互相传递、互相理解的信息互助原则。公共关系传播活动中，信息的流动是双向的，即组织传播给公众，公众又将信息反馈至组织。公共关系传播的效果并不是传播者的主观认识，而是由公众即传播对象来评判。组织应该将其自身的目标、政策、产品、服务等信息传播至公众后，及时收集公众对组织的反馈信息，并且不断改进传播活动，增强传播活动的效果。

这一原则具体包括以下内容：一是沟通必须由两人以上进行；二是沟通双方互为角色，任何一方都可传递信息，也可反馈信息；三是沟通双方相互理解并有所交流。

3. 平衡理论原则

平衡理论是关于受众态度的理论之一。这种理论认为，当人处于不平衡状态时，会感到心情紧张，并产生一种力求恢复平衡的力量。所谓平衡，是指人的感觉系统与所经验的情绪毫无压力地存在的一种状态。人处于平衡状态时，感到舒服、轻松。这一理论认为，如果两人存在着友好关系，并且对另一物持有相同态度，两人的关系就是平衡的。人的认识、态度、信念一般都有趋于平衡的倾向。

从这一理论中可以看到，个人心态平衡与人们之间的关系平衡互为因果、互相影响，因此在寻求关系平衡过程中，可以从以下两个方面入手去做工作。

（1）A-A 式平行沟通

这种沟通方法在国外被普遍采用，它力图创造一种平等的沟通前提，以保证沟通在正常情况下进行。

A-A 式平行沟通来源于人格结构的 PAC 理论，该理论将人们的表现分为三种状态：一是 P（parent state），表示父母状态，处在此状态下的人多以权威和优越感为标志，其语言与行为往往是支配、命令式的；二是 C（child state），表示儿童状态，这种状态常出自一时的感情冲动，其语言与行为多为创造性、无理智的；三是 A（adult state），表示成人状态，以理智、稳重为标志，不受“父母”“儿童”心理状态的干扰。人们在同等状态下，成人与成人、父母与父母、儿童与儿童可以顺利沟通。但现实生活中，常常出现交叉的情况，在父母与儿童、成人与父母间沟通时会出现交流中断或传播过程无规律可循。

公共关系传播就是要创造 A-A 式的平行沟通的环境，即双方均以成人状态参与沟通，并随时注意公众反应，不断调节使其保持在 A-A 式状态之中。这种方法就是以个人心态的平衡去引导、建立双方关系的平衡。

（2）情感沟通

情感是形成态度的重要条件，平衡理论要求在沟通中诉诸情感，通过情感互动和思想交流，产生接近与认同，达到态度的一致和关系的平衡。这就要求在沟通中从关心、体谅、帮助、支持的角度出发，与对方交流，使对方与组织感情融洽，从对传播内容、方式的喜爱进而喜爱传播者。例如，一些口号就能产生这种情感的冲击："建筑施工给您带来不便，非常抱歉，××建筑公司向各位市民致谢。"这个口号既向路人展示了公司注重人情的温暖，同时缓解了施工给道路通行带来的困难。这就是情感沟通产生的实效。

公共关系传播追求组织与公众之间态度、感情的一致和关系的平衡。沟通中要根据对象的情况和沟通的目的选择适当的方法、对症下药，而不能呆板单一、一成不变。因为不平衡的形成有多种因素，如文化背景、生活环境、个人修养等，做转变态度的工作切不可简单化、模式化。

4. 有效沟通原则

有效沟通原则是指通过沟通活动要取得预期效果的原则，即通过沟通使公众理解、喜爱、支持组织。在实践中，影响与公众有效沟通的因素有以下三个方面：①信息的真实性与信息量的大小；②传播者的方式与态度；③传播内容的制作技巧与传播渠道的畅通。

二、公共关系传播媒介

传播媒介是信息进行传递的渠道与手段，是传播内容的载体，离开了媒介，传播的作用也就无法实现。公共关系传播媒介，从其物质形式看，可以分为三类：大众传播媒介、人际传播媒介、网络传播媒介。

1. 大众传播媒介

大众传播是公共关系传播最主要的途径，大众传播媒介也是公共关系传播中运用频率最高的媒介，大众传媒中的报纸、杂志、广播、电视以新闻传播见长，因此也叫新闻媒介。这四大媒介与组织的公共关系工作关系也最为密切。按其运用的技术特点，一般把大众传播媒介区分成印刷媒介和电子媒介两大类。

（1）印刷类大众传媒

印刷媒介是指借助印刷技术，以文字、图片等形式将信息印刷在纸张上进行传播的报纸和杂志。印刷媒介具有以下特点：

1）印刷媒介的信息容量大，可不受时间、版面的限制，充分容纳和处理信息内容，增强报道的广度和深度。在公共关系传播中，需要公众详细了解的信息选择报纸比较恰当。

2）印刷媒介能使公众有充分的选择自由。印刷媒介的种类很多，形式各异，内容各有侧重，发行范围大小和发行周期等都有所不同，为公共关系传播根据实际需要自由选择提供了方便，有主动自由的选择权和取舍权，而且便于读者保存、查找和重复使用。

3）印刷媒介相对成本较低，价格便宜，普及性强，影响力大。

4）印刷媒介复杂的信息制作和发行过程，大大降低了它的时效性。

5）印刷媒介对受众有一定文化水平的要求，加之交通运输等客观条件的限制，它还不能覆盖社会所有人群。

（2）电子类大众传媒

电子类大众传媒主要指依靠电子技术，以电波或导线来传播声音、文字、图像、色彩，运用专门的电器设备发送和接收信息的广播、电视。这两种媒介分别有以下特点：

1）广播。①广播以声音为传播符号。语言、音乐、音响等组合成多姿多彩的广播节目，生动形象，有较强的表现力和说服力。同时口语传播使受众不受文化水平的限制，社会适应面广。②广播的制作播出过程简便快捷，传播速度快于其他大众传媒，而且不受时间、空间的限制，广泛地接触公众。无线电波可做到无边无界的广泛传播，将信息输送到其他媒介无法达到的地方，同时接收设备日趋小型化，且性能不断提高，收听灵活方便，不受空间限制。③广播属线性传播，受时间和播出顺序的限制，听众无法自由选择。而且信息效果稍纵即逝，难以把握。④只有声音，没有文字、图像、色彩，公众对信息的注意程度不如印刷媒介和电视。

2）电视。①电视集文字、声音、图像三种媒介之优势，它不仅能以其时效性满足人们的需要，而且能提供逼真的现场情景，同时给人以感官的全面刺激，公众的注意、记忆效果优于其他媒介。②电视的娱乐功能非常突出，使它成为普及性最强的家庭媒介，与每个人的生活息息相关，它对社会生活的影响越来越大。一个组织要想在短时间内扩大自己的影响，选择电视传播信息最为合适。③电视节目的制作、播出和接收均需昂贵的设备，成本较高，使用电视媒介传播信息不是任何组织任何时候都能承受的。同样，使用电视接收信息也受到经济条件、设备、技术等客观条件的限制。

同广播一样，电视传播也有时间和节目安排顺序的限制，受众除换频道之外，选择余地较小。大众传播除新闻传媒之外，还包括电影和书籍，在特定的公共关系传播中也可选择运用。例如，北京申办2008年奥运会的宣传活动中，由我国著名导演张艺谋拍摄了电影宣传片，在最后精彩的陈述报告中，起到了画龙点睛的良好效果，为申办成功作出了贡献。

2. 人际传播媒介

人际传播指个人之间的信息传递。具体地说，是个人与个人之间借助语言符号和非语言符号交流信息、沟通情感、协调行为的社会活动。人际传播的实现介质就是人际传播媒介。

以个体对个体信息交流为主要特征的人际传播是公共关系传播中最常见、最广泛的一种传播方式，而且其他的传播活动中也渗透着人际传播的内容，离不开人的接触。通过人际传播与交流创造的良好人际关系环境，是顺利开展其他传播活动的必要前提。人际传播的具体形式分为面对面传播和非面对面传播两种，前者一般通过语言媒介和动作、表情、辅助语言等非语言媒介进行交流，后者则通常运用一些电话、信函等小媒介进行交流。人际传播媒介主要有以下三类：

（1）口头语言媒介

语言（口头语言）是面对面人际传播的主要信息载体，是人类信息、情感交流、实现交际目标的最基本工具。公共关系活动中公共关系人员的工作离不开语言的运用。正因为如此，口头表达能力是职业公共关系人员必备的能力素质之一。凡是具备说话能力的人都能运用口语开口讲话，但能说不等于会说，能够熟练地运用口语传播来说服人、打动人，不是一件容易的事。在人际传播中，要实现交际目标，达到与公众的沟通，除了注意发音、遣词造句，正确使用语言工具之外，还要讲究说话的艺术方法和技巧，特别是要根据不同谈话对象的特点灵活地运用。

（2）非语言媒介

虽然有声语言是人际传播的最主要形式，但不是唯一的形式。人们发现，非语言传播在人际交往中也占有十分重要的地位。在一些特殊的场合，非语言媒介在信息的传播中更真实、更可靠，更具表现力和感染力、吸引力。在具体的公共关系活动中，一切非语言媒介都可作为沟通的手段，最常见的非语言媒介有以下三种：

1）体语。体语是靠人的动作、姿势、体态、表情等来传递信息的一种无声语言。人的体态语言不仅非常丰富，而且奥妙无穷，具有很强的表现力和感染力，它在人际传播中发挥着十分重要的作用，是每一个传播者都不可缺少的理想传播工具。公共关系人员如果能够熟练地掌握和运用体语，不仅可以恰到好处地表达自己的意见，而且能够准确无误地理解交往对象传递出的所有信息，这样就可以始终把握交往的主动权，促使交往的成功。在体语中，特别值得关注的是目光语和微笑语。人的眼睛具有反映深层心理的功能，是人际沟通中最明显、最准确、最丰富的情感、态度的显示信号。因此，眼睛被称为“心灵的窗口”。成熟的公共关系人员应该学会用丰富的目光语来向公众对象传递信息，并能从对象的眼神变化中洞察出微妙的心理变化，准确把握反馈信息，及时调整传播方式和内容，掌握交往的主动权。微笑语是人类表情语言中最积极、最富有魅力的全世界通用语。

2）辅助语言和类语言。辅助语言指说话过程中的音量、音质、声调、语速等要素，是语言表达的一部分，对语言表达起辅助作用；类语言是指有声无义的功能性发声，如哭声、笑声、叹息等。在公共关系语言交际中，辅助语和类语言是伴随口语表达的一种特殊语言现象，它的巧妙运用和正确读解，对于增强表达效果、准确获取信息、实现双向沟通，有着非常重要的意义。

3）空间距离语言。这是一种通过人在交往时所处的距离、位置，来传递信息的一种无声语言。人际传播中，交往双方所处的位置和距离反映了双方现时关系的状态和进一步发展的趋势。公共关系人员应对此有所了解并正确地运用，根据交往的场合和交往对象的特点，正确地选择自己的位置和把握恰当的人际距离，保证交际的成功。

（3）个体媒介

个体媒介指用于非面对面人际传播中的各种个体媒介，也叫小媒介，如电话、书信、传真、贺卡、礼仪电报、名片等。个体媒介具有明显的私人性，感情色彩很浓，是与公众特别是重点公众联络感情、加深印象、密切关系经常运用的媒介手段。

3. 网络传播媒介

网络是计算机网络的简称，是指以一定的技术方式连接起来能相互交流信息的计算机系统。网络按传播范围的大小和作用的不同，可以分为不同的层次，其中对人类传播至关重要的是互联网。互联网指全球最大的、开放的、由众多计算机互联而成，采用 TCP/IP 协议的计算机网络。从信息资源的角度看，互联网是全球范围内最大的信息资源。互联网提供的服务功能有电子邮件、文件传输、网络新闻、超文本的信息查询、站点浏览等。

网络传播媒介就是借助互联网信息传播平台，以计算机、电视机以及移动电话等为终端，以文字、声音、图像、视频等形式来传播信息的一种数字化、多媒体的传播媒介。在新经济时代，网络传播媒介正逐步成为公共关系操作中最重要的传播工具之一。公共关系工作要充分发挥互联网的优势，就必须透彻了解互联网的性质和特点，熟练掌握互联网的策略和技巧，将其与传播交流工作很好地结合起来。互联网蕴藏着巨大的潜能，目前，互联网在许多应用上只是牛刀小试，但它所显示的作用已是许多传统媒介所无法比拟的。

（1）网络传播的优势

与传统媒体相比较，网络媒体的优势是显而易见的。

1）超越时空限制。今天互联网的触角已经延伸到了世界的几乎每一个角落，信息在网上的流通已经不再受到时间和空间的限制。世界上任何地方发生的任何事情，任何国家的任何用户的观点，只要上了网，就可以在瞬间传遍全球；而只要这一信息具有足够的价值或吸引力，就可能引起全世界的关注。

示例　**网络媒体的力量**

2015 年 8 月 12 日 23 时 30 分，天津滨海新区危险品仓库发生爆炸。这次事故，引发国内外媒体的高度关注与集中报道。截至 8 月 14 日人民日报记者靳博发来消息：截至今日 15 时，爆炸事故共造成 56 人死亡，其中消防人员 21 人；住院治疗 721 人，其中危重症 25 人，重症 33 人……数字和消息让人沉痛。距离事故发生已超 40 小时，救援行动和救援报道仍在进行中。此次突发的大火爆炸事件报道，首发在微博平台。人民日报、央视新闻、人民网、澎湃新闻等主流媒体和其所办新媒体账号，成为此事故信息的主要汇集窗口。主流媒体的介入报道使得灾情信息透明度大幅提升，极大满足了公众的知情权。特别是事故发生之后，事故现场因仍有二次爆炸的危险被封闭戒严，在灾情信息需求之下，人民网、央视、财新等多家媒体甚至运用了无人机航拍爆炸现场，传递回了极为震撼而直观的视频、图像资料。纵观整个事件，网络媒体的报道无论是时效性，还是报道数量和报道深度，都远远超过了传统媒体。

2）海量信息。互联网将全世界的计算机和计算机网络连接起来，从而形成一个巨大无比的数据库。网上的信息可以说是无所不包，与传统媒体有限的信息量相比，网络媒体的优势是显而易见的。例如，美国的《华盛顿邮报》网络版包括上万个页面，除了提供印刷版全文外，还提供重要新闻、商业、科技、市场、都市、评论、体育、时尚、图片集锦、天气预报、背景资料以及分类广告等内容，并正在形成一个综合性的信息平台。

3）多种媒体同时起作用。印刷媒体通过文字和图片传播信息，广播通过声音传递信息，电视则通过画面和声音的有机结合而成为最受欢迎的传统媒体。应当说，这些传播方式各有各的长处和短处。计算机信息技术的发展，提供了综合性处理文字、图形、声音和图像的新技术——多媒体技术。多媒体技术能够同时采集、处理、存储和传递两个以上不同类型的信息，把自然形式存在的各种媒体数字化，并利用计算机对这些数字化的信息进行处理，以最容易被用户接受，从而也是利用率最高的形式提供给用户。网络媒体正是应用了多媒体技术而集所有传统媒体的长处于一身。

4）多种形式的互动交流。在传统媒体的传播理念中，传播者和受传者是严格区分的。前者主动地传播信息，后者被动地接受信息。正如尼葛洛庞帝所说："在网络上，每个人都可以是一个没有执照的电视台，阅读是静态的。"在读书过程中，我们跟书本的互动交流最多不过就是拿着书翻动书页。

5）网上的互动性有多种形式。人们可以在网站提供的数据库里选择对自己最有帮助的资料，可以通过使用一个金融软件包来进行计算。许多网站采用电子问卷等形式给公司提供访问者的反馈意见。事实上，网络媒体的“交互性”使用户有可能按照自己的需要来控制获得信息的顺序。另外，用户可以对所获得的信息作出迅速及时有效的反馈，甚至对被传播的内容进行控制。

6）小众化与窄播。大众传播媒介作为工业革命的产物，其产品也和汽车、彩电、汉堡包一样是大批量生产出来的。今天，人们对各种信息的需求越来越广泛，造成了报纸、杂志的种类越来越多，每份报纸、杂志的版面也越来越多；广播电视的频道越来越多，节目（栏目）的名目也越来越多。网络媒体的海量信息解决了信息的广度问题，而它的个性化服务功能则解决了信息的深度和专业化问题。“窄播”是根据公众细分理论而提出来的有针对性的传播概念，相对于面向所有公众进行大范围传播的“广播”概念，更好地体现了网络时代的公众需求。使用“窄播”的手段进行公共关系传播，需要我们知道传播的对象主要是些什么人。例如，你的产品或服务针对的主要是年龄在18～32岁的女性白领，你就要弄清楚她们的消费习惯。而在互联网上，你所要做的不过是把公众感兴趣的材料放到网站上去，他们会主动来找你。如果了解了互联网“窄播”的潜力，公司就会建立很多独立的网站，每个网站都针对特定的公众群体，为满足他们具体的需要服务。

7）虚拟社区。公共关系活动的主要目的是维护和促进两者之间的良好关系以避免公司和公众的利益发生冲突。公共关系的准则同样适用这些网络社区。

以上简要介绍了网络传播的主要优势。但这远远不是网络传播的全部特点，而且网络传播相对于传统的纸质传媒，也不是只有优势而没有劣势，如非线性传播、二维的扁平世界、公众的异常身体反应等是网络传播的次要但也不能忽视的特点。

（2）网络传播的技巧

如何进行网络传播交流才能获得最大的效果？可参考以下技巧来改善我们的网络传播。

1）提供多种途径获取网站上的信息。互联网不单是信息浏览，要同时利用互联网的多种用途，如电子邮件这一工具。

2）建立一个专门的网站。可以根据公司公众所关心的具体问题而设置专门的主题，加以宣传。

3）介绍其他资料。既然有感兴趣的人在找寻组织提供的信息，组织不妨也向他们介绍其他类似的资料，提供其他一些有相关内容的网站，以及讨论该主题的新闻组和讨论组的联系方式。当然，组织可以着重介绍那些支持组织观点的网站和讨论组，但也不要忽视那些不支持组织的观点。组织应该清楚地表明组织对反对内容的存在是有所了解的。

4）通过介绍这些网站，组织可以借此机会说明某些网站上错误的信息以及其他问题，这是一个难得的机会。如果一个访问者自己找到了那些网站而没有发现组织网站，那么他就无从知道组织想说明的问题。

5）以诚相待。杜绝撒谎或歪曲事实，这样，组织才能赢得公众的支持，业务才会蒸蒸日上。

6）在网络空间里，开诚布公地对待公众十分重要。网络世界和进行传统公共关系操作的三维世界是不一样的，在网络空间里，人们可以通过多途径来获取信息。他们可以互相交流，谈论跟组织宣布的信息相抵触的事实真相，让组织在公众关系中陷入孤立。

7）欢迎公众反馈意见。务必对每一个认真的建议做到相应的反馈，以改善传播交流方式方法，调整公司的立场。

8）监控公众的反应。互联网上关于组织的信息主要有两种：一种是人们对组织公共关系传播交流活动的反馈意见；另一种是有图谋的个人或者团体散发的关于组织的信息。另外，网民有两种方式去影响他人对组织和活动的看法：一是通过在互联网上建立跟组织有关的问题；二是通过参加用户网新闻组或邮件列表的讨论。公共关系人员应该通过阅读新闻组、使用搜索引擎和其他网络服务、使用自动搜寻浏览网页和新闻组的软件、登记接收电子邮件列表等方式监控新闻组、讨论组以及互联网的内容，来了解公众对组织向外传递的信息的反应。结合对反馈意见的分析来进行公众整体反应的测量，然后在传播交流内容和方式上作出相应的调整。

（3）网络传播在公共关系中的运用

我们这里讲的网络传播，实际上就是指互联网上的传播。也就是说，在互联网上，组织可使用的信息远远超出其所属的局域网能提供的信息。通过互联网，组织可以获得他人计算机系统里的资料。

知识点　互联网的信息浏览功能是建立在 World Wide Web（WWW）技术基础之上的。WWW 是利用客户/服务器模式进行信息存储、检索、加工和显示的一组标准。它采用易于浏览的图形用户界面，基于 HTML（hyper text markup language）超文本语言，实现存储与自身或远方计算机内的多媒体信息的动态链接。对用户来说，它提供了一种类似于 Gopher、Archie 和 WAIS 的信息检索工具。20 世纪 90 年代 WWW 技术和浏览器软件的发展，给互联网注入了活力，促使互联网走向商业应用。用户从网上得到的不再仅仅是文字，而是包括文字、图片、声音、动画、图像等多媒体形式的内容，从而获取多种信息、娱乐、购物和电子服务。WWW 成为目前因特网上相容性最高，且最具潜力的系统。

第三节　公共关系传播实施技巧

在公共关系传播活动中，公共关系人员除了要对传播媒介的类型和特点、传播的原则与方法有所了解外，还必须掌握一定的传播技巧，才能在传播活动中得心应手，左右逢源。下面将介绍几种常见的公共关系传播技巧。

一、新闻写作

新闻写作是公共关系工作中一项经常性的工作，也是文字传播的一项最基本技术。以新闻稿的形式传播组织信息，其影响力大，传播面广，公共关系人员必须熟练掌握新闻写作的技能，更好地服务于组织。

1. 公共关系新闻的概念

新闻是对新近发生的有影响或有意义的事实的及时报道，这种新闻是站在媒体角度的定义。公共关系新闻则是社会组织对自身出现的有意义的和有影响的事件借助于媒体的发布。这种从组织自身方面确定的公共关系新闻还有两种含义，一种是新闻发布，另一种是制造新闻。无论是新闻发布，还是制造新闻都是社会组织公共关系新闻活动的主要内容。至于是采用消息还是通讯的方式加以报道，则是新闻媒体的工作。尽管社会组织自身也可以参与报道和提供报道材料，甚至自己组织创办刊物和用内部资料进行报道，但和社会新闻机构即新闻媒体的专业报道还是有区别的。因此，公共关系组织的新闻活动主要是新闻发布和制造新闻。

公共关系新闻与其他传播活动比起来，有以下优点：

1）公共关系新闻传播活动能最为广泛地、较为系统地、不断地把组织的状况和与组织有关的问题向公众进行报道，它是让公众全面了解组织的最有效工具。

2）公共关系新闻传播能使受众对其所传播的内容产生客观的印象和客观的感受。

3）公共关系新闻传播的内容是经过第三者，即新闻媒介的把关人筛选出来的，新闻的发布权在于新闻媒介。这种由第三者赞同的或者直接出面，站在客观立场上的报道，比起组织自己出来讲话更容易赢得公众的信赖。

4）公共关系新闻传播是免费的，通过新闻报道的公共关系传播是最经济合算的。

2. 公共关系新闻的内容

作为社会组织进行公共关系新闻传播，其传播内容是围绕组织的所有活动展开的。一般来说有以下十一个方面：

1）向公众传播组织主要的产品、新的成就和组织最近获得的荣誉。

2）向公众发布组织最新的改革动向和取得的最新收益，以及重要的突破和成果。

3）向公众介绍组织独特的理念或独有的管理方式，以及服务社会的创新举措，特别是组织所独有的优势。

4）向公众宣传组织将举行的重大活动，诸如庆典、参观、服务等活动。

5）向公众宣布组织重大事件的发生以及结果，或重要的人事变动以及重大的内部调整。

6）向公众介绍组织将采取的有利于社会的重大举措。

7）向公众介绍组织在社会中的地位和它为社会作出的贡献；或介绍组织涌现的突出个人。

8）向公众报道组织的最新进展和可以预见的未来发展方向。

9）向公众介绍组织所进行的社会公益事业或活动。

10）向公众介绍组织的内部构成情况、经营情况和生产情况。

11）当组织出现危机时或危机过后，向公众解释危机的存在和发展以及处理过程与结果。

3. 新闻报道的体裁

新闻体裁共有消息、通讯、访问记、新闻公布、文件公布、报刊述评、新闻解说、资料新闻和边缘新闻九大类。公共关系新闻报道主要集中于消息、通讯两种。

1）消息。消息是以简洁文字报道新闻事件的一种体裁，根据写法与篇幅的差异，又可具体划分为长消息、短消息、简讯、综合消息和新闻展望五类。公共关系新闻稿中的消息主要是前三种。

2）通讯。通讯是一种完整详细报道新闻事件的写作体裁，其取材范围广，表达方式灵活，可采用记叙、描写、议论、抒情等方式。通讯的时效性要求比消息低。

4. 新闻稿写作过程中应注意的问题

（1）写作合乎规范

写作新闻稿时要按照其特定的写作规范进行，其内容要客观、真实；主题要明确突出；

结构应该包括标题、导语、主体、背景和结尾五个部分；用语要准确等。只有新闻稿的写作合乎规范，才是一篇有价值的报道，才可能达到宣传的目的。

（2）应以树立组织形象为出发点

公共关系的目的是为了树立组织形象，因此，公共关系新闻必须以树立组织形象为出发点和立足点。公共关系人员要从组织的各项活动中挖掘新闻价值，然后撰写新闻，宣传组织形象。组织活动中具有新闻价值的事情，如组织成立、产品的开发、技术引进、赞助社会公益活动等，都可以成为公共关系新闻的素材。

（3）应处理好新闻和广告的关系

新闻和广告是组织用于传播活动的两种不同媒介，有各自的特点，公共关系人员应该将二者结合使用，充分发挥它们各自的优势。通常可以先采用新闻报道做舆论准备，给公众以心理准备，然后再刊登广告，即可引起强烈反响。还可以把广告作为新闻的补充，将新闻难以表述的部分用广告的形式表现，以加强公众的印象和记忆。

二、公共关系广告

1. 公共关系广告的含义

（1）公共关系广告的概念

公共关系广告是通过购买大众媒介或公众传播的机会，以及利用其他形式的公开宣传机会，向大众传递公共关系信息，树立、维持、改变或强化组织的公众形象，从而建立起公众和组织之间的良好关系的广告。

（2）同新闻宣传相比，公共关系广告有以下特点：

1）公共关系广告的发言人是组织自己。它是组织利用大众传媒表达自己的观点，主观性强。

2）公共关系广告是付费的。它也是广告，需要租用媒体、支付费用。

3）公共关系广告对组织而言具有较多的主动权。由于组织自己发言和付费，只要遵守有关法律法规，保持同媒体的正常关系，组织就可以自由地进行公共关系广告宣传。

（3）公共关系广告的原则

公共关系广告传播在实施的过程中必须遵循以下原则：首先，强调传播面和传播效果；其次，突出广告主题的一贯性和内容的创新性；最后，要重视广告的社会性、公益性、公众性、文化性和思想性。

（4）公共关系广告的作用

公共关系广告的作用有两个主要方面：首先，及时反映组织的工作成就及贡献，扩大社会影响面，提高组织的知名度和美誉度；其次，消除公众对组织的无知、偏见和误解，促成公众和组织之间的相互谅解，倡导有利于组织发展的公众舆论，增进信任和联系。

2. 公共关系广告的类型

根据不同的分类标准，可以将公共关系广告分为不同的类型，但是从本质上讲，给公共关系广告进行分类，还必须针对广告的内容来分。

1）企业广告：用来介绍企业方面情况，以寻求社会大众支持的广告，其目的在于树立良好的企业形象。

2）实力广告：向公众展示组织在社会环境中的竞争实力，传达组织在技术、管理、人才等方面优势的广告。

3）公益广告：以倡导和维护公共生活秩序和公共道德准则为内容的广告。

4）观念广告：向社会宣传组织的宗旨、管理、价值、方针、政策、风格、作风、精神等方面内容，争取公众信任的广告。

5）赞助广告：社会组织凭借自己的实力、积极参与社会活动、推进社会公益事业发展的一种广告活动。

6）创意广告：表现新颖构思和新奇意念的广告。

7）信誉广告：传播社会公众对本组织好评和赞美的广告。

8）声势广告：通过具体的形式，唤起公众对组织注意，产生兴趣的广告。

9）响应广告：组织为寻求公众的支持和认可，而对政府的某些举措或社会上某项重大活动表示支持和响应的广告。

10）祝贺广告：在节日或纪念日向广大公众表示贺喜和祝愿的广告。

11）倡议广告：以组织的名义率先发起某种大规模的对社会有益的活动，动员大众参加的广告。

3. 公共关系广告的设计

公共关系广告的设计一般要经过计划、实施、评价三个阶段。广告设计的计划是首要部分；广告设计的实施是创意的执行部分；广告设计的评价是广告价值的显现部分。下面分别介绍公共关系广告设计的三个步骤。

（1）确定广告主题

制作公共关系广告，当然会有一个明确的目的，围绕这个目的设计的广告内容的核心，我们称之为广告的主题。广告主题的内容是根据广告的具体需要而定的，不同的广告要求有不同的广告主题。在公共关系广告范围内，其主题也是多种多样的。例如，有以建立组织信誉为主题的公共关系广告；有以公共服务为主题的公共关系广告；有以经济贡献为主题的公共关系广告；有以追求特殊事项为主题的公共关系广告等。总之，在确定广告主题时，一定要简单明了，强化主题，文约意丰，突出主题。

示例 日本三菱商事杂志广告

标题：感动是忘不了的。

广告文：童年的时代，在长大成人以后，会消失到哪里去呢？那满头大汗，全身泥巴，直到傍晚还在踢足球的日子!我们三菱商事珍爱日常生活的充实，同时也愿意向您提供丰富每日活动的美梦与感动，日常感受的幸福与珍藏于胸怀的幸福融合为和谐的新生活。长大成人以后，感动是忘不了的，这就是我们每个职员的淳朴心情。

简评：这则广告以优美、朴实的情感语言，唤起人们内心深处的情感体验，从而产生了一种非功利的审美愉悦感受。广告中没有出现产品名称，没有不切实际的奢侈成分，诚心诚意、真实自然地完成了与公众沟通的任务。

（2）选择广告媒介

前面我们已经了解到传播的媒体多种多样，诸如报纸、杂志、广播、电视、网络等。根据广告不同主题的需要，可以选择具有不同特点的广告媒介。此外，还可以根据每一种广告的特点选择其他广告媒介，如路牌广告、实体模拟广告、包装广告、邮寄广告、交通广告、实用品广告、招牌广告等。

在选择广告媒介时，要根据媒介的特点、广告内容的特性、社会公众的习惯、广告目标的要求、组织自身的经济实力和公众乐于接受的制作形式来选择广告的具体媒介，完善广告制作。

（3）公共关系广告的创意

所谓公共关系广告的创意，就是根据市场、公众的要求和广告传播的目标，利用创造性思维和各种艺术手法，从而构思出新颖、独特、传神、巧妙的表现形式。

广告创意一般要经历三个阶段：收集和分析资料阶段；构思和开发想象阶段；评价决定和定型实施阶段。只有将这三个步骤完整、有机地结合起来，才能形成一个成功的广告创意。

进行广告创意需要广告创作人员有较强的形象思维能力，它是人的社会实践、知识积累、探求精神、传递信息和类推能力的合成。

4. 公共关系广告文案的设计

公共关系广告文案是由广告的标题、正文和落款组成的。它可以制成布告体的，也可以做成新闻体、对话体、证书体、对联体和其他艺术型的体裁。无论什么样的形式都要注意在广告的标题、主体内容和结语上下功夫。另外，广告还有一个特殊的部分就是为引起对内容的重视，总有一些强调性的标语、口号或者标志性的核心语句，我们统称为广告标语。一般来说，它既可以出现在广告的标题部分，也可能随时出现在广告的正文（主体）部分，也有可能出现在广告结尾的前后部分，这要根据广告内容的衔接而定。

对于公共关系广告标题的设计主要是分析广告内容所需的制作形式。根据不同的形式设计不同的标题，通常有直接诉求式标题、间接诉求式标题、新闻式标题、问题式标题、结论式标题等。

公共关系广告正文的设计主要是对广告内容的要求，它必须突出广告的中心，强调内容的特色，围绕广告要确立的形象进行安排。

公共关系广告的结尾一般都是一些具体信息的告知，不存在多少创意的余地，它相当于一般广告的落款，往往介绍制作者和广告主的信息，如组织名称、地点和联系方式等。

广告口号的设计是最具创意的内容，它需要很多设计技巧，并要考虑它和各部分内容的联系及广告主题的核心要求。常用的标语设计技巧有美化、赞扬、印证、引证、反复、号召、悬念、情感诱导、理性诱导、暗示、提示、反语、双关等。

示例

谨慎是自信

美国有一家银行的广告，其标题是“谨慎是自信”。画面是两只乌龟，上面的一只把头缩进龟壳，表示“谨慎”；下面的一只昂首前进，表示“自信”。广告正文是“由于采用了谨慎的政策，资金和存款、资金和贷款的比例在银行界是最好的；由于采用了自信的政策，银行发展名列美国最大银行的前茅”。

总之，广告创作人员在设计广告作品时要注意借鉴各种传播技巧，但又不能拘泥于传统，要勇于突破和创新，创作出新颖别致、引人注目的广告作品来。

三、会议组织

1. 会议的类别

会议是指有组织、有目的的言语沟通活动方式，是围绕一定的目的进行的、有控制的集会。会议上，有关人士聚集在一起，围绕共同的主题发言、提问、讨论，通过语言相互交流信息、表达意见、解决问题。筹划和召开各种会议，利用会议形式来传播组织信息、沟通意见、协调与公众间的关系，它是公共关系常用的一种传播方式。会议的形式有例行性会议、专题性会议、总结性会议、座谈会等。下面是几种在公共关系工作中常见的会议。

（1）例行性会议

例行性会议是组织出于阶段性工作而举行或参加的会议，此类会议主要是言语传播在公共关系活动中的应用。在会议中，组织人员应该注意使会议主题突出，谈话简明扼要，每个人都应围绕主题发表看法和意见，及时发现和总结会议的要点，以调整和推进会议顺利进行。

（2）礼节性会议

礼节性会议是保持联络和感情的形式。会议的组织者必须在会议形式上多作变化，使会议始终处于欢快的气氛中。例如，可以根据参会者的共同兴趣和爱好，举行歌咏会、文艺晚会或化装舞会等。

（3）记者招待会

举办记者招待会的目的是组织向公众发布重大事件，或是组织发生了危机事件，要对社会公众解释原因求得理解或挽回损失，使社会公众了解事实真相等。由于记者招待会比较正式，其影响范围大，组织应该做好精心的准备工作，如准备必要的材料；将请柬送到记者手中；精心安排好宾客的座位排列顺序；准备好必要的录音辅助器材以及做好财务预算等。招待会后组织要检验会议的效果是否达到预期目的，可以收集到会记者的发表稿件，检查是否有由于组织自身的失误而造成的效果不佳。

（4）展览会

展览是指用实物、文字和图表等来展现成果或问题的一种宣传形式。按照规模，展览会可以分为大型展览、中型展览、小型展览三类；按照展示的内容，展览会可以分为综合性展览与专题性展览。展览会是一种综合性的传播媒介，要灵活运用文字、实物、模型、录像等多种传播工具，使公众能形象直观地了解组织的意图。展览会的综合性也要求组织必须精心策划和组织展览会，而且需要组织内部各部门的密切配合。

（5）联谊会

联谊会是一种旨在增进了解、发展友谊的会议，是体现公共关系沟通的重要环节。联谊会应该使公众体会到组织的热情与细心，在和谐、温暖的氛围内增进对组织的了解，使组织能够广结人缘，更好地发展。

2. 会议组织的基本条件

成功的会议组织，除了要进行精心的准备外，还应该具备一些基本条件。

（1）必须具有共同的目标

会议是众人聚集在一起进行的有组织的活动，要求与会者具有共同的目标，至少在某个问题上或某段时期内的共同目标。如果会议的组织者与与会者不能在其各自的目标上找到共同点，那么，会议必然产生分歧，甚至会导致会议的失败。因此，在举办会议前，组织者应该确定目标，努力寻找双方的共同点。

（2）要符合组织的财政预算

会议，尤其是大型会议要求的经济、物质条件比较高，与会者对会议的要求也很高，如果会议的组织不力会引起与会者的不满。因此，在组织会议时，一定要在主办组织的经济预算范围内，根据预算来确定会议的规模、形式、内容和地点，从物质上和经济上满足与会者的要求。

（3）制订周密的计划

会议是有组织的活动，环节多，聚集的人数多且层次不同，因此，组织应该制订周密而详细的会议计划。会议计划应该包括所有可能考虑到的活动细节，一般应该按照下列步骤执行：列出和分解会议的目标；列出参加会议的人员名单；会议筹备工作的程序；会议的日程及活动安排；会议活动的辅助措施；提出衡量会议效果的标准。

四、建立良好的人际关系

人际关系是指人们在各种具体的社会领域中，通过人与人之间的交往建立起心理上的联系。它反映在群体活动中，人们相互之间的情感距离和相互吸引与排斥的心理状态。社会心理学的调查研究表明，良好的人际关系是一个人心理正常发展、个性保持健康、生活具有幸福感的重要条件之一。

人际关系是社会关系范畴中的重要组成部分。人际关系的特征，是人与人之间思想、感情、立场、观点和行为方式的一致性。从现实生活的角度来讲，人际关系中的交往形式可以分为以下五类：

1）亲属之间的关系。家族中亲属之间的交往，构成了家庭成员特殊的人际关系网络。每个家庭成员在参与社会实践过程中各自结成人际关系，又都会通过家庭成员或亲属之间的往来而融会于每个家庭中。

2）日常生活中的相互交往。在日常生活中，人们为了满足自己多方面的需要，必然要通过多种途径寻找可能的解决方法，人际交往是不可缺少的方式。

3）工作和劳动过程中的交往。人们在生产劳动和工作过程中，为了完成任务，彼此之间相互合作，各自的思想和技能得到了充分的发挥和补充；相应地，人际关系的群体优势也为社会创造了效益和财富。

4）文化、科技的交往。这主要指文化、科技方面的专业理论、技术交流。

5）企业群体之间的交往。企业在经营管理过程中因为工作需要而进行业务往来，其方式也是通过企业的员工交往进行沟通，实现合作，开展业务。

公共关系与人际关系的联系主要表现在内容和方法两个方面。

内容上，公共关系包括了一部分人际关系。组织的公共关系活动包括了组织中的个人与公众对象的关系。公众对象存在许多个体对象，组织与公众之间也经常表现为个人与个人的关系，即代表着组织的个人与群体中的个人之间的交往。

方法上，公共关系实务也包括了人际沟通的技巧，即面对面的情感交流和说服技巧。公共关系人员需要具备较强的人际沟通能力。良好的个人关系有助于组织公共关系的成功。

小提示　建立良好的人际关系有以下技巧：

1）真诚相待。人际沟通性公共关系活动，往往是人与人之间面对面的交流沟通。在这种沟通中，组织的任何一个员工都代表组织，组织能否取信于人，取决于个人能否得到他人的认可与信任。态度热情、实事求是才会给人信赖感与亲近感，才会有利于交往的继续深入。

2）建立良好的第一印象。在人际交往中，给对方留下良好的第一印象，才可能继续交往，建立起人际友谊。建立良好的第一印象，需要注意很多技巧。首先要注意个人的仪表。人们往往认为仪表有魅力的人更活泼愉快、更加友善、易于接近。其次，微笑往往有着意想不到的效果。它可以消除双方的拘束和尴尬，受到别人的欢迎。一个面带微笑的人，通常被认为心胸开阔、平易近人、待人真诚，更易为人接近。

在初次交往中，有效地表现自己固然重要，但是在适当的时候，当别人阐述观点时，一定要做一个耐心的听众。

3）主动交往。社会是各种联系的组合，要想赢得别人，建立起良好的人际关系，必须主动同别人交往。在社交上采取消极的被动方式，等待别人首先接纳的人，不可能与人建立起良好的人际关系。通过主动交往，与别人交流和沟通，了解对方，同时也让别人了解自己，随着自己经验的增加，自信心也会随之增加，与人交往时也会得心应手，可以较好地处理各方面的关系。

五、与新闻界联系

组织在传播活动中不可避免地要与新闻界联系，组织的信息要通过新闻媒介传递给公众，并通过公众的反馈来不断改进自身工作，加深公众对组织的认识和理解。

1. 新闻媒介的作用

新闻传播媒介是以传递新闻信息为主要特征的信息传播工具，报纸、杂志、广播、电视是新闻界最主要的实体。新闻媒介有着不可忽视的特性，它传递信息迅速，影响力大，可以左右社会舆论，引导和影响公众意愿，对社会的经济、政治、文化局势的变化起着重要作用。新闻媒介对于组织的发展具有以下作用：

（1）新闻媒介是组织与外部环境沟通的中介

新闻媒介为组织发布广告，介绍新产品，传播新技术，扩大组织的社会影响，提高组织知名度。公共关系活动对大众媒介的使用必须通过新闻界人士的协助，因此，与新闻界建立广泛和良好的关系，是成功运用大众传播媒介的前提。

（2）新闻媒介对塑造组织形象作用巨大

新闻媒介利用宣传工具，用舆论的力量维护公众的利益。新闻媒介通过如实地报道组织的生产、经济活动、产品质量及服务等信息，可以制造社会舆论，扩大组织影响，提高组织知名度，从而影响组织的形象。

（3）新闻媒介对组织具有信息反馈的功能

新闻媒介通过公众的评论可以对组织的经营、管理等方面进行监督和批评。组织通过新闻媒介获得信息反馈后，应该及时分析自身的问题，修改自身的行为，改变或强化组织的形象。

2. 与新闻界联系的技巧

为了处理好与新闻界的关系，组织应该加强与新闻界的合作与联系。在公共关系活动中，公共关系人员应该注意采用以下技巧：

（1）熟悉和了解各种媒介的特点和新闻体裁形式

只有了解了媒介特点及新闻体裁的形式，公共关系人员才可能有针对性地提供符合传播规律的新闻稿件，提高稿件的采用率。同时公共关系人员还应该努力协助新闻界的工作，帮助他们找到合适的采访对象，提供必要的设施和条件等。

（2）主动向新闻界提供有新闻价值的素材

组织应该主动、及时地向新闻界提供组织的有关信息，如新产品的投放、组织的重大庆典、产品价格的调整等信息。组织还可以安排熟悉新闻界和新闻业务的人员专职负责组织与新闻界的联系，并经常收集新闻界的各种动态信息，全面掌握组织情况，准确回答记者提问，借此创造展示组织自身的机会，扩大组织的影响。

（3）公平对待各种新闻机构

对于各种新闻机构和记者，组织要不分其大小、名气、级别和种类，公平对待，把新闻提供给有需要的新闻机构。只有在公平的条件下，组织才可能与新闻界建立融洽的关系。

（4）建立与新闻界的友谊关系

组织可以有计划地邀请新闻界人士参观组织，举办记者招待会以增进新闻媒介对组织的了解。通过了解可以使新闻媒介在新闻报道时能够客观、公正地发布信息。组织还可以在重大节日时向新闻媒体寄送贺年片、纪念品，举办各种形式的联谊活动，增加组织公共关系人员与新闻界人士之间的个人友谊。

当新闻媒介遇到困难时，组织应努力相助，可以适当给新闻界提供财力方面的资助，同时，也可以赞助新闻界举办的活动。通过这种相互合作与互助，可以增进组织与新闻界之间的了解，双方建立起深厚的友谊。

小　结

传播是指人与人之间一切信息的传递和分享，也是人们接受、排列、选择、传送、储存信息的过程。传播的基本要素有信源、信息、信道、信宿和反馈。

公共关系的传播模式主要有线性模式、双向传播模式和公共关系传播的一般模式等。

公共关系传播应当遵循目的明确原则、双向沟通原则、平衡理论原则、有效沟通原则。传播的媒介有大众传播媒介、人际传播媒介、网络传播媒介。它们各有优缺点。

公共关系新闻和公共关系广告，这两种形式是公共关系组织对外传递自我信息、确立自身形象、争得公众理解和信赖的基本手段。

案例分析

贾君鹏你妈妈喊你回家吃饭

2009 年 7 月 16 日上午 10 时 59 分，互联网百度贴吧中的魔兽世界吧中，一位网友发表了一篇名为“贾君鹏你妈妈喊你回家吃饭”的贴子，内容只有“rt”两个字母，意为汉字“如题”的缩写。“在 6 个小时内，该贴获得了 39 万多的点击率，以及超过 1.7 万条回复。截至 20 日 18 时，该贴的点击率已达 1084 万多，回复达到 31 万多条”，这一切的发生仅用了 4 天时间。这一事件成为中文网络世界中的“奇迹”，也成为目前传播学理论研究的一个宝贵案例。

早在 20 世纪 90 年代末，就有人惊呼“信息爆炸”的时代来临了，“贾君鹏事件”再次提醒我们，信息爆炸的冲击波已波及我们的身边，“信息时代”的生活模式影响着每一个人。将“贾君鹏事件”的传播经验用于商业推广策略，不失为一种有益的尝试。

（资料来源：樊宁，殷玉涵．2011．“贾君鹏事件”的传播学解读．广告人，6．）

案例讨论：

1．从上面案例中，我们能得到什么启示？

2．试运用公共关系的基本原理和案例内容，谈谈如何有效地利用网络传播。

思考与练习

一、思考题

1．公共关系传播模式有哪些？各有哪些特点？试作比较与区分。

2．比较分析大众传播媒体与其他传播媒体的优劣点。

3．如何选择公共关系传播媒体？

二、课堂讨论题

香港一家经营强力胶水的商店，位置在一条鲜为人知的街道上，生意很不景气。一天，这家商店的店主在门口贴了一张公告：“明天上午九点，在此将用本店出售的强力胶水把一枚价值 4500 美元的金币贴在墙上，若有哪位先生、小姐用手把它揭下来，这枚金币就奉送给他（她），本店绝不食言!”这个消息不胫而走。第二天，人们将这家店铺围得水泄不通，电视台的录像车也开来了。店主拿出一瓶强力胶水，高声重复广告中的承诺，接着便在那块从金饰店定做的金币背面薄薄涂上一层胶水，将它粘到墙上。人们一个接着一个地上来试运气，结果金币纹丝不动。这一切都被录像机摄入镜头，这家商店的强力胶水从此销量大增。

1．为什么说“制造新闻”是一种有效、主动、经济的传播信息的方式？

2．找出你认为最好和最坏的广告各三条，描述其创意，并说明你的理由。

三、课外实践题

1．组织一次去报社、电台或电视台的参观活动，了解其信息制作和发布的过程。

2．某社会组织的一位领导对办公室主任布置了一项任务，要求用公共关系的手段与策略向社会公众经常性地报道和宣传组织自己在各方面所取得的成绩。其公共关系目标是通过不断“亮相”，使社会公众进一步了解和熟悉组织，从而取得理解和支持。假如你是这位办公室主任，你将如何运用公共关系传播的手段完成任务？

第七章　公共关系调查和策划

CHAPTER 7

学习目标

- 了解公共关系调查和策划的意义。
- 清楚公共关系调查和策划的特征与原则。
- 掌握公共关系调查和策划的程序与内容。
- 熟练应用公共关系调查和策划的各种技巧。

案例导入

咖啡壶调换的魅力——公共关系四步工作法

美国康宁玻璃制造公司（以下简称康宁公司）生产了某种型号的电热咖啡壶，由于壶把存在质量问题，陆续有顾客来信要求调换。到了1976年，情况更严重，几乎有半数以上的产品是次品。公司研究后发现确因技术原因，决定将这种型号的咖啡壶全部收回。但面临的困难是它与十年前生产的另一型号的咖啡壶十分类似，壶上又没有明显的标记，顾客很难区分。为了帮助顾客识别，同时也免使公司受损，康宁公司制定了一个方案。首先特请专家编写一份识别说明书，并根据随机抽样办法在试用期对顾客进行调查，一直试验到90%以上的人都能识别才正式定稿。随后，公司用新闻稿的形式，将调换的信息发出去，并通过各种新闻媒介连续对外传播几个月，又请权威性专家写成文章在各家报纸发表。同时组织顾客代表、有关专家和厂方一起在ABC电台举行了一次广播讨论会。还在代理商的各销售点内大做广告，进行回收及调换工作。最后，对一千多个已知咖啡壶的用户进行调查，其中 44%都知道这个消息，90%能识别。这次调换质量有问题的咖啡壶的活动，据统计受影响的公众有1.8亿人。康宁公司虽然因调换受到了经济损失，却提高了自己的声誉。公众对康宁公司花费大量钱财和精力改进产品、补偿顾客利益的做法很感动，认为一个如此认真对待自己过失的企业是完全可以信赖的。康宁公司的这次公共关系行动被誉为“全美1976年度最佳公共关系活动”。

（资料来源：何云峰，田军，朱国定. 2001. 智者的公关. 上海：上海交通大学出版社.）

【分析】康宁公司这次公共关系活动无疑取得了巨大的成功，其宝贵之处在于：

1）进行公共关系前的详细调查，使其有效地找到了公共关系的目标，进而使解决这些目标的措施极富计划性。

2）用识别说明书来提升公众的正确了解。

3）借助新闻媒介使公众通过各种渠道获得准确信息。

4）抓住权威知识使公众信服。

5）展开电台讨论扩大影响。

康宁公司通过这次公共关系活动向公众展示企业的求实精神与高度责任感，提高了公司的知名度、美誉度，赢得了人心和企业顺利发展的良好环境，达到了预期的目的。

美国公共关系学权威卡特里普等人在《实用公共关系》一书中提出了公共关系程序的四步工作法，即将整个公共关系工作过程划分为四个基本阶段：公共关系调查—公共关系策划—公共关系实施—公共关系评估。以上四个步骤相互衔接，不断循环上升，形成一个动态的环状模式。每一个程序完成以后，接着就要进行下一轮公共关系程序，从而构成公共关系工作过程的连续性，不断把公共关系工作推向前进。

补充说明　公共关系活动过程是各种公共关系职能的整合过程。究竟应包括哪些步骤，各国公共关系专家众说纷纭，美国著名的公共关系学者伯内斯认为可以分为从“确定目标”到“制定预算”八个程序；英国杰出的公共关系教育家杰夫金斯提出从“估计形势”到“评价结果”的六点模式；美国公共关系学权威卡特里普和森特则表述为：调查分析、确定目标—策划对策、拟定计划—策动传播、开展工作—评估分析、检测效果四个环节；马斯顿又把这个过程概括成著名的 RACE 公式，即 research（研究）—action（行动）—communication（传播）—evaluation（评估）。由于在众多的公共关系模式中卡特里普和森特提出的四步工作法具有简捷明了、层次清晰、趋于实际之优点，因此就各种说法的影响而言，卡特里普和森特的观点被广泛接受。

本章主要介绍公共关系管理过程的四个基本步骤的前两步，即公共关系调查与公共关系策划，介绍这两个步骤所包含的基本内容、程序、方法、技巧，并说明其意义。

第一节　公共关系调查

美国《纽约时报》的一篇报道开头这样写道：

妈妈知道你往水里加几块冰吗？——可口可乐知道！

妈妈知道你有几条内裤吗？——凯斯维拉公司知道!

报道显示美国企业重视调查，对市场具有“比妈妈更了解孩子”的过硬本领。

一、公共关系调查的含义及意义

1. 公共关系调查研究含义

公共关系调查是指公共关系工作人员对社会组织的公共关系状态进行的情报搜集与研究工作，即运用一定的理论、方法和技巧，以组织内外部公众为对象，通过收集资料和分析资料，了解组织的公共关系状态，揭示其发展趋势并提出改进措施或意见的一种调查研究活动。公共关系调查是公共关系的基础性工作。

2. 公共关系调查的意义

公共关系调查的意义主要表现在以下两个方面：

（1）公共关系调查是组织卓有成效地开展公共关系活动的前提和基础

公共关系活动的四步工作法中，调查研究是首要步骤，它为公共关系活动的其他步骤提供前提条件。只有搞好了调查研究，探明事实真相，掌握与组织的活动和政策相关联并受其影响的公众认知、观点、态度和行为，确定组织所面临的问题，其他诸环节才有可能卓有成效地进行下去。说是基础，是因为调查工作是一项基础性工作，它贯穿于公共关系活动的全过程，是开展公共关系活动其他环节的基础。例如，事前的调查是制订公共关系计划的基础；事中的不间断调查是及时纠正偏差、保证公共关系活动顺利进行的必要条件；而事后的调查则是检查评价公共关系活动成效的重要依据。

（2）公共关系调查实现组织与公众的双向沟通

公共关系调查是反映公众意见、希望和要求的过程，也是调查人员向公众介绍组织情况，使公众进一步了解组织的过程。因此，它本身就是一项沟通公众关系塑造组织形象的重要公共关系工作。公共关系工作中信息交流的重要特点，是注重双向信息交流，即在信息传播的同时，又有信息的搜集和反馈。从实践来看，由于公共关系调查通常采用现场调查、个人访谈、电话询问以及问卷调查等形式，这些形式都与被调查者直接发生联系，这就为公共关系活动实现组织与公众之间的双向沟通创造条件，公共关系人员有可能并且有必要在调查中使组织与公众的双向沟通做得更好。

示例　**速溶咖啡面世的曲折之路**

20世纪40年代初，速溶咖啡首先在美国问世，它方便、省时，不会发生配料错误，而且价格低于新鲜咖啡，厂商把诉求定位放在价廉与方便上。然而，实际结果却出乎厂商与广告商的意料，速溶咖啡不受消费者的欢迎。聘请专家探究其奥秘，获得的初步调查结果是：消费者觉得速溶咖啡的味道要比新鲜咖啡差，但又说不出二者究竟有何差别。这表明速溶咖啡是有市场潜力的。进一步调查揭示了速溶咖啡不受消费者欢迎的深层次原因：原来，当时美国社会的心态是，购买速溶咖啡被人看作懒汉，是一个生活无计划的拖沓的人；而购买新鲜咖啡则被认为是有身份、有地位的“绅士”。由于定位没有与消费者的心理需求契合，所以失败了。在通过调查研究透彻地认识到问题的症结所在后，厂商和广告商在专家的建议和指导下，改变策略，着力宣传新鲜咖啡所具有的美味，芳香和质地醇厚的特点速溶咖啡也具备，并大力强调这是“100%的真正咖啡”，而且强调速溶咖啡代表新潮流、新时代，结果打动了消费者而获得成功，成为西方国家咖啡消费中最受欢迎的饮料制品。

二、公共关系调查的原则

进行公共关系调查必须遵循的基本原则主要有实事求是的原则、尊重公众的原则和讲求效益的原则。

1. 实事求是的原则

实事求是的原则包括两个方面含义：一是按事物的实际情况办事，不夸大也不缩小；二是从实际情况出发，找出周围事物的内部联系，探求其发展的规律性。前一含义主要是从工作态度上讲的，从事调查活动的组织和个人应有正确的指导思想、端正的工作态度；后一含义主要是从工作方法上讲的，从事调查活动的组织和个人应从实际出发，千方百计地探寻出事物的客观规律性。

在公共关系调查中遵循实事求是的原则极为必要。因为公共关系调查要取得成效，必须依赖真实可靠的资料，并按照事物内在的规律性去进行分析推理，得出符合实际的结论，否则，整个公共关系调查就毫无意义。

遵循实事求是的原则，要按照事物的实际情况办事，坚决反对弄虚作假。收集资料时，要广泛听取正反各方面的意见，不能偏听偏信，更不能搞假材料；分析研究时，结论要由调查的真实材料推出，尊重结论的客观性，并如实报告。

遵循实事求是的原则，就是要从实际出发，努力寻求事物的内在规律性。收集资料时，要尽可能排除一切非客观因素的影响，去伪存真；对于第二手资料，要认真分析，辨其真伪与可信度。分析研究时，结论要以真实可靠的调查资料为依据，并尽可能用定量资料来说明；如果用典型资料说明，还必须论证典型资料的代表性，因为只有代表性的典型资料才能得出与实际相符的结论；同时，由资料到结论的推理过程还要合乎事物发展的本来逻辑。

总之，遵循实事求是的原则，才可能保证所取得的调查资料具有真实性，所得到的结论具有实用性，其调查活动才具有意义。

2. 尊重公众的原则

尊重公众的原则是指调查者在整个调查中，要尊重被调查者的人格、宗教信仰、民族习惯、生活方式和兴趣爱好；要谦虚礼貌，热情主动，举止文明；要关心被调查者，并积极为之解决困难等。

在进行公共关系调查时，强调尊重公众的原则是极为必要的。这是因为：首先，尊重公众是顺利开展公共关系调查的前提。公共关系调查的顺利进行离不开公众的配合与支持，而尊重公众是取得被调查者配合与支持的先决条件。没有尊重就没有理解，也就没有配合与支持。尤其是公共关系调查，在一般情况下，被调查者并没有一定接受调查的义务，因而在整个调查中始终贯彻尊重公众的原则就显得更为重要。其次，尊重公众是建立组织信誉的需要。公共关系调查的过程，也是建立组织信誉的过程。一般来说，调查者是组织的代表，被调查者很容易把调查者与他的组织联系起来。尊重被调查者，并与之建立融洽的关系，被调查者不仅对调查者本人有好感，还会由此对他的组织有好感。这样，无形中就提高了组织的信誉度。反之，调查不仅不能顺利进行下去，还会有损于组织的形象。

3. 讲求效益的原则

讲求效益的原则就是要求在公共关系调查中，以较少的人力、物力、财力投入办更多的事，使调查取得最佳效果。这一原则是从事公共关系调查的组织和个人必须遵循的。我国的资金短缺，就更应强调少花钱多办事。

遵循讲求效益的原则，首先要树立艰苦奋斗、勤俭节约的观点，能节约的尽量节约。其次要科学地组织调查活动。较大型的公共关系调查要有计划、有方案，并要进行可行性论证，以避免由于决策上的失误带来的最不经济的后果。整个调查活动，要精心组织，一环套一环，尽量减少不必要的环节，避免走弯路。提高公共关系调查的效益，关键要在科学地组织调查研究活动上下功夫。

三、公共关系调查的内容

公共关系调查的内容包括公共关系的主体——组织情况的调查，公共关系的客体——

公众意见的调查，以及同公共关系的主客体密切相关的社会环境的调查。

1. 组织形象的调查

（1）组织自我期望形象调查

自我期望形象是指一个组织自己所期望建立的形象，它是一个组织公共关系工作的内在动力、基本方向和目标。作为动力和方向，自我期望形象的要求越高，组织自觉作出公共关系方面努力的可能性就越大；作为目标，自我期望形象的要求越高，实际成功率也可能越低。自我期望形象调查主要包括两个方面：组织领导层的公共关系目标和要求、组织员工的要求和评价。

（2）组织实际形象调查

期望形象是组织的理想形象，并非现实状态。了解组织实际的形象，就是运用各种调查方法，了解本组织在公众中享有的知名度和美誉度。具体的实施方法包括以下三个方面：

1）必须对本组织的公众范围、公众分类、主要目标公众等进行调查分析，通过辨认公众、甄别对象，确定调查的对象和范围。

2）在对公众网络调查分析的基础上，实施具体调查（如访谈法、问卷法等）。然后，根据知名度和美誉度两项指标，综合分析公众的评价意见，测定组织的实际形象地位。

3）形象要素分析。处于上述某种形象地位，总是由多种因素造成的。要正确评价组织的实际形象，还需要进一步调查分析形成某种形象的具体原因，应将事关组织形象的重要因素，如经营方针、工作效率、服务态度、业务水平等，通过调查了解公众的评价，找出之所以形成某种形象的具体原因，以便有的放矢地制定改善公共关系状态的具体措施。

（3）形象差距的比较分析

将组织的实际公众形象与组织的自我期望形象比较，找出两者之间的差距，弥补或缩小这种差距便是下一步设计形象和建构形象要做的工作。

2. 组织的公众舆论调查

公众舆论调查是公共关系调查的主要内容，其调查结果决定公共关系的效果、对策和发展。公众舆论调查包括组织形象、公众动机、活动效果、传播效果和内部公众舆论等。

1）组织形象。组织形象是社会公众对一个组织的认识、看法和评价。组织形象一般包括组织成员形象、组织管理形象、组织实力形象、组织产品形象等几个方面。

2）公众动机。公众动机是造成公众如何评价组织的主要原因。一般而言，不同的公众，由于动机不同，对组织的评价往往见仁见智，印象不同，评价各异。公众动机调查包括公众对组织是否抱有偏见或特殊的喜欢，该组织的工作方式、社会活动、产品服务等方面是否与公众某种成见相冲突，或与公众的某种嗜好相吻合，或与某种社会上流行的东西相一致等。

3）活动效果。了解公众对企业公共关系专门活动的评价。活动效果的好坏，标志着公共关系活动成功与否。每一位公共关系人员或每一个公共关系组织，每举办一次公共关系活动，都希望取得满意的效果。活动结束后，公众是否满意，满意程度如何，公众如何评价，都需要通过调查得到答案。

4）传播效果。公共关系的传播效果调查是了解组织通过传播媒介（主要是宣传和新闻媒介）进行内外传播的效果，也就是公众接受传播信息后，在感情、思想、态度和行为等方面所发生的变化，包括调查某种媒介的覆盖面、受众构成、收视（或收听）率，对传播内容的态度和产生的行动等。例如，某企业赞助中央电视台举办的青年歌手大赛，就要调查这次大赛的收视率、观众年龄、职业、消费习惯、分布状况、态度及行为的变化、问卷回收率、构成以及答案正确率等。

5）内部公众舆论。内部公众舆论调查是组织内部公共关系的主要内容。重视内部公众舆论，才能促进组织的合作与团结，才能有助于内部公众人人关心组织发展、人人重视组织利益、人人珍惜组织的信誉和形象，使组织在发展中处于有利地位。内部公众意见包括对本组织及本组织工作的评价、人际关系评价、领导行为评价、公众需要等。

这里特别要提到的一点是，公众舆论调查中要特别注意公众中的意见领袖，他们是公众中颇有影响的人物，虽然不比他们的同伴更有地位，但却往往消息灵通，足智多谋，或有超人的胆识和品质，或有非凡的经历，赢得公众的信任，逐渐形成了一定的影响力和权威性。由于他们的处境地位与普通公众基本一致，因此他们的意见往往能体现广大公众的意志。公共关系组织和人员，要尊重意见领袖，多与意见领袖交朋友，将意见领袖作为自己调查的重点，将意见领袖的意见作为调查内容的主攻方向。

3. 公共关系活动条件的调查

公共关系活动条件的调查是指与组织有关的各类公众和各种社会条件的总和，它影响着组织的生存和发展。公共关系部门和人员进行社会环境调查的目的，就是协调组织和社会环境的关系，使组织适应社会环境的变化，从而使组织得以顺利发展。社会环境调查包括政策环境、社会问题和其他组织公共关系情况调查。

1）政策环境。政策环境调查就是了解与组织有关的方针、政策、法规，遵循并运用它们为自己的组织服务。例如，化工厂的公共关系人员就要研究合同法、环境保护法、劳动法等政策法规，并密切注意其他化工厂对这些法规的运用和执行；政府部门的公共关系人员就要研究组织法、选举法、行政诉讼法、公务员制度等法规，并对由此发生的公共关系活动进行专题调查、追踪研究。

2）社会问题。社会问题包括政治、经济、文化、思想、技术等方面的内容，它对公众意见具有很大的影响力，甚至关系到一个组织或一个行业的发展与消亡。例如，在2003年SARS疫情暴发期间，由于预防SARS的有效途径之一是经常开窗，保持室内通风，消费者纷纷放弃使用空调，这直接导致了当年度4～5月间空调的滞销。

示例　**东芝事件**

20世纪80年代初，日本东芝机械公司背着巴黎统筹委员会，向苏联出售加工船用螺旋桨的高精密数控机床一事，造成了震动国际政坛的“东芝事件”。背景始于美国和苏联核潜艇技术的竞争。据统计，苏联有256艘攻击型核潜艇，而美国只有96艘，但美国的核潜艇噪声小，苏联的核潜艇噪声大。一般情况下，美国的反潜系统在距苏联核潜艇200海里时，便能发现它并辨别其特征，因此，苏联若不尽快设法清除噪声，一旦爆发战争，苏联的核潜艇将是一堆废铁。核潜艇的噪声主要是由螺旋桨造成的。1981年，苏联谋求从日本东芝机械公司进口MBP-10铣床。东芝机械公司明知这种机床在巴黎统筹委员会的货单上是绝对禁止向经互会成员国出口的，便以符合巴黎统筹委员会规定的TDP70-110机床申请出口。在装船时，耍个调包计，骗过日本通产省和海关的所有官员，甚至还派人员到列宁格勒（今圣彼得堡）安装调试机床。效果很快显示出来：苏联新型攻击核潜艇的噪声降到原来的1/10甚至1/100，美国潜艇必须靠近到20海里以内才能发现并跟踪苏联潜艇。美国若要保持其优势，必须改进反潜系统，估计需要花费200亿～400亿美元。事情败露后，日本通产省宣布在一年内禁止东芝机械公司向14个国家出口产品，仅此一项使东芝机械公司损失1亿美元。

美国对见利忘“义”的东芝报复更为激烈，国会通过法案，禁止东芝公司电子产品进入美国市场。在日本，许多当事人被捕，东芝机械公司乃至东芝公司首脑先后引咎辞职，一时间东芝股票价格猛跌，企业陷入困境。

“东芝事件”的发生源于东芝公司的这一行为是有悖政治环境之举，他们企图通过骗术来逃避可能由于政治因素导致的惩罚，但他们忘记了美国庞大的政治信息侦察网是不会放过任何与他们的政治利益有冲突的交易行为的。“东芝事件”表明，政治环境的调查对企业并不是可有可无的，公共关系调查对所有的企业都是极其重要的。

四、公共关系调查的过程及方法

1. 公共关系调查的过程

公共关系调查的过程是基本相同的，大体分为以下三个步骤：

（1）调查准备

专门的调查研究需要周密的计划：确定调查的问题；确定调查采取的手段和方式；确定调查范围；确定调查动用的人员及所需经费；确定调查所需时间和分析整理时间。

在这里，我们主要谈谈调查问题的确定。确定调查问题一般分两个阶段进行。

第一阶段，明确调查目的，提出调查问题设想。重大的公共关系调查一般都是在组织内外部出现了新情况或新问题的条件下进行的。在这一阶段，要尽量掌握组织内外部出现的新情况和新问题，了解组织领导人进行公共关系调查的真实意图，弄清“为什么要调查”的问题，然后，在此基础上提出比较抽象的、可能是多个的或不成熟的调查课题。

第二阶段，分析论证，筛选调查问题。对多个或不成熟的问题，要经过分析论证，必要时还可以组织非正式的试探性调查，以明确问题的症结所在，从而筛选出针对性强的、恰当的课题。一般来说，所确定的调查课题越具体越明确越好。例如，新产品上市之初，早期接受者对产品的态度调查，比组织形象调查更具体明确、更具有现实性。

（2）调查实施

调查实施是整个公共关系调查工作的重点，它的主要任务就是按计划的要求与安排，系统地收集各种资料（包括数据和被调查者意见）。调查资料一般分为两类：一类是原始资料，也称第一手资料，这是调查人员通过各种调查方法进行实地调查所取得的资料；另一类是现成资料，也称第二手资料，这是由他人收集的现有的资料。一般来说，现成资料容易取得，花费较少；而原始资料取得难度较大，花费较多。因此，在收集资料时，要充分利用现成资料，能够取到真实可靠现成资料的，就尽量不再费力去搜集原始资料。当然，就一项较大规模的调查来说，仅有现成资料是不够的，它的主要资料还是来源于实地调查。可以说，原始资料的收集是收集的重点。至于原始资料与现成资料的收集次序，一般以先收集现成资料，再收集原始资料为宜；在现成资料的来源比较清楚的情况下，两种资料的收集可以同时进行。

（3）结果处理

对调查结果进行整理分析，以便引出调查结论，确定组织面临的问题。

1）检查核实。整理中，要检查资料是否齐全而无遗漏，是否有重复与矛盾，是否有与事实不相符合的情况。调查中检查核实的部分工作是在收集资料时就要完成的。一边收集，一边检查核实，这样便于及时进行订正和补充。

2）分类汇编。资料经过检查核实后，为了便于归档查找和统计方便，还应按照调查的要求进行分类汇编，即进行分类登录，然后按类摘抄、剪贴、装订、归档，以备查阅。还要将整理后的信息输入计算机。整理资料数据要做到准确、清楚、及时，这是衡量信息资料价值的重要标准。

3）分析论证。对分类汇编的资料进行分析，作出结论，并依据资料所得出的结论进行论证。分析一般包括定性分析和定量分析。所谓定性分析，是以资料或经验为依据，主要运用演绎、归纳、比较、分类和矛盾分析的方法找出事物本质特征或属性的过程。所谓定量分析，是运用概率论和数理统计的测量、计算及分析技术，对社会现象的数量、特征、数学关系和事物发展过程中的数量变化等方面进行的描述。为了取得比较符合实际的结论，不仅要进行定性分析，而且要进行定量分析，要在定性的基础上尽量根据不同要求把资料量化，制成统计表或统计图，或计算百分比、平均值等，然后运用这些量化资料进行分析，力求对调查的事物有较深刻的认识，并把有关材料迅速提供给领导部门，作为策划的依据。

4）撰写调查报告。在调查分析的基础上，写出调查报告。报告是全部调查工作过程和工作成果的总结，也是公共关系活动方案制定的客观依据。

补充说明　一般来说，一篇调查报告是对调查过程的回顾和调查成果的总结，它包括以下内容：①调查题目、调查委托人、调查主持人、调查日期；②调查的原因和目的；③调查的总体对象；④调查所采用的基本方法；⑤调查的结果及有关数据、各种答案的比例；⑥问卷回收率及抽样误差；⑦分析结果；⑧调查者提出的建议；⑨附件，包括问卷样本、统计数据、背景资料等。

调查报告不同于纯理论文章，也不同于一般的工作总结。它注意用调查资料来说明问题，用资料来论证结论。因此，在撰写调查报告时，要坚持实事求是，资料的取舍要合理，推理要合乎逻辑，还要在结构、主题、语言上下功夫。同时，调查报告写好后要及时送交最高管理部门备案，供决策者决策时参考。

2. 公共关系调查的方法

（1）访谈法

访谈法是指公共关系调查者根据一定的调查目的和调查任务的要求，通过向调查对象提问、与调查对象交谈而搜集所需的公共关系信息资料的公共关系调查方法。访谈法也称访问法，是调查人员同被调查者直接接触，通过有目的的谈话来收集资料的一种调查方法。

谈话方式一般多样，既可采取个别访问的形式进行交谈，也可以采用座谈会的形式进行交谈，还可以采用电话采访的形式进行交谈。交谈时，既可以用登记式谈话形式，即按照调查者事先拟好的调查表的具体项目让被调查者一一作答，也可以采用自由谈话形式，即让被调查者随意自由谈话。一般来说，登记式谈话，内容明确，调查者易于掌握；自由交谈，使被调查者有充分发表意见的机会，还可以了解未列于调查提纲的某些重要情况；个别访谈灵活方便，彼此容易沟通，情况了解深入，可多方面收集资料；集体访谈（座谈会）能集思广益。运用访谈法调查时，究竟采用何种形式，要根据主客观情况而定。

访谈法的优点是灵活性强，获得的资料丰富，应用范围广；不仅能适应较高层次的公众，同时也能适应不能读写的公众。此外，访谈法可对获得的资料进行效度和信度的评估，可以控制调查环境，确保访问免受不正常干扰。访谈法的不足之处是调查费用较高，费时较长，需要人力较多，不能核对，这就限制了它的规模。

访谈法可分为结构式和无结构式两类。结构式访谈是一种高度控制的访谈，访谈使用统一的问卷和表格，按统一的标准和方法选择调查对象，提问的方式与回答的记录方式等都是统一的，被访者只能在指定的范围内回答。结构式访问的结果便于量化，可作统计分析，但难于对问题进行全面深入的探讨。无结构式访问则相反，它不事先制定问卷，对提问的问题及方式、回答的记录方式等均无统一要求。访谈人员根据调查题目或粗线条的提纲，由访谈者和被访谈者就此题目自由交谈。无结构式访谈弹性大，可对问题作深入广泛研究，但结果难于量化。

访谈技巧是公共关系技巧中运用的主要技巧之一，它主要包括集体访谈技巧和个别访谈技巧。

1）集体访谈技巧。集体访谈的主要形式是召开座谈会，而座谈会进行调查的效果在很大程度上取决于调查者的技巧。调查者的能力强、技巧高，座谈会开得轻松自然而又主题突出，与会代表互相讨论、互相启发，把调查的问题引向深入；也可以让与会者充分自由发表意见，调查者全面了解各方面的意见。反之，如果调查者没有驾驭座谈会的能力和技巧，那么，座谈会就很可能出现沉闷的窘况，或海阔天空一般地神侃，还可能出现因团体压力而难以听到不同意见的情况，整个调查就难以达到预期的效果。所以，要搞好集体访谈调查，提高调查者召开座谈会的技巧是十分关键的。

从技巧上看，一般召开座谈会时要注意以下两个方面：

① 充分做好准备工作，包括以下两个方面：

a．准备访谈提纲。访谈提纲包括访谈的目的、访谈中准备提出的问题，以及提问的先后顺序等。一般来说，座谈会主题越明确越好，各种问题想得越深入越好，并尽可能估计多种可能的情况。对于那些临场经验不足的调查者来讲，甚至如何作开场白、如何提出问题等具体细节都应事先有所准备。

b．选择访谈对象。要对参加座谈会的人员进行选择，尽量挑选那些对所调查问题比较熟悉的人做代表，同时，还要尽可能使与会者具有各方面的代表性。考虑到会议的需要，座谈会的规模不宜过大，一般以 5～8 人为宜。

② 精心主持会议，在主持会议时应注意以下问题：

a．要制造轻松和谐的会议气氛。良好的气氛是真诚相见、各抒已见的前提，主持者应牢牢把握这一点。为此，座谈会开始时，不妨互相介绍一下，或作一些轻松愉快的漫谈，然后自然地转入主题；会议进行中，不要让会议冷场，一旦发现这种情况，主持者应尽量用启发式语言使会议气氛活跃；与会代表发言时，调查者应集中精力，认真做好笔记，同时，还应不时地用目光或简短的肯定词语如“啊”等来沟通与发言者的感情，营造融洽的气氛。

b．要把握会议讨论的方向。座谈会围绕主题进行，这是调查者始终要重视的。为此，在会议开始时，应开门见山，使与会者明确会议的主题；会议中，调查者要见机行事，发现有人发言离题时，要用比较巧妙而简短的插语把会议拉回到主题上来；发言者围绕主题讨论时，不要随便打断别人的发言；当发现会议有形成团体压力的可能时，调查者应机警地排除干扰，如及时插话、变换角度来讨论问题，还可以作一些尽量轻松的漫谈，把会议引到无拘无束的境地，让各种意见都发表出来。

2）个人访谈技巧。个人访谈的最大困难是如何排除沟通障碍，使被调查者乐意接受调查。一般而言，不愿意合作的原因主要有以下四种情况：

① 被调查者不愿意被调查活动占用时间。个别访谈需要占用被调查者的宝贵时间，而这占用纯粹要被调查者尽义务。在一般情况下，人们是不大乐意接受的，尤其是那些十分繁忙的人，就更难于挤出时间与调查者合作。

② 被调查者对调查有顾虑。个别访谈的目的当然是要被调查者提供有关情况，甚至对某些问题表明自己的态度和观点。一般来说，每一个人都有自己不愿意告诉别人的事情，即使是可以告诉的，也并非乐意告诉任何人。尤其是对那些比较敏感的问题，被调查者不仅有顾虑，有的人甚至不愿涉及。

③ 被调查者不相信调查者能解决问题。有些问题较重大，被调查者认为公共关系调查人员难以解决；有些问题由于被调查者接受过多次调查而未解决，因而，他们再也不愿意接受同类调查了。

④ 被调查者看不惯调查人员的穿着打扮、行为举止。有时，对于调查的问题，被调查者并非不愿作答，而是对调查者没有好感，不愿与之合作。

以上种种原因都会使被调查者不愿接受调查。如果不排除这些访谈中的障碍，那么，调查就很难进行下去，被调查者很可能勉强应付，或者干脆拒绝接受调查。

3）其他技巧。排除上述障碍的关键是要提高公共关系人员的访谈技巧。为此，除了注意访谈前的准备要充分外，在访谈中还要注意以下三点：

① 提高与被调查者会面的技巧。个别访谈的过程一般包括会面、建立关系、正式访谈、告别四个基本环节，其中，会面是访谈的开端，要注意会面时给对方留下良好的第一印象。

小提示 调查时的会面应注意以下问题：①服饰打扮庄重大方。②有条件的，尽可能有人引见。③会面时，要注意礼节，给人良好的印象。对职位较高的人，要有礼节，且要不卑不亢；对于一般群众，要谦和、诚恳。④遵循会面程序。通过引见人介绍，或通过出示有关证件和其他方式，告诉被调查者自己是谁、代表什么机构，然后说明自己为什么而来，及时说清调查的目的和意义。为激发被调查者的兴趣，有时也要说明对被调查者的回答是保密的，以消除对方的戒备心理。⑤采用肯定的会面方式。首先要会面，使调查能进行，这是调查者的信念。为此，要采取肯定的会面方式，使被调查者感到非接受调查不可。不管被调查者忙闲与否，调查者都可以说“打扰了，希望能和您谈谈这个问题，相信您一定能尽力帮助”，而不要说“我能和您谈谈吗？”或“您有空吗？”等有可能使被调查者马上拒绝的问话；对于那些想打发你走的人，可以通过述说自身的窘境来引起被调查者的同情，如说“我好不容易才找到您，您不支持我，那我麻烦了……”；还可以通过取得被调查者的小孩和家属的好感而自然地使被调查者接受调查。

② 提高与被调查者建立融洽关系的技巧。会面以后，能否顺利进入实质性的交谈，还有待于关系的融洽。一般地说，这一环节是短暂的。为此，会面以后，调查者要尽量主动，给人以礼貌、友好、健谈的印象，可以从同龄人、老乡、从事过相同职业或有相同的爱好等入手，缩小感情上的距离；或以当天发生的趣闻为题漫谈，尽量找共同点；或从自己发现的对方优点、特长、光荣历史等着手，通过言辞、表情等表达对被调查者的尊重友好之情，从对方心理满足上找出路等。总之，要在短时间内，尽量变陌生人为熟人，与被调查者建立融洽的关系。

③ 提高交谈的技巧。在进入实质性交谈后，为了提高交谈的质量，调查者始终要注意以下五个问题：

a．要注意交谈气氛。整个交谈中，调查者都要使交谈气氛和谐、融洽，要尽量消除被调查者的顾虑。同时，对被调查者忌讳的问题，要采取迂回的交谈方式，从侧面去了解。例如，要了解被调查者对某问题的看法，估计对方有顾虑，就可以这样说，“您看，对这一问题人们会怎样看待呢”，而不说“您认为如何呢”。

b．不要表示带倾向性的意见。调查主要是征求别人的意见。为了保证资料的真实，在交谈中，调查者应取中立的态度，不要发表带倾向性的意见。

c．要把握交谈的主题。访谈的问题是调查之前就准备好了的。交谈中，要抓住要领，防止偏离主题。如发现被调查者特别健谈，谈话离题时，调查者不要流露出不耐烦的情绪，要在适当的机会，礼貌、巧妙地将谈话拉回到主题上。交谈中，注意所提问题的顺序及彼此衔接，以便逐步把问题引向深入。

d．要随时注意新情况。交谈中，调查者往往会发现一些事先未料到的新情况、新问题，在按原定主题逐渐展开的条件下，也应了解这些有价值的新线索。

e．要认真做笔记。交谈时，调查者要认真做笔记。在一般情况下，能够不录音的尽量不录音。如果实在需要，征得被调查者同意后，才可录音。

④ 提高告别的技巧。告别是访谈的最后环节，但也不能忽视。因为被调查者接受调查付出了劳动，理应得到调查者的肯定和感谢。因此，告别时调查者应对被调查者所给予的合作作出中肯的、恰如其分的肯定，并对其表示诚挚的感谢。这样做，可以使被调查者获得心理满足，有利于组织形象的塑造，也为下次合作打下了基础。

以上介绍了一些访谈的主要技巧，当然，访谈的技巧远远不止这些。访谈是与人沟通的过程，是一门人际交往的艺术，没有一成不变的规则；同时，这门艺术还要通过实践来掌握、提高，离开实践的东西终究是肤浅的。

（2）问卷调查法

问卷调查法是指由公共关系调查者向抽查对象提供问卷，并请其对问卷中的问题作答而收集所需的公共关系信息资料的公共关系调研方法。问卷又称调查表，它把人们对事物的态度分成若干定量指标，通过定量指标的分析形成经验命题，若干经验命题的综合即可概括为理论命题，从而得到对事物本质的认识。它的形式是一份精心设计的问题表格。

知识点　问卷调查法有着许多不同于其他调查方法的特点，其优点在于：可以节省时间、经费和人力；具有较好的匿名性，有利于搜集真实的信息；所获得的信息资料便于定量处理和分析；可以较好地避免调查者的主观偏差，减少人为误差。其缺点在于：回收率一般较低；不适于对文化水平低的人作调查；由于被调查者填写问卷时调查者一般不在场，因而，所获得的信息资料的质量往往难以保证。尽管如此，问卷调查法仍是现代公共关系调查的一种科学规范的调查方法，这种方法调查的区域广，成本较低。对于问卷调查法的回收率，100%的可能性是很小的。美国社会学家肯尼迪·贝利认为，50%的回收率是可以令人满意的，60%是相当成功的，而70%以上则可以说是非常成功的了。这可以作为我们的一个参考。

1）问卷的类型。①按问卷填答方式分类，问卷可分为自填式问卷和访问式问卷。②按问卷发放方式分类，问卷可分为邮寄问卷、发放问卷、电话问卷、网络问卷和报刊问卷。③按问卷结构分类，问卷可分为封闭式问卷和开放式问卷。

2）问卷的结构。一份问卷通常包括封面信、指导语、问题及答案、编码及其他资料等四部分。封面信是一封致被调查对象的短信，是调查者对被调查者的自我陈述，包括调查者的身份、调查内容和范围、调查目的、调查对象的选取方法等。指导语又称问卷填答指南，用来教被调查者如何正确填答问题，教访问员如何正确完成问卷调查工作的一组陈述。问题和答案是问卷的主体。一般包括三个基本方面：①有关行为方面的问题；②关于态度或看法方面的问题；③有关答者个人背景的问题。一份完整的问卷还要包括一些相关资料，如问卷名称，问卷发放、回收时间，调查员，审核员，调查对象的地址，计算机编码等。

3）问卷设计的基本原则。①想方设法提一些对方可能感兴趣的问题，赢得被调查者的关心和合作。②提出的问题不宜过长，用词严谨，含义准确，通俗易懂。③问题的排列要有合理顺序，先易后难。④避免提诱导性问题和暗示性问题。⑤问卷的问题数量不宜太多，一般应在20分钟内回答完为宜。

4）问卷中问题设计。问题设计是问卷调查法的核心，有多种具体方法。

① 二项选择法，又称是非题法。要求被调查者对所提问题用“是”或“否”，“有”或“无”，“对”或“错”等来回答。优点是回答绝对，答复明确，缺点是不能表示程度差别。

例：您家里现在有轿车吗？

□有　□无

② 多项选择法。对所提问题，事先拟好三个以上答案，由回答者任选其中一个或几个回答。这种题型，强制性较缓和，能表示程度差别。

例：您在购买轿车时，会优先考虑哪些因素？

□价格　□舒适性　□名牌　□服务　□其他

③ 自由回答法。只提出问题，不提供可选择的答案。

例：您认为国产轿车的服务还应在哪些方面改进？

④ 顺位题法。从所列若干答案中，由被调查者依自己的爱好或认识程度选定先后顺序。

例：请您排出您在计算机上作购买决策时，下列因素的先后顺序。

质量　价格　服务　品牌

⑤ 程度评定法，又称态度测量法。要求被调查者表明其对某个问题的态度或认识程度。

例：您认为微波炉是现代家庭生活必需品吗？

□很赞成 □赞成 □无所谓 □不同意 □坚决反对

⑥ 配对比较法，也称对比题法。用于测量同类产品的各种不同产品在被调查者心中地位的询问技术。

例：下列几种品牌的汽车，您认为哪一种更舒适？

a. □奇瑞 □吉利 b. □桑塔纳 □捷达

c. □林肯 □宝马 d. □法拉利 □劳斯莱斯

⑦ 回忆法。用于了解被调查者对不同质量、品牌的印象。

例：你所知道的手机有哪些？

⑧ 倾向偏差询问法。一般在调查公众的意见、态度的强度时采用。

例：问题1：现在你使用什么品牌的口红？

答：A 牌。

问题 2：目前最受欢迎的是 B 牌，你今后是否还打算购买 A 牌？

答：□是 □否

问题 3：（对问题 2 回答“是”的人）据说 B 牌将降价一成，你还会用 A 牌吗？

答：□是 □否

用此种询问法，可以了解偏差到底达到何种程度，方能改用其他品牌，以测定支持品牌的程度。

其他提问技术，如矩阵式、表格式、漏斗法等。

（3）引证分析法

所谓引证分析法，是指调查人员对各种媒介所传播的有关组织形象的信息进行调查分析的一种方法。引证分析也属于定量研究，它是对媒介所传播信息的数量、质量、时间、频率等进行数据统计。一般来说，一个组织的信息被媒介引用的次数越多，这个组织的影响就越大，知名度越高。引证分析关键是设法获取信息材料。

这里所说的信息载体包括所有传播有关组织形象信息的文字、声像资料等。文字资料是用文字的形式记录并传播有关组织形象信息的一种永久性资料。它包括报纸、杂志、网络、书籍、各种文字和统计资料、各界名流的赠言或题字，以及群众来信等。声像资料是脱离文字形式、记录并传播有关组织形象信息的声音和图像的及时性资料。它主要包括广播、电视、录音、图片、电影等。

信息的引证分析分为内容分析和形式分析两种。

1）内容分析是对信息本身作系统化、数量化的统计分析，如所传播的信息是关于组织哪一方面的，是局部的还是整体的，用的是什么词语等。

2）形式分析是对信息的传播形式作统计分析，如信息传播的时间、版面频率、媒介级别等。

引证分析法的使用是建立在组织的公共关系部门具有完善、有效的信息收集系统上的。调查人员在进行引证分析时，首先要判明信息的性质，也就是要判明信息所包含的内容，对组织形象的评价是好还是坏，是高还是低。其次，要确定信息传播的影响，是大还是小。

再次，根据以上判断迅速得出结论。最后，检验所得结论的准确性，并将检验后的结论迅速提供给组织的有关人员。

（4）抽样方法与抽样技术

抽样调查是遵循一定的原则从调查总体中抽取一部分样本进行的调查，以此推断总体特征的一种调查方法。

补充说明 抽样调查与其他调查相比，具有明显的优点。主要是：①准确性较高。随机抽样调查尤其如此，因为随机抽样调查是按随机原则抽取样本的，其样本具有充分代表性，能够用样本数据来推断总体特征，只要样本足够大，其推断的情况就比较接近实际。②节省时间和费用。在总体较大时，抽样调查往往只要从总体中抽取几十分之一甚至几万分之一的样本，就可以得到具有一定精确度的结果。由于它调查的样本较少，因而不仅能节省大量的人力、物力、财力，而且可以较快地取得调查结果。③灵活性较大。抽样调查的具体方法较多，各种调查方法还可以根据不同调查目的和要求选取不同的样本，因而，具有较大的灵活性，适用范围广，各种情况的调查都能适用。

正是由于抽样调查具有以上优点，所以，抽样调查，尤其是随机抽样调查，已成为公共关系调查中运用广泛的主要调查方法，进行公共关系民意测验，更离不开抽样调查。

在总体中抽样以获取样本的方法很多，常用的有以下四种：

1）随机抽样。这是指将所有的调查对象编上号码，在这些号码中，随机地抽取 2000 个号码，以这些号码对应的对象作为样本。这里有个概念要澄清——“随机”不等于“随意”，这两种方式产生的结果是不一样的。在“随意”抽取中，不能保证抽样者对某些数字不会有所偏好，以致样本的代表性降低；而“随机”抽样的号码数字一般是由电子计算机按特定程序产生的，也就是说，“随机”本身是严格的，这就保证了样本的代表性。例如，我们要在一家 3000 人工厂里抽取 150 人的样本，我们可以用他们工作证件上的号码以 20 为间隔（3000/20＝150）来抽出一个样本，也可以用计算机在 1～3000 中产生出 150 个随机号码，以此为样本。但后者的代表性要高于前者，因为工作证件的号码排列可能是有规律的。

2）系统抽样。这是按某种规律顺序来抽取样本的方法，即在一个整体数中，确定一个“始抽点”，再按一定的顺序间隔来抽出样本。这种方法的可靠性在于整体数的排列必须处于无序状态。曾经有两位美国社会学家对美军在越南战争中的士气问题进行调查，他们使用了系统抽样方法，选择逢 10 的号码作为样本。然而调查结果完全出乎意料，官兵的士气远比假设的要高。经过对抽样方法的检定，他们悟出了其中道理，原来军队的花名册排列是由“三等兵、二等兵……少尉、中尉、上尉”的顺序排列的，每 10 个人恰好构成一个循环，这样，他们逢 10 抽取的样本都是清一色的某个军阶的军官，而军官的士气相对来说要高一些，这样的调查结论在推及军队官兵整体时就失去了意义。

两位美国社会学家后来对此作了改进：将每一军阶的士兵或军官放在一组，将第 1～100 号列为三等兵组，第 101～200 号列为二等兵组等，然后重新系统抽样，最后得出的结论推及整体时就较全面、客观，富有代表性。

3）分层抽样。这是在调查中将调查对象在不同层次上进行分类，然后在各个层次上依序抽样的方法，也就是类似上述的两个美国社会学家的改进方法。分层抽样不仅使一个有等距循环周期的抽样总体避免了应用系统抽样得到的样本出现偏向的情况，也省时省钱。在了解各种特征在总体上的反映方面，分层抽样的样本具有足够的代表性。分层抽样并不局限于对一个变数分层，还可以对两个或更多的变数分层。例如，在工厂中分层抽样，除了可以按工种分层外，还可以同时对性别分层。从中可分出男一线工人、女一线工人，男后勤人员、女后勤人员，男科室干部、女科室干部等抽样层次。这样的样本代表性更大、可靠性更高，但所费时耗力也更多。

4）聚类抽样。这是指先把总体按某种分布顺序进行分组，然后用随机抽样方法取出若干个组，这些组的全体成员即构成样本。所谓“物以类聚，人以群分”就是这个道理。例如，要调查2000个家庭，可以先选5个地区。每个地区又选出各有40户的10个区段，这个区段的40户就作为“类”单位，最后列入2000户的样本中。这种方法的明显优点是它不像纯随机抽样的样本分散在各个角落，而是相对集中，这就显然要省力省时多了。运用聚类抽样方法，必须在划分“类”别时有一定的根据，要经过精心选择，否则，会出现“类”别大致相同无代表性的偏向。

第二节 公共关系策划

一、公共关系策划的含义

1. 公共关系策划的定义

策划，从字面上讲，指筹划、谋划，即为达到某一目标而拿主意、出计谋、想办法、定计划。所谓公共关系策划，是指公共关系人员根据组织形象的现状和目标要求，构思和设计具有创造性的工作计划，选择最佳行动方案的过程。

知识点 公共关系策划是公共关系四步工作法中的第二步，它探讨如何在调查研究的基础上进行运筹决策、制定方案，为公共关系计划的实施和评估提供依据。因此，公共关系策划是四步工作法的核心，是整个公共关系成败的关键。在人们常说的三个层次的公共关系工作中，策划型公共关系，与初级层次的接待型公共关系、中级层次的传播销售型公共关系相比，是最高层次的公共关系。

公共关系策划是公共关系战略的核心，也是顺利达到公共关系目标的前提；公共关系运作需要以策划为基础，而运作本身实际上也是实现公共关系策划的过程。

2. 公共关系策划的特征

（1）综合性

公共关系策划需要掌握和运用诸如运筹学、决策学、心理学、美学、文学、思维学、控制学、系统学等多方面的知识。公共关系职能机构只有具备多种学科知识的公共关系人员才能搞好公共关系策划。

（2）思想性

公共关系策划过程是人的一个思想过程，是一种理性行为。它依赖于人的严密思维，在策划活动中讲究时、势、度，把握机遇，运筹帷幄，以智取胜。

（3）创造性

公共关系策划的思维过程是一种创造性的思维活动。公共关系人员遵循公共关系和策划理论的基本原则，集思广益，标新立异，别具一格，开拓一种全新的境界，使公共关系活动新颖独特，从而达到策划的效果。

（4）目的性

公共关系策划具有明确的目的性。每一次策划活动都是为了某一个或几个明确的目标。或为了提高组织的知名度，或为了组织的美誉度，或为了树立组织的整体形象，或为了树立产品形象，策划的目的性决定了策划的针对性，即根据目的的不同，所处内外环境的不同，策划出带有针对性的能解决实际问题的一系列活动。

（5）灵活性

公共关系策划方案应具有一定的灵活性，以便随着环境的变化适时调整。要使策划方案富有灵活性，首先，方案不能烦琐冗杂。烦琐冗杂会限制执行者的主动性和创造性。其次，方案的执行切忌生搬硬套。公共关系方案是行动的指南，而不是绝对套用的东西。否则，一旦情况有变，执行者就会感到措手不及或无所适从。有弹性的策划方案是成功的保证，没有弹性的方案往往是导致失败的陷阱。

二、公共关系策划的原则

1. 公众至上的原则

在公共关系活动中，“公众”永远是上帝，公众利益压倒一切。因为公共关系的根本目的是提高有效的信息传播，实现组织与公众之间的双向沟通，使公众对组织产生“良好的印象”。这种“良好的印象”只能建立在对公众利益积极维护的基础上。公共关系策划不能为了组织利益而损害公众利益。

2. 沟通协调的原则

沟通协调的原则是指公共关系人员在策划之前，首先要了解组织的整体运营计划，公共关系活动的策划要与组织整体计划相匹配。其次要与组织内部各个机构沟通情况，掌握组织内部的各种准确的资料。例如，何时推出新产品、新技术、新的服务项目，将发生哪些重大的人事变动等。此外，还要了解社会环境可能为组织提供的所有机会，如重要节日或社交活动。这样公共关系人员就可以不失时机地提出计划构想。

3. 以奇制胜的原则

以奇制胜是公共关系策划中最重要的一个原则，因为策划的核心是谋划，而谋划是发挥创造性思维的过程。这就要求策划人员独辟蹊径，突破定式思维，通过丰富的联想和巧妙的组合达到新奇创意的目的。

4. 重点突出的原则

制订计划，切忌面面俱到。实际上，能出色地完成一两项重点目标的策划，就是成功的策划。相反，一次策划希望实现所有的目标，只能使公共关系工作强度过大，处于被动状态，造成人力、物力、财力的浪费，策划的效果也就无从谈起。

5. 弹性适用的原则

公共关系工作有时会遇到难以预料的偶发事件，即使是计划内的活动项目，也存在一些未知因素和不可控条件。因此，在制订计划时，要坚持定量指标和定性指标相结合，即公共关系策划的目标，实施活动所需的经费预算，开展活动所需的时间等，既要确定明确的指标，又允许有一定的弹性，应付临时发生的问题，以免陷于被动。这样就提高了公共关系策划的可操作性和应变性。

6. 连续持久的原则

良好的组织形象不是靠一两次成功的公共关系活动就能一劳永逸的。公共关系是一项有计划的持久性工作。一方面，为了实现公共关系的某一个目标，需要执行数个或一系列的计划。在制订计划时，既要考虑计划之间的衔接，又要注意单个计划的实施周期不宜过长。另一方面，未来的组织，只要它期望在历史舞台上存在多久，就必须坚持不懈地开展多久的公共关系活动。

三、公共关系策划的一般程序

公共关系调研是为了及时发现组织存在的现实或潜在的公共关系问题，并对相应的公众对象进行深入了解。公共关系人员在进行完这项任务后，接下来进行的公共关系策划工作，就是在公共关系调研工作的基础上所展开的对未来公共关系工作的设计蓝图。作为公共关系工作程序的第二步骤，公共关系策划将第一步骤中所确定的公共关系问题和发现的公共关系机会纳入如何解决构思或谋划过程，从而为下一步的公共关系行动确定目标和途径。

我们把公共关系的策划工作大致分为公共关系策划的准备性工作和公共关系策划的实质性工作两大部分。

1. 公共关系策划的准备性工作

（1）准备性工作

1）综合分析。公共关系调查收集了大量关于组织公共关系状态的信息，但这些信息非常庞杂，如何在众多信息中经过梳理、分析，找到有价值的信息，确定问题之所在，确定发展中存在的偏差，为下一步解决问题奠定基础。实质上，问题、偏差正是公共关系要解决的目标。综合分析也就是找问题、找偏差，对组织公共关系进行“把脉”。

2）确定目标。确定公共关系目标就是根据组织发展规划和公共关系现状，提出公共关系活动所要达到的预期目的。确定公共关系目标是公共关系策划的前提，是公共关系实施过程中指导和协调公共关系工作的依据，也是评价公共关系效果的标准。

（2）公共关系目标的类别

公共关系目标按照不同标准有不同类别。

1）按时间长短，分为长期目标和短期目标。长期目标指涉及组织长远发展和经营管理战略等重大问题的目标。它与组织的整体目标相一致，塑造组织的总体形象。一般不是短期内能实现的，时间跨度在五年以上。短期目标指围绕长期目标制定的具体实施目标，如年度目标。其内容具体，有明确的指向性，对公共关系工作有实际的指导作用，时间幅度一般在五年以下。

2）按性质，分为一般目标和特殊目标。一般目标指依据各类公众的权利要求、意图、观念或行为的同一性制定的目标，它是构成组织总体形象的要素。特殊目标指针对那些不同类型公众的个性需求而制定的目标，它具有特殊的指向性。

3）按目标之间的关系，分为整体目标和分目标。整体目标是在组织战略目标之下制定的公共关系活动的总目标。分目标是组织整体目标之下的子目标。

确定目标应当注意以下三点：第一，公共关系活动的目标必须与组织的整体目标相一致；第二，目标要明确、具体，具有操作性，避免模糊、抽象；第三，目标要具有现实的可行性，避免过高或过低。

2. 公共关系策划的实质性工作

（1）界定公众

界定公共关系公众是制订公共关系计划的基本任务。公共关系活动的目的，是要在公众中树立组织的良好形象。但是，公共关系活动不可能面对所有的公众，它所面对的往往是与组织有特定关系的公众和与本次公共关系活动有联系的公众。确定公众首先要对公众进行分类，关于公众的分类，我们在前面的章节中已详细介绍过。在对公众分类的基础上，公共关系从业人员才能准确地界定公众，选择传播媒介，并有效地将公共关系活动的信息传递给他们。因此，公共关系人员认识与熟悉组织所面临的各类公众是十分重要的。英国公共关系专家杰弗金斯认为分不清公众对象，会产生如下严重后果：力量和资金被不加区别地分散在企图达到的过多的公众中；发表没有针对性的消息，不顾其对不同人群的适用性；工作将不会有计划地按时进行，使得人力、时间、物资和设备不能得到最有效的使用；目标将不会实现；管理部门或委托人将会对缺乏成功而失望。因此，公共关系目标策划必须和公共关系对象的确定一并进行。

（2）拟订主题

拟订主题是公共关系策划的主要环节，它统率整个公共关系活动，是联结所有公共关系项目的核心，它使公共关系活动形成了一个有机的整体。根据具体的公共关系目标，设计鲜明、简洁、亲切的主题，有利于逐渐推进每一项公共关系活动目标的完成和总目标的实现。

设计一个好的活动主题一般应考虑四个因素，即公共关系目标、信息个性、公众心理和审美情趣。

1）主题的表达力求精练传神。它可以是一句简洁的陈述，也可以是一则寓意深刻的警句。可以是一句鲜明的口号，也可以是一句经典的诗词。总之，要简短凝练，集科学性、艺术性、趣味性和文学性于一体。例如，“万绿之宗，彩云之南”是昆明世博会理念策划的主题；又如，“大风起兮云飞扬，腾空一去兮望君还”是白沙集团飞机送学子公共关系策划的主题；还有某大学学生策划种植“公共关系树”活动，设计了“以人喻树，塑高尚正直的品质；用树比人，学勤奋向上精神”的主题。这些主题内涵丰富、寓意深远，而且易于记忆、切合实际。相反，华而不实的口号，往往适得其反，引起公众的反感。

2）主题的设计应突出组织自身特色，这样才便于通过围绕主题，开展活动，树立起独特的组织形象。例如，在争取 2000 年奥运会主办权时，北京申办的主题是“开放的中国盼奥运”。用“开放”作为我们迎接奥运会到来的前提，用一个“盼”字说明了 12 亿人民的热切愿望。而在争取 2008 年奥运会主办权时，北京申办的主题则成了“新北京，新奥运”。一个“新”字传神地反映了当今中国日新月异的面貌，一个全新的中国会给全世界人民带来一个全新的奥运。

3）主题的设计还要考虑到不同阶段公共关系目标的特点，使之具有针对性。

示例

保险公司公关主题

某保险公司制定了“在较短的时间内，使公众充分认识保险的重要意义，建立对保险公司的信任感，吸引更多的人参加保险”的公共关系目标。为此，他们按公共关系活动的阶段设立了三个不同的主题：①“保险在我心中”。通过这个主题活动，让更多的公众认识到保险对保障社会生产和人民生活正常进行具有重要意义，它同人们的生产、生活息息相关。②“保险解除我的后顾之忧”。通过这个主题活动，使公众从现实的事例中了解到，一个投保的组织或个人，在遭到意外损失时，能得到及时的补偿，迅速地恢复正常的生产和生活，从而解除了人们的后顾之忧。③“我现在就去投保”。通过这个主题活动，使公众认识到保险具有诸多的好处，认识到“天有不测风云，人有旦夕祸福”，早投保比晚投保好，并把认识和决心付诸行动，立即投保，从而取得了较好的公共关系效果。

（3）确定具体的公共关系活动项目

在设计具体的活动项目时，应注意活动项目的设计要符合组织的性质和特点，要针对公共关系目标和公众对象；要考虑到组织的需要和可能，以最小的投入获得最大的收益；要预测到执行过程中可能会出现的异常情况，使之具有一定的弹性和适应性，避免不良后果的出现；要适当分配各项活动的时间，使各项活动兼顾，又不影响重点活动的实施，既要注意各活动计划的平衡性，又要有高潮起伏，避免平均、拖拉、平淡；要保持各项目的连续性，以利积累成果，使每一项目都成为表现、烘托主题的有用要素；要具有特色和竞争性，能充分吸引公众的注意力，引起公众的兴趣，给公众留下深刻的印象。

一般来说，常用的公共关系活动项目有以下四种：

1）以信息传播为中心内容的宣传型活动项目。这类活动项目包括新闻发布会、记者招待会、演讲会、各种竞赛活动、庆祝活动、颁奖仪式、新产品与新技术展览会、信息发布会、印发公共关系刊物、制作视听资料等。

2）利用组织已有设施建立社会关系网络的交际型活动项目。这类项目包括举办各种招待会、座谈会、知名人士周末茶会、工作晚餐会以及记者、经理、厂长联谊会，参观内部设施与管理，信件往来等。

3）以提供各种优惠服务为主的服务型活动项目。这类项目是以服务于一切社会公众为导向而确定的。例如，工业企业的售后服务、消费教育、消费指导，商业、服务行业的优质服务，公共事业的完善服务，政府机构和党派组织的服务等。

4）以社会性、公益性、赞助性活动为主的社会型活动项目。一种是参加组织所在地或其他组织的有影响的活动。例如，当地传统的节日活动、公益赞助活动、慈善事业等，还包括全国性的重大节日、纪念日举办的庆祝会。另一种是组织本身的重要活动，如开业庆典活动、剪彩仪式、周年纪念等。

对以上活动项目，公共关系人员要作出分类。属常规性活动项目，如每年的重大节假日要在制订计划时标示出来，有一些重大的纪念日或大规模的公共关系项目，要提前一两年列入计划，尽早策划。

（4）选择活动时机

一个良好的公共关系策划方案，如果错过了有利时机，就不能有效地发挥作用。选择公共关系时机，对于一个组织来说至关重要。一般来说，根据组织不同发展时期的具体情况和需要，可以选择如下时机：组织开业或新产品、新项目、新服务、新技术推出之时；组织更名、转产或与其他组织合并时；组织获得荣誉、引起关注时；组织遇到某种偶发事件、发生某种失误或被公众误解时；重要的节日、社会上发生重要事件时等。

确定活动时机，要求公共关系人员有较高的敏锐性和创造性，要独具慧眼，才能不失时机地开展富有成效的公共关系活动。

（5）选择传播媒介

各种媒介各有所长，各有所短，只有选择恰当才能取得良好的传播效果。选择传播媒介的基本原则包括以下四个方面：

1）与活动目标相适应。选择媒介首先应着眼于组织公共关系的目标和要求。如果组织的目标是提高知名度，则可以选择大众传播媒介。如果组织的目标是缓和内部紧张关系，则可以通过人际传播与群体传播，通过会谈、对话等方式加以解决。

2）与公众对象相匹配。不同的对象适用于不同的传播媒介，要想使信息有效地传达到目标公众，就必须考虑到目标公众的经济状况、教育程度、职业特点、生活方式及他们通常接受信息的习惯等，根据这些情况决定选用什么样的媒介。例如，对流动性较大的出租汽车司机最好采用广播；要引起儿童的注意和兴趣，制作电视节目和卡通片效果最好；对文化水平较低又没有电视的山区农民则采用有线广播与人际传播；对喜欢阅读思考的知识分子，应多采用报纸、杂志等传播媒介。

3）与传播内容相一致。不论是个体传播、群体传播还是大众传播，每种形式都有鲜明的特点和一定的适用范围。选择媒介时，应将信息内容的特点和各种传播媒介的优劣势结合起来综合考虑。例如，内容较简单的快讯可以选择广播，它覆盖面广，传播速度快，对文化水平要求不高；对较复杂、需要反复思索才能明白的内容，最好选择印刷媒介，如报纸、杂志、图书等，那样可以使人从容研读，慢慢品味；对开张仪式、大型公共关系活动的盛况，采用电视电影则生动、逼真，能产生非常诱人的效果。

还需要注意的是：只对本地区有意义的信息就不要选用全国性的传播媒介；只对一小部分特定公众有意义的消息，就没必要采用大众传播媒介；而对个别的消费者投诉，则只需要面约商谈或书信往来。

4）与组织经济条件相符合。组织的公共关系活动经费一般都很有限，而越是现代化的传播媒介，费用越高。所以，成功的公共关系策划，应选择恰当的媒介和方式，以较少的开支争取最好的传播效果。

（6）经费预算

公共关系预算是按照目标、实施方案，将所需的费用分成若干项目，并估算出单项活动及全年活动的成本。它是公共关系活动顺利实施必不可少的物质条件。

1）公共关系预算的构成。

① 行政开支，包括人工报酬、设施费用及日常行政费。人工报酬指专业工作者和一般工作人员的薪金或工资，还包括外聘公共关系顾问的工时报酬。这是公共关系预算项目最大的一项，大约占预算的2/3。设施费用由公共关系活动运用所决定，一般包括各种印刷品、纪念品、摄影设备和材料、美术工艺器材、视听器材、展览设施和所需各种实物、用品等。日常行政费包括房租、水电费、保险费、电话费、办公室文具费、通信费用、交通费、照相洗印费、旅餐费、交际费（一般不超过2%）等。

② 项目开支，包括原有项目的开支、新定项目的开支及突发事件的开支。原有项目的开支指一些长期性项目在本年度需要花费的支出。公共关系许多活动项目属于战略性的，时间上往往跨年度。公共关系人员在编制年度预算时，应从公共关系目标入手，推算出计划方案中各项活动费用，对那些跨年度的活动项目，要在新一年度考虑适当增减。新定项目的开支指实行计划方案过程中的新增加项目，如本年度内组织周年纪念、起用新商标、对外发行月刊等。公共关系人员在编制预算时，就要考虑人员、设备的增加和具体活动所需的各项开支，还要考虑到物价等因素。突发事件的开支指应对一些突出事件时需花费的开支。公共关系不仅是一种预测性、计划性工作，而且灵活性也很强，往往一些突然事故、偶然机会都会改变或调整计划，如赞助、庆贺、公益一类的活动。公共关系人员编制预算时，应事先设置临时应变费用，从资金上保证公共关系的应变能力。

2）编制公共关系预算的方法。

① 销售额抽成法，即企业按其年度计划销售总额抽取一定的百分比作为年度公共关系预算经费，这种方法只能计算出年度公共关系活动经费的总额。因此，它只适用于年度公共关系预算。

② 项目作业综合法，即先列出公共关系项目计划及每项公共关系计划所需的费用细目和数额，核定单项公共关系活动预算，然后将年度内各个公共关系项目预算汇总，便可得出全年公共关系预算经费总额。这种方法具体、准确，既适用于年度公共关系活动经费的预算，又适用于项目公共关系活动经费的预算。但需要留有余地，以预防意外情况的发生。这里的留有余地主要表现在时间安排上和经费预算上。

③ 平均发展速度预测法，即运用历史资料计算出公共关系经费实际开支总的发展速度，并计算出平均发展速度，按照这一平均发展速度确定公共关系活动经费预算数额。采取这种方法，可以保证公共关系活动经费每年都有所增加。这对于持续地开展公共关系活动，并已经积累一定经验的组织比较合适。

实际上，各类组织的情况和需要不同，每个年度公共关系工作的需要也会发生变化，因此必须与组织整体目标和计划方案的实施密切配合，才能使公共关系的预算更科学、更切合实际。

（7）撰写策划书

公共关系论证后，必须形成书面报告——策划书。策划书的写作应简明扼要地说明背景，引人入胜地描绘策划主题，详细描述活动项目，严谨科学地说明预算，尽量条款化和图表化，使其富有可操作性。一份完整的公共关系策划书应包括以下九个方面内容：

1）封面。注明策划的形式与名称、策划的主体（公司或部门）、策划日期、文件编号。此外，还可以加上简短新颖的内容说明。

2）序文。扼要说明策划背景，概括提炼策划书的要点，篇幅不宜超过 400 字。

3）目录。提纲挈领地将策划内容列出，体现策划精髓，给人一目了然之感。

4）宗旨。说明策划的重要性、活动目标、社会意义、操作实施的可能性，展示策划的合理性和必要性。

5）内容。这是策划书的主题，包括以下部分：确定目标；界定公众；拟订主题；确定具体的活动项目；确定活动时机；选择媒介；经费预算。

6）策划进程表，即策划活动全部实施过程的时间安排表。标明各时间段的实施内容，使活动进展清楚明朗。

7）人员目标责任分配表。为避免责任不清权力交叉造成混乱，相关人员的责、权、利应明确，每项目标、任务应由专人负责，并根据目标管理原则，细列成表。

8）策划所需物资及活动场所安排。何时何地提供何种物资以及场所布置的规格必须事先周密安排，并逐项落实。

9）附件，即与策划相关的资料。一般包括有关的背景材料、前期调查结果、类似项目以及竞争对手情况等，为策划的参与者和审查者提供决策参考。

四、公共关系策划的方法

公共关系策划是一种高层次的谋划活动，不仅需要周密细致的思考，还要将其建立在科学有效的方法基础上。探讨公共关系策划的方法旨在努力提升进行公共关系策划的水准和效率。下面主要介绍三种常用的公共关系策划方法：“制造新闻”法、时机选择的方法和创造性思维方法。

1.“制造新闻”法

制造新闻是公共关系策划中独有的一种手段。制造新闻也可以理解为策划新闻事件。它是指公共关系人员在真实的、不损害公众利益的前提下，有计划地策划、组织、举办具有新闻价值的活动、事件，吸引新闻界和公众的注意与兴趣，争取被报道的机会，并使所报道的消息尽量产生轰动效应，以提高组织的知名度、扩大组织的社会影响力的活动。例如，邀请名人到访、进行专项活动、组织社会公众感兴趣的有奖竞赛等。

（1）制造新闻的特点

1）制造新闻不是捏造新闻，它是在客观事实的基础上，择其部分的发挥，是策划和创意的结果。前面指出，新闻传播的主动权不在公共关系人员方面，而在新闻界人士方面，但是公共关系人员精心策划出来的新闻事件，因为奇特有趣，具有较高的新闻价值，能引起新闻界人士的兴趣和追踪，并加以报道，从而掌握了新闻宣传的主动权。

2）策划制造出的新闻要有独特之处，能引起社会公众的关注。它强调新鲜感、别致性和戏剧效果，往往是为了制造轰动、吸引注意力而实施的。

3）制造出来的新闻由于是事实，又能吸引人，所以能明显地提高有关组织的社会知名度。

示例 **皮诺捐赠中国文物**

2013 年 6 月 28 日，“皮诺先生捐赠圆明园青铜鼠首兔首仪式”在中国国家博物馆举行，中共中央政治局委员、国务院副总理刘延东出席仪式，并与弗朗索瓦·皮诺共同为兽首揭幕。

青铜鼠首和兔首，原为北京圆明园大水法十二生肖兽首喷泉构件中的两件，由意大利传教士郎世宁和法国传教士蒋友仁设计锻铸。第二次鸦片战争期间被英法联军劫掠至欧洲。

法国皮诺家族从文物原持有人手中买下了这两件兽首，无偿捐赠给中国。2015 年 4 月又向中国归还了四件属于公元前 7 世纪（东周时期）的猛禽金首，没有索要任何补偿。

虽然皮诺强调，向中国无偿捐赠这两件珍贵文物，代表了其家族几代人对中国人民的敬意和情谊，但正是这无偿捐赠让皮诺家族在中国声名大噪，各类媒体竞相报道，通过百度搜索“皮诺、兽首”，可以看到七十多万条各类信息报道。

法国皮诺家族拥有全球第三大奢侈品牌古驰（Gucci）集团、拍卖行巨头佳士得、号称全球最昂贵的拉图酒庄等。

（2）制造新闻的技巧

由于制造新闻是组织以健康合理的手段有意识地采取既对自己有利，又对社会有利的双赢方式所进行的传播手段，所以对组织自身而言，应当十分重视，对社会而言，也是受惠的。又由于它专为引起新闻单位和各界人士注意，同时又是人为策划的一种传播行为，因而有人称之为“媒介事件”。这种“制造”出来的新闻是专门针对组织形象的确立和美化而安排的，这就要求公共关系人员独具匠心、富于创造，运用幽默生动、悬念迭出、一波三折、耐人寻味等技巧。其具体的做法有以下七种：

1）寻找公众关心的热点信息。

2）联系有纪念意义的事件和日子，如节日、纪念日等。

3）利用名人，发挥名人效应。

4）有意识地和各种专门性活动联系在一起。

5）与新闻机构结成和谐的联合体，共同发布。

6）突出主题的“新”、形式的“奇”、内容的“特”、方法的“巧”、效果的“妙”。

7）从公众的需求和组织的需要来策划新闻发布。

示例 **鸽 子 事 件**

美国联合碳化钙公司的 52 层办公大楼竣工之后，一直苦于找不到最有效的竣工消息发布方法。举行新闻发布会或者竣工典礼，显得有些落入俗套；做广告，费用又太高。公共关系策划人员苦苦思索了很长一段时间，没有结果。

一天，公共关系部人员到新大楼去参观新的办公室，他们刚一走进新大楼，就发现里面有许多鸽子，弄得房间一团糟。但正在这时，他们突然构思出了一个绝妙的竣工消息发布方案。几个在场的公共关系人员当即行动，有的关上门窗；有的打电话给公司领导，希望公司各级主管都来新大楼捉鸽子；有的打电话给动物保护委员会说，公司上下领导正在大楼里帮助捉鸽子，准备将走失的1000多只鸽子捉住以后，交给动物保护委员会，希望动物保护委员会来“认领”；还有的公共关系人员立即同新闻媒介联系，给媒介提供重要的新闻线索。于是，该公司上下领导一起在大楼里捉鸽子，媒介闻讯纷纷赶到现场进行采访。电视新闻里还时常出现各种捕捉鸽子的特写镜头。就这样，新闻媒介免费为公司宣传报道了一周多，52层新大楼的竣工消息也自然家喻户晓。该公共关系活动后来被人们形象地称为“鸽子事件”。

2. 时机选择的方法

《兵经百篇·速字》说：“难得者时，易失者机。”意思是说：难得的是时间，易失的是机会。军事竞争要讲究时机，公共关系策划也要讲究时机。时机稍纵即逝，公共关系策划中不迅速看准和抓住时机，事后即使花数倍的力气和金钱，也无法收到时机之效。

（1）选择公共关系“由头”

所谓公共关系“由头”，是指一个公共关系活动得以开展的价值和依据，换句话说，也就是要解决一个“师出有名”的问题。

在新闻工作中，没有新闻“由头”，许多时间性不强的新闻是不好发表的。同理，没有公共关系“由头”，专项公共关系活动也是不好开展的，即使开展了，也引不起公众注意，得不到报道，有时甚至因为虚张声势而招致公众的反感。

公共关系“由头”由三个要素组成：①符合公众的利益；②符合组织的目标和利益；③具有新闻价值。简而言之，实质性的公共关系由头就是公众利益、自身利益和新闻价值的交汇点。

（2）公共关系时机选择途径

1）固定时机。运用固定的机会开展专项公共关系活动，这些固定的节日比比皆是。常见的有：民间节日，如春节、元宵节、端午节、重阳节、清明节以及云南少数民族的泼水节等；国家规定的节日，如国际劳动节、国际儿童节、建党节、建军节、国庆节等；重大纪念日，如伟人和著名科学家、文学家、艺术家的寿辰纪念日，重大发明创造以及国家机构、重要组织逢五逢十的纪念日等；其他有规律性的假日和时机，如学校的开学、放假，地方的盛会（如哈尔滨的冰灯节、洛阳的牡丹花会）……但需要注意，这些日复一日、年复一年都有的固定节日，人人都会想到它，凡是同重大节日有直接或间接联系的活动可以考虑充分利用节日，在形式和内容上不落俗套、勇于创新，才能取得好效果。

2）常规时机。常规时机是指每隔一年或几年一次的各种文化体育活动，如亚运会、奥运会，各种田径、球类的锦标赛，青年歌手大奖赛，时装模特比赛，电影节，电视节，各种展览，博览会等。这些常规性机会，是组织塑造良好形象，开拓新发展的良好机遇。

3）偶然时机。每年每月每日每时总有一些大大小小的偶然性事件发生，公共关系人员要有高度的敏感性，抓住最佳机遇，随机策划。偶然得来的传播时机，常常是一种真正的大好机会，充分利用它，能起到意想不到的效果。要抓住偶然性机会，反应要灵敏，动作要迅速。

用这些固定特殊机会时应注意：要审时度势，找到最佳的新闻制造时机，做到出奇制胜。

3. 创造性思维方法

公共关系策划的一个重要特性是创造性，没有创造的方案不能叫策划，最多只能叫计划。公共关系策划是公共关系人员智慧和创造力的高度表现，要想使公共关系策划具有新意，首先要使公共关系人员认识创造性思维，学会如何进行创造性思维。

（1）创造性思维的基本特征

创造性思维是通过直觉、灵感（顿悟）、推理、实践而形成的高级思维过程，是智慧的升华，是智力、想象力的高级表现形态，也是思维本身的创新。按照创造学原理与逻辑，创造是大概念，包含创新，创新是创造的一种表现形式。具备以下特征之一的都可以说是创造性思维。

1）联想性。联想性是指通过一件事物而联想到其他事物。客观事物相互联系之处很多，具有各种联系的不同事物常常在人们的头脑中得到反映，从而产生联想。举一反三，就是联想性思维的表现。

2）多向性。多向性是指对同一事物从不同的角度加以分析、观察。

3）探索性。探索性是指对已知的世界敢于怀疑，对已形成的思维定式敢于打破，对未知的世界抱有浓厚的兴趣。

4）逻辑性。逻辑性是指运用科学的抽象概念揭示事物和问题的本质，了解其原委，预测其趋势，并以此为依据得出结论。

（2）几种常见的创造性思维法

在进行公共关系策划时，常见的创造性思维方法有纵向思维法、横向思维法、逆向思维法、头脑风暴法、对演法、默写法、特尔斐法、全息信息交合法、检核表法等。

1）纵向思维法。纵向思维法是指策划者在对事物有了一定了解后，沿着一定的目标和倾向进行习惯性思维，一旦发现问题，就顺势探索其根源，分析探讨解决问题的方法。

2）横向思维法。横向思维法也称联想法，即发现一种现象后，便联想出特点与之相似的相关事物。例如，看到明星葛优，就会联想到《编辑部的故事》；想到双汇火腿肠，又会想到春都牌、郑荣牌火腿肠；想到陈佩斯、朱时茂，又会想到富康牌轿车……如此可以无穷无尽地联想下去。

3）逆向思维法。逆向思维法又叫反向思维法，即同常人习惯的思维方向相反，遇事总能立刻想到事物的反面会怎样。

4）头脑风暴法。头脑风暴法又称自由讨论法、智力激荡法，简称 BS 法。它由美国创造学家亚历克斯·奥斯本创立。奥斯本看到精神病院的精神病人在精神错乱状态下，会产生大量的胡思乱想，受此启发发明该方法。原意是精神病人的胡言乱语，用在创造领域意为无拘无束地思考问题。这是一种思维高度活跃，可进行无限制地自由联想和讨论，从而产生许多新观念或新设想的创造性方法。

头脑风暴法是一种采用小型会议的方式，集众人之智，在较短的时间内，引导与会者围绕特定主题广开言路，激发灵感，自由联想，畅所欲言地发表独立见解，从而达到创新目标的一种创造性思维方法。

其核心是高度自由联想。具体方法是邀请 5～10 人参加讨论会，会议有 1 名主持人，1 名记录员。会议不宜过长，一般 1 小时左右。主持人事先不指出会议目的，只就某一方面的总议题要求与会专家无拘束地自由发表意见。讨论会应当遵循以下原则：

原则一，禁止批评。会议中，绝对禁止批评别人的想法，即使是对幼稚的、荒诞的甚至你认为错误的想法，也不得批评，以免打断他人的创造思路。

原则二，自由畅想。思考越狂放，构思越新奇越好，有时看起来很荒唐的设想却是打开创造大门的钥匙。

原则三，多多益善。鼓励提出多种不同方案，新设想越多越好。数目越多，可行办法出现的概率就越大。

原则四，借题发挥。巧妙地利用他人的想法，在其基础上提出更新更奇的设想。与会者必须善于利用别人的想法来开拓自己的思路。

原则五，简单明了。每次发言只谈一种见解。

原则六，公开发言。避免私下交谈，以免分散与会者的注意力。

5）对演法。对演法亦称“逆头脑风暴法”。头脑风暴法提倡高度自由联想，禁止批评，对演法则恰恰是靠相互批评激发创造性。其做法是分两组制定出各自方案，通过唱对台戏的方法进行辩论，攻对方所短，充分揭露矛盾；也可拿出一个方案，人为设置对立面去批评，挑剔反驳，以期使一些潜在的危险性问题得到较充分、彻底的揭露，使新见解更加成熟、完善。这种方法对于准备报告上级或方案交付客户前的自我审查非常适用。

6）默写法。默写法又称“635”法，它是德国创造学家首先提出的，即由 6 个人参加，5 分钟内每个人写出 3 个设想。按照 635 法，会议主持人先宣布课题，讲清有关的目的和要求，再发给每个人几张有编号的卡片，填写时注意在两个设想之间留下相当的间隙，供他人填写新设想。在第一个 5 分钟内，每人针对课题在卡片上填写 3 个设想，然后将设想卡片向同一方向传给邻座；在第二个 5 分钟内，每人从别人的 3 个没想中得到启发，又在卡片上填写 3 个新设想，再依次传下去。这样半个小时内可以传递 6 次，共获得 108 个设想。

7）特尔斐法。特尔斐法即匿名咨询法。特尔斐是古希腊传说中的神地，城中有座阿波罗神殿，可以预卜未来，因而借用此名。特尔斐法是一种比较先进的调查研究和科学预测方法。一般的策划研讨会在讨论时往往仁者见仁、智者见智、争论不休，结果也往往受到与会者心理及开会时间、环境等因素的干扰。而特尔斐法采用许多专家背对背多次咨询的办法征求意见。领导小组对每一轮意见都进行汇总整理，之后再发给每位专家，请他们分析论证，提出新设想。由于它采取匿名方式，应聘专家互不了解，完全消除了心理因素的影响，专家们可以参照前一轮的成果修改自己的方案而无须公开说明，无损自己威信。这样反复几次，专家的意见日趋一致，方案的可靠性也就逐渐增强。

8）全息信息交合法。全息信息交合法又称“魔球方法”“全息策划法”。其基本思路是使信息“繁殖”，不同性质的信息交合生成新的信息。信息交合的反应场是一个“魔球”，信息的引入与层次的变换会引出一系列的新信息组合。“魔球”向任何方向旋转，新构思就会源源不绝地出现。其运用方法分为以下四步：

第一步，确定中心。确定研究对象，定为信息坐标系中的零坐标（魔球）。

第二步，画出标线。至少两条方能交合，多者不限。

第三步，注出标点。在信息标上注明有关信息点。例如，为企业策划推出一个新产品，如何选择宣传角度？可以在产品特性的坐标线上写上产品诸特性，如质量、材料、形状、重量、功能等；在另一坐标线上标上可借用领域，如文学、绘画、文艺、体育、医疗、音乐、化学、养生、武术、历史、民族等。

第四步，相互交合。以一条标线上的信息为母本，另一条标线上的信息为父本，交合后便可产生新信息。任何两条线都可以互相交合，然后再同其他线交合。例如，为食品厂策划推出新产品，可以食品为一标线，与历史标线相交，至少可产生出各朝各代的风味特色信息；与民族标线交合，至少可推出 56 种产品；民族标线再与历史标线交合，开发新食品的思路就宽了；再与文学标线交合，就会得到古今中外大量信息。信息交合是一个取之不尽、用之不竭的宝库。

公共关系活动方案策划也是如此，可以利用全息信息交合法，如图 7-1 所示。公众为一维，媒介为一维，时间为一维，组织目标为一维等，然后交合，在一系列结合点上产生灵感、思路。

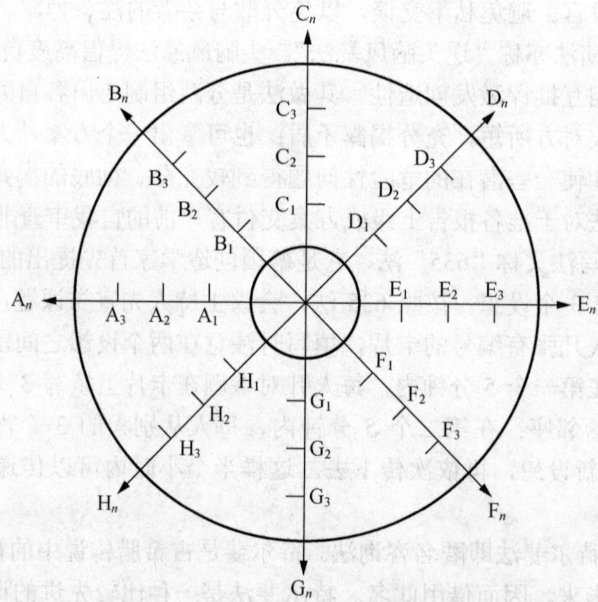

图 7-1 全息信息交合法

A. 公众（员工、顾客、媒介……）；B. 媒介（电视、报纸、微信……）；C. 时间（元旦、春节、国庆节……）；D. 组织目标（知名度、美誉度、销售额……）；E. 地理（北京、上海、广州……）；F. 活动（广告、促销、发布会……）；G. 生活（衣、食、住、行……）；H. 知识（文学、数学、历史……）

9）检核表法。检核表法是根据策划需要列出有关问题，然后一个个来核对，展开思路。它几乎可以用于任何策划活动，享有“创造技法之母”之称。其主要做法是列出以下问题，然后加以改进创造。

改变？有什么能变化？变成什么样？

加大？能添些什么？次数、时间、力度？

缩小？能减去什么？更小？更省时？省经费？简明？

代替？换什么人？什么形式？其他程序？其他来源？

重新排列？时间？顺序？形式？成分？

颠倒？调换因果？角色？逆向思维？

组合？混合、集锦、结盟？并网？

这一系列问题都考虑周详，策划方案就一定会出新意。

小　结

公共关系程序的四步工作法，即将整个公共关系工作过程划分为四个基本阶段：公共关系调查—公共关系策划—公共关系实施—公共关系评估。以上四个步骤相互衔接，不断循环上升，形成一个动态的环状模式。

公共关系调查是指公共关系工作人员对自己或服务的组织（公共关系专业公司受特定组织的委托为其进行公共关系调查）的公共关系状态进行的情报搜集与研究工作，即运用一定的理论、方法和技巧，以组织内外部公众为对象，通过收集资料和分析资料，了解组织的公共关系状态，揭示其发展趋势并提出改进措施或意见的一种调查研究活动。

公共关系调查的内容，包括公共关系的主体——组织情况的调查，公共关系的客体——公众舆论的调查，以及同公共关系的主客体密切相关的社会环境的调查。

公共关系调查程序分为两个步骤：调查准备和调查实施。常见的公共关系调查方法有访谈法、问卷调查法、引证分析法、公共关系调查中的抽样方法与抽样技术等。

公共关系策划就是公共关系从业人员根据组织的现有公共关系状态和目标要求，构思和设计的具有创造性的战略和整体的工作计划，实现公共关系目标的行为和活动方案的过程。

公共关系策划的特征：综合性、思想性、创造性、目的性、灵活性。

公共关系策划应遵守的原则：公众至上的原则、沟通协调的原则、以奇制胜的原则、重点突出的原则、弹性适用的原则、连续持久的原则。

公共关系策划程序和内容：确定目标；界定公众；拟订主题；确定具体的活动项目；确定活动时机；选择媒介；经费预算。

一份完整的公共关系策划书应包括以下九个方面内容：封面、序文、目录、宗旨、内容、策划进程表、人员目标责任分配表、策划所需物资及活动场所安排、附件。

案例分析

首创公务酒店的品牌形象
——广州大厦旅游饭店业公共关系案例

1. 项目背景

广州大厦的前身是广州市人民政府的接待基地——榕园大厦。为了适应改革中的广州市政府对接待基地的需求，广州市政府办公厅于 1993 年在榕园大厦的基础上按四星级标准建成了现在的广州大厦，并于 1997 年 9 月 28 日开业。

广州大厦起步之初聘请酒店管理公司管理，管理公司将大厦定位为商务酒店，拟仿照商务酒店的经营管理模式立足市场。由于市场定位的不准确和经济大气候的影响，大厦的经营一直难以打开局面；1997 年 9 月 28 日～1998 年 9 月 30 日，经营利润只有 4.3 万元。广州大厦的经营陷入了困境，管理公司只好提前撤离，由广州市政府办公厅组建了以邝云弘女士为领导核心的新班子，接手大厦的管理。新领导班子决定通过重新确立酒店定位，树立品牌形象来争取社会和顾客的支持。

2. 项目调查

广州大厦新班子在作了大量的市场调查的基础上，对自身的基本情况作了全面的分析，认识到：广州商务酒店星罗棋布，传统的招待所也为数甚多，广州大厦要想异军突起，必须寻找全新的市场定位。广州大厦拥有独特的酒店资源和接待资源，重新整合这些资源，一个全新的概念应运而生——创立全国首家公务酒店的品牌形象。这一全新的品牌形象拥有不同于商务酒店的独特优势。

第一，公务酒店占有独特的公务酒店市场，对于公务消费者而言，公务酒店有更强的适应性，更具信任感、安全感，这无疑是公务酒店独特的细分市场。

第二，公务酒店有一整套完整的适应政务接待、公务活动和其他商务活动的设施设备、人员和程序。

第三，公务酒店背靠政府，依靠与政府职能部门的密切关系，能为客人提供更多的政治、经济等方面的咨询和服务。

第四，公务酒店承担着政府对外联络的职能，它所发挥的“窗口”和“桥梁”的作用，是商务酒店无法替代的。

3. 项目策划

（1）公共关系目标

重塑广州大厦品牌形象。

（2）公共关系策略

1）密切联系目标公众，创造良好的人际传播渠道。公务酒店的公共关系需要独特的传播渠道，那就是依靠公务人员队伍的人际传播渠道，依靠酒店员工队伍的传播渠道，将酒店的形象传播给目标公众。在形象策略定位的基础上，广州大厦还确定了以公务客人为主、以商务客人为辅的目标公众群，以公务客人为主，商务客人为辅，制定出一整套密切联系目标公众的方法，以保证大厦与目标公众的双向沟通。

2）全面强化公务公共关系，拓展公务市场。要树立公务酒店的形象，离开政府的支持是难以办到的，因此，在塑造公务酒店形象的品牌策略中，重点是做好政府及其各职能部门的公共关系工作，让政府及其各职能部门以主人的姿态帮助、扶持大厦，把大厦当作自己的企业；并通过政府及其各职能部门的特殊影响力，扩大知名度，拓展公务市场。

3）在服务中传播，在传播中营销。基于公务酒店传播的特殊性，广州大厦为自己量身定做了一套独特的传播方式，那就是“在服务中传播，在传播中营销”，依靠实际行动宣传自身的特点，依靠为目标公众提供优质的服务所产生的口碑宣传自身的形象；通过新形象的不断深化，使目标公众对大厦产生识别和认同，从而创造顾客的忠诚度和美誉度，提高大厦的社会效益和经济效益。

广州大厦确立以全国首家公务酒店为自己的品牌形象。这一形象的释义为：以公务客户、公务活动为主要目标市场，以规范化的酒店服务为基础，以鲜明的公务接待为特色。

4. 项目实施

重塑品牌形象是广州大厦宏观的公共关系策略，广州大厦以综合治理的方式，全面推进了这一计划的实施。

（1）发挥自身优势，重塑品牌形象

广州大厦作为公务酒店拥有不同于商务酒店的独特优势，在充分把握这些优势并对酒店资源和接待资源进行有机整合和利用的基础上，努力作出了公务酒店的品牌和特色。

首先，为公务酒店的品牌树立健康的形象。大厦正道经营，坚决杜绝黄赌毒以及一些低级、庸俗的服务，努力为公务活动提供一个绝对安全可靠的场所。在服务上以“个性化、人情化”见长，让公务客人倍感亲切、舒适。

其次，为公务酒店的品牌注入亲和力。广州大厦以亲切的“我在广州有个家”为宣传口号，并以实际行动为客人营造家的感觉，既亲和了异乡客人，又得到了广州人的认同。

广州大厦还将公务酒店的品牌形象建设融入企业文化之中，提倡从个人形象做起，携手共塑品牌形象。在广州大厦的文化中有这么一条：要求每一个广州大厦人像追求个人事业那样追求大厦的事业，像维护个人利益那样维护大厦的利益，像珍惜个人荣誉那样珍惜大厦的荣誉。在广州大厦人的意念里，他们所塑造的绝不仅仅是广州大厦的形象，更深层次上，作为广州市政府的接待基地，他们还在塑造广州市作为现代化中心城市的“窗口”形象。

（2）强化自身品质，提升品牌形象

广州大厦人深深认识到，形象的传播，主体是大厦的员工，是酒店的优质服务，因此，广州大厦首先从强化管理入手，全面实施大厦由商务酒店向公务酒店转型的策略。

1）调整大厦管理机制。市政府办公厅与总经理邝云弘女士签订了《总经理责任书》，规范了总经理的责、权、利，给了总经理发挥才能的空间，在此基础上。广州大厦坚持以人为本、强化管理，努力建立健全制约机制、竞争机制和激励机制。

第一，在建立完善各项规章制度的同时，实行竞争上岗、考核聘用，彻底砸烂了“铁交椅”，形成“能上能下，能进能出”的用人机制，在员工中树立了强烈的竞争意识和危机感。

第二，实行严格的部门经济考核制，将部门工资总额的提取与部门营业总额、成本、费用挂钩；实行以员工的岗位责任、劳动技能和贡献大小为依据的岗位考核工资制。

2）强化员工培训。大厦以全员培训为手段，向员工灌输新的思想观念，并针对公务酒店的市场定位，采取全方位、多层次的培训方式，全面提高员工的政治素质、服务技能和公共关系意识。1999 年，光是由人力资源部组织的公共训练课程就有 279 个课时，有 3350 人（次）参与学习，参加各部门组织的专业训练课的员工有 17 480 人（次）。通过培训使全体员工更新了观念，提高了专业技术和服务水平，强化了职业道德，激发了群体意识，增强了大厦的凝聚力和向心力，形成了良好的企业形象。

（3）利用各种途径，宣传品牌形象

在总体的形象策略确定后，广州大厦推出了一系列的宣传活动。

第一，选取曾经是广州市市花并被人们誉为英雄花的红棉花作为大厦的形象标志，还选取绿色作为企业形象识别色彩，旨在推行绿色管理，普及环保意识。将富有个性的红棉花与充满生机活力的绿色组合在一起，较好地传递了大厦的信念和追求，有效地宣传了大厦的文化形象，并很快得到了公众的认同。

第二，广州大厦的宣传活动先从内部做起，强化企业形象。大厦在大堂、电梯等公众场所制作了一批有着人情化、个性化的鲜明服务特色的精美宣传画，一方面美化大厦的环境，另一方面在潜移默化中让客人接受大厦的品牌形象。大厦还以绿色为基调，以红棉花为标志，设计制作了一系列的宣传品和日用品，反复强调大厦的形象标志，强化大厦的品牌形象。

第三，有针对性地选择公众媒体宣传企业形象，在广州地铁沿线投放了以“我在广州有个家”为主题的企业形象广告；还在广九直通车站出口处最醒目的位置上设立了大幅的灯箱广告，让踏进祖国南大门的宾客第一时间就接触到大厦的形象。

第四，在具有权威性的报刊《人民日报》和《接待与交际》上，刊载由记者采写的关于大厦新品牌形象策略的系列报道，引起社会的普遍关注和同行的积极呼应，有效地传达了大厦新的经营理念，传播了大厦的品牌形象。

第五，创刊《广州大厦人》报，对内作为企业文化建设的载体之一，积极引导全体员工树立正确的价值观，增强团队意识；对外作为与目标公众沟通交流的渠道，传播企业信息，强化品牌形象。

第六，充分利用自身所特有的政府资源，借助政府公务员的特殊影响力来宣传大厦。1999 年中秋节，大厦第一次组织月饼生产、销售时，以红棉花为主题精心设计、制作了形象鲜明、大方得体的月饼盒；并及时地将第一盒月饼送到市长林树森手中，获得林市长“出品早、包装好、质量好”的高度评价，并嘱托市政府办公厅将大厦的月饼作为广州市政府的礼品送到北京，从南到北有效地推广了大厦的品牌形象，并为大厦的月饼销售作了一次成功的促销。

（4）参与公务活动，强化品牌形象

广州大厦定位为公务酒店，这就决定了大厦必须主动参与各类公务活动，同时强化与政府部门的长期沟通和合作。于是，争取广州市市委、市政府领导的大力支持成了大厦公务公共关系的基础。

以总经理邝云弘女士为核心的领导集体认为：

第一，必须创造出一套适合公务活动的服务模式，并为公务活动营造最佳的环境，创造最佳的气氛，把大厦的“舞台”变成公务活动的“舞台”，让公务客人乐于到大厦来组织各项活动。1999 年 9 月 24 日，广东省五套领导班子成员视察广州市“一年一小变”的成果并在广州大厦召开现场办公会；会后，广州大厦推出精心制作的，卫生、实惠、可口的公务套餐，并在 5 分钟内把近 200 份套餐全部送到客人手上，让客人在 20 分钟内就餐完毕，有效地节约了就餐时间，受到省、市领导“出品好、服务好、节奏快”的好评。

第二，要把公务活动当作大厦自己的活动来组织。一年来，广州大厦凭借自己公务酒店的身份及与政府各职能部门的良好关系，积极参与公务活动的组织和策划，并主动提供迎送、导游等一系列在大厦区域外的服务，以“主人”的身份为主办单位服务。这种参与和服务，拉近了大厦与主办单位之间的距离，使主办单位与大厦真正成了一家人。

第三，要把公务活动当作大厦的公共关系活动来运作。凡有公务活动的场合，就能见到大厦公共关系部的工作人员、各位主管直至正副总经理，他们不但在现场指挥、协调工作，而且面对面地与客人沟通、交流，直接听取意见和建议。这种面对面的沟通。往往能收到良好的效果，有些棘手的问题往往就在沟通中解决了，下一轮的公务接待也在交流中确定了。

第四，争取大型公务活动、外事接待是广州大厦营销中的一个重大策略。通过努力，一年来，大厦分别接待了省市人大代表大会、国际龙舟赛、广州地铁开通仪式以及广州国际友好城市“姐妹城市姐妹情”等多项国内国际大型活动，通过这些高规格的大型活动，把大厦的品牌形象传递到国内外，有效地宣传了大厦公务酒店的品牌形象。

（5）在服务中传播，在传播中营销

广州大厦创建公务酒店品牌形象的一年来，没有投放太多的资金在大众传播媒介上做宣传，而是把传播形象的工作与日常的服务工作融合在一起，在服务中传播。广州大厦将有限的资金投入技术改造，投入培训，逐步形成安全、优质、快捷的服务规范，并将这种服务特色推而广之，在大厦推行“顾客完全满意”的概念，像接待政务、公务活动一样接待好每一项商务活动，像接待市长一样接待好每一位客人，努力提升公务酒店品牌形象。

第一，广州大厦采取了一整套与目标公众联系的措施。大厦的VIP在入住时会收到一张欢迎卡，离开大厦回到所在地时还会收到一张问候卡；逢年过节大厦的目标公众都会收到来自大厦的问候和祝福。一张小小的贺卡，传达了广州大厦人的心意，换来的是客人对大厦的认同感和忠诚感。

第二，广州大厦专门建立了重点客人的生活习惯档案，为这些客人提供符合其所需的、个性化、人情化的服务。

第三，广州大厦还设置了专门的机构，组织专人调查研究顾客心理与需求。进而制定出相应的服务措施，力求使大厦的服务令每一位客人满意。

第四，广州大厦根据新一代公务员的年龄、层次、工作方式等方面的变化和需要，提供上网、手提电脑以及公务咨询等系列服务，为公务员在大厦构造了临时的办公室，方便了公务所需。

广州大厦的品牌形象就是从这样具体、细致、平凡的服务工作中做起来的。

5. 项目评估

广州大厦实施公务酒店品牌形象以来，取得了良好的社会效益和经济效益。

（1）首创公务酒店，实现品牌更新

一年来，广州大厦在公务酒店这面旗帜下，在政务、公务、会务接待方面作出了人情化、个性化的风格和特色，得到目标公众群的认同和支持，特别是广州市四套班子的公务活动几乎都安排在大厦举行。一年来，大厦完成了400多项接待任务，其中属省市、中央、跨国的重大接待50多项，成功地将公务酒店的品牌形象推向市场，实现了品牌更新。

（2）在短期内迅速提高了大厦知名度

公务酒店这一全新品牌的确立，引起社会各界特别是行业内有关人士的高度重视，尤其是在《人民日报》和《接待与交际》杂志刊出《广州大厦拓展公务酒店市场》以及采访录《我们正经营中国第一家公务酒店》《请与我同行——携手共创公务酒店市场》等文章来，在国内引起强烈的反响。广州大厦提出的公务酒店品牌形象的概念及创建公务酒店网络的设想，得到同行和社会各界的关注和呼应。

（3）有效地拓展了公务酒店的市场

广州大厦积极推行“顾客完全满意”的概念，努力提高服务质量，作出了属于公务酒店的风格和特色，获得了公众的认同。慕名而来的公务客人及外宾大幅增加，1999年共接待了近10万人次，年均开房率较1998年提高了9.83%，成功地拓展了自己的市场。

（4）赢得了良好的经济效益

推行公务酒店品牌形象的一年来，由于形象突出，营销策略得当，广州大厦在完成各项接待任务的同时，经济效益大幅攀升。1999年营业利润达2065万元，与1998年相比，提高率达51.3%，创造了良好的经济效益。

（5）营造了良好的公共关系

随着广州大厦人的努力，广州大厦知名度的提高，公务酒店形象的被认同，特别是公务酒店品牌含金量的提高，大厦不但赢得了公众的理解和认同，取得了良好的经济效益，还营造了良好的公共关系。去年（2001 年），广州大厦在广州市政府、越秀区政府以及城建、供电、人防等诸多部门的支持下，拆除了大门口与相邻的儿童公园之间的围墙，设置了专门通道让客人直接到公园里散步，达到了绿色资源共享的目的，圆了广州大厦人以及客人长久以来的梦。

（资料来源：广州大厦. 2002. 首创公务酒店的品牌形象——广州大厦旅游饭店业公关案例. 中国乡镇企业, 10.）

案例讨论：

1．广州大厦旅游饭店首创公务酒店的品牌形象时采取了哪些策略？

2．该案例成功的启示是什么？

思考与练习

一、思考题

1．什么是公共关系调查？为什么说公共关系调查工作是公共关系四步工作法中一项极为重要的工作？

2．对一个企业来说，公共关系调查工作应主要考虑哪些问题？

3．如何理解公共关系策划的“沟通协调”原则？

二、课堂讨论题

1．公共关系调查与市场调查的区别是什么？

2．你认为实施具体公共关系调查的难点是什么？如何应对？

3．为什么说策划是一种“程序”？

三、课外实践题

1．自己确定调查内容，为你熟悉的组织设计一份调查问卷。

2．与其他人一起，确定调查对象和内容，选择调查方法，参与一次全过程的公共关系调查活动，并写出调查报告。

3．为你所在的组织策划一次周年庆典活动。

第八章　公共关系计划的实施与评估

CHAPTER 8

学习目标

- 了解公共关系计划实施的意义和特点。
- 熟悉影响公共关系的因素。
- 掌握公共关系实施的模式。
- 熟悉公共关系计划评估的程序。
- 掌握公共关系评估的标准和方法。

案例导入

华为战三星 公关显神通

华为作为通信领域的世界领先者，近年来在智能手机市场也渐成气候，正在上升为继苹果和三星之外的第三大全球智能手机制造商。华为在挑战三星手机市场过程中，公关手段大显神通。

三星：What's next?

华为：Next is here.

三星：Next is now.

华为：Now is P8.

这个“段子”是华为和三星2015年的最新广告语。2015年3月1日，三星在世界移动通信大会的邀请函上采用“What's next”的宣传语，为新手机S6预热，与此同时，华为发布“Next is here”的海报，与三星相映成趣。4月，三星为S6打出“Next is now”的广告语，华为紧随其后上线“Now is P8”为P8造势。

很显然，三星和华为在广告上打起了口水仗。而且，很多消费者及业内人士都为华为的机智点赞，让这场两大智能手机巨头之间的广告战，演变为一场激烈的品牌公关战。在没有硝烟的战役背后，华为迅雷不及掩耳之势的响应速度和旁攻侧击的营销活动辅助，或许是其此次营销借势成功的关键。

第一回合：华为神回复，三星被截胡。

如果说2015世界移动通信大会上，出现在三星的邀请函和华为的海报上的广告语只是隔空喊话，“真枪实弹”的对峙则在苏丹上演。4月初，三星在苏丹喀土穆机场路附近打出“What's next”的广告牌，为S6和S6 Edge在苏丹的发布预热。相应地，华为立即在旁边立起“Next is here”的户外广告，向苏丹市场传递“Next is here, Next is Huawei”的信息。

据了解，这张三星和华为同框的图片在Whatsapp、Facebook等社交媒体被疯狂转发，舆论一边倒地偏向华为，大多数消费者为华为机智的品牌营销点赞。埃及某媒体甚至直接发文指出，华为P8毁了三星S6的庆典。而在国内今日头条平台上，相关文章阅读量超过45万，网友大呼中华有为。

第二回合：华为乘胜追击，三星欲哭无泪。

三星自然不会任凭华为进攻而不为所动。在华为的“Next is here”广告牌挂出后约10天，三星更换了广告牌内容，亮出“Next is now”的广告语，并在S6新品体验区将宣传海报上的“S6 Preview Now”更换为“S6 Next is Now”。三星埃及也为了同仇敌忾应对华为，故意选择和华为P8全球发布会同一天时间在埃及发布S6。精彩的是，4月15日，华为在P8全球发布后立即将广告牌更新为“Now is P8”。S6被P8截胡，三星欲哭无泪。

这张S6与P8的同框照片再次被“好事”的网友挂在Facebook等社交媒体，引发热议，并在今日头条上有超过32万的点击量。此外，著名市场杂志Think Marketing Magazine更是毫不含蓄地点评道：“三星苏丹并不打算就这么算了，英勇地反击回去，但却被华为打得更狠了。”运营商MTN认为，华为在品牌营销上打了漂亮的一仗，并主动要求和华为合作销售100K智能手机。

第二回合，华为再胜。

第三回合：华为旁攻侧击，三星腹背受敌。

战场上，赤膊上阵，直接攻击对手的打法很关键，旁攻侧击的“游击战术”则可以让胜利来得更彻底一些。在华为与三星在苏丹正面对峙的两个回合中，华为配合了事件营销，与广告之战相得益彰。

首先，华为Mate7的广告牌竖立在三星在苏丹的总部办公室门口，华为品牌店分别开在三星办公室的左右两边，对三星总部形成了一个半圆形的包围圈。当地人开玩笑说，华为做广告做到三星家门口了。

与此同时，华为还在两个月内为苏丹222家零售店安装了华为门头，使华为LOGO在苏丹市场得到更多露出，华为红几乎覆盖了整个苏丹。更有意思的是，原本属于三星的Alsalam building也被华为全盘拿下，正式包装为华为品牌手机市场。

至此，华为完胜。

营销没有专家，唯一的专家是消费者，你只要能打动消费者就行了。在这场广告到公关的营销之战中，华为通过广告语的巧妙接龙，借势营销；对三星的动作及时响应，借力打力；同时辅以一系列的事件营销，配合正面攻击，让对手腹背受敌。更重要的是，它激发了消费者的兴奋点，让消费者参与到营销战当中，成为华为品牌的传播者。

（资料来源：郎群秀. 2015. 华为战三星 公关显神通. 公关世界，11.）

【分析】华为应对三星的公关案例，启示有三点：

1）目标明确。公共关系最重要的是要明确目标。华为在手机市场主要的竞争对手就是苹果、三星等高端手机厂商，这些厂家的任何举动都必须予以应对，否则就可能败北。当年不可一世的诺基亚就是自认为天下第一，丧失目标，结果失败。

2）及时应对。公共关系策划中时机选择方法要求抓住时机，及时应对。错过时机，就丧失了公共关系成功的可能。华为完全是在三星出招后，马上接招，随机应变，灵活机动，并且完胜对手，体现了高超的公共关系艺术，维护了华为良好的组织形象。

3）准备充分。华为之所以能够后发制人，战胜对方，关键在于事先的充分准备。技术上，经过多年积淀，华为手机已经有了与世界一流产品争高下的资本；品牌上，华为手机也已经树立了高端、大气，尤其是性价比较高的良好形象；市场上，建立了覆盖全球的渠道，包括及时反馈信息的渠道。唯此，应对竞争对手才有底气。公关成功情理之中。

经过调查和策划，公共关系工作便进入实施、评估阶段。本章主要分析公共关系计划实施的意义、特点和原则、方法，介绍公共关系评估的目的、程序及其评估标准和具体评估方法、途径。

第一节　公共关系计划实施的意义和特点

一、公共关系计划实施的意义

公共关系计划的实施就是公共关系计划被采纳以后，把计划所确定内容变为现实的过程。这个过程是公共关系四步工作法中的第三个环节，也是最为复杂、最为多变的一个关键环节。这时，整个公共关系计划要借助于调查与策划的双翼，通过实施而开始腾飞了。因此，一项公共关系计划的实施，其重要性足以和计划制订本身相比，从某种意义上讲，甚至比计划的制订更为重要。

1）公共关系计划的实施是解决问题的中心环节，公共关系工作的终极目的不是研究问题而是解决问题。公共关系计划的制订是研究问题的过程。计划的实施才是直接地、实际地、具体地解决问题的过程。认为一项公共关系计划在确定之后就会自动地、必然地成为现实，这是一种不切实际的幻想。即使是完美无瑕的公共关系计划，如果不经过实施，而是束之高阁，那么，它无论是对社会组织还是对社会组织的公众而言都是毫无意义的“纸上谈兵”。

示例　　**纸 上 谈 兵**

战国时期，赵国大将赵奢曾以少胜多，大败入侵的秦军，被赵惠文王提拔为上卿。他有一个儿子叫赵括，从小熟读兵书，张口爱谈军事，别人往往说不过他。因此他很骄傲，自以为天下无敌。然而赵奢却很替他担忧，认为他不过是纸上谈兵，并且说：“将来赵国不用他为将罢，如果用他为将，他一定会使赵军遭受失败。”果然，公元前259年，秦军又来犯，赵军在长平（今山西高平市附近）坚持抗敌。那时赵奢已经去世。廉颇负责指挥全军，他年纪虽高，打仗仍然很有办法，使得秦军无法取胜。秦国知道拖下去于己不利，就施行了反间计，派人到赵国散布“秦军最害怕赵奢的儿子赵括将军”的话。赵王上当受骗，派赵括替代了廉颇。赵括自认为很会打仗，死搬兵书上的条文，到长平后完全改变了廉颇的作战方案，结果四十多万赵军尽被歼灭，他自己也被秦军箭射身亡。

2）公共关系计划的实施决定了计划能否实现，以及实现的程度和范围。成功的实施可以圆满地完成计划所确定的任务，实现计划目标，甚至还可以实施人员创造性的努力来弥补计划中的不足，这种实施活动的成功之处就在于实施人员能够选择最有效的途径和手段，采用多种方法和技巧，在公众中树立本组织的良好形象。失败的实施，不仅不能实现计划目标，有时还可能使计划中想要解决的问题更加恶化，甚至完全与计划目标背道而驰。从这个意义上说，实施这个环节不仅决定了计划能否实现，也决定了计划实现的效果。

3）公共关系计划实施的结果是后续方案制定的重要依据。一项公共关系计划的实施过程不论成功与否，都会在社会上造成一定的影响和后果。因此可以说，我们面临的社会现状，就是过去社会组织开展公共关系工作所形成的结果。制订公共关系计划必须以社会组织所面临的现状为依据，特别要注意将前一项公共关系计划实施后由各种渠道反馈回来的信息为依据。以前一项公共关系计划实施的结果为基础，针对新出现的问题制订新的计划，可以说是公共关系计划制订过程中的一个原则。因此，前一项公共关系计划实施的情况，对后续方案的制定具有重要的意义。

二、公共关系计划实施过程中的特点

1. 实施过程中的动态性

公共关系计划的实施过程是由一系列连续活动构成的，是一个思想和行为需要不断变化、不断调整的过程。这种实施过程的动态性主要是由于：一方面，一项公共关系计划无论制定得多么周密，也无论如何具体和细致，它总免不了与实际情况存在着一定的差异；另一方面，随着时间的推移、实施的进展、环境的变化，实施过程中仍会遇到一些新情况和新问题。因此，不断地改变、修正或调整原定的实施方案、程序、方法、策略等则是实施活动中不可避免的现象。同时这种现象也是计划实施过程顺利发展的表现，而并非计划实施的随意性。可以说，这种不断调整计划的变动要始终贯穿于实施的整个过程之中。相反，如果不考虑社会环境的发展而引起的条件变迁，却按一个固定的模式去机械地“执行计划”，那就不仅不能实现自己的计划目标，反而会给社会组织自身招来新的麻烦。讲实施过程中的动态性，并不意味着实施人员可以随意以一些无关大局的变化为借口而不按原计划去实施。公共关系计划实施中的动态性与实施人员的主观随意性不可混为一谈。

2. 实施过程中的创造性

由于计划的实施是一个不断变化和需要调整的动态过程，实施者则要依据整个实施方案中的原则和自己所处的环境、面临的条件确定自己的实施策略，如准确地选择传播渠道、媒介与方法，合理地选择时机，正确地分配任务，灵活地调整步调等。可见，公共关系计划实施的过程绝不是一个简单的照章办事的过程，而是一个由一系列不同层次的实施者发挥主观能动性的过程。实施人员应该依据这一特点，充分地发挥自己的积极性、主动性和创造性。从这个意义上说，公共关系计划实施的过程又是一个对原计划进行艺术地再创造的过程，也是不断丰富公共关系实务经验的过程。在计划实施的过程中，常常会遇到意想不到的突发事件，而在原定的公共关系计划中又很难找到如何处理这些突发事件的具体措施；这时，实施人员能否充分发挥自己的主动性、积极性和创造性则成为公共关系计划能否实现的关键。所以，研究计划的实施过程，必须注意到它是一个实施人员发挥创造性的过程。但是讲创造性，绝不能允许实施人员随意篡改实施方案的原则或以各种借口对计划的实施进行抵触，而把计划的实施过程引向歧途。

3. 影响的广泛性

一项公共关系计划涉及众多的因素和变量，它对各类公众产生广泛的影响。然而，公共关系计划所产生的影响在方案策划阶段还只是“纸上谈兵”，只有在计划实施的过程中，才能真正地体现出来。

1）计划实施的过程，会对众多的目标公众产生深刻的影响。一项公共关系计划得以成功地实施后，常常会使该社会组织的异己力量变为自己的合作者和支持者；即使有时不能令目标公众从立场上进行彻底的转变，那么在观点态度等方面也会产生不同程度的变化；至少也可以使目标公众对社会组织的负态度（敌视、偏见、漠然、无知）向正态度（了解、理解、好感、支持）的方向有所转化。例如，一项成功的公共关系广告常常可以在目标公众的心目中树立本组织的良好形象，使其对该组织产生好感或进而引导目标公众的消费行为。传统方法制作一杯豆浆，前后要花大约 8 个小时，即便豆浆从汉朝到 20 世纪 90 年代，已问世超过 2000 年，但一直无法像咖啡一样方便地进入一般家庭生活。1994 年，王旭宁发明了九阳豆浆机，将制作豆浆的粉碎、磨、打浆、煮等复杂工艺全部集中于一个小小的豆浆机内完成，再加上智能软件控制，使其像使用傻瓜相机一样方便。一把大豆、一杯水倒进机器，按下按钮，十几分钟后就变成一杯热腾腾的浓香豆浆。全自动豆浆机改变了人们的生活，也创造了一家公司一年销售 2000 多万台豆浆机、上百亿元规模大市场的业绩。可见，一项公共关系计划实施所产生的影响首先体现在它们的目标公众身上。

2）公共关系计划的实施有时还会对整个社会的文化、习俗产生深刻的影响。1971 年，美国的汉堡包在一项公共关系的实施中远涉重洋，“登陆”日本，这一成功的公共关系计划实施，不仅使日本民族 2000 多年以来吃米、吃鱼的习惯发生了变化，而且使日本民族的进餐方式有了突破。以往日本人习惯端坐桌旁用筷子吃饭，但是吃汉堡包却可以用手抓着吃，可以边谈边吃，也可以边走边吃，忙碌时甚至可以边工作边吃。这一进餐方式由于非常适应日本民族快节奏的现代生活而为日本人民所接受。日本的藤田田先生说：“汉堡包带给日本人的冲击比佛教传入日本更大。”由此可见，一项公共关系计划在实施过程中所产生的影响和作用往往不局限于计划本身所制定的目标，而可能对整个社会产生推动作用。

3）一项公共关系计划在实施过程中甚至产生计划始料未及的影响。计划在研究过程中一些没有认识到的、隐蔽着的问题，常常在实施过程中显示出来，带来一些出乎意料的影响和变化。这一特点为公共关系计划在实施过程中产生的广泛性影响提供了新的内容。总之，正是由于公共关系计划的实施，使公共关系计划产生了广泛的实际影响。

影响的广泛性、过程的动态性和实施的创造性不是孤立存在的，而是在实施过程中互相影响、互相作用的。一项公共关系计划的实施影响范围越广泛，实施过程中的创造性也会表现得越突出，计划的变化和调整幅度也越大；同样，计划的调整和变动幅度越大，计划实施所产生的影响范围也就越广泛。

三、公共关系计划实施的基本阶段

公共关系计划实施过程纷繁复杂，但是其一般包括准备、具体实施、收尾三个基本阶段。

1. 准备阶段

实施开始前，首先要认真、细致地根据策划方案进行多项准备工作。

1）人员准备。主要是活动前的人员配备和人员培训，旨在明确任务，各司其职；熟悉业务，严明纪律。

2）物质准备。包括物品材料和场地环境准备，要简约、大方、舒适、鲜明。

3）组织协调。包括内外部组织协调，应协调好与本组织有关部门的关系，取得它们的认同、支持和积极配合；还须提前与交通管理、市容监察等有关部门联系，取得它们的批准。

4）媒体联系。预先确定并且邀请新闻界代表参加，提供相应报道背景材料，或者及时撰写活动报道并提供给媒体。

2. 具体实施阶段

随着公共关系活动的开始，策划方案的实施真正进入了实质性阶段。为了切实保证整个活动收到预期效果，在活动进行过程中应尽力做好以下五个方面的管理工作：

1）对人员的管理。要做到约束与激励相结合，使公共关系人员遵章守纪，奖优罚劣，激发热情，积极主动。

2）对活动进程的管理。公共关系策划与现实毕竟有差距，公共关系实施中在确保基本方案不变前提下，要创造性地开展工作，以变制变，随机应变，加强对活动进程的主动干预和积极调控。通常采用的方法主要有两类：目标导向和进度控制。

① 目标导向。对照策划方案中的总目标、分目标，检查每天、每项工作是否达到了预期要求，如果尚未达到，就要从目标本身是否可行、环境条件有无变化、有关人员的工作是否努力等方面进行分析，查明原因，及时调整，采取必要的补救措施。在活动进程中，如果各项分目标都能如期实现，活动的总体目标、整体效果和日程安排也就有了可靠的保证。

② 进度控制。参照策划方案中的进度和日程安排，分析比较实际情况与原来的计划是否一致，有无变化。如果无大的变化，则可按既定的进度计划从事；否则，就需要重新调整原来的计划安排。同时，对每天、每项工作的实际进度进行及时检查，促使相关工作进度与计划进度保持一致；根据整体协调原则，从横向上协调或控制不同小组、不同方面和环节的工作进度，使之相互呼应、齐头并进，保持相对统一的步调。

3）对信息的管理。信息管理主要是组织与公众间的传播沟通管理。首先，消除沟通障碍。公共关系人员要努力消除与目标公众之间可能存在和出现的各种沟通障碍，实现双方之间信息交流的畅通无阻。其次，调整传播策略。在活动的不同阶段，应逐步调整、改变所传递信息的内容、数量、形式，有区别、分层次地传播，避免雷同。再次，反馈公众信息。活动中，密切关注、及时反馈公众反应，据此调控活动的进度、节奏、内容等，并且为后续评估工作提供依据。同时，要加强媒介公众联系，做好活动前、活动中、活动后传播管理。

4）对活动现场的管理。主要是做好各种接待工作，营造热情、温馨的氛围；维持好现场的秩序，避免出现混乱和失控的局面；有效地控制现场的气氛，防止出现太大的起伏和波动，妨碍活动的正常进行。

5）对各种物品的管理。应本着保证需要、便于使用和尽量节约的原则，加强对活动中各种物品的管理，专人负责，有账可查，发挥功效，减少损耗。

3. 收尾阶段

公共关系活动切忌虎头蛇尾、有始无终，应善始善终，给公众留下一个圆满而美好的整体印象。

在活动临结束时，组织的最高领导应亲自出面，真诚地感谢出席、参与和关心本次活动的所有公众；公共关系人员应热情地欢送每一位在场的公众，并提供必要的交通工具，对于年老体弱、行动不便的公众还须由专人护送到家，真正使人们满意而归；接下来要仔细地回收、清点、归还各种物品，清扫活动现场，使之恢复干净、整洁的原貌。

应尽快召开全体工作人员会议，感谢每一个人的辛勤工作，表扬活动中贡献突出的人员，简要总结本次活动的成功经验与明显不足，同时提醒大家为其后的评估工作做充分准备，并分别安排人撰写有关本次活动的新闻稿件，登门感谢对活动提供方便和支持的各有关单位及个人。至此，公共关系活动实施阶段的工作才算画上了一个完整的句号。

四、影响公共关系计划实施的因素分析

影响公共关系计划实施的因素是众多而复杂的，一般来说，主要来自三个方面，即方案本身的目标障碍、实施过程的沟通障碍及突发事件的干扰。在实施过程中，仅凭公共关系工作人员的工作热情和苦干、实干是不行的。我们必须懂得：要获得一定的实施效果，就必须了解和研究在实施过程中怎样消除或减少沟通的障碍。

1. 公共关系计划实施中的目标障碍

所谓公共关系计划中的目标障碍，就是指在公共关系计划中由于所拟定的公共关系目标不正确或不明确具体而给实施带来的障碍。在公共关系计划实施的过程中，无论实施的动态性多么突出，实施的原则基本上都是根据计划方案所规定的内容进行的，否则，它就不是公共关系计划的实施了。因此，公共关系计划的实施必然要受到计划方案多方面的影响。如果计划目标不正确、不明确具体，那么，尽管实施人员尽心尽力，也会给实施造成种种障碍。例如，公共关系计划目标不符合公众利益，那么在实施过程中必然受到目标公众的抵制。又如，公共关系计划目标过低则往往不能唤起目标公众的合作热情；目标过高则会使实施人员望而却步等。因此，要想有效地开展实施活动，就必须排除各种目标障碍。

排除目标障碍的根本途径是要求计划的制订者尽量使计划目标具有正确性、明确性和具体性。实施人员在开展工作之前应从以下五个方面检查一项公共关系计划的目标是否具有正确性、明确性和具体性。

1）检查计划目标是否切合实际并可以达到。

2）检查计划目标是否可以比较和衡量。

3）检查计划目标是否指出了所期望的结果。

4）检查计划目标是否是计划实施者职权范围内所能完成的。

5）检查计划目标是否规定了完成的期限。

如果在这五个方面有疏漏，实施人员应主动与计划制订者取得联系并促其重新修订。计划目标不明确或用宣传口号式的语言来表达计划目标，都会使实施工作无法有效地开展。实施人员可能因为不明确计划目标的具体要求，或所得到的指令笼统含糊，从而引起误解、产生错误的行动，这就是实施人员排除目标障碍的意义所在。正确的、明确的、具体的计划目标是实施人员行动的依据和树立信心、赢得公众支持的重要源泉，也是对计划实施进行控制、监督和评估的基础。

2. 公共关系计划实施中的沟通障碍

公共关系计划实施的过程实际上是传播沟通的过程。实施过程中的传播沟通并不是一

帆风顺的，常常会因为传播沟通工具运用不当、方式方法不妥和传播渠道不畅而使实施工作不能如愿以偿，难怪一些传播的实践者不得不发出感叹：我们面对的，仍是一个难以沟通的世界。

在实施活动中，常见的沟通障碍大致有以下五种：

（1）语言障碍

语言是以语音为物质外壳，以词汇为建筑材料，以语法为结构条理而构成的符号体系。语言与思维不可分离，为人类所独有，是一种特殊的社会现象。人们只有借助语言才能表达情感、交流思想、协调关系。因而，语言是人类最重要的沟通工具。但是语言又是一种极复杂的工具，掌握运用语言的能力绝不是一件轻而易举的事。由于语言方面的原因而引起的沟通麻烦到处可见。例如，中国人常常用“肥肉”来比喻一件求之不得的好事，而英语国家的人则把“a piece of fat meat”看作“白花花，令人发腻的食物”，是一件应该摈弃的东西。曾有译员把下面这句话“我们这个经济开发区确实是块肥肉啊！”直译为“Our economic development zone is a piece of fat meat”。外商可能认为这里情况不怎么样，因而取消了来这个经济开发区投资的念头。不同国度、不同民族之间的沟通会遇到语言上的障碍是自不待言的，而在同一国度里的同一民族因地区的不同造成语言的不同也往往使人们饱尝语言不通之苦：问路走错路，乘车乘过站，购物听不懂，甚至因语言误会引起纠葛。

知识点 普通话就是现代汉民族共同语，是全国各民族通用的语言。普通话以北京语音为标准音，以北方话为基础方言，以典范的现代白话文著作为语法规范。

语意不明同样也会使沟通出现障碍。由于表达者词不达意、方言土语，甚至“圈子”语言等表述问题，接受者与表达者存在知识、阅历、层次等各种背景差异，导致沟通失误。实际上双方“共识域”出了问题。

示例 不得要领

一家饭店刚招来一个服务员，第一天上班，饭店来了一拨食客。服务员招呼他们落座后，为首的客人道：“服务员，茶！”

服务员开始数人：“1，2，3，4，5，6，7，8，9，10。”然后回答：“十个。”说完侍立一旁。

等了一会儿，客人见茶还不上来，又喊：“服务员，倒茶！”

服务员倒着数了一遍人数：“10，9，8，7，6，5，4，3，2，1。”答道：“还是十个！”

客人感觉很纳闷，问：“我让你倒茶，你数啥？”

服务员以为客人问她的属相，便脱口而出：“我属（数）猪！”

（2）习俗障碍

习俗即风俗习惯，是在一定文化历史背景下形成的具有固定特点的调整人际关系的社会因素，如道德习惯、礼节、审美传统等。习俗世代相传，是经过长期重复出现而约定俗成的习惯法。虽然习俗不具备法律的强制力，但通过家族、邻里、亲朋的舆论监督，往往迫使人们入乡随俗，即使圣贤也莫能例外。忽视习俗因素而导致沟通失败的事例屡见不鲜。

不同的礼节习俗往往造成沟通中的误解，以致沟通受挫。一位德国工程师到日本磋商合同问题。在日期间，他受到热情的接待。当他提出自己的意见时，日本对手微笑频频点头，他回去后满怀希望地等待了三周之后，却得到了完全出乎意料的回音——他所提的意见，半数以上遭到否决。他实在不知道，日本人的礼貌绝不是同意的表示。

不同的审美习俗也导致彼此误解。一位英国青年为了取悦他的中国女友，特意买了一束洁白的菊花送到女友家中，不料女友的父亲一见便大为不悦，结果他被轰了出去，却不知道原因所在。在他看来白色象征纯洁无瑕，他选择菊花完全是一片好意，他根本不会想到在中国白菊花是吊唁死者用的。现在他将白菊花送给活人，在其未来的岳父看来是诅咒他短命，当然是不可容忍的了。因此在沟通中必须注意沟通双方是否有不同的审美习俗。

影响沟通的习俗障碍举不胜举，公共关系计划的实施者对这些影响沟通的习俗障碍了解得越多，沟通时则会越得心应手。

（3）观念障碍

观念属于思想范畴，由一定的经验和知识积淀而成，是一定条件下人们接受、信奉并用以指导自己行动的理论和观点。观念本身是沟通的内容之一，同时对沟通又有巨大的影响作用。有的观念是促进沟通的强大动力，有的观念则是阻碍沟通的绊脚石。

1）封闭观念排斥沟通。封闭观念源于小农经济，农民世世代代在一小块土地上耕种，自给自足。简单劳动只凭经验和力气，不需要分工协作，没有众多的社会联系，决定了他们必然怡然于“桃花源”式的生活方式，产生“鸡犬之声相闻，老死不相往来”的自我封闭观念。公共关系计划的实施过程常常在封闭观念面前受阻。

2）极端观念破坏沟通。在日常生活中我们经常遇到这种情况：争论双方都只抓住对方在沟通过程中的某一环节、反面或特点各执一词，彼此否定，谁也听不进对方的意见，结果常常闹得不欢而散。极端观念是沟通的大敌。极端观念在谈判中的表现形式就是只考虑自身的利益而不顾对方，因此这样的谈判十有八九要失败。这实际上也是沟通障碍造成的失败。

观念障碍并非仅此两种，在这里我们只是就此说明观念障碍是影响沟通的不可忽视的一个因素。

（4）心理障碍

心理障碍是指人的认识、情感、态度等心理因素对沟通过程的阻碍。例如在谈判中，常常由于一方或双方误解了另一方的意图或事实真相而浪费大量时间。曲解的原因就在于一方或双方钻进了隐蔽假设（一种下意识的假设。例如，我们寄出报费和订阅单，是假设自己会得到报纸；把钱付给售货员是假设自己会得到商品。由于这种假设是习以为常的，因而通常并不易察觉）的误区不能自拔并且毫无觉察。陷入困境的谈判有时就是这样造成的。日常生活中的意见冲突也往往是隐蔽的假设不同在作怪，而调解者的有效作用，往往就在于准确无误地使双方了解事实真相，以消除偏见。在沟通过程中，时时注意检查自己的各种假设的真假并对对方作出正确预测是十分必要的。

除了认识方面的障碍以外，情感的失控也会导致沟通受阻。例如，感情冲动时往往听不进不同意见；不能摆脱心情压抑状态的人大多表现出孤僻、不愿与人交往的倾向，对一些信息有厌恶感。与此同时，态度欠妥也不能取得理解的沟通效果。例如，迷信权威有时会使判断产生错误。

示例 **权威效应**

美国心理学系大学生做过这样一个实验：在开始讲课前，教授给学生介绍一位客人。他说："这位是汉斯·斯密特先生，世界著名化学家，我们特邀他来美国研究某些物质的物理和化学性能。"然后这位斯密特先生用德语对学生们说他正在研究一种新发现的物质的性能，这种物质的扩散非常快，以至于人们刚刚嗅到它的气味就立刻消失了。而后，他从皮包里拿出一个装有液体的小玻璃管，说："我一打开试管，这种物质就会立刻蒸发出来。这是一种无害气味，你们很容易嗅到，请大家一闻到气味就立即举起手来。他打开试管后不一会儿，从第一排到最后一排，所有学生都举起手来。事后，心理学教授向全班同学讲，这位斯密特先生只是德语教研室的一位教员，所谓具有强烈刺鼻气味的物质，不过是普通的蒸馏水而已。

实验证明，迷信权威往往会使人接受错误信息，这是沟通的大忌。

（5）组织障碍

"组织"这一概念在这里指由若干"系统"所组成的、开放的社会技术系统。合理的组织结构能够有效地进行内外沟通。反之，不合理的组织结构则会成为束缚沟通的绳索。沟通过程中的组织障碍主要表现在以下四个方面：

1）传递层次过多造成信息失真。有人做过这样的实验：拿一张图给第一个被试者看，然后让他凭记忆重新画出。接着把重画的图给第二个被试者看，也让他根据记忆再画一张。以此类推，传到第四个人时，画出的图与原图相差甚大。这表明信息在传递过程中，中间环节越多，保真率越低，甚至有时最后信息与原信息被搞得面目全非。因此，在组织机构上减少层次，减少信息传递环节，尽量做到"一竿子到底"是保证沟通内容准确无误的有效措施。

2）机构臃肿造成沟通缓慢。机构设置臃肿繁多，必然造成印章循环。这就好像一个过胖的人，由于心脏承受着重压，血液循环与新陈代谢必然受阻，导致高血压、动脉硬化、冠心病等一样，机构臃肿也必然导致组织缺少活力，信息沟通缓慢或"血栓"。

3）条块分割造成沟通"断路"。条块分割的组织结构，信息很难畅通无阻。有时只要有一关通不过，就不能实现沟通。条块分割，层层设卡，地方封锁，严重地堵塞了自由沟通的渠道。

4）沟通渠道单一造成信息量不足。这种沟通中组织障碍主要是指信息的传递基本是单方向的——上情下达，而下情难于上达，因而送达决策层的信息量明显不足。为了加强沟通，排除这种组织障碍，各组织应建立多种沟通渠道，如通过党、政、工、团、妇等渠道反映情况；举行民意测验，广泛征求意见；召开各种类型座谈会、对话会；进行家访和谈心；定期商讨共同关心的问题等。

示例 **军令传递**

据说，美军1910年的一次部队的命令传递是这样的：

营长对值班军官：明晚8点钟左右，哈雷彗星将可能在这个地区看到，这种彗星每隔76年才能看见一次。命令所有士兵着野战服在操场上集合，我将向他们解释这一罕见的现象。如果下雨的话，就在礼堂集合，我为他们放一部有关彗星的影片。

值班军官对连长：根据营长的命令，明晚8点哈雷彗星将在操场上空出现。如果下雨的话，就让士兵穿着野战服列队前往礼堂，这一每隔76年才会出现一次的罕见现象将在那里出现。

连长对排长：根据营长的命令，明晚8点，非凡的哈雷彗星将身穿野战服在礼堂中出现。如果操场上下雨，营长将下达另一个命令，这种命令每隔76年才会出现一次。

排长对班长：明晚8点，营长将带着哈雷彗星在礼堂中出现，这是每隔76年才有的事。如果下雨的话，营长将命令彗星穿上野战服到操场上去。

班长对士兵：在明晚8点下雨的时候，著名的76岁哈雷将军将在营长的陪同下身着野战服，开着他那彗星牌汽车，经过操场前往礼堂。

沟通的障碍可能来自沟通要素的任何部分，也可能发生在沟通过程的任何环节，是由各种各样的因素分别或共同引起的。因此，沟通的障碍并非只源于以上五种。除此五种之外，还有诸如政治障碍、生理障碍、技术障碍、方法障碍等。

由于障碍的类别不同，特点各异，排除的方法自然也是不同的。在这里我们只是从原则上介绍一下排除沟通障碍时应注意的问题。

第一，注意缩小传播者与公众之间的差异。解决这一点的方法是：利用与公众所处的社会位置最近的媒介；利用公众心目中信誉较高的传播媒介；尽量减少与公众在态度方面的冲突；用公众可以接受的语言或事例来说明所需沟通的问题；确定大多数公众的立场，表明自己的立场与他们的立场一致；发挥“公众细分”的作用，公众细分将会帮助沟通者得到积极的反应；根据形势需要随时调整反映组织要求的信息。

第二，沟通者必须尊重受众的个性。公众由许多受到各方面影响的个体构成。这些个体生活、工作的特点各不相同，并在社会生活的结构的各个部分包括城市、郊区、农场和村镇中发挥作用。他们受到各方面的影响，沟通者所传播的信息只是其中的一个。公众乐于接受与他们切身利益密切相关的信息和与他们原有认识、态度相一致的信息，而回避或不接受与其原有认识、态度相矛盾的信息。各种大众传播媒介创造了他们的公众社区。例如，那些习惯阅读报纸的读者，未必喜欢阅读杂志。大众传播媒介所产生的社会影响并非都可以测量出来。

3. 公共关系计划实施中的突发事件

对公共关系计划的实施干扰性最大的莫过于重大的突发事件。这里所说的重大突发事件包括两大类：一类是人为的纠纷危机，如公众投诉、新闻媒介的批评、不利舆论的冲击等事件；另一类是不以人类意志为转移的灾变危机，如地震、火灾、水灾、空难等。这些重大的突发事件对公共关系计划的实施干扰极大。因为突发事件一般具有以下四个特征：①突然发生，常使人始料不及；②来势迅猛，常令人措手不及；③后果严重，危害极大；④影响范围大，易给整个社会带来恐慌和混乱。一个社会组织如果不善于“风险管理”，风险一旦发生，那么不但会摧毁整个公共关系计划的实施，甚至会影响到本组织的生死存亡。

面临突发事件应该保持头脑冷静，防止感情用事，认真剖析原因，正确选择对策。据一位日本的公共关系专家介绍，面临突发事件时，在传播沟通中应注意以下六个问题：

1）实事求是地发布消息，不清楚的地方要坦率地告诉对方，不要把主观臆测混在其中。

2）发布的时机很重要。不能因过于慎重而贻误时机，以致流言、谣言产生，引起混乱。例如，前苏联发生的切尔诺贝利核电站事故，事故发生后消息公布过晚是一个很大的失败。事故发生在1986年4月25日夜间，而新闻界28日才对外发布正式消息。在此之前，一家欧洲新闻社报道，说这一事故造成2000人死亡（当时实际死亡29人），引起世界的震惊。2011年3月11日，日本大地震导致的福岛核泄漏事故，尽管同样是最高级的7级，但由于及时与公众沟通，影响被减到了最低程度。由此我们可以得出教训，应随时准备在事故发生后采取各种公共关系措施。

3）注意在发布消息时应尽量统一形成文字，因为口头讲话容易被误传。

4）为防止外界误传，宣传中要统一口径，不能随便发表言论。

5）有些社会影响大的问题我们认为发布消息越早越好。

6）一旦事故出现，应有专人应对新闻界，把情报工作抓起来，尽快平息混乱。

排除沟通障碍的努力带有综合治理的性质。因为排除这些沟通障碍的方法理论涉及诸如语言学、传播学、逻辑学、民俗学、社会学、心理学、管理学、领导科学等学科。公共关系人员只有广泛涉猎有关知识，通过全面的努力，尽量减少沟通障碍，才能有效地实现沟通并成功地实施所拟定的公共关系计划。

第二节　公共关系计划实施的模式

公共关系活动模式是公共关系工作的方法系统，是由一定的公共关系目标和任务，以及这种目标和任务所决定的数种具体方法和技巧构成的有机体系。公共关系活动模式具有明显的对应性特征，仅适用于特定的公共关系和公共关系任务。

一、战略型公共关系活动模式

为适应不同的公共关系状态和组织环境，公共关系策划必须在组织发展的不同时期提出不同的战略性目标，同时也要选择相应的战略型公共关系活动模式。战略型公共关系活动模式是指在一定时期内，组织为达到宏观战略目标所选择的公共关系活动模式，这些活动往往由一系列或一组工作构成。常见的战略型公共关系活动模式有以下五种：

1. 建设型公共关系活动模式

建设型公共关系活动模式是指在组织初创时期或新产品、新服务首次推出时为打开局面而采用的公共关系工作模式，是打基础的模式。其主要功能是在组织初创时完善自我、精彩亮相、提高知名度，形成良好的“第一社会印象”，就是通常说的“创牌子”。工作的重点是宣传和交际，向社会公众介绍自己，使公众对新组织、新服务、新产品有所认识，引起公众兴趣；并努力结交朋友，尽量使更多的公众知道、理解、接近自己，取得公众的信任与支持。

开展建设型公共关系有多种做法，一般是采用高姿态传播形式，主要有开业庆典、开业广告、新产品展销、新服务介绍、免费试用、免费招待参观、开业折价酬宾、赠送宣传品、主动参加社区活动等。

开展建设型公共关系，事前要考虑整体的组织形象定位，要有特色，事中要择机实现精彩亮相，要告知公众，与此同时和事后还要开展持续不断的组织文化建设，要有内涵，能可持续发展。

（1）定位准确

新建组织或者新产品推出之际，最重要的就是要找准组织或者产品定位，形成富有特色的独特形象，实现与其他同类组织或者产品的差异化竞争。定位包括组织理念、价值观、经营宗旨、产品特色、经营领域、市场范围等方方面面，这里主要从名称角度说明该问题。

1）利用名称的特殊意义塑造品牌。如 Coca Cola，最初进入中国市场时以“口渴口蜡”与“蝌蚪嚼蜡”为品牌译名，给人的联想是干涩无味，难以下咽，甚至使人们对其产品产生反感。而“可口可乐”不仅在发音上与原语高度统一，在意义上也是内涵丰富，赏心悦目，给消费者许多美好的联想。德国世界名车“奔驰”本名为“本茨”，后来才改名为“奔驰”，这一改就改得很精妙，突出了轿车的功用、性能及特点，从而使奔驰家喻户晓。

2）利用名称科学定位突出产品特点。苹果公司的 iPad，几乎成了平板电脑的代名词。字母中的“i”不仅仅代表互联网（internet），也体现了其私人性。“pad”名词有“垫子”“便签”的意思，直接给人心理暗示：笔记本电脑的超薄型，iPad 几乎成了平板电脑的代名词。苹果公司只用一个简单的单词就为产品进行了较为科学的定位，使 iPad 电脑自成一类，同时还强调了它与竞争产品的区别。

3）利用名称的情感因素促进产品销售。“娃哈哈”最初开发儿童营养液产品时，征集的产品名称，多在素啊、精啊、宝之类的名称上兜圈子。此时，厂长宗庆后却独具慧眼地看中了一首新疆民歌的“娃哈哈”这三个字。他的理由有三：一是“娃哈哈”三字中的元音 a，是孩子最早最易发的音，极易模仿，且发音响亮；二是从字面上看，“哈哈”是各种肤色的人表达欢笑喜悦之情；三是同名儿歌便于人们熟悉它、想起它、记住它。再加上 20 世纪八九十年代独生子女吃饭难问题，“喝了娃哈哈，吃饭就是香”，触动了父母情感，被接受就是自然而然的事情。

总之，确定名称既要注意反映组织特色，又要符合公众的心理需求，不能选公众不愿意接受或费解、不好听的名字，还要注意具有信息个性，不要与别人重名，也不要过于俗气。

（2）精彩亮相

新建组织或者新产品推出之际，要精心选择时机，借助开业庆典、优惠酬宾等特定活动，高调地告知公众，实现精彩亮相，给公众留下良好的、深刻的第一印象。

（3）组织文化建设

建设性公共关系并非一蹴而就，需要借助持续不断的组织文化建设，实现内涵积淀，使组织能够可持续发展。

CIS（corporate identity system）即企业识别系统，是企业将其理念、行为、视觉形象及一切可感受形象实行的统一化、标准化与规范化的科学管理体系。它是公众辨别与评价企业的依据，是企业在经营与竞争中赢得公众认同的有效手段。CIS 对内在于规范化管理，对外在于区别化战略，根本目的是实现企业的准确定位，给公众以统一、鲜明、独具特色的印象。

CC（corporate culture）即企业文化，是企业全体员工在长期的生产经营活动中培育形成并共同遵循的最高目标、价值标准、基本信念及行为规范。它包括表层的物质文化、浅层的行为文化、中层的制度文化、深层的精神文化。

CIS与CC在企业初创阶段承担着企业形象定位和实现人本管理的重任，具有独特的作用。

2. 维系型公共关系活动模式

维系型公共关系活动模式是组织在稳定发展时用以巩固良好公共关系的模式。它实施的主要目的是通过不间断的宣传和工作，维持组织在社会公众心目中的良好形象。

这种模式一方面开展各种优惠服务吸引公众再次合作，另一方面通过传播活动把组织的各种信息持续不断地传递给各类公众，使组织的良好形象始终保留在公众的记忆中，一旦有需要，公众就可能首先想到自己，接受自己。

维系型公共关系活动模式是针对公众心理特征精心设计的。它具体分为硬维系、软维系和强化维系三种。

（1）硬维系

硬维系是指维系目的明确、主客双方都能理解意图的维系活动。这种模式适用于已经建立了购买或业务关系往来的组织和个人，特点是靠优惠措施和感情联络来维系与公众的关系。

（2）软维系

软维系是指活动目的虽然明确，但表现形式却比较超脱的公共关系活动，它的目的是让公众不致淡忘了组织。其具体做法灵活多样，但以低姿态宣传为主，如定期广告、组织报道、提供组织的新闻画片、散发印有组织名称的交通游览图等。保持一定的媒介曝光率，使公众在不知不觉中了解组织的情况，加深对组织的印象。

在日本，常常有人身着印有某企业名称字样的服装在街上打扫卫生、擦洗路牌。他们并不具体针对某一类公众做工作，而是在树立本企业的美好形象。

（3）强化维系

强化维系是指在组织已有了一定的形象或相当好的公共关系形象时，为进一步巩固和发展既有形象、消除潜在危机而开展的公共关系活动。2004年3月，联想以6500万美元的巨额赞助，成为国际奥林匹克委员会（IOC，International Olympic Committee）第六期（2004～2008年）全球合作伙伴计划（TOP，the Olympic Programmer）赞助商，中国企业的名字第一次出现在奥运会TOP赞助商名单中。作为一家已经相当成功的企业，赞助奥运会的效果还是非常明显的，联想集团的销售额从30亿美元上升到216亿美元，并成为中国首家跻身世界500强的高科技企业。这就是联想成功的强化维系型公共关系活动。

维系型公共关系活动模式还可以软硬兼施，综合维系。长城饭店公共关系部从第一任部长路茜·布朗女士开始就深知新闻媒介在宣传中的巨大作用，因而特别注意同媒介的关系。他们结交了很多新闻界的朋友，每月月底都要把饭店下月将要举办的各种活动、新的措施等打印出来，寄送各个外国驻京和本地新闻单位。为了与新闻界交朋友，当他们听说外国驻京记者没有活动地点时，便主动提议用饭店的商旅酒吧作为外国驻京记者俱乐部。他们还为记者举办昆明湖龙舟夜宴、十三陵野外烧烤、慕田峪长城游览等活动，与新闻媒介建立了长期的友好关系。

3. 进攻型公共关系活动模式

进攻型公共关系活动模式是一种主动进取、争取公众、创造良好环境时采用的公共关系模式。这种模式要求组织运用一切可以利用的手段，抓住一切有利的时机和条件，以积极主动的姿态调整自身行为，改变环境，摆脱被动局面，创造有利于组织发展的新局面。这种模式最大的特点就是“主动”。例如，不断开拓新产品和新市场，改变组织对环境的依赖关系；组织同行业联合会，以减少与竞争者之间的冲突和摩擦；建立分公司，实行战略性市场转移，创造新环境、新机会，等等。

案例 8-1

绿色的交响

地球，作为人类的家园是宇宙间唯一的绿色星球。这里，绿色代表着生命，象征着文明，预示着未来。而作为“绿色生活倡导者”的河南新飞电器有限公司（以下简称新飞）则始终秉承“绿色环保”的研发理念，掀起了中国家电行业绿色消费的浪潮，奏出了后工业文明时代的华彩乐章。

2001 年、2002 年，新飞冰箱、冷柜先后被评为“中国名牌产品”，成为河南唯一拥有两个中国名牌的企业。放眼全国，这也是屈指可数的。新飞公司还荣获了国家环保总局授予的“中国环境标志杰出贡献奖”和“保护臭氧层突出贡献奖”，成为中国最大的绿色冰箱生产基地。目前新飞绿色环保冰箱已出口到世界五十多个国家和地区，还被英国专业家电杂志评为“2001 年度最受欢迎产品”。新飞又挟入主冰箱行业两强的雄风，跻身 2002 年度中国 10 家“最具影响力企业”行列；并以第 30 位的明显优势荣登“中国 1000 家最大高新技术企业”排行榜。

现实与历史往往存在着巨大的落差。

当我们回望历史的时候，看到的只是这样一家默默无闻的小厂。新飞的前身是成立于 1958 年的新乡市无线电设备厂，原本是一家地方小型军工企业，直到 20 世纪 80 年代初仍在困境中奋力挣扎着。从 1984 年开始，新飞的创业者走上了一条艰辛但充满希望之路。市场调研、项目论证、筹资金、买设备，历经一次次的曲折和磨难，1986 年 11 月，一条年产 10 万台冰箱的生产线正式建成投产。从那时起，“新飞”这个极具亲和力的名字，伴随着这只展翅高飞的雄鹰，迅速成长为一个响彻大江南北的驰名品牌。

中国的冰箱业竞争淘汰近乎残酷，然而在区位、环境、资源等各方面均不具优势的新飞，到 1996 年已跻身国内同行业三强之列。2002 年，在以李根为首的新一届领导团队带领下，新飞又向前迈进一大步，跃入中国冰箱行业前两位。

这一成绩的取得与新飞人一心为了公众，实施全面的质量管理分不开。1990 年 5 月 20 日，对新飞人来说，是个刻骨铭心的日子。这天上午，新飞人当着全国数百家商业单位代表的面，以壮士断臂的气魄，举起沉重的铁锤砸碎了 400 台不合格的冰箱。铁锤砸出了新飞人一丝不苟的质量意识，砸出了新飞人打造知名品牌的决心。

在十几年的发展实践中，新飞引入了现代化企业管理制度，建立完善了一套对人、财、物等生产要素进行优化组合、合理配置的有效机制，使企业保持了蓬勃的生机和活力。1995 年，新飞通过 ISO 9001 国际标准质量体系认证；1997 年，新飞又通过 ISO 14001 国际标准环境管理体系认证，成为河南省首家通过质保、环保双认证的企业。

“女娲补天”是则美丽的神话传说，女娲所补的“天洞”自然是一种想象。然而在后工业文明时代，人类使用了大量氟利昂类物质，结果导致大气臭氧层出现了一个相当于两个欧洲大小的空洞，传说中的“天洞”成了残酷的现实。

早在1989年新飞就开始了无氟冰箱的研制工作，1996年新飞一举投资4.3亿元，建成国内第一条全无氟绿色冰箱生产线。此后，依托自己强大的技术研发能力，新飞又陆续推出节能、静音、除臭、抗菌等一系列环保新品。具备国际先进水平的“新飞牌”全无氟绿色环保冰箱迅速占领了市场。

新飞掀起了强大的“绿色消费”浪潮，带动了中国家电业产业升级的步伐，开创了中国家电业“绿色革命”的先河。新飞护卫了神圣的绿色，绿色也赋予了新飞崭新的生命，带给新飞前所未有的发展机遇。

十余年来，新飞共生产绿色环保冰箱900万台，累计减少向大气层排放氟利昂类物质7000多吨。1996年，新飞作为家电产业界的唯一代表登上了中国首届保护臭氧层大会的讲坛。

新飞的科技投入以40%的速度逐年递增，每年都投入超过亿元的资金用于绿色环保产品的研发，以无氟、节能、低噪、保鲜为特征的新产品所创造的效益一直占总体效益的70%以上。绿色与环保已经成为新飞经济快速增长的“助推器”，而其倾力于环保的绿色形象也已深入人心。

1984～2000年是新飞的“一次创业”，其间，新飞恪守着“专业化”的经营理念，坚持在冰箱领域精耕细作，努力把冰箱行业做大、做精、做强的同时，确立了以“绿色、环保”为主题的品牌定位，并完成了从计划经济向市场经济转变中规模经营所需的资本积累。

而今，以“接触未来，关切民生”的胸怀，新飞拉开了二次创业的帷幕。

2001年10月，李根正式提出了“一业为主，多元扩张，推进‘三个整合’，搞好‘二次创业’，打造国际品牌，再创新飞辉煌”的企业发展新思路。在以家用冰箱、冰柜为主，积极开发空调、热水器等相关家电产品的基础上，逐步向电子信息等行业渗透，依托“新飞”这个知名品牌，在不久的将来形成新飞电器、新飞电子等系列产品。

在品牌形象的整合上，新飞一改沿用多年的“新飞广告做得好，不如新飞冰箱好”的广告语，确立了“新飞，倡导绿色生活”为传播主题。敞开“关切民生、接触未来”的胸怀，以保护人类家园为己任，倡导绿色的生活方式，崇尚一种自然、健康、有爱心、有情趣、积极向上的生活方式。

新飞日臻完善的“绿色通道”服务体系，架起了广大消费者与新飞真情互动的金桥，谱写着绿色交响的动人篇章。目前，新飞在全国各省、区、市设有32个绿色通道服务中心，近2000家服务站，他们为用户提供着便捷、周到的售后服务。“绿色通道”，传递着新飞人爱的信息，表达着新飞人海纳百川的胸怀和塑造绿色新生活的脉脉温情。

2002年7月，新飞在上海举行了一次“新飞上海寻亲活动”。历时一个月，为2000多新飞电器用户提供了免费的产品维护和技术咨询，与用户交流信件上千封。从中他们发现了几十台依然正常运转的1986年在上海销售的第一批“新飞”牌电冰箱。冰箱的常规设计寿命为10年，而这些冰箱，在漫长的16年里，默默地工作了5800多个日夜，至今没有出现过任何故障，这不是一个奇迹吗？

企业文化是企业经济发展的内在灵魂，是企业品质的外在表现。从“一次创业”到“二次创业”，新飞的企业文化也在潜移默化中改变着内涵。

新世纪新飞将2002年定为公司的“学习年”，开办了中层以上管理干部MBA培训班、市场营销培训班、制冷技术培训班等多种形式的专业素质培训。举行了首届规模盛大的职工运动会和第一次全员军训活动，使新飞的企业团队精神得到进一步升华。

2002年下半年，新飞又提出了"让员工满意"的口号，设立了管理创新、技术创新等奖励基金，并开通了总经理沟通座谈会及沟通信箱等多种上下沟通渠道。这些以人为本的措施，焕发了全体员工参与企业管理、大搞技术创新、争相为新飞发展建功立业的激情。

新飞的发展让新飞人充满信心。自李根接掌新飞"帅印"以来，企业在激烈竞争的家电领域里拼杀出了一条血路，实现了"二次创业"和"三个整合"的良好开局，创造了新飞发展史上新的奇迹。2002年，新飞冰箱产销量达180多万台，国内市场占有率就高达18.88%。国家权威部门信息中心的数据表明，新飞自2002年3月起一直稳居全国冰箱业两强，是全国同行业经营业绩增长最快的企业。

面对"入世"后世界经济一体化的浪潮，作为中国绿色家电的领航者，新飞人在以李根为首的领导团队的带领下正沿着新型工业化的道路阔步前进，为把新飞建设成为以家电为主导，以高科技信息产业为依托的现代化、多元化、国际化的企业集团而努力拼搏。新飞的未来必将奏出更加厚重、雄浑的"绿色交响"，定能激荡出中国后工业文明的时代强音。

进攻型公共关系的方法主要有以下四种：

（1）创新

开拓新的领域，改变组织对环境旧的依赖关系。可以通过研制新产品、开拓新市场、组建新的合作关系等方式吸引更多的顾客群，建立新的联系，把旧有冲突甩掉。

（2）合作

主动交朋友、加入同业协会或搞协作性的交流会议，减少与竞争者的冲突、摩擦。例如，北京的一些大饭店、企业，为了避免在竞争中互相压价、两败俱伤而建立了协作关系，制定保护价格，改善竞争环境，使大家的行动协调起来。

（3）转移

组织要尽量避免过多受到环境中的消极因素的影响，对这些影响可以采取迂回转移策略。例如，来组织拉赞助的人太多，组织承受不了，特别是知名组织、模范单位，有时确实处于进退两难的尴尬境地。组织对此可以主动、定向地搞活动，以便有策略地回避其他的要求，避免参加过多的横向、纵向的组织，受到过多的牵制、约束。而主动出击、组织活动，就可以告诉那些拉赞助的人组织已经搞了类似的活动，这比说不想参加效果要好，而且不会有副作用。

（4）利用机会主动出击

2011年1月17日，中国国家形象宣传片人物篇，亮相纽约时报广场，该片旨在塑造和提升中国繁荣发展、民主进步、文明开放、和平和谐的国家形象，以李嘉诚、马云、郎平、姚明等"中国人"概念打造中国形象。

4. 防御型公共关系活动模式

防御型公共关系活动模式是组织为防止自身的公共关系失调而采取的一种公共关系活动模式。这种模式适用于组织与外部环境出现不协调或与公众发生摩擦苗头的时候，其特点是防御与引导相结合，多采用调查、预测手段。

公共关系应该以预防为主，在组织发展顺利、情况正常的时候，要善于发现问题、预见问题，及早制定出防治措施，才能在公共关系活动中保持主动。目前世界公共关系面临一个新课题——问题管理，它指的是组织要在问题出现之前防患于未然。网络经济条件下，危机层出不穷，防不胜防。要防患于未然，在危机刚出现苗头时就把它消除掉，必须要做以下三个方面的工作：

（1）强烈的“防火”意识

现代组织面对着千头万绪的社会关系，这些关系在改革进程中还在不断发展、变化，情况往往变得异常复杂，组织与组织，组织与公众、上级之间各方面的关系都有可能引发各种矛盾，对此处理不当就会发生危机，造成不良后果，所以组织应有强烈的“防火”意识，要时刻警惕问题的出现。

1）要居安思危，具有危机意识。在《中华人民共和国商标法》刚颁布时，有一种被命名为亚运会指定饮料的V饮料没有及时注册商标，而这个品牌却很快被别人注册了，这家企业几年的努力付诸东流。像这样缺乏危机意识的企业不在少数，目前我国还有许多的企业品牌没有注册，大量被外国和别有用心的人抢注。网络时代来临，域名注册又是一轮新的较量，中国知名企业又被抢注了一大批域名，关键在于没有保护无形资产的危机意识。

2）要有自律意识。组织对自身行为应该有自我审查、自我评判的能力，同时还要有自我约束的能力。这样才能自觉主动地发现本组织是否有违反政策，违反制度、规章和有损于公众的行为，发现后自己应及时纠正。

3）要有公众意识。要真正认识到公众利益至上，当与公众发生矛盾时，要以公众利益为重。

4）要有尊重舆论的意识。舆论是围绕客观事实形成的，是公众采取进一步行动的准备。舆论不仅包括公众从客观事实得到的信息，而且包含公众的态度，预示着事态进一步发展的可能性，所以组织一定要具有尊重舆论的意识。

5）要具有法律意识。在改革过程中，法律体系日益完善，法律条文数量增多，如果不加强学习，再没有极强的法律意识，往往会在工作中无意识地违反法律规定，一旦受到惩处，后悔莫及。所以要主动了解、学习各种法律法规，自觉遵守法纪，避免出现违法问题。

（2）科学的预警系统

组织的危机出现之前也会有风吹草动，如果组织具备科学的预警系统，预警系统会迅速作出反应，报告给组织有关部门，以便研究对策，采取措施予以化解。

1）外部预警。科学的预警系统需利用各种信息采集手法，以便及时采集到各种潜在危机的信息。要建立起一套制度化的机制，如信访制度、公众来访接待制度等，对各类新出现的问题及时发现、及时纠正。

在美国，有一些组织与商店合作，由商店从第一位退货顾客起记录下退货意见，如果此产品确实质量不好，除了退货以外，还要向退货人追发奖金，因为是他发现了组织的问题。这是一种非常好的公共关系措施，有强烈的公共关系意识，重视早期预警信息，并且尊重预警人。

2）内部自查。除外部预警之外，还要具备组织自查制度，定期进行自律性检查，看有无危害公众利益之处，产品质量、售后服务如何，经营有无问题，对环境有无损害，还要关注产品品牌社会知名度的升降。

完善的自查要具备调研预测制度，以便及时了解组织外部情况的发展变化及对组织的影响。例如，科技新发明、产品更新换代，都可能导致产品生产的危机。新的管理要求也可能出现，也要及时预测，及时进行组织调整，没有正确的反应就会事到临头陷入被动。

（3）妥善的“灭火”方法

这是指在危机出现之前，组织就已经具备和采取了相应的解决措施。例如，南京热水器厂在发生了死人事故后，就把使用说明喷涂在热水器机体的明显处，还注明了抢救、自救的方法。

5. 矫正型公共关系活动模式

矫正型公共关系活动模式是组织遇到风险、组织的公共关系严重失调，从而组织形象发生严重损害时所采用的一种公共关系活动模式。其特点是“及时”：及时发现问题，及时纠正错误，及时改善不良形象。

在组织形象受到损害时，公共关系人员应立即采取有效措施，尽量减轻损害造成的后果，做好善后工作，配合组织的其他部门，重新建立起组织的新形象，挽回组织的声誉。

组织形象受损一般有两种情况：一是由于外在的原因，如某些误解、谣言，甚至人为的破坏，致使组织的形象受到损害，这时公共关系人员应及时、准确地查明原因，迅速制定对策，采取行动，纠正或消除损害组织形象的行为和因素。二是由于组织的内在原因，如产品质量、服务态度、环境保护、管理政策、经营方针等方面发生了问题而导致公共关系的严重失调。这时公共关系人员应迅速查明原因，采取行动，尽快与新闻界取得联系，控制影响面，及时把外界舆论准确地反馈给决策层和有关部门，提出消除危机的办法和纠正错误的措施。同时还需运用各种公共关系手段和技巧开展公共关系活动，求得公众谅解，公布纠正措施和进展情况，平息风波，恢复信任，重新树立良好形象。

（1）以实际行动矫正形象

被列为20世纪80年代世界十大公共关系案例之一的美国强生公司处理药品被人投毒事件，是这方面的典型。

案例 8-2

美国强生公司对药品投毒事件的处理

美国强生公司是美国最大的生产保健及幼儿药品的医药公司。1982 年 9 月 30 日，新闻界报道芝加哥地区有 7 人因服用该公司生产的“泰莱诺尔”镇痛胶囊而死于氰化物中毒。这一报道立即在全美国引起了轩然大波，因为这种胶囊约有 1 亿人在服用。强生公司面对突如其来的灾难，当即决定向新闻界敞开大门，公布事实真相；并投入 1 亿美元收回市场上的 3100 万瓶胶囊；另花费 50 万美元电告全国的医院、医生和销售商注意。后来查明死者是服用了装有氰化物的“泰莱诺尔”胶囊，与药品本身无关。公司于是推出三层密封包装的新型“泰莱诺尔”胶囊，并向消费者免费赠送，将药品重新打入市场。

半年后，这种药重新获得了原有市场份额的 95%，而且由于该公司首先使用抗污染包装，引得其他各大公司纷纷效仿。这样公司走出了危机，摆脱了逆境。

（2）借助权威矫正形象

组织形象受损，可以借助公正性、权威性第三方机构如政府机关、行业协会、权威媒体，或者第三方权威人士等出面帮助解决危机。

案例 8-3

“荷兰宫”烹调酒厂使舆论大转变

事情是由新闻媒介否认烹调酒的作用引起的。媒介上称烹调酒会使食品变质。对本厂产品有百分之百信心的负责人求助于公共关系公司，后者认为要让权威说话。他们请了名牌大学有关专业的教授进行品味研究，作出公正评价，然后在纽约的劳伦特大饭店举行了味道品尝新闻招待会。他们请记者们品尝分别用上等好酒和烹调酒作调料的同样菜肴，席间请专家教授提供理论指导。很快，盛赞烹调酒的报道出现在各大报刊上，舆论发生了根本性转变，“荷兰宫”生产的烹调料酒也家喻户晓。

二、战术型公共关系活动模式

为了落实公共关系的战略规划，我们还可以根据公共关系的功能来选择战术型的公共关系活动模式。常见的战术型公共关系活动模式有以下五种：

1. 宣传型公共关系活动模式

宣传型公共关系活动模式是运用大众传播媒介和内部沟通方法，开展宣传工作，树立良好组织形象的公共关系活动模式。主要做法是：利用各种传播媒介和交流方式，进行内外传播，让各类公众充分了解组织，支持组织，进而形成有利于组织发展的社会舆论，使组织获得更多的支持者与合作者，达到促进组织发展的目的。其特点是主导性强、时效性强、传播面广、推广组织形象效果好。

根据宣传对象的不同，此种模式又可分为内部宣传和外部宣传两种。

（1）内部宣传

内部宣传是公共关系人员最经常进行的工作之一。它的主要对象是内部公众，目的是让内部公众及时、准确地了解与组织有关的各方面的信息，以便鼓舞士气，取得内部理解和支持。常用的手段有组织报纸、职工手册、黑板报、宣传栏、闭路电视、演讲会、讨论会等。很多企业现在都办有内部报纸，如北京市百货大楼的《一团火时报》、京海计算机公司的《京海纵横》等。

（2）外部宣传

外部宣传的对象包括与组织有关的一切外部公众，目的是让他们迅速获得对本组织有利的信息，形成良好舆论。外部宣传的形式有两种：一种是不借助大众传播媒介的宣传，包括举办展览会、经验或技术交流会等；另一种是借助大众传播媒介的宣传，具体有两种做法，一是花钱利用广告做宣传，二是不必支出费用，又易于为公众所接受的形式，即通过新闻节目播出。必要时组织还可以抓住公众关注的“热点”，组织相应的活动，吸引新闻媒介前来报道，这在一定程度上可以算作“制造新闻”。但它要求必须完全真实，并具有新闻价值。

2. 交际型公共关系活动模式

（1）交际型公共关系活动模式的含义

交际型公共关系活动模式是在人际交往中开展公共关系工作的一种模式，目的是通过人与人的直接接触，进行感情上的联络，为组织广结良缘，建立广泛的社会关系网络，形成有利于组织发展的人际环境。其方式是开展团体交际和个人交往，团体交际包括各式各样的招待会、座谈会、工作午餐会、宴会、茶话会、慰问、舞会等；个人交往有交谈、拜访、祝贺、个人署名的信件往来等。

交际型公共关系活动模式是公共关系活动中应用最多、较为有效的公共关系模式。它不仅用感情投资的方法，达到组织与公众的互助、互利、互惠，还是一种获得信息的有效途径。它具有直接、灵活的特征，在与不同人的接触交谈中，可以捕捉到有价值的信息，使组织在竞争中出奇制胜。需要注意的是，开展交际工作时要坚决杜绝各种不正当的手段，并且明确认识交际只是公共关系的手段之一，而绝非它的目的，同时更不能把一切私人交际活动都作为公共关系。

案例 8-4

空姐公关

某人乘坐北方航空公司的飞机去外地出差。飞机降落之后，他提着随身带的一捆资料，走到了机舱门口。空中小姐在向他微笑道别的同时，递给了他两块小方布，说："先生，请用小方布裹着绳子，不要勒坏了您的手。"人非草木，孰能无情。这位先生备受感动，从此每次出差或带家人出门，总是首选北航。一句话，两块小方布，换来了一生的光顾，这是值得的。这种润物细无声的交际公关，所激发的力量是巨大的。

（2）良好的人际沟通是公共关系传播的重要途径

个人之间的沟通是面对面进行、具体生动的，它针对性强，有直接迅速的反馈，在一定程度上比大众传播媒介效果好。据调查，人们对亲友之间的宣传信任程度达 75%以上，对传播媒介中广告宣传的信任程度则最高只有 30%。有人统计，报纸上刊登的广告对公众的影响仅为 15%～25%。

建立良好的人际关系在国外受到各企业、组织的广泛重视。例如，丰田汽车公司建起一个免费招待所，专门招待四方来客。客人住在上面几层，下面两层是公司的产品展厅，客人很方便就能看到里面的展品。他们的客户中 75%的人都在这里住过。号称"万王之王"的松下公司建有一个严密的顾客俱乐部组织。一家化妆品厂在推出本企业形象时，不谈自己的产品，而是建了一个古钱币俱乐部，很多古钱币爱好者定期来工厂交流，工厂提供一些方便条件，他们有时也参观工厂。工厂还办了护肤美容知识讲座，通过不同渠道的沟通、联络，工厂在公众心目中形成了良好的形象，广泛结交了朋友。

（3）富于魅力的个人形象有利于塑造组织良好的公共关系整体形象

在利用个人形象上，一是在起用公共关系工作人员时，要选择那些具有个人魅力的人；二是可以聘请各界明星来担任组织的"大使"。例如，我国体操名将李宁退役后加盟健力宝集团，开发李宁系列产品，为企业带来巨大的效益。

美国前总统里根的夫人南茜曾担任"国际艺苑俱乐部"的名誉主席，她代表这个俱乐部于 1987 年 9 月赠给中国残疾联合会一辆"日光车"，俱乐部派美国著名影星格里高利·派克送到中国。派克主演过《太阳浴血记》《百万英镑》等影片，并曾荣获奥斯卡最佳男演员奖，他还是一位热心的社会活动家。在捐赠活动中，很多人都想目睹派克的风采，因此参加者众多，仪式格外引人注目，同时“国际艺苑俱乐部”这个组织在中国残疾人心目中留下较为深刻的印象，中央电视台对此作了报道。

（4）人际交往中，礼仪礼节是搞好关系的基础

大学毕业生小王就职某大酒店部。一次，酒店接待一位前来投资的大老板，经理把接待任务交给小王，小王认真准备，可是一不小心，客人主宾位弄错了，由于很忙，大家都未发现，等发现时已经迟了。结果这次投资项目失败，小王也被调离了公共关系部。再如，某业务员为推销产品前去拜访一位老板，双方互递名片，老板看了之后，很规矩地放到名片夹里，但该业务员却拿着老板名片把玩在手掌之中，其结果可想而知。

礼仪涉及很多方面，如行走坐卧、握手、接见、接待、宴请、谈判、联谊、参观游览、馈赠礼物、上车进门、服饰名片、献花、日期选择、谈吐举止等，是各方面的综合体。

3. 服务型公共关系活动模式

服务型公共关系活动模式是一种以提供优质服务为主要手段的公共关系活动模式，目的是以实际行动来获取社会公众的了解和好评，建立自己良好的形象。所谓“公共关系就是百分之九十要靠自己做得好”，其含义即在于此。服务型公共关系活动模式绝不仅仅限于专门的服务行业，社会上任何一类组织都能以自己独特的方式向公众提供必要的服务。国外许多一流公司都非常重视服务的质量。日本有一位企业家曾经说过：“现在的顾客与其说是要买商品，不如说是要买服务。”美国 IBM 公司，正是以它的最佳服务赢得世界上众多用户的。

服务型公共关系活动模式最显著的特征在于实际行动，组织以特殊的媒介——服务来密切组织与公众之间的关系。能否运用服务型公共关系活动模式为组织发展创造条件已成为决定组织兴衰成败的重要因素。

服务型公共关系是尊重公众、为公众服务意识的体现。搞好服务型公共关系，既要有服务公众的意识，还要有制度保证。没有意识就不可能建立制度，没有良好的制度就难以影响、约束全体员工的行为。

案例 8-5

海尔集团的真诚服务

在海尔的成功经验中，最值得称道的是海尔集团在国内工业企业中首次提出的服务竞争理念，首次推出的“海尔国际星级服务”。

“满足用户潜在的需求”是“海尔国际星级服务”的宗旨所在。在这一宗旨指导下，海尔人树立了“卖信誉而不是卖产品”这一经营观念和服务观念。1990 年，海尔投资 800 万元建成海尔售后服务中心，这个中心至今依然是国内最先进的现代化产品服务机构。售后服务中心制定了一套详尽、严格的服务原则，包括：①售前、售中提供详尽的咨询；②任何时候均为顾客送货到家；③根据用户指定的时间、空间给予最方便的安装；④上门调试，示范性指导使用；⑤售后跟踪，终身上门服务；⑥出现问题 24 小时之内答复，使用户绝无后顾之忧，等等。为了遵循这些原则，海尔人付出了许多努力。

1995 年 3 月，青岛市一位老人购买了一台海尔空调，搭乘出租汽车回家。当老人上楼找人搬运时，出租汽车司机却乘机将空调拉走了。海尔空调总公司闻讯后决定免费赠送老

人一台空调，并派安装人员护送上门，进行安装。老人空调被盗这件事与生产厂家本来毫无关系，但海尔人却认为是由于组织自己的销售环节不够完善，才使得用户在购买空调时因运输、搬抬的种种不便而发生了这种意外事件，这是海尔自己做得不够完善，与“使用户满意”这一服务原则存在着差距。为此，空调总公司在全国建立了10个服务中心，率先为“海尔国际星级服务”增添了“无搬动”的内容：用户购买海尔空调付款后，一切事情均由销售人员代办，消费者所需做的只是等待开启空调，使消费者实实在在体会到“购物真正变成享受”的感觉。

为了实现“国际星级服务”，海尔人创造了著名的售后服务“一二三四”模式：

一个结果——服务圆满。

二条理念——带走用户的烦恼，留下海尔的真诚。

三个控制——服务投诉率小于10%，服务遗漏率小于10%，服务不满意率小于10%。

四个不漏——一个不漏地记录用户反映的问题，一个不漏地处理用户反映的问题，一个不漏地复审处理结果，一个不漏地将处理结果反映到设计、生产、经营部门。

为了落实“一二三四”服务模式，海尔公司规定上门维修的海尔人，要在顾客家中洁净的地毯上铺上一块专用布，完工后会用自带的抹布将维修时留下的污渍擦拭干净；如果顾客的冰箱需拉回中心修理，那么顾客会马上得到一台周转冰箱使用；无论安装空调还是调试冰箱，能够今天办完就决不拖到明天……

与此同时，海尔对所有服务人员的规定却是如此不近人情：上门维修不许抽烟、喝酒、吃饭、接受礼品，后来干脆规定连用户的水也不准喝。于是，便有了海尔人自带矿泉水上门维修的情景。

海尔人在满足用户需要的服务方面没有赔与赚的概念，只有坚决遵循原则的责任。因而，在海尔，像乘飞机上门维修这样的事情，集团各公司、各营销公司以及服务中心均有权决定并上报批准，不需总公司拍板决定，一切以用户满意为目的。在这种高瞻远瞩的市场观、服务观面前，狭隘的投入产出比是无法解释得通的。

4. 社会型公共关系活动模式

社会型公共关系活动模式是组织利用举办各种社会性、公益性、赞助性活动开展公共关系工作的模式。其目的是通过积极的社会活动，扩大组织的社会影响，提高其社会声誉，赢得公众的支持，为树立良好的社会形象创造条件。

社会型公共关系活动模式的形式有三种：一是以组织本身的重要活动为中心而开展的公共关系活动。例如，利用公司的开业剪彩、周年纪念的机会，邀请各界宾客，渲染喜庆气氛，借此播下友谊的种子。二是以赞助社会福利事业为中心开展的公共关系活动。例如，赞助教育、残疾人组织，赞助公共服务设施的建设等，以此在公众心目中树立本组织注重社会责任的形象，并提高组织的美誉度。三是资助大众传播媒介举办的各种活动，提高组织的知名度。例如，冠以组织名称或产品名称的“××杯”智力竞赛，歌星、影星评选等，既活跃了文化生活，又宣传了组织形象。

社会型公共关系活动模式从近期看，往往不会给组织带来直接的经济利益，而且使组织付出较多费用；但从长远来看，它为组织树立了较完美的社会形象，使公众对组织产生好感，为组织创造出一个良好的发展环境。

社会型公共关系活动模式的特点是公益性、文化性强，影响力大，其活动范围几乎是无限的，且可大可小、可繁可简。在组织此类活动时，公共关系人员一定不要拘泥于眼前得失而不顾长远利益；也不要贪多求大，毫无节制；要量力而行，谨慎从事。

案例 8-6

361°的赞助

搞社会型公共关系活动要注意一个问题，即公益性社会活动种类多、数量大，人们的要求也很多。对什么都赞助，不仅组织力量难以达到，也未必能收到良好的公共关系效果。所以组织要保持清醒、冷静的头脑，避免一窝蜂而上。始建于 2003 年的 361°，怀揣着对运动、对企业、对社会“多一度热爱”的品牌信念，在“共享共赢”的核心理念指引下，相继赞助了中国乒乓球队、羽毛球队、中国大学生篮球超级联赛、广州 2010 年亚运会、CCTV5 主持人及出镜记者服装等一系列赛事和相关活动，以一种高度整合的体育传播模式，鲜明地传递专注运动和体育行业的特质，给人以集中不二的体育用品品牌印象。

5. 征询型公共关系活动模式

征询型公共关系活动模式是以提供信息服务为主的公共关系活动模式，目的是通过采集信息、舆论调查、民意测验等工作，了解社会舆论，为组织机构的经营管理决策提供参谋，使组织行为尽可能地与国家的总体利益、市场的发展趋势以及民情、民意一致起来。

征询型公共关系活动模式可采用的形式很多。例如，号称“世界第一饮料”的可口可乐公司通过征询调查，掌握了主动权，战胜了有力的竞争者百事可乐公司（见案例 8-7）。除此之外，还有民意测验，访问重要用户，建立信访制度，设立监督电话处理举报和投诉，进行组织发展环境的预测等。

（1）民意测验征询

通过抽样调查方式，测量特定人群对组织机构某一问题所持意见的分布情况，为组织决策提供直接借鉴。

案例 8-7

可口可乐与百事可乐“大战”

1978 年，与可口可乐公司竞争几十年的百事可乐公司第一次夺走了可口可乐公司已保持了将近一个世纪的领先地位，在国内销售中荣膺冠军。

面对败局，可口可乐公司进行了全面改革。它首先开发出适合社会需求的新产品——“节食可口可乐”，进而又着手改良使用了近一个世纪的老配方，研制出更为柔和爽口的新配方。为此，公司从 1983 年中期开始，在全国范围内对两种配方的消费者意向进行了历时 18 个月、涉及 19 万多名消费者、耗资 400 万美元的大规模的品尝试验。这是公司历史上最大规模的一次产品调研。结果显示，受试者对新老可口可乐的选择比例是 61∶39，即新可乐的选择率高于老可乐 22 个百分点。1985 年 4 月，公司决定把产品投放市场，在两个月时间里，一多半美国人品尝了新可口可乐，其中 35%的人打算继续购买，这比上市前的调查结果更令人鼓舞。但是新的问题出现了，出于对老产品的饮用习惯和长期形成的感情依恋，很多消费者接受不了新配方取代老配方的做法。他们有的组成怀“旧”团体，还有很多人来电话要求恢复老配方。到6月，已有不少人对新配方采取了消极抵制行动，舆论形成了不利的潮流。可口可乐的包装商们称，这样下去，有可能在一夜之间被百事可乐夺去市场。根据消费者的要求，公司在7月恢复了老可口可乐的生产。几天里，致谢的电话电报如潮水般涌来。公众的反应是空前的。到1986年可口可乐公司庆祝它的100周年纪念日时，可口可乐已在与百事可乐的新一轮竞争中取得了根本的胜利。

可口可乐的征询型公共关系可以说是针对某一主题开展的专题征询活动，在征询中弄清了本企业产品在消费者心目中的地位，弄清了对产品口味的实际评价，更清楚了产品与社会文化心态的密切联系。正是在这个基础上，他们取得了竞争的胜利。

（2）电话征询，通过电话了解民意

美国有一家生产化妆品的日用化学品公司，在其出产的所有产品的包装上都注明该公司的免费电话号码，欢迎顾客就产品质量问题给公司打电话。公司对来电一律给予答复，并视顾客反映问题的作用给予不同奖励。仅1979年一年，公司就接到近20万个顾客电话，从中获得启示而开发的新产品的销售额高达120万美元。

这种征询活动并非针对某个专题进行，而是向用户广泛征求各类有关的要求、信息。

（3）展销征询，在展销会上派专人征询意见

这几年全国照相机市场较为疲软，为此，北京一家照相器材商店举办了一次展销活动。展销期间，他们派出技术人员站柜台，帮助顾客挑选照相器材，并向购买者赠送彩色胶卷。除此之外，他们还向消费者发放照相机市场调查卡，了解民意。展销结束后，他们拿出了一份首都照相机市场调查与预测的专题报告，几家报纸转载了这一报告，这不仅提高了企业的知名度，也增加了它的美誉度。

（4）征询活动日常化、制度化

众人拾柴火焰高。咨询活动要建立规范化的制度，营造民主建议的氛围，使员工创造性的想法能够及时贡献给组织，为组织科学决策提供更多依据。

（5）征询活动要有预见性

组织征询活动不应仅仅围绕已有产品、业绩进行，而应同时用于开发新领域，要善于从公众杂乱无章的议论中发现问题与机遇。

日本的照相机生产厂家，在生产出高精度、高质量的机械相机后，又根据公众需求，致力于开发“傻瓜”相机，以拓展市场，使那些喜欢照相但又不会操作机械相机的人们拿起相机，这项开发使生产厂家大获成功。这里体现了一个原则：生产要从消费者的角度出发不断进步，只要敏锐地抓住消费者已说出或尚未说出，甚至还没有充分意识到的需求，去努力开发，就会赢得顾客，赢得市场。

（6）注意信息的潜在价值

世界经济发展迅速，消费水平也越来越高，谁在预测消费趋势上独具慧眼，通过征询了解信息，并对这些信息资源利用得好，谁就会立于不败之地。石英钟表首先由瑞士人发明，但瑞士钟表商自恃机械表为傲，不屑于研发石英钟表，日本精工在20世纪五六十年代，抓住机会研发石英钟表，打败了忽视信息潜在价值的钟表帝国。现实中，有些征询来的信息在起初看起来并不重要，不能引起足够的重视。公共关系机构、公共关系人员应将这些信息仔细分析、妥善保存，以便提取利用。顾客的意见也是需要认真对待的。要善于从看似杂乱

无章、不着边际的议论中挖掘可以利用的思路。事实证明，不会通过征询来适时变革将会导致企业的灾难。

（7）利用征询策划新闻

当年，亚都人工环境公司利用征询问卷打开了天津市场；杭州华立集团又利用征询公共关系揭开了企业转轨的序幕。

征询型公共关系的特点是长期、复杂、艰巨，需要持之以恒、日积月累；需要公共关系人员具有智慧、耐力和诚意。一旦能够获得公众的配合，组织就能够及时地对民意和舆论的变动作出反应，保持组织与社会环境之间的动态平衡。

以上五种战略型公共关系活动模式和五种战术型公共关系活动模式在策划时可以根据实际情况交叉组合使用。任何一种战略型公共关系活动模式都可以同时配用五种战术型公共关系活动模式；任何一种战术型公共关系活动模式都可以服务于任何一种战略型公共关系活动模式。一切都要从组织的需要和条件的允许出发，不要拘泥、刻板。

第三节　公共关系评估的意义和程序

一、公共关系评估的意义

公共关系评估就是根据特定的标准，对公共关系计划、实施及效果进行检查、评价，以判断其优劣的过程。一个时期以来，一些人仅仅把公共关系评估看作在公共关系计划付诸实施之后，运用可行性分析等手段对实施的效果进行比较分析的一项工作。实际上，这种看法是不全面的。公共关系评估除了用于效果的比较分析之外，它在整个公共关系计划实施过程中都具有重要作用。可以说，在整个公共关系程序中，评估控制着公共关系实践每个活动及环节。公共关系评估的重要作用表现在以下三个方面：

1. *评估是改进公共关系工作的重要环节*

公共关系评估工作的开展绝不仅仅因为它是四步工作法的一个环节，而是由于它对一个社会组织的公共关系工作具有“效果导向”的作用。公共关系评估对改进公共关系工作有着重要作用，起着检测与监控的作用，公共关系作为一个动态的过程，公共关系人员对于与原计划不同的任何变化，必须进行分析、解释，以便作出决策，修改或更正差异。对实施过程每一个环节都要进行监控，并及时反馈调整。评估工作是改进公共关系工作的重要环节。

2. *评估是开展后续公共关系工作的必要前提*

公共关系是一个持续不断循环往复的过程。任何一项新的公共关系工作的制定与实施都不是孤立存在和产生的，它总是以原来的公共关系工作及其效果为背景的。任何一项公共关系计划在实施后都面临着两种结局：成功与失败。而无论是成功还是失败，其经验与教训都将成为下一个公共关系活动或环节改进的基础。评估就是我们通常所说的总结经验，吸取教训，是后续公共关系工作的必要前提。

3. 评估是鼓舞士气、激励内部公众的重要形式

公共关系工作实施效果本身往往表现为一个复杂的局面，既涉及公众利益的满足，也涉及公众利益的调整。一般来说，内部员工很难对它有全面的深刻的了解和认识。所以当一项公共关系计划实施之后，则需要有关人员把该项公共关系计划的目标、措施、实施过程和效果向内部员工进行分析、解释和说明，使他们能认清本组织的利益和实现途径，以便将实现本组织的战略目标与自己的本职工作紧密地联系在一起，并变为一种自觉的行动。同时，公共关系评估的另一重要意义还在于使组织的领导人看到开展公共关系工作的明显效果，从而使他们能更加自觉地重视公共关系工作。离开了实事求是的分析和科学的评估，就难以做到言之有物、言之有据，真正起到鼓舞士气、激励内部公众的作用。

从公共关系评估的上述作用可以看出，评估实际上是对整个公共关系过程的评估。它可以伴随公共关系工作的进展，根据要求随时评估。它与我们平时所说的总结或反思有些类似，只不过公共关系评估不是一般性的总结，而是公共关系分析的重要方面，是一种有特定标准、方法和程序的专门研究活动。

二、公共关系评估的目的

公共关系评估的主要作用是提供关于既定公共关系工作的各种信息，对于这些信息，计划的制订者和实施者均抱有不同的期望和要求。计划制订者一般都希望得到关于计划整体效益的信息，它们包括：计划制订得是否正确合理？计划实现的程度、范围、效果怎样？计划实施方法、程序是否需要调整或修正？计划所需资金是否恰当？计划的实施人员希望知道：为了成功地达到战略目标，在既定的成本条件下，哪些措施、方法最为有效？计划实施的关键是什么？哪些计划与实施中的要素密切结合能得到最高效益？实施对哪些公众产生了什么样的影响？哪些方法和技术可以有效地排除沟通中各种不同的障碍？等等。总之，根据不同的需要、不同的着重点，提供不同的信息，就是公共关系评估的目的。或者说，公共关系评估的目的就是取得关于公共关系工作过程、工作效益信息，作为决定开展公共关系工作、改进公共关系工作和制订公共关系计划的依据。

三、公共关系评估的程序

公共关系评估是一个复杂的过程，需要遵循一定的程序。

1. 制定评估方案

公共关系评估首先要制定评估方案，包括确立明确的评估目标，制定科学的评估指标体系，选择适度的评估标准。这是评估得以开展的基本依据。

2. 开展信息收集

信息收集是评估工作的基础，包括计划实施的资料、公众信息的反馈资料、文献简报等。具体方法多种多样，如有必要，可以采取问卷调查、访谈调查等方法进行必要的信息资料收集、反馈。

3. 开展信息分析

经过调研和资料收集，针对公共关系目标和计划进行深入分析研究，以定性和定量的方式，客观公正地评价公共关系活动的成败得失。

4. 形成评估报告

在信息分析基础上形成规范的评估报告，包括公共关系项目背景介绍、项目实施过程、实施效果、项目经验与教训、对未来的建议等。

知识点 卡特里普和森特《有效的公共关系》一书中把公共关系评估程序概括为以下十步：

1）设立统一的评估目标。
2）取得组织最高管理者的认可并将评估过程纳入公共关系计划之中。
3）在公共关系部门内部取得对评估研究意见的一致。
4）从可观察与测量的角度将目标具体化。
5）选择适度的评估标准。
6）确定收集证据的最佳途径。
7）保持完整的计划实施记录。
8）评估结果的使用。
9）将评估结果向组织管理者报告。
10）丰富专业知识内容。

第四节 公共关系评估的标准与方法

评估必须有标准。如何确定标准，确定什么样的标准，决定了评估的结果是否科学，是否符合实际。一些公共关系的专家学者在对公共关系评估工作进行研究的基础上，根据公共关系过程的不同阶段，提出了一些公共关系评估的标准。

一、准备过程的评估标准与方法

1. 背景材料是否充分

这个阶段的公共关系活动尚未开始，尤其是公共关系活动对环境的影响尚未产生，因此公共关系效果很难测定。评估的主要任务实际上就是检验前几个程序中是否充分占用资料和分析判断的准确性。重点是及时发现在环境分析中被遗漏的、对项目有影响的因素。例如，在确定公共关系活动的目标公众时是否遗漏了关键公众，哪些关于公众方面的假设被证明是错误的，新闻界所需要的材料哪些没有充分准备，组织环境中的所有关键因素是否都已确定，所有这些分析研究可看作公共关系活动的实施者在实施前的行为投入。这种行为投入量是否充分是准备过程中评估的一个重要指标。

2. 信息内容是否正确充实

如果说第一个问题说的是材料的充分性，那么第二个问题强调的是信息的合理性。整个评估过程，要紧紧围绕“公共关系活动是否适应形势要求”而展开。例如，在政治活动中，公共关系活动的计划者要研究竞选者在电视辩论中的发言以及各种新闻媒介对他的讲话及其本人的评论，并通过选举过程中选民们对这个竞选的反映看公共关系活动是否成功。在评估这一活动时则要分析：公共关系活动中准备的信息资料是否符合问题本身，目标及媒介的要求，沟通活动是否在时间、地点、方式上符合目标公众的要求，有没有对沟通信息和活动的对抗性行为，有没有制造事件或其他行动配合这次公共关系活动，这方面做得够不够，相对任务本身而言，人员与预算资金是否充分，等等。

对于信息内容的分析，可利用剪报、宣传品以及广播讲话录音和原稿。这种评估分析的结果，可以作为进一步审定或调整计划与战略，改进方案实施过程的重要参考资料。

3. 信息表现形式是否恰当

这一环节是准备过程评估的最后一个环节，其重点是信息表现形式的有效性如何。例如，检验有关信息传递资料及宣传品设计是否合理、新颖，是否能达到引人注目，给人以深刻印象的要求。具体包括文字语言的运用、图表的设计、图片及展示方式的选择等。这是对公共关系活动组织者专业技能的检验。但是，这种检验还没有完全客观的标准，它要受到主观因素的影响。

准备过程的评估包括对资料的充分性、合理性、有效性的一系列客观与主观的分析，评估的下一阶段将主要解决如何有效地进行计划实施和沟通信息传播问题。

二、实施过程的评估标准和方法

评估不仅仅是对公共关系工作效果的评估，更主要的是它在公共关系活动的实施过程中发挥其监控、反馈的作用。在这个阶段中分为以下四个不同层次的评估标准：

1. 发送信息的数量

这些数量作为数据直接反映组织在实施公共关系活动中所进行的电视广播讲话次数、发布信件、其他宣传材料以及新闻发布的数量，并能发现其宣传性工作如展览等进行与否和其努力程度。换句话说，这一评估过程需要了解所有信息资料的制作情况和其他宣传活动的进行情况。一旦这项工作完成，不理想的环节和计划实施过程中的一些弱点便会从这些数据中反映出来。

2. 信息被传播媒介所采用的数量

我们不能满足于制作信息的数量，还要特别注重这些信息被传播媒介所采用的数量。因为只有通过传播媒介，才能最有效地保证公众接收到这些信息，并受其影响。报刊索引和广播记录一直被用来作为查对传播媒介采用信息资料数量的依据。同样，其他宣传活动如展览、公开讲话的次数，也反映了组织为有效地利用各种可能渠道将信息传递给目标公众的努力程度。相反，如果制作的信息不能被采用，不仅达不到宣传的效果，还会造成人力、物力、财力上的浪费。尽管这些被制作出的信息内容丰富、形式恰当，如果不能被传播媒介所采用，就意味着它不能为目标公众所接受，而不能发挥其影响作用。

3. 接收到信息的目标公众数量

这里需要注意的是，应将收到信息的各类公众进行分类统计，从中找出目标公众的数量。这就是说，对于评估来说，收到信息的公众的绝对数量并不重要，而重要的是这些公众的结构。例如，在一份权威性的杂志发表文章虽然能够博得上司的欢心，但是由于目标公众很少阅读这种杂志，所以对扩大组织影响的作用并不大。在评估时应注意这种情况，不能仅仅了解宣传材料被多少目标公众所接受。通过评估，如发现目标公众对组织信息材料接受不足，还可采取一些补救性措施。例如，公共关系人员可以将这些传播媒介上发表的材料复制出来，亲自将它们送交到目标公众中的关键人物手中。

报纸、杂志的发行量可以作为评估组织信息传播效果潜在的参考数据。事件、会议、展览的出席人数也可作为这种评估的参考数据。但是这种数据，不可误认为组织传播信息的真正效果，真正的效果应体现在有多少人真正注意到这一信息上。

4. 注意到信息的目标公众数量

调查传播信息的实际效果，有时所得到的结果是令人吃惊的。一位调查人员调查一家医院，发现医院的员工只有不过50%的人收到院方的新闻公告材料。另外50%的员工根本没有收到任何公告材料。这就是说，组织在传播信息时不能仅仅注意信息的内容，而必须在信息传递方式上加以改进。调查“注意到信息的目标公众数量”，可以明确哪些人在阅读组织发出的信息材料，其数量有多少，他们读到了什么，读了多少内容。

实施过程的评估方式可分为以下三种：

1）评估人员的直接观察。这种直接观察可以由评估人员直接参与实施过程，进行实地考察，记录各个环节实施的状况和顺序以及进展情况。

2）对实施者和实施对象进行调查。调查访问实施者是收集各种评估资料的重要途径。与此同时，再把这些资料和调查访问实施对象得到的资料进行对比分析也是一种不可忽视的评估形式。调查实施对象可以从另一个角度考查公共关系计划实施的情况，它可以提供实施对象对公共关系活动的重视以及对这一活动感到满意的程度，从而有助于确定调整实施的方向。

3）分析各种汇报资料。从不同渠道汇报上来的各种资料，如数据、图表、报告是评估的重要依据。通过研究分析这些资料，比较实施人员、实施对象、实施方法步骤、社会环境等方面的特点，了解实施过程中易出现的障碍，以便建立标准化的实施程序，确定实施人员和实施对象的结合部位。

以上这三种方式一般是综合运用的，通过几种方式相互比较、相互引证，得到一个全面的、综合性的评估结论。

三、实施效果的评估标准和方法

实施效果的评估是一种总结性的评估。这一阶段的评估标准有以下五点：

1. 了解信息内容的公众数量

公共关系活动的目的之一是增加目标公众对组织的认识、了解和理解。公众没有了解或没有完全了解所有关于组织的问题，都会影响他们对组织的观点和行为。评价公众从公共关系活动中了解到了什么，或者他们所掌握的关于组织的情况是否得到了补充，就要对开展公共关系活动前后公众对组织的认识、了解和理解等变量进行比较，即对两组可比标准进行比较。例如，在公共关系活动开展前后，对同一组公众进行重复测验。或者在一组中开展公共关系活动，在另一组中不开展这项活动，然后将两组测验结果加以比较。这种方法可以用于所有实施效果评估的项目之中。

2. 改变观点、态度的公众数量

这是评估实施效果的一个更高层次的标准。因为“态度”所涉及的范围很广，内容丰富而复杂，而且不容易在短时间内发生变化。例如，煤气电气公用事业公司的节能宣传活动，可能使用户增加了“使用隔热天花板可节省空调电费”的认识，但这并不意味着他在态度上成为“自然资源保护者”。评价一个人的态度，要根据一段时期内他在所有有关问题上的立场和观点，而不能仅凭一时一事，判定一个人的态度发生变化与否。

态度与观点和知识的关系大致是这样的：态度的变化可能随着知识与观点的变化而变化；在一个人知识与观点未发生变化的情况下，也可能发生态度的变化。

3. 发生期望行为和重复期望行为的公众数量

人们行为的改变受多种因素的影响。如同态度与知识、观点的关系一样，行为同知识和观点之间也不存在必然的因果关系。但是有一点是可以肯定的，行为发生变化的人们在行为改变之前，肯定接受了某些信息或在某些方面被说服了。在掌握了发生期望行为的公众数量之后，还应注意了解重复期望行为的公众数量。例如，对戒烟运动，我们不能单纯计算在开展这一运动的第一天内戒烟者的总数，因为这并不能充分地说明这一运动的影响效果。一天或一下午的戒烟行为并不能表明这些人将永远地根除这一恶习。对这些运动的实施效果的评估要根据运动开展后几个月甚至几年的持续观察数据。评估一项公共关系活动在改变人们长期行为方面所取得的效果，需要较长时期的观察，并取得足以说明人们行为调整后不断重复与维持期望行为的有力证据。

4. 达到的目标与解决的问题

这项评估标准是公共关系活动效果评估的最高标准。公共关系计划目标的实现，可以表现为取得理想的选举结果，筹措资金的数额达到预期的指标以及立法方面的胜利等。应该注意的是，有时公共关系活动产生的结果并非与计划目标相一致，但是这些结果同样是积极的，可以认为是达到计划目标的其他表现方式。在这种情况下，这些结果也应该作为评估公共关系活动效果的根据。例如，前面提到的节约能源的活动，其目标是减少总的能源消耗。其结果却表现为人们增加了对节约能源的兴趣，增长了这一方面的知识，甚至改变了使用煤气与电气设备的习惯。从表面看来，这次运动的结果与既定的目标不完全吻合，但是这些结果也足以说明这次宣传活动是成功的。当然，其中也包括结果与目标部分吻合。

5. 对社会和文化的发展产生的影响

这种影响同其他各种因素共同起作用，并在较长时间里以复杂的、综合的形式表现出来。因此，对这种实施效果的评估并非是公共关系人员所能完成的。这是留给社会学家和心理学家的题目。我们这里涉及这个问题，主要是为了使公共关系活动效果评估的理论体系完整化，并引起人们在思想上认识这个问题。对于那些通过自己的职业行为履行社会责任，并对社会及文化的发展产生积极作用的公共关系人员，后人将给他们以公正的评价。

下面把上述三个阶段的评估标准用一张阶梯图表示出来，如图 8-1 所示。

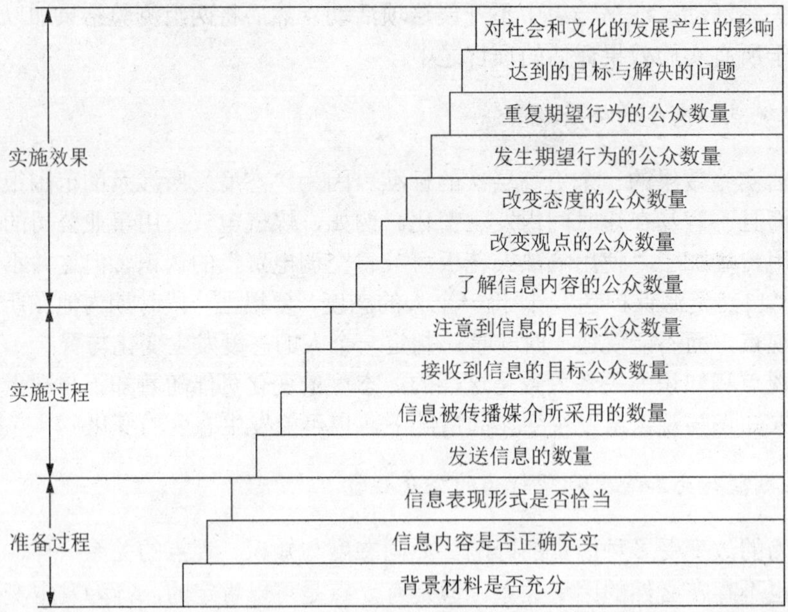

图 8-1　三个阶段评估标准

关于影响效果的评估方法，按照评估实施者的不同，可以分为以下三种：

（1）自我评定法

自我评定法是由公共关系活动的对象通过亲身感受而对公共关系活动给予评定的方法。例如，日用化学品厂推出一项旨在宣传普及美容知识的公共关系活动，在这次公共关系活动中，该厂特意举办了一个美容技巧培训班。为了评估这次公共关系活动的实施效果，公共关系人员可以请参加这个美容技巧培训班的学员自己评定他对该次公共关系活动的满足感，估量自己所学到的知识和技能，评价该次活动是否提高了他们的美容知识等。这种方法的缺点是，有时可能产生不真实的测量结果。尤其是向调查对象提出一些比较敏感的问题时更是如此。例如，有多少学生能够承认他们根本没有完成教师分配的阅读任务。因此，采用自我评定法要特别注意问卷或提问的方式，对敏感的问题宜采用灵活、委婉的方式进行调查。

（2）专家评定法

专家评定法是由公共关系及有关方面的专家来审定公共关系计划，观察计划的实施，对计划实施的对象进行调查，与实施人员交换意见，最后撰写出评估报告，鉴定公共关系活动的成效。专家评定法的价值，完全取决于专家是否具备专门的知识，如果他们对公共关系活动所涉及的某些领域的知识不足，那么他们也无法作出正确的评估。因此，采用专家评定法时，一定要聘请那些在该项公共关系活动所涉及的知识领域里是名副其实的专家，而不是那些徒有虚名者。

（3）实施人员的评估

公共关系计划的实施人员经常自行对公共关系计划和实施的进展情况进行评估。这种评估能够及时地充分地利用实施过程中的实际情况对该项活动的影响效果进行判断。例如，“测试工作法”实际上就是一种评估方法，只不过这种方法的侧重点在“反馈调整”方面。但它反馈调整是通过测试取得评估意见的基础上进行的。实施人员的评估也有缺陷，主要是实施人员对其实施计划可能会尽量隐恶扬善，从而无法看出公共关系活动的真实影响。另外，实施人员忙于实施任务，没有更多的时间和精力进行评估研究。

在进行实施效果的评估时，应注意到：一项公共关系活动总是处于一定的社会环境之中，它所产生的影响，可能是公共关系活动本身引起的，也可能是受到其他社会因素的作用。理想的科学的评估，最好能尽量排除公共关系活动本身之外的因素，显示出公共关系活动真正的影响力。公共关系活动之外的影响因素有以下三种情况：

1）没有公共关系活动影响，公共关系的目标公众也会产生自身的变化。这正像有些病人不用吃药也能康复一样，在测定药物的效力时，就应扣除病人本身的恢复能力。

2）大规模的社会变动的影响，其变化的作用之大，连公共关系活动本身也受其左右。例如，经济滑坡、市场疲软的困扰，使得公共关系促销活动无法达到正常时期所期望达到的效果，而一项旅游公共关系计划又可能因地震、火灾等自然灾害而失败。

3）公共关系计划实施中的偏差。如果实施人员的步调不统一，目标公众对公共关系活动的接受程度也就会有差别；大众传播媒介信息的内容不一致，致使目标公众得到不同的信息，从而引起不同的效果。

另外，除了上述几种情况之外，在进行公共关系评估过程中，还可能因为收集资料运用分析工具等方面出现误差影响到公共关系活动实施效果的准确评估。

小　结

公共关系计划的实施就是公共关系计划被采纳以后，把计划所确定内容变为现实的过程。这个过程是公共关系四步工作法中的第三个环节，也是最为复杂、最为多变的一个关键环节，从某种意义上讲，甚至比计划的制订更为重要。

公共关系计划的实施是解决问题的中心环节，决定了计划能否实现，以及实现的程度和范围，又是后续方案制定的重要依据，具有动态性、创造性和影响的广泛性的特点。

影响公共关系计划实施的因素是众多而复杂的，一般来说，主要来自三个方面，即方案本身目标障碍、实施过程的沟通障碍及突发事件的干扰。在实施过程中，要获得一定的实施效果就必须了解和研究在实施过程中怎样消除或减少各种障碍。

公共关系活动模式是公共关系工作的方法系统，是由一定的公共关系目标和任务，以及这种目标和任务所决定的数种具体方法和技巧构成的有机体系。公共关系活动模式包括战略型公共关系活动模式和战术型公共关系活动模式两大类，每类包括五种具体的模式。战略型公共关系活动模式包括建设型、维系型、进攻型、防御型和矫正型公共关系活动模式。战术型公共关系活动模式包括宣传型、交际型、服务型、社会型和征询型公共关系活动模式。

五种战略型公共关系活动模式和五种战术型公共关系活动模式在策划时可以根据实际情况交叉组合使用，任何一种战略型公共关系活动模式都可以同时配用五种战术型公共关系活动模式，任何一种战术型公共关系活动模式都可以服务于任何一种战略型公共关系活动模式。

公共关系评估就是根据特定的标准，对公共关系计划、实施及效果进行检查、评价，以判断其优劣的过程。在整个公共关系程序中，评估控制着公共关系实践每个活动及环节。公共关系评估是改进公共关系工作的重要环节，是开展后续公共关系工作的必要前提，是鼓舞士气、激励内部公众的重要形式。

公共关系评估的目的是按照特定的程序提供关于既定公共关系工作的各种信息。

公共关系评估并非公共关系活动结束之后才开始进行，而是伴随每一步公共关系的进行同时开展。

根据公共关系过程的不同阶段，有不同的评估标准。准备过程的评估标准与方法包括背景材料是否充分、信息内容是否正确充实、信息表现形式是否恰当。准备过程的评估包括对资料的充分性、合理性、有效性的一系列客观与主观的分析，评估的下一阶段将主要解决如何有效地进行计划实施和沟通信息传播问题。

实施过程的评估标准和方法包括发送信息的数量、信息被传播媒介所采用的数量、接收到信息的目标公众数量、注意到信息的目标公众数量。

实施效果的评估标准和方法包括了解信息内容的公众数量，改变观点、态度的公众数量，发生期望行为和重复期望行为的公众数量，达到的目标与解决的问题，对社会和文化发展产生的影响。

案例分析

“三高”为中国申奥放歌

2001 年 6 月 23 日晚，昔日皇家禁苑中乐声翩翩，弦歌阵阵。世界著名三大男高音歌唱家在紫禁城午门广场联袂演出，在“6 • 23 国际奥林匹克日”掀起北京申奥活动的高潮。国务院副总理李岚清和数万热情的中外观众一同观赏了这次精彩的演出。

当晚三位“歌剧之王”身着黑色燕尾服，站在紫禁城的古老红墙之间的舞台上神采奕奕，他们演唱了近三十首脍炙人口的歌剧选段或歌曲。从卡雷拉斯的《我知道这个花园》，到多明戈的《星光灿烂》，再到帕瓦罗蒂的《今夜无人入睡》，洪亮且有穿透力的歌声，赢得了在场三万名观众的热烈掌声。昔日这里曾经钟鼓齐鸣，如今西方歌剧在这里缭绕；昔日皇帝曾在这里议政，如今三位西方音乐大师在这里纵情高歌。东方建筑的神韵与西方艺术经典在这里得到了完美的交融，古老的紫禁城在一个充满激情的夜晚被唤醒，改革开放的中国以一场东西文化交融的音乐盛会，向世界展示他们积极走向世界的宽阔胸怀。

紫禁城午门广场，“歌剧之王”帕瓦罗蒂、多明戈和卡雷拉斯深情演绎音乐盛典，取得了空前的成功，音乐会电视直播可覆盖全球 110 多个国家和地区的 33 亿观众。

（资料来源：姚建平. 2001. 北京申奥：政府公关的典范. 公关世界, 11.）

案例讨论：

1. 为什么要请“三高”为中国申奥放歌？
2. “三高”为中国申奥举行演唱会，为什么选在北京紫禁城？
3. 该案例的启示是什么？

思考与练习

一、思考题

1．公共关系计划实施有何特点？

2．公共关系实施过程中有哪些影响因素？

3．公共关系可资借鉴的模式有哪些？

4．何谓公共关系评估？其程序是什么？

5．试述公共关系评估的标准与方法。

二、课堂讨论题

1．公共关系实施就是把公共关系策划出来的方案变为现实的过程，必须严格按照策划方案进行，不能改动。这种说法你认可吗？

2．公共关系模式就是给大家提供一个公共关系实施的模板，只要依照进行即可，无须自己费事。这种观点对吗？

3．公共关系实施完成，便万事大吉，评估系画蛇添足。该观点对吗？

三、课外实践题

1．设计一项班级宣传活动，并争取学校支持，付诸实施，活动结束评估其收效。

2．任选一种公共关系活动模式，就近选择一个企业，将相应公共关系模式付诸实践。

第九章　公共关系与CIS战略

CHAPTER 9

学习目标

- 掌握 CIS 的定义。
- 掌握 CIS 的基本构成。
- 掌握并能操作 CIS 的设计与开发。
- 熟悉 CIS 开发的作业程序。
- 熟悉企业 CIS 手册内容。

案例导入

以读音取胜的"可口可乐"名称

以读音取胜的"可口可乐"名称品牌的一个基本作用就是要能够使消费者把一个企业的产品与另一个企业的同类型产品区分开来。品牌的这种能力越强，意味着品牌的显著性就越强，也意味着品牌具有与众不同的独创性和可识别性。可口可乐品牌正是这样一种品牌。

（资料来源：王芳. 2007. 可口可乐公司的品牌营销策略及其对我国的启示. 商场现代化, 10.）

【分析】可口可乐（Coca Cola)本身没有任何含义，当初取名为"Coca Cola"只是因为这个名字朗朗上口而已。既好拼，又好念，更容易记，不管谁看一遍都会记得它。"Coca Cola"品牌名字的最大特点就是不注重词语的含义而注重发音响亮。该品牌名字短小玲珑，具有独创性和独特个性，是世界上独一无二、前所未有的品牌名称，从而能在世界上独领风骚，被所有人关注、喜爱。

值得注意的是，当代品牌名称设计已形成一个国际化潮流，品牌的国际化，除了具有品牌的共性——易读、易写、易识、易听外，还注重品牌名字能通行世界各国。"可口可乐"采用以读音取胜新创词汇命名，不注意名字的文字含义。只要这个名字发音响亮，没有令世人讨厌的含义，就被认为是一项非常成功的品牌设计。

第一节　CIS 的设计与开发

一、CIS 的定义及其基本构成

1. CIS 的定义

CIS，直译为"企业识别系统"，意译为"企业形象识别系统"，也可简称为 CI 系统。CIS 是一个企业为了塑造自身的形象，通过统一的视觉设计，运用整体传达沟通系统，将企业的经营理念、企业文化和经营活动传递出去，以凸显企业的个性和精神，与社会公众建立双向沟通的关系，从而使得社会公众产生认同感和共同价值观的一种战略性活动和职能。

2. CIS 的基本构成

CIS 由三个子系统构成，即理念识别系统（mind identity system，MIS）、行为识别系统（behavior identity system，BIS）和视觉识别系统（vision identity system，VIS），三个子系统相互依存、相辅相成，共同塑造企业独特的形象。

二、MIS 的开发

MIS 属于企业精神文化的范畴，主要由企业哲学、企业精神、企业道德、企业目标、企业宗旨、企业作风六个要素构成。这六个要素尽管各有侧重，但它们在本质上是和谐统一的。因此，在进行企业理念设计与开发的时候，对这六个要素既应该有所区分，又不可机械地分离，既要在内容上力求完整、全面涵盖，又不可单纯在表达形式上强求一致。

1. 企业哲学的设计

企业哲学是从企业实践中抽象出来的、关于企业一切活动本质和基本规律的学说。它是企业经营管理经验及理论的高度总结和概括，是企业家对企业经营管理的哲学思考。企业哲学是作为工作的最高原则和基本规律被广大员工认识和掌握以后，化为他们自己的思想武器和行动指南，成为他们思考问题、采取措施、开展工作时自觉遵循的原则和规律。有没有明确统一、本质深刻的企业哲学，企业哲学是否被广大员工正确理解和掌握，企业的经营管理状况是大不相同的。因此，对企业经营管理规律进行认真深入的总结和思考，通过概括、提炼、升华为企业哲学，是 MIS 策划中的重要一环。

（1）企业哲学形成的途径

企业哲学形成的最根本途径就是企业领导者和全体员工的工作、学习和生活实践。具体来说有以下四条途径：

1）企业家或 CEO 自身的哲学思维及其世界观、人生观和价值观。由于被企业家或 CEO 自觉和不自觉地用来指导自身的行为，因而容易在企业范围内达成共识而被确定为企业哲学。

2）企业优秀人物和群体的哲学思维及其世界观、人生观和价值观。由于他们的先进思想和模范行为在员工群体中有巨大的影响力和感召力，通过挖掘提炼以后容易获得从企业领导者到一般员工的普遍认同和自觉接受，进而成为企业哲学。

3）企业员工共同的哲学思维及其世界观、人生观和价值观。由于渗透在企业生产、经营、管理等各方面工作中，如果一旦成为企业中占优势地位的思想观念，就很可能被集中浓缩为企业哲学。

4）社会公众共同的哲学思维及其世界观、人生观和价值观。前者对社会有巨大影响，后者因同行之间的借鉴而对本企业也有很大影响，它们都是企业哲学形成的主要途径。

（2）企业哲学的内容

企业哲学到底要回答什么问题？企业运行的基本的、深层次的、带普遍性的规律和原则有哪些？企业家们普遍认为，企业哲学必须回答的基本问题是“企业与社会的关系”“企业与人（员工、顾客）的关系”等问题，企业的答案就是企业哲学的内容。

示例 **松下的企业哲学**

松下的企业哲学：①坚定正确的经营观念；②自主经营；③堰堤式经营；④量力经营；⑤专业经营；⑥靠人经营；⑦全员式经营；⑧共存共荣经营；⑨适时经营；⑩求实经营。

2. 企业精神的设计

企业精神是随着企业的发展而逐步形成并固定下来的，是对企业现有观念意识、传统习惯、行为方式中积极因素的总结、提炼和倡导，是企业文化发展到一定阶段的必然产物。因此，设计企业精神，要尊重广大员工在实践中激发出来的积极的精神状态，要恪守企业的共同价值观和最高目标，不背离企业哲学的主要原则，要体现时代精神、体现现代化大生产对员工精神面貌的总体要求，使企业精神“源于生活又高于生活”，成为鼓舞全体员工为实现企业最高目标而奋斗的强大精神动力。

（1）企业精神的命名方法

企业精神的命名方法也是多种多样的，主要有以下七种：①企业名称命名法。以企业名称（或简称）命名的企业精神，如广东美的集团公司的“美的精神”。②拳头产品命名法。例如，沈阳风动机厂根据自己的“拳头产品”凿岩机敢于碰硬、开拓进取的特点，即把该厂的企业精神命名为“凿岩机精神”。③榜样人物命名法，如大庆油田的“铁人精神”。④全体员工命名法，如广州白云山制药厂的“白云山人精神”。⑤内容提炼命名法，如常州林业机械厂的“三气精神”（工厂有名气、队伍有士气、职工有志气）。⑥借物寓意命名法，如常州自行车总厂的“金狮精神”。⑦形象比喻命名法。例如，北京百货大楼的“一团火精神”，表示对待顾客温暖如春，全心全意为顾客服务。这种命名方式，给人很强的形象感，有利于在员工意识中烙上强烈的价值观印记。

（2）企业精神的表述方式

企业精神是企业价值观的集中体现，是全体员工的共同行为规范，在企业 CIS 策略的制定中具有非常重要的作用。因为对企业精神的认同是企业内部统一意志的重要内容。企业精神不仅具有思想特征，还有传播特征，如何表述企业精神关系到是否便于职工认同和记忆的问题。企业精神的表述方式主要有以下三种：①高度概括式。例如，TCL 的企业精神：“敬业、诚信、团队、创新”，缺点是难以准确地把握其内涵。②详细具体式。例如，北京松下彩色显像管有限公司的企业精神：“工业报国，实事求是，改革发展，友好合作，光明正大，团结一致，奋发向上，礼貌谦让，自觉守纪，服务奉献”。③简繁结合式。这是一种折中的方法，有的企业在表述自己的企业精神时先作简要的概括，再加以具体阐述。这样的表述方式既能使员工记住要点，又能使他们理解具体的内涵。

3. 企业道德的设计

企业道德是人们在经营活动中应该遵循的，靠社会舆论、传统关系和内心信念来维持的行为规范的总和。企业道德对企业员工行为的软约束，不但可以弥补企业规章制度等硬约束难以面面俱到的局限，而且能够使企业员工的行为自觉地指向企业目标的实现，成为企业不可缺少的道德力量。因此，完整的 MIS 策划，必须对企业道德进行科学合理的设计。

企业道德是社会道德理念在企业中的具体反映。企业道德所调节的关系的复杂性决定了这种道德理念不是单一的观念和要求，而是具有多方面、多层次的特点，是由一组道德观念因素组成的道德规范体系。

4. 企业目标的设计

企业目标是指企业在一个时期内通过努力而希望获得的成果。它代表一个企业的发展方向和未来的趋势，是激励全体员工的精神力量。没有目标的企业是没有希望的企业。

（1）确定企业最高目标

企业的最高目标是全体员工的追求，是全体员工共同价值观的集中体现。在企业的多目标体系中，最重要的就是企业最高目标。只有确立最高目标，才能够确定整个目标体系，确定企业的其他理念。

企业有了明确的最高目标就可以充分发挥企业各级组织和员工的作用，调动他们的积极性、主动性和创造性，使广大员工将自己的岗位和工作与实现企业的奋斗目标联系起来，把企业的生产经营发展转化为每一位员工的具体行动。所以，在企业 MIS 策划中要十分重视企业最高目标的设计。

（2）完善企业的目标体系

企业只有最高目标是不行的，还必须制定更详细具体的目标组合，形成完整的、可以逐步实现的目标体系。在企业最高目标下面，一般分为若干个子目标。

1）方向组合："单一目标""双目标"和"多目标"等。

2）层次组合：战略目标、管理目标和作业目标等。

3）结构组合：企业目标、部门目标和员工个人目标等。

4）时间组合：长期目标、中期目标和近期（短期）目标等。

目前世界上一切先进的、现代的企业，毫无例外地摒弃了"经济利益最大化"这种单目标模式，而是树立一种将企业的经济动机（经济效益）和社会责任（社会效益）相结合的多目标模式，企业目标实现了从单一目标向多项目标体系的转变。例如，美国著名的高科技公司——惠普（HP）公司树立了七个目标：利润、客户、感兴趣的领域（或称专业领域）、增长、人（育人）、管理、好公民（社会责任）。

5. 企业宗旨的设计

企业宗旨是指企业所认定的追求境界、发展方向和信念柱石，体现着一个企业崇高的目标和实现目标的执着信念，是企业理念的组成要素之一。例如，美国 IBM 公司确立了"以人为核心，并向用户提供最优质的服务"的宗旨；广州本田汽车公司的服务宗旨："为顾客提供喜悦，是我们最大的喜悦"；北京铁路局的宗旨："人民铁路为人民"；北京同仁堂的企业宗旨："同修仁德，济世养生"；深圳华侨城集团的宗旨："致力于顾客利益最大化，致力于所有者权益的充分实现，致力于与员工共同成长，致力于为社会作贡献"，等等。这些都体现了企业向社会作出的公开承诺，体现了企业的社会责任感，从而反映企业存在的社会价值。

6. 企业作风的设计

作风是指人们在工作、学习和生活中表现出来的态度或风格。企业作风是指企业在生产经营管理过程中表现出来的工作态度或风格，是企业风气的核心成分，也是企业理念构成的要素之一。因此，设计良好的企业作风，是形成健康企业风气和塑造良好企业形象的需要。

例如，海尔作风——迅速反应，马上行动；长虹作风——团结、勤奋、民主、文明；兰州煤油厂的作风——高、严、细、实。企业共有的优良作风是多方面的，主要有团结协作之风、文明生产之风、艰苦奋斗之风、严谨之风、务实之风、勤奋之风、创新之风等，企业要根据自身的特点有所侧重地进行表述。

三、BIS 的开发

BIS 由两大部分构成：一是企业内部识别系统，二是企业外部识别系统。

1. 企业内部行为识别子系统的构建

企业内部行为识别子系统主要由企业管理、员工工作环境、员工的教育培训、员工行为规范化、编唱企业歌曲构建而成，每部分具体内容包括以下五个方面：

（1）企业管理

BIS 规范化管理是 CIS 导入过程中的关键环节，同时也是最难把握的一环。理念可以树立确定，视觉符号可以设计，而人的行为却难以理想化地进行统一。因此，BIS 的顺利实施，需要有效的管理手段作为保证。与美国、日本企业雄厚的管理基础和高度现代化的管理手段相比，我国企业的管理基础还十分薄弱，因此，企业必须将 CIS 战略的实施建立在整体管理水平提升的基础上。

（2）员工工作环境

员工工作环境的构成因素很多，主要包括两部分内容：一是物理环境，包括通风状况、装饰环境等；二是人文环境，主要有领导作用、团队风貌、凝聚力、竞争环境等。创造一个良好的企业内部环境不仅能保证员工身心健康，而且是树立良好企业形象的重要方面，企业要尽心营造一个大气、整洁、独特、积极向上、团结互助的内部环境，这是企业展示给社会大众的第一印象。

（3）员工的教育培训

实施 CIS 战略，需要企业全体员工的协作，员工是企业形象传递给外界的重要媒体。如果员工的素质不高，将损害企业形象。所以 CIS 战略的推行，必须对企业员工加强组织管理和教育培训，提高每位员工的素质，使每位员工认识到自己的一言一行都与企业整体形象息息相关，只有通过长期的培训和严格的管理，才能使企业在提供优质服务和优质产品上形成一种风气，形成一种习惯，并且得到广大消费者的认可。

员工教育培训的目的是使行为规范化，符合 BIS 的要求。员工教育分为干部教育和一般员工教育，两者的内容有所不同。干部教育主要是政策理论、行业法规、决策水平和领导风尚教育。一般员工教育主要是与日常工作相关的一些内容，如经营宗旨、企业精神、服务态度、服务水准、员工规范等。

（4）员工行为规范化

行为规范是企业员工共同遵守的行为准则。制度和规范使企业和员工的行为有章可循、规范统一，它具有一定的强制性。对员工而言，制度和规范是一种约束，但也是其顺利完成工作的保证。制度和规范的设计必须以正确的企业理念为指导，必须有助于员工在一种宽松的环境中准确无误、积极主动地完成自身的工作。制度和规范的内容如果偏离了企业理念，说的和做的不一致，将会造成员工思想与行为的不协调、不统一，直接影响员工的积极性和创造性的发挥，给企业管理带来难度和损失。

（5）编唱企业歌曲

在实施 CIS 战略中，可以借企业歌曲来增强企业凝聚力。因为经过企业歌曲的编唱，既能够宣传企业的理念，又可以振奋员工的精神，缓解员工工作紧张的压力，尤其是青年员工对这种形式更是易于接受。

此外，行为识别的内部系统还包括福利制度、危机对策、战略规划等内容。

2. 企业外部行为识别子系统的构建

企业外部的行为识别通过产品形象、市场调查、服务水平、领导形象规范、营销活动、广告活动、公共关系活动和社会公益活动八个方面向企业外部公众不断地输入强烈的企业文化和经营理念，从而提高企业的知名度、美誉度，确立企业良好的社会形象，为企业的经营活动营造一个理想的外部环境。

（1）产品形象

产品形象是指产品的命名、外形、功能、质量、商标、价格、包装等给公众留下的整体印象。产品形象的好坏直接关系到公众对企业的总体印象，良好的产品形象会给企业的生存和发展带来理想的外部经营环境。消费者对某一产品具有良好的印象，其原因并不仅仅是产品的外观、性能等，还涉及有关的质量、服务、信誉、附加值等，这些都是产品形象的重要体现。

（2）市场调查

企业必须进行市场调查，以了解消费需要，在此基础上进行新产品设计和开发，特别是要通过市场调查确定市场定位。即根据市场的竞争情况和本企业的条件，确定本企业的产品和服务在目标市场上的地位，从而为产品创造独特的销售主张，同时赋予一定的形象，以满足目标顾客的需要和爱好。

（3）服务水平

由于经济的发展、技术手段和消费水平的提高，产品越来越趋于同质化。因此，在市场渐趋饱和及全球竞争日益激烈的情况下，产品的差别化战略配合良好的服务，赢得顾客的忠诚，是企业一切活动的出发点和归宿，也是竞争制胜的法宝。对于顾客来说，有时服务质量等软件因素比产品本身等硬件因素更为重要。

就服务内容而言，包括服务态度、服务质量、服务效率；就服务过程而言，包括三个阶段，即售前、售中和售后服务。服务活动对塑造企业形象的效果，取决于服务活动的真实、真诚。服务来不得半点虚伪，它必须是真心换真心，必须是言必行、行必果，给消费者带来实实在在的利益，让顾客感受到服务的真诚，从而成为企业的忠诚消费者。

（4）领导形象规范

企业领导是企业的核心，是员工效仿的典范，也是新闻媒体、舆论界的焦点人物。企业领导常常出席各种场合，常常会见政府官员，在这些不断的社会活动中，企业领导的行为表现总是不断地向公众传递各种各样的信息。不管他们愿不愿意，他们的行为表现潜移默化地影响着他们在公众和员工心目中的形象，这些形象会对企业产生深远的影响。

企业领导形象的内涵包括以下三个方面：①企业领导的价值观。企业领导的价值观是在他们的自身素质和外部环境共同作用下形成的，它是由社会经济的发展水平和市场经济的竞争状况决定的。②企业领导的世界观。企业领导的世界观要求企业领导在企业的战略上要有一种“进取心”，就是构建企业发展蓝图，这是企业领导世界观的经济性体现。③企业领导的人生观。从宏观上看，企业领导的人生观是个人对人生的态度和见解，体现在企业领导的为人处世、待人接物、言行举止以及价值观、世界观上。从微观上看，企业领导的人生观是他们的一些不同寻常的兴趣或者爱好，人生观使他们更加适宜与其他企业领导、经营专家以及社会各个阶层的要人交往。同时，企业领导形象主要体现在为人处世、社交活动、生活喜好、管理风格上。

（5）营销活动

营销活动包括营销管理、促销管理、广告管理等方方面面，活动形式具体包括产品发布会、订货会、推广会、展览会、经销商会议、消费者恳谈会、市场调研会、品牌评估会等；活动对象可分为针对经销商的营销活动行为规范，针对消费者的营销活动行为规范，针对学术活动的行为规范。

要努力做到让利于商，以诚待商并服务于商。脚踏实地地练内功，真诚地面对顾客，是实现企业长远目标的需要。经销商和消费者是企业的两种顾客，两种顾客都要满足其需要，但两种需要是不同的：经销商需要的是市场、利润以及可持续发展的品牌；消费者需要的是优质的产品、独特的精神享受和优惠的价格。在促销活动、市场调研活动以及各种类型的终端活动中态度要诚恳。现代营销的核心是沟通，沟通在针对消费者的营销活动中占了很大的比例，消费者动了心，才会积极响应产品，才会掏钱购买。

（6）广告活动

广告可分为产品广告和企业形象广告，对 CIS 而言，应更加重视形象广告的创造，以获得社会各界对企业及产品的广泛认同。企业形象广告的主要目的是树立商品信誉，扩大企业知名度，增强企业凝聚力。产品形象广告不同于产品销售广告，它不再是产品本身的简单化再现，而是创造一种符合顾客追求和向往的形象。通过商标、标志本身的表现及其代表产品的形象介绍，让产品给消费者留下深刻的印象，可以唤起社会对企业的注意、好感、依赖与合作。

（7）公共关系活动

公共关系活动是树立企业形象的主要手段，应当充分抓好公共关系活动，以规范的行为来传播企业各类信息。媒体报道、新闻发布会、记者招待会等新闻宣传，是隐性的广告宣传，比真正的广告宣传更具威力，要注意公共关系活动的新闻性、真实性、策划性。文化与体育活动对企业形象的提升、知名度与美誉度的提高有直接的作用，活动必须与企业市场活动紧密地联结在一起，要注意该活动社会影响力的强弱、目标消费者的参与程度、费用、可操作程度和预期效应评估等。可以依企业实力有选择地赞助公益活动，还可以发动员工参与赈灾济困，提倡员工发扬中华民族的美德。企业公共关系活动的作用主要还有树立信誉、搜集信息、协调谅解、咨询建议、传播沟通和社会交往。

针对不同的群体，公共关系的手段和传播方式也是不同的。①针对消费者的传播。企业与消费者的良好关系首先是以满足其需要，维护其合法权益为基础的。企业与消费者的信息传播途径很多，如通过销售渠道、展览展示、直接与最终用户沟通和交流、发布新闻、刊登广告、出版刊物、邮寄信函等。此外还有举办产品知识培训、试用等。②针对社区公众的信息传播。企业可通过座谈会、走访社区团体和部门，赞助文化、体育事业，参与社会公益事业，以取得社区公众的理解和认同，塑造良好的社区形象。③针对媒体的传播活动。媒体是影响和引导社会舆论最强有力的工具，良好的媒介关系是企业建立良好公众形象的有力武器。其方式主要有召开新闻发布会、记者招待会、双方互访以及与媒体合作举办各种有影响的活动。

（8）社会公益活动

社会公益活动是以赞助社会福利事业为中心开展的公共关系促销活动，如赞助社会福利、慈善事业、资助公共服务设施的建设等。通过这些活动，在社会公众中树立企业注重社会责任的形象，提高企业的美誉度。策划社会公益性活动，可以从以下三个方面考虑：

1）社会公益活动策划的准备性工作。在着手进行社会公益活动策划之前，应首先做好以下两项准备工作：①企业形象现状及原因分析。它要求策划人员在进行策划之前，对策划所依据的材料进行分析、审定。调查材料必须真实、可行，否则，再好的策划也不会取得成功。②确定目标。这是社会公益活动策划的前提。社会公益活动的具体目标同调查分析中所确认的问题密切相关。一般来说，所要解决的问题也就成了社会公益活动的具体目标。

2）社会公益活动的对象选择。企业营销的具体目标不同，选择社会公益活动的对象也不一样。虽然社会公益活动总体上是以资助或赞助某一项活动为主要特征的，但社会公益活动的对象不同，其赞助的内容、形式、特点及效果也不同。

3）社会公益活动的运作技巧。虽然上述各种公益活动不会给企业带来直接经济利益，但在实施过程中，企业还是要运用各种有效的公共关系技巧，来扩大公益活动在社会上的影响：①举办隆重的赞助仪式；②举办新闻发布会；③传播传奇故事；④邀请社会名流给予评价。

总之，企业在开始社会公益活动运作时，可以采取各种技巧和方式，大造公益活动声势，以此震撼社会公众。

四、VIS 的开发

VIS 的基础要素一般包括企业标志、企业名称（全称或略称）、企业标准字体、企业标准色、企业造型、象征图案、企业口号及上述要素的组合规定。

1. 企业标志的设计

（1）企业标志的内涵

企业标志是通过造型简单、意义明确的统一标准的视觉符号，将经营理念、企业文化、经营内容、企业规模、产品特性等要素传递给社会公众，使之识别和认同企业的图案和文字。它是视觉形象的核心，体现企业内在的素质。企业标志不仅是调动所有视觉要素的主导力量，也是整合所有视觉要素的中心，更是社会大众认同企业品牌的代表。

（2）企业标志的题材和表现形式

题材的选择是标志设计开始阶段需要十分审慎的一步，只有确定了题材，造型要素、表现形式和构成原理才能得以展开。否则，缺乏严密计划、随意选择题材的企业标志将导致设计方向的不固定，以致设计作业事倍功半，也难以符合作业的经营状况。因而，必须按照 CIS 总概念报告书所设定的方向，慎重地进行题材的确定。

标志设计的表现形式主要分为文字标志与图形标志两大类。文字标志又可细分为中英文、全名、前缀、具象、抽象及文字与图形组合等形式；图形标志又有具象、意象和抽象等表现形式的区分。标志图形设计的表现手法主要有表象手法、象征手法、寓意手法和模拟手法等。以下就标志设计的题材及表现形式进行分类说明。

1）以企业、品牌名称为题材。以企业、品牌名称设计字体标志是近年来标志设计的新导向。以企业、品牌名称的字首作为造型设计的题材是常用的形式。也有双字首或多字首的表现形式，而造型单位越单纯，形式也越活泼生动。在单字首型的标志中有字母（文字）结构、笔画变化和字母（文字）空间变化处理等方法。双字以上的有平列、重叠、贯通和扣连（正负）等组合方式。此外，还有以企业、品牌名称与其字首的组合进行设计的，这种设计形式在于追求兼顾字首形式的强烈造型冲击力和字体标志直接诉求的说明性二者的优点。

2）以企业、品牌名称或字首与图案组合为题材。这种设计形式是把文字标志与图形标志综合，兼顾文字说明和图案表现的优点，具有视听觉同步诉求的效果。

3）以企业、品牌名称的含义为题材。采用与企业、品牌名称的含义相近似或具有寓意性的形象，以比拟、影射、暗示、示意的方式表现标志的内容和特点。中国国航的标志图形就是以凤凰形态比拟飞行和祥瑞；联想集团的标志用方中套圆几何图形寓示博大深远的联想空间等。按照企业、品牌名称的字面意义，转化为具体的图形，能使人一目了然。这种标志的设计形式以具象化的图形居多。

4）以企业文化、经营理念为题材。把企业独特的经营理念与精神文化用具象的图形或抽象的符号传达出来，通过含义深刻的视觉符号唤起大众的共鸣与认同。

5）以企业、品牌的传统历史或地域环境为题材。刻意强调企业、品牌悠久的历史传统或独特的地域环境，诱导消费者产生权威性的认同或对于异域情趣的新奇感等，是具有强烈的故事性与说明性的设计形式。这类标志常以写实或卡通的造型作为表现形式。

6）以企业的经营内容、产品造型为题材。采用直接关联并具有典型特征的形象。这种手法直接、明确、一目了然，易于迅速理解和记忆。

2. 企业名称的设计

（1）企业名称的含义与作用

企业名称是以文字来表现的识别要素，要表现出企业的本质。一个好名称能够时常唤起人们美好的联想，使其拥有者得到鞭策和鼓励，进而影响到企业活动，对员工的纪律、士气等诸方面也会产生影响。

具有高度概括力和强烈吸引力的企业名称，对大众的视觉刺激和心理等各方面都会产生影响。企业及企业产品的名称对消费者的选购也有着直接的影响。所以，每一位企业经营者，都能深深认识到它在竞争中所起的作用，无一例外地精心设计企业的名称。

（2）企业名称命名必须符合有关法规

1）符合法规才能取得注册登记。企业名称的命名必须符合有关法律的规定，否则将不能取得工商部门的登记。

2）现行法规对企业名称的规定。2004 年 6 月 14 日颁布的《企业名称登记管理实施办法》是当前企业名称命名时必须首先遵循的依据。企业法人名称中不得含有其他法人的名称，国家工商行政管理总局另有规定的除外。企业名称中不得含有另一个企业名称，企业分支机构名称应当冠以其所属企业的名称。

企业名称应当使用国家规范的汉字，不得使用汉语拼音字母、阿拉伯数字。

企业名称需译成外文使用的，由企业依据文字翻译原则自行翻译使用，不需报工商行政管理机关核准登记。

企业名称应当由行政区划、字号、行业、组织形式依次组成，法律、行政法规和本办法另有规定的除外。

除国务院决定设立的企业外，企业名称不得冠以“中国”“中华”“全国”“国家”“国际”等字样。在企业名称中间使用“中国”“中华”“全国”“国家”“国际”等字样的，该字样应是行业的限定语。使用外国（地区）出资企业字号的外商独资企业、外方控股的外商投资企业，可以在名称中间使用“(中国)”字样。

具备下列条件的企业法人，可以将名称中的行政区划放在字号之后、组织形式之前：使用控股企业名称中的字号；该控股企业的名称不含行政区划。

经国家工商行政管理总局核准，符合下列条件之一的企业法人，可以使用不含行政区划的企业名称：国务院批准的；国家工商行政管理总局登记注册的；注册资本（或注册资金）不少于 5000 万元人民币的；国家工商行政管理总局另有规定的。

企业名称中的字号应当由两个以上的字组成。

行政区划不得用作字号，但县以上行政区划的地名具有其他含义的除外。企业名称可以使用自然人投资人的姓名作字号。

企业名称中的行业表述应当是反映企业经济活动性质所属国民经济行业或者企业经营特点的用语。企业名称中行业用语表述的内容应当与企业经营范围一致。企业经济活动性质分别属于国民经济行业不同大类的，应当选择主要经济活动性质所属国民经济行业类别用语表述。企业名称中不使用国民经济行业类别用语表述企业所从事行业的，应当符合以下条件：企业经济活动性质分别属于国民经济行业五个以上大类；企业注册资本（或注册资金）1 亿元以上或者是企业集团的母公司；与同一工商行政管理机关核准或者登记注册的企业名称中字号不相同。

企业为反映其经营特点，可以在名称中的字号之后使用国家（地区）名称或者县级以上行政区划的地名。上述地名不视为企业名称中的行政区划。

企业名称不应当明示或者暗示有超越其经营范围的业务。

企业应当在住所处表明企业名称。企业的印章、银行账户、信笺所使用的企业名称，应当与其营业执照上的企业名称相同。

法律文书使用企业名称，应当与该企业营业执照上的企业名称相同。

企业集团的名称，其构成为：行政区划＋字号＋行业＋“集团”字样。需参照《企业名称登记管理规定》在工商行政管理机关办理登记。

（3）企业名称的题材

1）以地名作企业名称。此种取名，在我国企业中较为常见，如长江企业公司、张家界旅游公司等。

2）以创业者作企业名称。以姓名作为自己企业或商标的名称，这在世界各地都由来已久。企业或商标的名称和保证其质量的生产者之间的联系的最佳状态，就是其以自己的名义经营产品。

3）以吉祥和社会喜爱之物作企业名称，如熊猫电子集团公司、猴王电焊公司、春兰集团公司等。

4）选用富贵气派类文字作企业名称。此类企业用名又可分为含蓄与直白两类。比较直白的企业名称竭力显示自己不同凡响的气派，如金利来公司、富绅公司等。含蓄的，如红都影业公司、新时代大厦等。

5）选用传统商业味极浓的名称作企业名称。此类名称旧时中国最为盛行，如富康钱庄、顺康钱庄、汇丰银行、瑞康盛颜料号等。这类企业名称，大都由带有极浓商业味的汉字组合而成，取其经营生产吉利之意。

6）选用现代意味的字词作企业名称。一些企业为顺应时代趋势，迎合现代消费者的审美情趣，注意选用现代意味的名称，这类名称一般给人一种"洋"气感觉，给人一种有情趣的感觉，如北京燕莎商厦、赛格商城、百盛集团、美加净化妆品有限公司等。

取一个以英文字母组成的"洋名"是企业迈向国际化进行跨国经营所必需的，这样易于被世界各地尽可能多的人们所认知接受和拼读发音，即任何地域、肤色、人种、文化的人们都能认知。取"洋名"不仅能为企业国际化作铺垫，同时也能大大提高品牌的品位。

3. 企业标准字体的设计

企业标准字体是指经过设计的专门用以表现企业名称或品牌的字体。标准字体设计包括企业名称标准字和品牌标准字的设计。标准字体是 CIS 中的基本要素之一，应用广泛，常与标志联系在一起，具有明确的说明性。可直接将企业或品牌传达给观众，与视觉、听觉同步传递信息，强化企业形象与品牌的诉求力，其设计的重要性与标志具有同等重要性。

经过精心设计的标准字体与普通印刷字体的差异性在于，除了外观造型不同外，更重要的是标准字体是根据企业或品牌的个性而设计的，对字体的形态、粗细、字间的连接与配置，统一的造型等，都作了细致严谨的规划，与普通字体相比更美观、更具特色。

在实施企业形象战略中，许多企业和品牌名称趋于同一性。企业名称和标志统一的字体标志设计，已形成新的趋势。企业名称和标志统一，虽然只有一个设计要素，却具备了两种功能，达到视觉和听觉同步传送信息的效果。

标准字体的设计可划分为书法标准字体、装饰标准字体和英文标准字体的设计。

知识点 装饰字体表达的含义丰富多彩。例如，细线构成的字体，容易使人联想到香水、化妆品之类的产品；圆厚柔滑的字体，常用于表现食品、饮料、洗涤用品等；浑厚粗实的字体则常用于表现企业的实力强劲；而有棱角的字体，则易展示企业个性等。

由于标准字是 CIS 的基本要素之一，其设计成功与否至关重要。

当企业、公司、品牌确定后，在着手进行标准字体设计之前，应先实施调查工作，调查要点包括以下五个方面：①是否符合行业、产品的形象；②是否具有创新的风格、独特的形象；③是否能为商品购买者所喜爱；④是否能表现企业的发展性与依赖感；⑤对字体造型要素加以分析。将调查资料加以整理分析后，就可从中获得明确的设计方向。

4. 企业标准色的设计

（1）企业标准色的内涵

企业标准色是企业指定的运用在所有视觉传达设计的媒体上，通过色彩的知觉刺激和心理效应，显示企业的经营哲学或商品特征的某一个或某一组色彩。色彩在视觉上最容易发生作用，现代社会中色彩已成为传达意识的一种工具，因此在颜色的选择上与形态同样重要。例如，可口可乐饮料市场的对象多为年轻人，所以公司选定活泼、鲜明而轻快的红色作为品牌的标准色。

企业标准色具有科学化、差别化、系统化的特点。因此，进行任何设计活动和开发作业，必须根据各种特征，发挥色彩的传达功能。其中最重要的是，要制定一套开发作业的程序，以便规划活动的顺利进行。

（2）企业标准色的设计阶段与理念

企业标准色的确定是建立在企业经营理念、组织结构、经营策略等总体因素的基础之上的。有关标准色的设计，可分为以下四个阶段：①色彩情况调查阶段；②表现概念阶段；③色彩形象阶段；④效果测试阶段。标准色设计尽可能做到单纯、明快，以最少的色彩表现最多的含义，达到精确快速地传达企业信息的目的。其设计理念应该注意以下事项：①标准色设计应体现企业的经营理念和产品的特性，选择适合于该企业形象的色彩，表现企业的生产技术和产品的内容实质；②突出竞争企业之间的差异性；③应适合消费者心理。设定企业标准色，除了全面地展开和运用，以求取得视觉综合效果以外，还需要制定严格的管理办法进行管理。

5. 企业造型的设计

（1）企业造型的内涵

企业造型是象征企业经营理念、产品品质和服务精神的富有地方特色的或具有纪念意义的形象化图案。这个图案可以是图案化的人物、动物或植物，选择一个富有意义的形象物，经过设计，赋予形象物人格精神，可以强化企业性格，诉求产品品质。

企业造型通过平易近人、亲切可爱的造型，可以给人以强烈的记忆印象，成为视觉的焦点，直接表现企业的经营管理理念和服务特质，如麦当劳专卖店门前的“麦当劳叔叔”。

（2）企业造型的设计要求

1）个性鲜明。造型图案应富有地方特色或具有纪念意义。选择图案与企业内在精神有必然联系，如美国的麦当劳等。

2）图案形象应有亲切感，让人喜爱，以达到传递信息、增强记忆的目的。海尔的两个儿童吉祥物的设计，即具有活泼、亲切、可爱的形象，对海尔产品形象的推广起到了极大作用。

（3）企业造型的设计方法

企业造型的功能是通过具体的造型图案图解企业性格或产品特质。所以，设定企业造型要谨慎地选择题材，理性地分析企业的实态、性格、品牌的印象或产品的特性，并以企业想建立的形象为基准来设定名副其实的企业造型。企业造型可从以下四个方面着手设计：

1）故事性。从家喻户晓的童话故事或民间传说中，选择富有个性特征的角色。日本的卡西欧电子则塑造了善良的铁臂阿童木形象作为其企业造型。

2）历史性。基于人类眷顾历史、缅怀过去的怀旧心理，可以将历史的创造者、文物作为企业造型。例如，美国肯德基炸鸡公司即以创始人山德斯老先生的肖像作为企业造型，以显示其祖传秘方的迷人风味。

3）材料性。以产品制造的原料或产品的内容作为企业造型的题材，具体而明确地说明企业经营的内容。例如，英国瓦物涅斯酒业公司以酿酒木桶作为说明企业经营内容的造型图案。

4）动植物的特点、习性。动植物的特点、习性均有明显的差异，企业可按企业实态、性格、品牌印象及产品特质来选择符合其精神表现的题材，再赋予其特定的姿势、动态，以传达独特的经营理念。例如，彪马（Puma）的飞豹、亚瑟士（Asics）体育用品的老虎等都以动物威武凶猛的特性作为其企业造型。

企业造型设定之后，可依照企业经营内容、宣传媒体、促销活动的不同而制作各种变体设计，如微笑、跳跃、奔跑等不同的表情、姿势、动态，以强化企业造型的说明性与亲切感。

6. 象征图案的设计

在识别系统之中，除了企业标志、标准字、企业造型外，具有适应性的象征图案也经常运用。象征图案又称装饰花边，是视觉识别设计要素的延伸和发展，与标志、标准字体、标准色保持宾主、互补、衬托的关系，是设计要素中的辅助符号。它主要适应于各种宣传媒体装饰画，可以加强企业形象的诉求力，使视觉识别设计的意义更丰富，更具完整性和识别性。

一般而言，象征图案具有以下特性：①能烘托形象的诉求力，使标志、标准字体的意义更具完整性，易于识别；②能增加设计要素的适应性，使所有的设计要素更加具有设计表现力；③能强化视觉冲击力，使画面效果富于感染力，最大限度地创造视觉诱导效果。

象征图案的设计是为了适应各种宣传媒体的需要而设计的，但是，应用设计项目种类繁多，形式千差万别，画面大小变化无常，这就需要象征图案的造型设计是一个富有弹性的符号，能随着媒介物的不同，或者版面面积的大小变化作适度的调整和变化，而不是一成不变的定型图案。

第二节　CIS 开发的作业程序

CIS 的导入是一项系统工程，必须具有长期规划并配之以相应的督导管理。尽管由于企业的性质有所不同，每个企业在拟定 CIS 设计规划过程中，所要解决的问题及其表现的重点也有所不同，但完整地导入 CIS 的程序却必须遵循共同的原则和作业流程。一般来说，CIS 的作业程序可以划分为如下三个阶段，即实态调查—设计开发—实施管理。

一、企业实态调查阶段

所谓企业实态调查，是指通过运用定量的和定性的研究方法与手段，准确地了解企业的现状，客观地评价企业形象及企业所面临的竞争态势，详细地审查企业的视觉表达系统的意义及其作用，为下一步的 CIS 策划提供客观的依据。企业实态调查包括企业内部调查、企业经营环境的调查和企业视觉表达系统的审查。

1. 企业内部调查

企业内部调查的内容包括：企业经营理念是否明确，是否得到了全体员工的积极认同，企业是否具有完整的经营方针与经营战略，企业组织结构是否适应市场竞争的要求；企业的激励体系是否充分反映企业的经营理念，企业员工对企业持什么样的看法等。企业内部调查的方法主要有两种，一种是访谈，另一种是问卷调查。访谈的主要对象是企业的最高主管。与企业最高主管深入地沟通与交流，可以起到了解现状、发现问题的作用，而且能够在沟通与交流中使企业最高主管加深对导入 CIS 的意义的认识和了解，并获得他们的配合与支持。对企业内部员工的调查可采用问卷调查方法，其调查的重点在于了解员工对企业的看法与态度。因为员工对企业的忠诚度、归属感、向心力都是影响员工生产积极性的重要因素，同时也是决定企业兴衰、经营成败的主要内部因素。

2. 企业经营环境的调查

从导入 CIS 的目的来看，对企业经营环境的调查主要包括两项内容，一是消费者市场评估，二是竞争态势分析。消费者市场评估主要了解消费者对企业的产品及企业本身的认知度和评价，测定企业整体形象的优与劣，并通过调查确认企业改进及提升形象的重点所在。竞争态势分析主要是了解同业竞争对手之间产品、市场、形象定位的不同特点，以准确地确定企业在不同的细分市场中的定位及其应当采取的竞争对策。

3. 企业视觉表达系统的审查

视觉表达系统的审查是前期调查的一项不可忽视的内容。因为 CIS 的核心在于通过企业的视觉表达系统向社会公众传达企业的理念及经营思想，使企业的信息传达工作达到统一化、效率化、标准化和系统化，形成具有强烈感染力和影响力的企业形象系统，以提高企业的整体竞争能力。视觉审查主要是对以企业原有的标志、标准字体、标准色、企业名称、业务用品、运输工具、信息传播媒体及途径、设计表现的水准等进行全面、系统的重点检查，主要可以采用心理学的测试方法。

二、设计开发阶段

设计开发是为实现导入 CIS 的具体目标寻求方法和手段的过程，因此是导入 CIS 的关键环节。一般来说，CIS 设计开发应当包括三项主要内容：一是理念确定；二是管理整备；三是 CIS 创意。

1. 理念确定

理念是传达的基础与核心，缺乏明确的经营理念指导的视觉表达，是一种没有意义的表达。因此，为了使视觉表达统一化、标准化，就必须首先明确企业理念的内涵。企业理念既包括企业经营的价值观，也包括企业准确的市场定位，它们是指导企业一切经营活动的“灵魂”与核心。在确定企业理念的活动中，要充分发挥企业全体员工的智慧，经过深入讨论、比较分析、广泛参与，最终才能形成充分表达企业特性的经营理念。

2. 管理整备

所谓管理整备，是指根据企业导入 CIS 的具体目标，重新设计企业的组织结构，建立各种行为的规范和标准，以使其能够适应企业发展的需要。在这方面，建立适应企业发展需要的各种规范和标准是最为重要的，这些规范与标准，如职工操作规范、员工行为规范、销售服务规范、广告定位标准、公共关系活动的标准等，都必须以企业经营理念为最终尺度，不能背离企业的根本宗旨，这样才能使思想与行为保持一致性、统一化。

3. CIS 创意

CIS 创意就是将业已确定的企业理念和行为规范转换成系统化的视觉传递形式，来具体地、象征性地体现企业的精神与行为。CIS 创意包括三个步骤：首先，将具有识别性的抽象概念转换成象征性的视觉要素，并对其不断地进行审查，直到设计概念明确化为止；其次，创造以实体象征物为核心的设计体系，即开发基本设计要素，以奠定 CIS 整体传播系统的基础；最后，以基本设计要素为基础，展开应用设计要素的开发作业使基本设计系统与应用设计系统相互支持、相得益彰。CIS 创意阶段是设计人员充分施展其想象力和创造力的阶段，其中尤以企业标志、标准字、标准色的设计最为关键，因为整个识别系统的建立将以这三项为核心而展开。

三、实施管理阶段

CIS 实施管理阶段首先要完成的一项工作就是编制企业 CIS 应用手册。企业 CIS 应用手册是最具有指导性和权威性的文献资料，它包括企业理念的定义和解说，企业行为规范总汇，基本设计系统的构想与说明，应用设计系统的操作规程，基本设计系统标准化、统一化的使用方法等内容。企业在制定了完整的企业 CIS 应用手册以后，应当组织各主要职能部门的负责人进行学习、领会，并向全体员工进行发布和宣讲，使企业能够按照新的规范与标准统一自己的行为和各项活动。

CIS 实施管理阶段的另一项内容就是媒体的选择与投放，即对内对外发布，使社会公众包括企业内部员工充分了解企业导入 CIS 的目的以及认识企业新的视觉系统，使企业以全新的面貌出现在社会大众面前。媒体的选择要结合企业的特点，媒体的投放要注意投放时机，以便使企业能够以最少的费用达到最大的信息传输效果。同时，媒体的投放要结合企业的营销推广来进行，这样就可以使企业的崭新形象逐渐在消费者心目中累积为不可磨灭的真实形象，达到事半功倍之功效。

在 CIS 实施管理阶段要加强对这一过程的管理与督导，对 CIS 运作过程进行全程管理，这就需要由相应的管理机构执行。一般来说，企业应当成立以最高主管为核心的 CIS 管理委员会，负责对企业导入 CIS 进行全面管理。

四、企业 CIS 手册的编制

企业导入 CIS，最终以各类文字形式作为其成果，并以此成果作为指导企业各项工作的依据。企业 CIS 手册导入的最终成果主要表现为 MIS、BIS、VIS、企业综合感觉识别系统、企业信息传播识别系统等内容。

1. MIS

此部分收录 MIS 所策划的成果，具体有企业宗旨、企业精神、价值观念、方针政策、战略目标等内容。

2. BIS

此部分收录企业各个部门、各种岗位上的全部行为规范和行为模式。这部分是企业开始沿着新轨道安全、有序、高效运行的全部制度和规程，企业全体员工必须人手一份，并把这部分作为员工辅导、基本要素组合系统以及应用要素等的重要内容。

3. VIS

此部分收录企业标识系统的全部内容，包括基本要素、附属基本要素、基本要素的组合系统以及应用要素等。

4. 企业综合感觉识别系统

此部分收录策划人员在企业信誉形象、道德形象、管理者形象、员工形象、经营环境形象等项目上的策划成果。

5. 企业信息传播识别系统

此部分收录企业在信息传播项目上的策划成果，主要分为真实、系统的可信任媒介，艺术、科学的渠道，灵敏、快捷的反馈等内容。

企业 CIS 手册制定后，要经企业形象系统委员会审查通过。

小　结

CIS，直译为“企业识别系统”，意译为“企业形象识别系统”。它是一个企业为了塑造自身的形象，通过统一的视觉设计，运用整体传达沟通系统，将企业的经营理念、企业文化和经营活动传递出去，以凸显企业的个性和精神，与社会公众建立双向沟通的关系，从而使得社会公众产生认同感和共同价值观的一种战略性活动和职能。

CIS 由三个子系统构成，即 MIS、BIS 和 VIS，三个子系统相互依存，相辅相成，共同塑造企业独特的形象。

MIS 属于企业精神文化的范畴，主要由企业哲学、企业精神、企业道德、企业目标、企业宗旨、企业作风六个要素构成。

BIS 由两大部分构成：一是企业内部识别系统，具体包括企业管理、员工工作环境、员工的教育培训、员工行为规范化、编唱企业歌曲；二是企业外部识别系统，具体包括产品形象、市场调查、服务水平、领导形象规范、营销活动、广告活动、公共关系活动、社会公益活动。

VIS 的基础要素一般包括企业标志、企业名称（全称或略称）、企业标准字体、企业标准色、企业造型、象征图案、企业口号及上述要素的组合规定。

CIS 的作业程序可以划分为三个阶段，即实态调查—设计开发—实施管理。企业 CIS 手册导入的最终成果主要表现为 MIS、BIS、VIS、企业综合感觉识别系统、企业信息传播识别系统等内容。

案例分析

伊利新 LOGO

伊利新 LOGO 由“三个月牙形”“两个汉字”和“一个圆圈”组成。其中，三个月牙的绿色代表深远辽阔的草原；蓝色代表晴空中灿烂的阳光滋养着万物，寓意健康与活力；白色代表营养丰富的牛奶。红色的“伊利品牌”成长在阳光普照的蓝天绿地中。

两个汉字的“伊”在古汉语中是“她”的意思，引申为你、我、他、大家；“利”是利益。“伊利”被引寓为大家的利益，伊利就是为了消费者、股东、社会、合作者及伊利员工的利益而生存发展的。

整个 LOGO 以圆形为轮廓，表达了一种中国式的和谐与平衡。灵动的圆形设计，既代表着伊利所倡导的生生不息的“绿色产业链”，又象征着伊利将带动整个产业链走向可持续发展的“绿色生态圈”。

（资料来源：伊利新 LOGO 含义. 2010. 新华财经. http://news.xinhuanet.com/fortune/2010-12/20/c_12899328. htm[2010-12-20].）

案例讨论：

1. 思考新 LOGO 是如何对草原文化继承与传扬，开拓与创新的？
2. 如何解读新 LOGO 的深意？
3. 伊利的品牌战略给你的启示是什么？

思考与练习

一、思考题

1. CIS 的含义是什么？CIS 的基本构成有哪些？
2. 简述企业外部行为识别系统的开发要点。
3. CIS 导入程序包括哪几个阶段？

二、课堂讨论题

1. 结合最熟悉的企业，谈谈 CIS 战略体现在哪些方面。
2. 假如你自主创业，考虑如何进行 CIS 设计。

三、课外实践题

1. 选择你的家乡最知名的企业，结合本章知识，分析 CIS 设计存在的问题。
2. 查找一个典型的企业，结合本章知识，按照 CIS 导入程序，进行 CIS 设计。

第十章　公共关系专题活动

CHAPTER 10

学习目标

- 理解公共关系专题活动的含义。
- 了解展览活动的类型及实施过程。
- 了解新闻发布会的含义及实施过程。
- 了解赞助活动的含义、类型及实施过程。
- 了解庆典活动的含义及实施过程。
- 掌握公共关系危机管理。

案例导入

茅台酒公关案例分析

茅台酒历史悠久、源远流长。而茅台酒走向世界是在1915年的巴拿马万国博览会上。1915年，美国人为庆祝1903年动工的巴拿马运河终于完成开凿通航，在旧金山举办“庆祝巴拿马运河通航太平洋万国博览会”，茅台酒被选中参展，当时西方对茅台酒的认识几乎是零，人们对来自中国的茅台酒展位，根本不屑一顾。茅台酒被挤在一个角落，久久无人问津。面对这样的尴尬局面，茅台酒展台工作人员决心要改变这种受冷落的状况。在博览会的最后一天，一位工作人员心生一计，为了吸引参观者的重视，在展览大厅中央佯装不小心打碎了一瓶茅台酒，顿时，整个大厅完全充满了茅台酒的酒香。参观展览的人们立即被这从来没有闻到过的香味所吸引，好奇地相互打听这是什么牌子的酒香味。茅台酒的工作人员抓住这一机会，向参观者介绍茅台酒。很快，茅台酒展台就吸引了大批参观者。茅台酒因此而引起评委的重视，经反复品尝后一致认定茅台酒是世界上最好的白酒，于是向茅台酒补发了金奖（因为此前已经评出了金奖产品），跻身世界名酒之列。当天，茅台酒引起整个展览会的轰动，新闻媒介也闻风而动，纷纷予以报道。

（资料来源：吴伟. 2012. 中国参加巴拿马太平洋万国博览会之研究. 武汉：华中师范大学.）

【分析】这是一起十分典型的成功的公关案例。其成功启示有三：

1）结合企业实际，创造展示自己企业的机会，积极向公众传递本企业信息。在当时的中国，茅台酒能够走向世界参加1915年的巴拿马万国博览会，也许会得到世界公众的认可。合适的公共关系专题活动会是很好的载体。

2）博览会具有真实性、知识性和趣味性的特点。生动的图片、形象的文字说明、声情并茂的讲解以及直观的实物展示都直接地介绍了企业的特色和成就，能吸引广大公众的注意，会增进公众对企业的了解，提高企业知名度。茅台酒“酒香也怕巷子深”，急需提高知名度，博览会是很好的形式。

3）企业利用公共关系专题活动展示自己的形象，还需要精心策划，争取最大成功。在博览会的最后一天，茅台酒一位工作人员心生一计，为了吸引参观者的重视，在展览大厅中央佯装不小心打碎了一瓶茅台酒，顿时，整个大厅完全充满了茅台的酒香。这是很有效的创意，再加上因轰动效应必然导致新闻媒介纷纷予以报道，十分成功。

第一节 庆典活动

庆典活动是社会组织围绕重要节日或自身重大事件举行庆祝的一种公共关系专题活动。组织借这些活动对内营造和谐氛围，增强员工凝聚力；对外协调关系，扩大宣传，塑造形象。

一、庆典活动的要求

组织庆典活动总的要求是喜庆的气氛、隆重的场面、热烈的情绪、灵活的形式、较高的规范性和礼宾要求。

1）喜庆的气氛是由庆典活动的内容决定的。组织庆典活动体现吉祥、和美、欢乐之意，要求组织者应突出欢喜吉庆的基调。

2）隆重的场面要求活动的组织者在开展活动的环境和规格上动脑筋，通过环境布置来体现隆重和喜庆，以增加场面的隆重和新闻界及社会公众的注意，扩大组织的社会影响。

3）热烈的情绪是指通过欢喜的气氛和隆重的场面，对组织庆典活动的渲染或者依靠组织设计者的精心策划所体现的参加者兴奋、高昂的情绪。例如，在剪彩过程中播放欢快喜庆的背景音乐。

4）灵活的形式是指组织庆典活动不是千篇一律的典礼仪式，可以通过创意，借用其他联谊活动、赞助活动、文化艺术活动来体现其独特性，增强活动的效果。也可以在典礼活动如剪彩或仪程上进行策划，创造出新鲜感和轰动效应来。

5）较高的规范性和礼宾要求是指组织庆典活动要注意礼节和礼貌，这一方面要求活动的组织者和出席者注意个人的礼节和仪表，另一方面要求强调组织活动的礼仪服务。

二、庆典活动的形式

组织庆典活动在形式上，一般有开幕庆典、闭幕庆典、周年庆典、特别庆典、节庆活动和剪彩仪式等。

1. 开幕庆典

开幕庆典即开幕式，是指第一次与公众见面的展现组织新风貌的各种庆典活动。它包括各种博览会、展览会、运动会和各种文化节日的开幕典礼；组织或企业的开业典礼；重要工程的开工典礼或奠基典礼；重要设备及工程首次运行或运转的庆祝活动，如通邮、通车、通航等典礼活动。

在举办开幕典礼之前，公共关系人员需要做好充分的准备。通过各种新闻媒体，将组织的开幕信息向社会进行广泛的传播，为开幕庆典活动制造一种气氛。同时，还要确定好出席典礼的宾客名单、剪彩人及致辞人名单，安排好接待事宜、典礼程序及助兴的节目等。

开幕典礼一类的活动司空见惯，很难引起人们的注意。如果没有较高的立意和较强的创新意识，这类活动很容易流于形式。这就要求公共关系人员在策划开幕庆典活动时，对所要举行的开幕典礼活动有一个恰当的定位，以新颖的创意、完整的程序、丰富的内涵来吸引公众的注意。

2. 闭幕庆典

闭幕庆典是组织重要活动的闭幕式或者活动结束时的庆祝仪式。它包括各种博览会、运动会和文化节日的闭幕典礼；重要工程的竣工或落成典礼；学校学生的毕业典礼；组织重要活动或系列活动的总结表彰或者为圆满结束举行的各种庆祝活动等。

策划和组织闭幕庆典活动时，组织公共关系人员应注意的是，闭幕庆典是重要活动的尾声，与开幕庆典相比，重视的程度和隆重的程度较弱，多强调活动的有始有终，圆满结束，体现系统性特点和欢迎再次相聚等象征意义。闭幕庆典的策划和组织同开幕庆典有许多相似之处，这里不再赘述。

3. 周年庆典

周年庆典是组织在发展过程中的各种内容的周年纪念活动。它包括组织“生日”纪念；组织或企业之间友好关系周年纪念；某项技术发明或某种产品问世的周年纪念；其他内容的周年纪念活动。组织利用周年庆典，举办庆祝活动，借机振奋员工精神，扩大宣传效应，协调公众关系，塑造组织形象。与一般庆典活动相比，周年庆典有其独特的要求。

1）作为组织发展过程中的里程碑，周年庆典需体现总结过去、继往开来的内涵。组织周年纪念日是组织发展的里程碑，需要借庆典活动之机对组织的过去进行回顾和总结，对组织未来进行展望。

2）作为组织自己的节日，周年庆典应强化对内部员工进行热爱组织教育、热爱本职工作教育的主题。组织周年庆典应该要求全体员工统一着装。例如，着工厂厂服或店服；戴厂徽或店徽；庆典仪式上升厂旗、奏厂歌或店歌。为配合周年庆典纪念活动，可组织类似学校的校园文化节或者其他的系列主题活动，起到欢庆和教育的双重作用。

3）作为庆典活动，周年庆典应突出节日的喜庆气氛。组织周年是组织自己的纪念日和节日，庆典仪式或者纪念活动采取各种方式来渲染节日喜庆的气氛，并为来宾提供良好的礼宾服务。

4）周年庆典应围绕组织周年纪念中心内容进行创意，以增强活动独特性和对公众的吸引力。组织周年庆典活动不能总是一样的模式，组织公共关系人员应发挥其创造性。

4. 特别庆典

特别庆典是组织为了提高其知名度和声誉，利用某些具有特殊纪念意义的事件或者为了某种特定目的，策划组织的庆典活动。

一般来说，根据不同的目的，组织的特别庆典可采取不同的方式。

1）以制造新闻、吸引外界为主要目的。例如，酒店宾馆可策划组织迎来第 10 万名宾客的庆典活动；大型展览会上企业可策划组织本展台迎来第 1 万名参加者的庆典活动。

2）以强化观念、引起注意为主要目的。例如，邮政部门策划组织 3000 日无错邮纪念活动；交通部门策划组织安全行车 1000 日纪念活动；采矿企业举办安全生产 8000 天纪念活动等。

3）以关心组织员工、增进内部团结为主要目的。例如，学校为年满 18 周岁的青年举行成人仪式；企业为婚龄男女员工举办集体婚礼，为退休老职工举办银婚纪念等活动。

4）以关心社会、宣传自己为主要目的。例如，组织根据其特点策划世界环境日纪念活动、《中华人民共和国消费者权益保护法》颁布 10 周年庆祝活动等。

组织人员应注意辨别选择时机，策划组织具有独特创意的特别庆典活动，为实现组织的公共关系目标服务。

示例

IBM 公司的庆功会

IBM 公司每年举行一次非常隆重的庆功会，表彰和嘉奖有突出贡献的员工。这种表彰称为“金杯庆典”活动，一般安排在风景宜人的地方进行，邀请股东代表、社会名流、工人代表以及获奖员工的家属和亲友参加，由公司的最高层管理人员主持并颁奖。整个庆典活动，自始至终都被录制成电视片，然后拿到公司的每个部门去放映，鼓励员工们向榜样学习，在工作中作出成绩。

5. 节庆活动

节庆活动是为节日或共同的喜事而举行的，表示快乐或纪念的庆祝活动。节庆日是组织特别是宾馆等服务性企业开展公共关系活动的良好时机。

1）要区分公共关系节庆活动的重点。各国、各民族的节庆日名目繁多，大体可分为法定节日、民间传统节日两大类。法定节日，除宾客所在国的国庆日可向其表示庆贺外，逢我国国庆日，亦可酌量安排一些电影、文艺招待等活动。其他的法定节日，无论是我国或他国的节日，一般由国家、政府首脑或军事首长主持，具体单位的公共关系部门，则不必另行安排庆祝活动。民间传统节日，除各国基本相通的元旦外，世界各国都有各自传统的民间节日和宗教节日，如欧美国家的“狂欢节”，基督教的“圣诞节”“复活节”，伊斯兰教的“开斋节”，佛教的“浴佛节”等。重要的民间传统节日和宗教节日，应列为公共关系节庆活动的重点。

2）开展节庆活动，贵在富有传统特色。

6. 剪彩仪式

通常，在开业、展览时，或在具有较大意义的工程项目的开工与竣工时，一般都会举行一场剪彩仪式。

补充说明

据说，剪彩仪式的产生纯属偶然，它起源于美国。有一个小店主准备开张的吉日已定，为了激起顾客的好奇心，他在店门口拉了一根绳子，时辰不到，就让顾客等候在门外。快要到开张的时间了，他可爱的小女儿突然冲进店里找父亲，不小心撞断了绳子。等在门外的顾客就以为开张了，便蜂拥而入，商店从此财源茂盛，十分兴旺。于是人们以为是这根绳子起的作用。尔后人们便模仿该店，有意识地举行一场剪绳仪式，再逐渐发展为今天的多种形式。从剪彩的起源可看出，人们总是把它当作吉利与繁荣的象征，现在人们开始用它作为组织的宣传活动，以吸引公众。

一般剪彩时应注意以下七个方面的问题：

1）合理拟定仪式的程序。剪彩仪式一般包括主持人宣布仪式开始、剪彩、致贺词、致谢词、余兴节目等仪程。仪式后可安排一些其他活动如招待会、宴会、舞会、参观活动等。

2）服务工作，包括签到、接待、摄影摄像、迎送宾客、安排休息场所、布置现场等。

3）仪式主要人员的确定。首先要确定好剪彩人员，一般应选择知名人士，还可适当安排这些名人题词、作画、吟诗等，以助兴；其次要确定好致贺词的宾客名单和答词人名单；最后要选择好仪式的“礼仪小姐或先生”。

4）准备剪彩工具，如彩带彩球、剪刀、托盘、音响设备等。

5）活动安排要多样化。在仪式上可适度安排一些余兴节目，如锣鼓、歌舞、礼花鞭炮、文艺节目；仪式结束后可安排一些其他活动，如宴会、舞会、酒会等，便于来宾相互交流，还可组织来宾参观工程模型、新的厂房设备等。

6）发放宣传资料和印有特殊标记的纪念品。

7）要特别做好媒介人员和知名人士的接待工作。剪彩仪式是组织新形象在公众面前的第一次亮相，可为组织赢得公众的赞美，公共关系人员必须精心加以策划和做好各个细节的工作。

三、庆典活动的策划与实施

不同类型的庆典活动，策划与实施的具体内容也不完全一致。但一般来说，任何庆典活动需认真做好以下工作：

1）确定邀请宾客的名单。邀请的宾客应包括政府有关部门负责人、社区负责人、知名人士、社团代表、同行业代表、新闻代表、公众代表等。请柬应提前一到两周寄出，以便被邀请者安排时间，按时出席庆典活动。

2）制定典礼程序表。庆典活动的一般程序为：宣布庆典或仪式开始；宣读重要来宾名单；剪彩或授旗、授勋、签字与互换文本、致辞等。程序表要提前印制好，在来宾到来之前分发到每个座位上，也可以在签到时发给宾客。

3）确定致辞人员名单，并为本单位负责人拟写演讲稿。如果请贵宾致辞，应提前通知他们，以便让他们做好充分准备，并在活动开始前逐一落实。

4）确定剪彩人员或发奖人员名单。在剪彩人与发奖人名单中，既要有一些请来的上级领导、社会知名人士，也要有消费者代表和本单位的负责人。

5）安排好工作人员与服务人员。应事先确定接待、摄影、录像、播音等有关的工作人员与服务人员，这些人员要在庆典活动开始前和庆典活动中在指定的岗位上各司其职。为剪彩服务的礼仪小姐以穿红色旗袍为宜，鞋袜统一，身披绶带，化好淡妆。

6）接待好新闻记者。要安排专人接待新闻记者，为他们提供方便。大型的庆典活动最好设立新闻中心，其组织方式与新闻发布会相似。

7）典礼开始前 5 分钟，要有礼仪人员引导贵宾及本单位负责人进入既定区域。主席台上的座位以正中间为尊，分左右两边依次排开。对一般宾客也应热情周到地安排座次，切不可冷淡他们。

8）有些庆典活动还要在仪式结束后由专人陪同来宾进行参观。

第二节 展 览 会

展览会是社会组织通过实物、文字、图表等的示范表演来展示组织的成果、风貌、特征的专题活动。

一、展览会的特点

展览会是公共关系专题活动中经常采用的方式。与其他专题活动相比，它具有以下优点：

1）展览会是一种可以利用多种传播媒介的综合传播方式，如精致的实物、形象的图表、动人的解说、优美的音乐和生动的造型艺术等多种媒介相结合。它比单纯的文字和口头宣传更直观形象、更引人入胜，不仅能加深公众的印象，而且能提高组织和产品在公众心目中的可信度。

2）展览会是一种直接双向沟通的传播方式。组织的员工和外部公众可以在展览会上直接交谈，解答问题，同时还可以听取意见，搜集反馈信息，增进相互了解。这种直接双向沟通尤其有利于组织同某些特定公众进行交流和协调。

3）展览会是一种高度集中和高效率的沟通方式。一方面，展览会能够给公众以种种方便，并使公众相对全面、深刻地认识一个组织，减少了组织与公众之间联系的诸多中间环节，从而提高了传播的效果和信息的逼真度。另一方面，展览会是一种综合性的大型活动，其本身及展示的内容具有一定的新闻价值，比较容易引起公众及新闻传播界的注意，因此对社会公众的影响效果很好。再者，展览会属于主动型公共关系，它具有一定的刻意性质，能够给公众留下勇于开拓、注重社会效益的良好形象。

二、展览会的类型

根据标准的不同，展览会可作以下五种划分。

1. 按展览的性质可分为贸易性展览会和宣传性展览会

贸易性展览会的特点是“展”且“销”，展出实物产品，目的是打开产品的营销局面，提高产品的市场占有率，促进商品的销售，如我国每年在广州举行的“中国出口商品交易会”等。宣传性展览会是只展不销，目的是宣传一种观念、思想、成就等，通常通过展出照片、资料、图表和有关实物达到宣传的效果，如北京的中国国际展览中心举办的国际图书博览会。

2. 按展览的内容范围可分为综合性展览会和专题性展览会

综合性的展览会全面介绍一个国家、一个地区或一个组织的情况，要求总览全局，内容全面，有一定的整体性和概括性，既要突出重点，又要照顾一般，力求给观众以完整的印象，如“中国改革开放30年成就展”等。专题性展览会是围绕某一专题、某一专业或某类产品举办的展览会，要求主题突出，内容集中，有一定的深度，如“汽车展览会”“科技图书展览会”等。

3. 按展览举办场地可分为室内展览会、露天展览会和巡回展览会

大多数展览会在室内举行，显得较为隆重且不受天气影响，举办时间较灵活，长短皆宜。但室内展览会的设计布置较为复杂，花费较大，宜安排高档次展品展览。露天展览会的最大特点是布置工作较为简单，所花费用较少，但受天气条件影响大，因此，宜安排大型机械展览、农副产品展览和花卉展览。巡回展览会的特点是具有流动性，往往利用车辆运往各地巡回展出，如“农业科技书刊巡回展”等。

4. 按展览的规模可分为大型展览会、小型展览会和袖珍展览会

大型展览会一般由专门的单位举办，规模大，参展项目多，需要较复杂的程序和较高的布展技巧，如“世界博览会”“全国糖业烟酒订货会”。小型展览会规模较小，多由组织独家举办，展出自己的商品，展览会的地点常常选择在各类建筑的门厅、图书馆、旅馆房间、候车室或专辟陈列室、样品室等。袖珍展览会是一种小规模的展览，如橱窗里展览和流动展览车等。

5. 按展览的时间可分为长期固定展览会、定期更换内容的展览会和一次性展览会

长期固定展览会，如北京的故宫博物院、自然博物馆等；定期更换内容的展览会，如北京的工业展览馆、农业展览馆等；一次性展览会，如食品展销会、服装展示会等。

三、展览会的策划和实施

1. 分析展览会的必要性和可行性

展览会是大型综合性的公共关系专题活动，需投入较多的人力、物力、财力，如不对其必要性和可行性进行科学的分析论证，就有可能造成两个不良后果：一是费用开支过大而得不偿失，二是盲目举办而起不到应有的作用。所以，应对展览会的投入与产出进行详细计算，然后决定是否举办展览会。

2. 明确展览会的主题和目的

举办任何一场展览，都必须首先明确这一展览的主题和目的，并在此指导下去精心确定内容，制作展览的实物、图表、照片、文字等，使之更有针对性。主题要围绕展览的目的而定，并写进展览计划，成为日后评价展览效果的依据。

3. 确定参展单位、参展项目和展览类型

大型展览会的主办单位或承办单位可以通过广告、新闻发布或者邀请等形式联系可能的参展单位，并将参展时间、地点、项目、类型、收费标准要求和举办条件等情况告知联系的单位，一方面通过采取各种公共关系技能吸引参展单位，另一方面为可能的参展单位提供决策所需的资料。

4. 预计参观者的类型和数量

展览会在策划阶段必须考虑所针对的公众，参观者的类型将影响信息传播手段的复杂

性和多样性。如果参观者对展出项目有较深的了解和研究，就需要展览会的讲解人也是这方面的专家，介绍的资料要较为专业化和详细、深入；如果参观者只是一般消费者，则应采用通俗易懂的语言进行直观的普及性宣传。参观者的数量将直接影响展览地点的选择，展览地点的面积应足以容纳参观者。

5. 选择展览时间、地点

展览会时间的选择一般按组织需要而定，有些展览则要顾及季节性，如花卉展览等。在地点的选择上，首先要考虑的是方便参观者这一因素，如交通要方便、易寻找等；其次要考虑场地的大小、质量、设备等；再次要考虑展览会地点周围环境是否与展览主题相得益彰；最后要考虑辅助设施是否容易配备和安置等。

6. 培训工作人员

展览效果同展览工作人员素质有很大的关系。在举办展览时应对主要的几种工作人员如讲解员、接待员、服务员、业务洽谈人员等进行培训。培训内容包括公共关系技能、展览专业知识和专门技能、营销技能、社交礼仪等。

7. 确定展览会的管理机构，提供相关服务

大型的展览会要设立文书、邮政、运输、保险等专业服务部门。国际性展览会还应设立处理对外商检贸易的业务部门。一般的展览会应设置大会领导组、大会办公室、样品办公室、询问室、广播室、卫生保健室、贵宾接待室、保安处、会议室、谈判或签字室、停车场等。

8. 搜集展品，完成设计制作

展览会各分部的负责人要根据展览大纲到各参展单位搜集实物和有关资料，撰写展览文稿并提交设计室，由设计师、摄影师、美术师完成设计、排版、绘制、放样，再由制作组负责版面上的文字图表制作、裱贴和版面的加工、美化等。

9. 成立专门的新闻发布机构

展览会中会产生很多具有新闻价值的信息，需要展览会负责公共关系事务的人员挖掘，写成新闻稿发表，扩大展览会的影响范围和效果。专门的机构要负责制订新闻发布的计划和组织实施计划，并负责与新闻界进行联系的一切事务。

10. 准备展览会所需的各种辅助宣传材料

从主办方和承办方来看，设计与制作展览会的会徽、会标及纪念品，制作好介绍展览会的背景资料、前言及结束语，印制参展品名目录、展览会平面图、展览会组织机构、日程安排和宣传小册子等，供展出时分发。

11. 编制展览会费用预算

具体列出展览会各项费用，加以核算，有计划地分配展览所需的各项资金，防止超支

和浪费。

展览会的费用通常包括场地费用、设计费用、工作人员费用、联络及交际费用、宣传费用、运输费用等，要根据展览所要达到的效果来考虑这些费用的标准。

12. *布置展厅*

一般来说，展厅的布置具体包括以下三个方面：①选择与处理展品。根据展览的性质和总体设计选择展品的品种和数量，还要对有些展品进行各种处理，如制成标本、拍成幻灯片、电影拷贝、适当的物理化学处理等。易于损破的物品要有备用品。②进行室内装饰。展厅的主色调、背景选择、灯光照明等都应认真考虑。③讲究展品陈设。同一件物品，由于摆设的角度、方向、部位不同，在不同的背景和光线下，在其他展品的衬托下，给人的视觉效果会大不相同，展览不仅仅是实物展示，更是一种艺术，要充分利用它的艺术性给参观者留下永久不灭的记忆。

13. *展厅开放*

当一切准备就绪，就可以择日开放。但应注意以下七点：①开放前应适当地进行宣传，以引起人们的关注；②选择的时日要理想，不同的时机会有不同的效果；③参观者人数控制得当；④说明词要简洁明了，解说词要生动具体，充分利用讲解使静态的实物和图片有生命；⑤做好会务工作，接待好每一位观众；⑥在展厅入口处应设立咨询台和签到处，并贴出展览平面图和展品目录表；⑦可适当发放一些纪念品，悬挂会标、会旗，播放会歌，强化参观者的记忆。此外，还应做好安全防范工作，防止事故发生。

14. *会后总结*

通过设置观众留言簿，召开观众座谈会，会后登门拜访或发放调查问卷等多种形式检测展览效果，评价活动的成败，总结经验，为今后改进工作提供参考。

以上是举办展览会的一般程序和注意事项。为了达到理想的效果，必须每一步都计划周密，考虑细致，防止出现任何差错。其中尤为重要的是要善于应用各种展览技巧，如邀请有关知名人士出席，举行别开生面的开幕式，邀请有关文艺团助兴等，将展览会办得生动活泼、别具一格。

第三节　新闻发布会

新闻发布会是特定的社会组织把有关新闻单位的记者邀请到一起，宣布有关消息或介绍情况，让记者就此提问，由专人回答问题的一种特殊会议形式。社会组织召开新闻发布会可以达到两个目的：一是传播本组织的重要信息，谋求新闻界对某一事件的客观报道；二是与新闻界保持一种密切的联系。需要指出的是，新闻发布会并不完全等同于记者招待会。因为不是所有的记者招待会都是新闻发布会，有些记者招待会只是社会组织出于一种与新闻界朋友联络感情的需要而举行的招待会，并不发布什么重要新闻。

一、新闻发布会的特点

作为一种特殊会议的新闻发布会有以下特点：

1. 信息传递快速准确

新闻发布会是组织的一项重要信息传播和宣传活动。与向新闻界提供新闻稿件相比，新闻发布会速度快，减少了信息传递损耗，提高了传播效率。同时，举行新闻发布会，记者们可以就自己感兴趣的问题和自己认为最佳的角度进行充分采访，更好地发布信息。

2. 正式隆重

采用新闻发布会来传递信息，形式正规、隆重，给人们一种值得信赖的感觉，而且能增加信息传递的深度和广度。

3. 耗费较高

召开新闻发布会要占用记者和组织者较多的时间，需要动用一定的人、财、物，成本较高。

二、新闻发布会的策划

社会组织是否能通过新闻发布会将组织的有关信息成功地传递出去，并借此树立自己的形象，提高自身的知名度、美誉度，关键在于新闻发布会的策划。新闻发布会的策划应立足于规范性，重点在于活动的严密、紧凑、主题突出，并在规范性的基础上体现其独特性。具体来讲，新闻发布会的策划应注意以下三个方面：

1. 发布的新闻材料要有较高的宣传价值

举办新闻发布会必须有充分的理由和明确的目的。也就是说，在新闻发布会举办前，社会组织必须对所发布的消息是否重要，是否具有广泛传播的新闻价值以及新闻发布的最佳时机进行研究和分析。只有在确认举办新闻发布会的必要性和可能性后，方可决定举办新闻发布会。一般来说，具有举办新闻发布会价值的事件有重要人物的来访，新发明、新产品试制成功，新的重大发展规划，新工厂建成投产，企业重组上市，出现先进典型人物，重大庆祝日或纪念日，重要的人事变动，发生重大（或紧急）事件，如厂房起火、爆炸等严重事故等。

2. 活动要严密、规范、富有新意

新闻发布会的举办要涉及组织者、公众，尤其是媒体等多方面的人士，因而活动的策划要严密、规范，并富有新意。既要有章可循，又要不拘泥于以往的形式，在活动的设计安排上要有创意，以增强活动的效果。

3. 发布新闻的同时配合其他活动

组织围绕所要发布的新闻，配合以相关的其他活动，既可以营造会议气氛，加强宣传，又可以强化组织同新闻界的关系，增进相互了解，收到更好的效果。例如，会前举办与所发布新闻相关的图片展览或实物展览，会后组织记者们参观，举办小型宴请或联谊活动等。

三、新闻发布会的举办

1. 会前的筹备

（1）确定新闻发布会的主题

主题是新闻发布会的中心议题。组织要从新闻媒介和社会公众的角度出发，确定会议的主题。再进一步考虑这个主题是否非常重要，是否具有新闻价值，能否对公众产生重大影响。

（2）选择会议地点和举办时间

举办新闻发布会，在地点选择上主要考虑要给记者创造各种方便采访的条件。通常新闻发布会在宾馆或新闻中心等地举行，但有时也可选择主办者单位或某一事件发生的现场。会场要具备必要的照明设备、视听设备和通信设备等，并且要安静，不受电话干扰，交通要方便，要有舒适的座椅以便就座记录。会议的时间要尽量避免节假日、重大社会活动和其他重大新闻发布的日子，以免记者不能参加。会议时间一般宜控制在一小时以内，对无关或过长的提问应有礼貌地予以制止，会议应有正式结尾。

（3）选择会议主持人和发言人

出于职业习惯，记者的提问大都尖锐深刻，有时甚至很棘手，这对主持人和发言人提出了很高的要求。主持人和发言人必须对提问保持清醒的头脑，反应机敏，有较高的文化修养和口头表达能力。在组织中，会议的主持人一般由有较高专业技巧的公共关系人员担任，会议的发言人由组织或部门的高级领导担任，因为他们清楚组织的整体情况、方针、政策和计划等问题，同时又具有权威性。

（4）准备发言稿和报道提纲

公共关系人员在会议召开前，应在组织内部统一口径，组织专门小组负责起草发言稿，全面认真收集有关资料，写出准确、生动的发言稿。并写出新闻报道提纲，在会上发给记者作为采访报道的参考。

（5）准备宣传辅助材料

宣传辅助材料要围绕主题准备，尽量做到全面、详细、具体和形象。形式应多样，有口头的、文字的、实物的、照片和模型等。这些材料的准备要根据会议主题和内容的具体要求而定，在会议举行时现场摆放或分发，以增强发言人的讲话效果。

（6）择定邀请的范围

邀请的记者覆盖面要广，各方新闻机构都要照顾到，不仅要有报刊记者，还要有电台、电视台的记者，不仅要有文字记者，还应有摄影记者。特别注意对记者要一视同仁，不能厚此薄彼。

发邀请信时，认识的记者可以发给本人，不认识的可以发到新闻机构，并且在会议举行前要及时用电话联系落实记者出席情况。除新闻记者以外，凡事情涉及的其他单位、部门或公众群体，也在邀请之列。

（7）组织参观和宴请的准备

新闻发布会前后，可配合主题组织记者进行参观活动，请记者作进一步的深入采访，这样常常会产生具有重大价值的新闻报道。有关参观活动事宜应在会前就安排好，并派专人接待，介绍情况。会后，如有必要可邀请记者共餐，利用非正式交谈，相互沟通，融洽与新闻界的关系，解决新闻发布会没有解决的问题。

（8）做好会议费用预算

应根据所举行新闻发布会的规格和规模制定费用预算，并留有余地，以备急用。费用项目一般有场租费、会议布置费、印刷品、邮电费、交通费、住宿费、音像器材、相片费、茶点或餐费、礼品、文具用品等。

（9）做好接待工作

组织人员要提前布置好会场，如横标、发言人席、记者座位。周围环境要精心设计、安排，营造一种轻松、自然、和谐的会场气氛。培训接待人员和服务人员，要求他们穿戴整洁、适宜，精神饱满、愉快，体现出组织的风格。安排会议的记录、摄影、摄像工作，以备将来的宣传和纪念之用。

2. 会议程序

举办新闻发布会，会议程序要安排得详细、紧凑，避免出现冷场和混乱局面。一般来说，新闻发布会应包括以下程序：

（1）签到

应安排足够的工作人员，设立签到处，并派专人引导记者前往会场。参加会议的人要在签到簿上签上自己的姓名、单位、职业、联系电话等。

（2）发资料

会议工作人员应将写有姓名和新闻机构名称的标牌发给与会记者，并将会前准备的资料，有礼貌地发给到会的每一位记者。

（3）介绍会议内容

会议开始时要由会议主持人说明举办新闻发布会的原因、所要公布的信息或事件发生的简单经过。

（4）主持人讲话

主持人要充分发挥主持和组织作用，以庄重的言谈和感染力，活跃整个会场气氛，并引导记者踊跃提问。当记者的提问离会议主题太远时，要善于巧妙地将话题引向主题。会议出现紧张空气时，能够及时调节缓和，不要随便延长预定会议时间。

（5）回答记者提问

新闻发言人要准确、流利自如地回答记者提出的各种问题，不要随便打断记者的提问，也不要以各种动作、表情和语言对记者表示不满，对于保密的问题或不好回答的问题不要简单地说“无可奉告”，而要婉转、幽默地进行反问或回答。即使记者的提问带有偏见，新闻发言人也不能当场激动发怒，而应表现得很有涵养，以平静的话语和确凿的事理给予解释和纠正。

（6）参观和其他安排

会议结束后还应由专人陪同记者参观考察，给记者创造实地采访、摄影、录像等机会，增加记者对会议主题的感性认识。如果有条件，社会组织还可举行茶会和酒会，以便个别记者能够单独提问，并能融洽和新闻界的关系。

3. 会议效果检测

新闻发布会结束后，社会组织要检验会议的效果是否达到了预期目的。具体需要做好以下工作：

1）尽快整理出新闻发布会的记录材料，对会议的组织、布置、主持和回答问题等方面的工作加以总结，从中认真汲取经验和不足，并将总结材料归档备查。

2）收集到会记者在各种媒介上的报道，进行归类分析，检查是否达到了会议的预定目标，是否有由于失误而造成的谬误。对检查出的问题，要分析原因，设法弥补失误。

3）对照会议签到簿，查看与会记者是否都发了稿件，并对记者所发稿件的内容及倾向给予分析，以此作为以后举办新闻发布会邀请记者范围的参考依据。

4）收集与会记者以及其他与会代表对招待会的反应，检查招待会接待、安排、提供方便等方面的工作是否有欠妥之处，以便改进今后工作。

5）若出现不利于本企业的报道，应作出良好的应对策略。若是不正确或歪曲事实的报道，应立即采取行动，说明真相，向报道机构提出更正要求。若报道的虽然是正确事实，但不利于本企业，这种情况完全是企业内部错误造成的，对此应通过该报道机构表示虚心接受并致歉意，以挽回企业声誉。

第四节　赞助活动

赞助活动是社会组织通过资助一定的实物或者承担全部或部分费用，赞助兴办文化、体育、社会福利事业和市政建设等，向社会表示其承担的责任和义务，以扩大组织影响，提高知名度和美誉度的公共关系活动形式。

一、开展赞助活动的作用

赞助是公共关系专题活动的另一种常见形式。1984 年在美国洛杉矶举行的第 10 届奥运会上，美国政府不花一分钱就将这届奥运会举办得非常成功。人们都非常奇怪，奥运会耗资巨大，这一大笔举办费用是从哪儿来的？原来，所有的举办费用都是民间企业和民间组织赞助来的。民间企业和民间组织之所以争相参加赞助活动的原因是：这种赞助对塑造组织的公共关系形象具有特别重大的意义。

1）通过赞助来做广告，能够增强广告的说服力和影响力。因为赞助性社会活动都是公众比较关心的，能使公众在关注这些活动的过程中非常自然地接受广告的影响。

2）赞助能够给公众留下关心社会公益事业和社会整体进步的良好形象，使人们看到赞助者积极参与社会生活，承担社会责任的健康形象。

3）大型赞助活动有利于大大提高组织的社会知名度和整体地位。如果组织率先发起某种赞助活动，还会间接地给组织做“创意广告”，使人们感到该组织具有一定的“领头”作用或社会号召力，也能显示组织的社会活动能力和组织管理能力。大型赞助通常是新闻媒介和社会公众关心的热点，这无疑会提高组织的知名度。

4）赞助有助于产品的销售。通过赞助活动可以提高企业影响力，可以加深与各类公众之间的感情，无疑也会给消费者留下深刻印象，从而将有利于推销组织的产品或服务。

二、赞助活动的类型

1. 赞助体育运动

赞助体育运动是赞助最常见的形式。由于体育比赛活动拥有众多的观众，而且往往是新闻媒介热衷报道的对象，对公众的吸引力大，因此，社会组织常常赞助体育运动，以增强对公众施加影响的广度和深度。赞助体育运动常见的形式有赞助体育训练经费或物品、赞助体育竞赛活动、设立体育竞赛奖励项目等。

2. 赞助文化事业

文化是公众社会生活的主要内容之一。社会组织积极赞助文化事业，不仅可以增进社会组织与公众的深厚感情，而且可以提高社会组织的文化品位和知名度。赞助文化生活的方式主要有赞助拍摄与社会组织有关的影视片、资助文艺演出队伍、赞助文化演出活动等。

3. 赞助教育事业

社会组织赞助教育事业，既可以促进学校教育事业的发展，又可以为社会组织树立一种关心社会教育事业的良好形象。赞助教育事业的方式有捐资建立图书馆与实验室、设立某项奖学金制度、资助贫困学生、捐资希望工程等。例如，通用汽车公司在 240 所大学里设置了 300 项奖学金，国内著名的宝钢教育基金、霍英东基金、曾宪梓基金等都是成功的赞助典范。

4. 赞助社会福利事业

赞助社会福利事业，既是社会组织向社会表明履行社会义务的重要手段，也是社会组织改善社区公众关系、政府公众关系的重要途径。例如，为孤寡老人、残疾病人、福利院儿童等提供物质、经费帮助，开展服务活动。

5. 赞助社会公益事业

社会组织出资参加市政公共建设，如修建马路、天桥、公园、路标等，一方面可以为政府减轻建设压力，赢得政府公众的信赖；另一方面能为广大市民公众带来方便，赢得市民公众的称赞。

6. 赞助学术理论活动

社会组织赞助学术理论活动，如提供开会地点、资助会议的经费、设立学术研究基金等，既可以利用学术理论活动在公众中的影响提高社会组织的知名度，又能直接得到专家的指导和建议，从而改进社会组织的生产、经营、管理等工作。

7. 赞助公共节日庆典活动

社会组织利用自己的产品或服务项目赞助公共节日庆典活动，增加节日气氛，让公众在心情舒畅的气氛中享受社会组织的祝贺与便利，也能收到良好的公共关系效果。

三、赞助活动的策划与实施

1. 做好赞助研究

首先要考虑所赞助的活动与本组织本身能否很和谐地让公众联想在一起，能否对本组织产生有利的影响。其次看所赞助的活动的社会影响，如媒介报道的可能性、频率和广泛性，受益人是谁，受影响的公众的分布情况，影响的持久程度，活动本身能否引起人们的注意，能否产生“轰动效应”，本组织在活动中与公众见面和直接沟通的机会多少等。再次要看赞助的费用多少和赞助形式。应当从组织本身的实际条件出发，赞助费用不能超过组织的承受力，还要看它在全部公共关系费用中占多大的比例。最后要考虑赞助的监督情况。通过何种方式对赞助活动予以控制，赞助活动是否合法，发起单位的社会信誉如何，赞助费用如何落实到受益人手里等。

2. 制订赞助计划

组织要在赞助研究基础上制订赞助计划。赞助计划的内容应该具体、翔实，对赞助的目的、赞助的对象、赞助的形式、赞助的费用预算、赞助的具体实施方案等都有所计划，并控制范围，防止赞助规模超过组织的承受能力，节制浪费现象，做到有的放矢。

3. 评估赞助项目

组织每进行一次具体赞助活动，都应由组织的高层领导或赞助委员会对其提案和计划进行逐项的审核评定，确定其可行性、具体赞助方式、款额和时机。

4. 实施赞助方案

组织要派出专门的公共关系人员负责落实。要与接受赞助的组织联系赞助事宜，有的赞助（如奥运会、亚运会、全运会的赞助）还需要签订赞助协议书或合同。在实施过程中，公共关系人员要充分利用有效的公共关系技巧，尽可能扩大赞助活动的社会影响。同时，应采用广告和新闻传播等手段，辅助赞助活动，使赞助活动的效益达到最佳峰值。此外，公共关系人员的形象应与组织形象一体化，谋求公众的好感，争取赞助的成功。

5. 测定赞助效果

赞助活动结束后，还应对参加赞助的效果进行评价。一方面，依据媒介报道和广告传播的情况测定本组织在活动中的地位、作用、角色如何，公众对本组织以及整个活动有何反响，本组织的形象在多大程度上得到了改善等。另一方面，要对参加赞助的全过程进行回顾和总结，看一看本组织参加的这次赞助与赞助宗旨和赞助规划是否相符，落实赞助的公共关系人员的公共关系技巧和能力如何，本单位是否适宜用这样的方式赞助这种性质的活动，等等。评价总结的结论应写成书面报告，一份送交有关领导，另一份归档储存。至此，参加赞助的过程结束。

第五节　开放参观活动

开放参观活动是社会组织邀请公众参观本组织的工作条件、环境设施、成就展览等。参观的公众可以是员工家属、新闻工作者、主管部门领导人、学校师生和其他对本组织感兴趣的公众等。其目的是增加本组织的透明度和扩大本组织在社会上的知名度，争取公众的理解和支持，表明它的存在是有利于社会和公众的。同时，开放参观有助于消除人们对本组织的某些不解和疑虑，改善社区关系。例如，苏联切尔诺贝利核电站发生事故后，香港各界曾纷纷表示忧虑，担心位于广东的大亚湾核电站不安全，一时满城风雨。为此，大亚湾核电站请香港选民代表前来参观，现场介绍安全情况，结果风波很快平息。这就是开放一个组织所带来的实际公共关系效应。

一、对外开放参观的类型

1. 专题性开放参观和常规性参观

专题性开放参观是有特定的目的、围绕一个专门确定的主题而进行的。例如，上海电视台为了使本台职工家属支持和协助职工工作，特意组织了一次职工家属参观电视台的活动，通过参观，家属们认识到自己亲人工作的重要性，从而能够体谅亲人、坚定地支持其工作。常规性参观一般没有特定的主题，是组织常规工作的一项内容，如工厂周年纪念日、传统节日或每月一次的定期开放参观等。

2. 特殊参观和一般参观

特殊参观就是对特定公众对象开放的参观，如上级部门领导人的视察参观，组织学生来单位参观等。一般参观就是对公众对象不加限制的参观。这种参观应事先通过“安民告示”或其他传播手段广泛宣传开放参观的目的、时间及参观须知，争取尽可能多的参观者来组织进行参观。

二、开放参观的组织工作

1. 分析必要性

开放参观活动需要组织周密的准备，投入较多的人力、物力和财力。所以应首先对必要性和可行性进行科学的分析。组织者要有明确的目的。为什么要举行这次活动，要达到怎样的效果，组织是否有条件举办等都应认真分析研究，才能决定是否举办此次活动。

2. 明确参观活动的主题

任何一次开放参观，都应确定一个明确的主题，即想通过这次活动达到什么样的效果，给参观者留下什么印象。常见的主题有强调企业的优良工作环境，表明企业是社区理想的一员，会给社会和周围的公众造福等。

3. 确定参观时间

开放参观既可以常年进行，也可以定期进行。一般来说，开放参观宜安排在一些特殊的日子，如周年纪念日、逢年过节，或者大型的机器开工日等。此外，还要注意季节、气候，如暮春、初秋气温较好，是理想的参观时间，太热、太冷都不宜安排参观，同时还应避免一些对有关公众更有吸引力的社会活动日期等。

4. 确定邀请对象

参观活动的邀请对象主要有以下十类：①社区居民、一般公众；②企业团体；③股东、金融舆论专家等；④金融机构、新闻界团体、环境保护组织等；⑤各级政府部门；⑥专家学者、各界名人；⑦高等院校师生、科研机构和文化组织；⑧慈善组织、社会福利团体；⑨海外客商、投资者；⑩员工代表、员工家属。组织可根据参观活动的目的和主题选择相应的公众。

5. 拟定参观活动路线

参观活动不是一种自由、随便的活动，不能任由参观者到处乱走动，要提前拟定参观路线，制作向导图及标志，标明办公室、餐厅、休息室、医务室、厕所等有关方位。如有保密和安全需要，应注意防止参观者越过所限范围，以免发生意外的伤亡事故和影响正常的工作秩序。

6. 准备好宣传资料

为了使参观活动起到应有的效果，还应准备一份简单易懂的说明书或宣传材料。在参观之前，先放录像片或幻灯片进行介绍，帮助参观者了解组织的主要概况。然后再由向导陪参观者沿参观路线作进一步解释和回答问题。最好将参观者分成十人以内一个小组，这样既便于组织，又能让参观者听清讲解。公共关系人员的解说词要写得简明扼要，主要配在图表、数字、模型、样品下方，标语一般写在前面或后面，还可用照片来增加展览的形象性，力求给参观者留下一个好印象。

7. 准备好辅助设施和纪念品

辅助设施一般包括停车场地、休息场所、会议室等。参观场所应设路标，对特殊参观还应根据对象做特别准备，如用餐、用车等。另外还要准备好象征组织产品、代表组织形象的小型纪念品。如果是外宾，应多选择一些有地方或民族特色的产品作为礼物。

8. 培训服务人员

培训服务人员主要指培训讲解员、接待员、服务员。讲解员应对组织有全面深入的了解，能对公众提出的问题应答如流。接待员、服务员应对公共关系技能、社交礼仪等知识娴熟在心，做到接待公众有礼有节，树立和维护组织的良好形象。

9. 做好接待工作

对参观者应热情周到地做好接待工作。应有专门的接待人员负责登记、讲解、向导等工作。安排合适的休息场所和茶水饮食，赠送有意义的纪念品。有关部门负责人或组织负责人必要时要亲自出场热忱地迎送参观者，介绍本组织的发展情况，感谢来宾光临，竭诚征求大家的意见。

10. 会后工作安排

参观活动结束后，还需要进行一系列的公共关系活动，如致函向来宾道谢，登报向各界鸣谢，召开参观者代表座谈会，听取意见和建议，以改进管理。

组织对外开放参观活动虽然是件很繁杂的工作，但又是一项很好的公共关系活动，它可以使公众对组织产生兴趣和好感，进而提高组织的知名度和美誉度。

第六节 公共关系危机管理

一、公共关系危机管理的含义

公共关系危机管理是指组织在其运行过程中，为避免或者减轻危机所带来的严重损害和威胁，有计划、有组织地针对可能面临的危机进行预防或对正在面临的危机所采取的一系列管理活动的总称。危机管理的目标是最大限度地减少危机对社会和组织的伤害，帮助组织控制危机的局面，尽最大能力保护组织的声誉。

二、公共关系危机管理的基本原则

公共关系危机管理的原则主要有以下五个方面：

1. 公众利益至上原则

组织应将公众利益看得高于一切，对危机事件造成的后果应持负责到底的态度，不仅敢于承担道义上的责任，而且对财产损失应合理赔偿，对伤亡人员应为其本人或家属提供探视、医疗、吊唁、抚恤等条件。

2. 预防为主原则

公共关系危机具有很强的突发性、不可测性，而公共关系危机管理的显著效果就在于它不是被动地应付危机，而是防患于未然，将隐患、危机消灭在萌芽之中。

3. 公开透明原则

公共关系危机一旦爆发，立即会引起政府部门、社会公众和相关媒体的关注与报道，此时，作为事件的当事人，社会组织就应采取信息透明政策，迅速准确地采取主动行动，掌握与控制事态的发展信息和发布渠道，坦诚公开真相，向公众原原本本地说清事实，对各方面的反应作出妥善积极的回应，而不要遮遮掩掩。

4. 及时性原则

处理公共关系危机事件的目的在于，尽最大可能控制事态的恶化和蔓延，在最短的时间内重塑或挽回组织的良好形象和信誉。

5. 真实灵活原则

危机事件发生后，为了防止谣言传播、消除混乱，得到公众的谅解、支持，公共关系人员应及时公布事实真相，不能隐瞒、歪曲和省略某些关键细节，更不能嫁祸于人，推诿责任。

三、公共关系危机管理的内容

1. 危机管理的协调工作

当危机已经发生时，社会组织应积极主动地协调好各方面公共关系的活动。具体包括内部公众协调、受害者公众协调、新闻界公众协调、与上级主管部门协调、业务往来单位协调、社区公众协调等。

2. 谣言及其控制

在危机事件中，常常会产生许多谣言。谣言的出现和传播更增添了组织解决危机的困难，有时甚至会成为解决危机的最主要障碍。因此，应付谣言是公共关系人员在处理危机时应重点研究的问题。

对于控制谣言公共关系人员应采取以下措施：①当谣言初起时，即使尚未对组织造成危害，也不能听之任之，要尽快地向社会公众提供与事实有关的完全真实的、完整的信息资料，以事实辟谣，证实真相；②与受谣言影响或受损害的人对话，向他们讲明事实，表示组织机构对此事的关心和辟谣的决心；③请社会上有地位、有身份、有影响力的人士来一起讨论谣言所传播的问题，借助他们的权威来澄清事实；④加强与公众的双向传播活动，召开新闻发布会，促使组织与公众的沟通，以达到相互间的信任和理解。

3. 危机管理的传播沟通工作

在公共关系危机管理中，处理好组织与新闻媒介的关系非常重要，这不仅决定组织在新闻媒介中将以什么样的形象出现在公众面前，也决定了在今后相当长的时间内新闻媒介对本组织报道的态度。具体要点如下：①控制现场，准确把握危机信息。②确立发言人，统一口径。③了解公众。不断了解公众、倾听意见，以便调整组织的行为。④进行新闻发布，纠正错误信息。召开新闻发布会，揭示事实真相，通过记者广泛传播给社会公众，纠正不正确信息。⑤开展一系列补救的公共关系活动，如慰问、致歉等，增进公众的理解。

四、公共关系危机管理的程序

1. 危机预防

（1）危机的预见

公共关系危机管理小组成员应进行危机研究，全方位地查找和预见危机。预见危机的价值在于，它为有效预防危机、提早化解危机做好必要的准备。

预见危机的方法主要包括：①经验研究。搜寻与本行业有关的各类危机的案例，在阅读有关书籍、报刊以及行业和组织的有关资料的基础上，列出与本组织相关的危机问题。②向组织内部各个部门负责人进行征询，找到各部门所关注的或担心的问题，将其归类、列项，以备后用。③运用问题管理法，将组织的一切危机问题筛选排队。④利用公共关系人员的逆向思维寻找危机源。

（2）全面推进公共关系危机预防措施

有了预见，公共关系的危机管理工作就要根据问题优先的原则，做好策划。一般要制定两套计划方案：一是危机预防计划，详尽说明某潜在危机何以成立的理由及其灾难性后果，并提出消除的对策、详尽的解决方案；二是处理各种危机的反应性计划，即对组织可能出现的危机作出反应性的分析，一旦发生危机，会有更好的相应对策来有规则、有步骤地加以妥善处理，这就能够确保组织在危机爆发时不至于显得手足无措。

2. *危机处理*

一般而言，可以大致按照以下步骤来处理已经发生的危机。

（1）迅速展开调查，了解危机事件的真相

危机事件发生后，组织应迅速召集有关人员成立事故调查小组，深入公众进行调查，了解危机事件的各个方面，收集关于危机事件的综合信息，并形成基本的调查报告，为处理危机提供基本依据。调查的内容通常包括：①细致地收集危机事件的信息。查明事件的类型，发生时间、地点、原因、现状等基本情况。②查明事件的后果和影响。例如，人、财、物的损失数量及价值，受该事件破坏的范围和程度，已经或者将会对社会造成的重大影响。③调查了解受害公众、政府公众、新闻公众及其他相关公众在危机事件中的要求，找出处理组织、公众与危机事件的关键。④整理分析、形成报告。在全面收集有关信息的基础上，将材料进行分类整理，加以分析，找出事件的真正原因，形成危机事件调查报告，提交组织的有关部门。

（2）组建处理机构，进行初步控制

危机事件的出现一般影响面较广、压力较大、时间较短，因此，首先要保持镇定，最大限度地平衡组织与公众的利益，控制事态的发展；其次要对事件作最初报道，以使公众获得客观确切的信息。此外，还应立即组建危机处理的专门协调机构，由主要负责人亲自领导，并根据时间的需要决定其构成。危机处理机构的职权应为处理危机事件的最高权力机构和协调机构，它有权调动组织的所有资源，有权独立代表组织作出任何妥协、承诺或声明。

（3）制订处理计划，全面调配资源

危机处理协调领导机构成立以后，首要的工作是根据现有的资料和情报以及组织所拥有、可支配的资源来制订危机处理计划。计划制订完成并通过后，就应立即开始进行物质资源调配和准备，并立即奔赴危机事件现场，展开全面的危机处理行动。

（4）协同行动，开展危机处理

危机处理根据危机事件的性质和情况不同，一般按如下方式进行处理：如果危机事件尚未在媒体曝光，组织应争取控制事件的影响；如果危机事件已由媒介公开并已造成广泛传播，则危机处理应在对危机事件本身尽快处理的同时，将重点转到媒介公共关系上来，引导媒介对事件进行客观报道。

（5）针对不同危机，采取不同策略

对于组织自身行为不当引起的危机，唯一正确的做法就是调整组织自身行为，重新塑造组织的良好形象，任何掩盖、粉饰，只会加剧危机；对于突发事件引起的危机，组织首先要树立公众利益至上的观点，坚持不懈地为公众提供最佳服务。然后，立即指派专人向公众及时传递有关信息，以免情况不明造成的混乱和紧张气氛蔓延。积极采取各种有效措施，致力于双向沟通，以争取新闻媒介、政府与公众的理解和支持，必要时动用法律手段来保护组织与公众的利益。

（6）总结评估，改进组织管理工作

对组织来讲，非常重要的一个危机处理环节便是总结经验教训。因为组织可以从中发现管理中平时未能发现的一些问题，特别是与引发危机事件有关的问题以及与之相关联的、与危机事件无关但也很重要的问题，从而进行必要的改革和调整，避免犯更大的错误。公共关系人员要实事求是地撰写出详细的事故处理报告，为以后处理类似的危机事件提供参考性文献依据。

3. 形象恢复

危机管理的最后一个环节是危机处理完毕之后，根据组织从危机处理过程中总结出来的经验和教训，进行组织管理活动的改进，进而恢复组织的形象。其主要内容涉及以下三个方面：

（1）对组织存在的问题进行解决

如果组织发现其内部信息沟通不畅是危机事件发生的根本原因，则着手重新设计组织的结构，强化组织内部的信息沟通渠道和反馈渠道的改进，从而避免因信息沟通不畅而再次引发危机事件；如果组织发现是其基层员工素质低下而引发的危机事件，则着手进行对基层员工的考核和培训，甚至进行必要的更新；如果组织发现是经营指导思想引发了危机，则坚决改变其经营指导思想，以避免重蹈覆辙等。

（2）对组织积累的经验进行推广，并强化相关的意识

这些经验包括组织的凝聚力、合理的工作流程、广泛的社会关系资源、员工的高素质等。组织经验的推广能增强员工的自信心和自豪感，同时也有利于培养组织的竞争力。因此，组织应善于从危机中发现其优点和长处，并加以推广和利用。

（3）恢复形象

形象恢复是组织危机管理中十分重要的一个方面，是对危机处理过程中发现的问题有针对性地开展的一系列组织形象恢复管理活动。它包括投放组织形象广告、产品广告；推出组织全新的产品和服务；调整组织的管理团队，引进新的形象良好的高层人物；公布组织新的市场拓展计划和产品发展计划等。通过一系列有针对性的形象恢复管理活动，充分利用公众对组织关注力未减弱之前的宝贵时间，改变公众对组织的印象，并增加其对组织未来的信心。

总之，危机处理或应付意外事件是公共关系中最新的项目，也是最富有挑战性的工作。组织处理危机时，要从平时预防的工作做起，在灾难事件到来之前，公共关系人员要有危机预见和危机应变的准备，并能采取措施使大量的潜伏危机在爆发之前即得以遏制；一旦发生了某种意想不到或不可抗拒的危机，公共关系人员就要全力以赴，配合其他管理部门在尽量短的时间里使危机得以有效处理；在危机过后，公共关系人员还要担负起重建组织形象的工作，使组织重新获得公众的信任和支持。

小　结

庆典活动是社会组织围绕重要节日或自身重大事件举行庆祝的一种公共关系专题活动。庆典活动的策划与实施包括确定邀请宾客的名单、制定典礼程序表、确定致辞人员名单、确定剪彩人员或发奖人员名单等一系列步骤。

展览会是社会组织通过实物、文字、图表等的示范表演来展示组织的成果、风貌、特征的专题活动。展览会的策划和实施分为以下十步：①分析展览会的必要性和可行性；②明确展览会的主题和目的；③确定参展单位、参展项目和展览类型；④选择展览时间、地点；⑤搜集展品，完成设计制作；⑥成立专门的新闻发布机构；⑦编制展览会费用预算；⑧布置展厅；⑨展厅开放；⑩会后总结。

新闻发布会是指特定的社会组织把有关新闻单位的记者邀请到一起，宣布有关消息或介绍情况，让记者就此提问，由专人回答问题的一种特殊会议形式。新闻发布会的举办包括会前的各种筹备、会议程序和会议效果检测。

赞助活动是社会组织通过资助一定的实物或者承担全部或部分费用，赞助兴办文化、体育、社会福利事业和市政建设等向社会表示其承担的责任和义务，以扩大组织影响，提高知名度和美誉度的公共关系活动形式。赞助活动的策划与实施包括以下五个步骤：做好赞助研究、制订赞助计划、评估赞助项目、实施赞助方案、测定赞助效果。

开放参观活动是社会组织邀请公众参观本组织的工作条件、环境实施、成就展览等。开放参观的组织工作的环节有：分析必要性；明确参观活动的主题；确定参观时间；确定邀请对象；拟定参观活动路线；准备好宣传资料；准备好辅助设施和纪念品；培训服务人员；做好接待工作；会后工作安排。

公共关系危机从酝酿到解决一般要经历四个阶段：危机的酝酿期、危机的爆发期、危机的解决期、危机的善后期。危机管理的内容包括危机管理的协调工作、谣言及其控制、危机管理的传播沟通工作。一般来说，危机管理主要包括以下程序：危机预防、危机处理和形象恢复。

案例分析

大众“尾气检测门”危机

美国环境保护署2015年9月18日指控说，德国大众汽车公司（以下简称大众）在美国所售部分柴油车中安装了一种特殊软件，以识别汽车是否在接受美国政府的尾气排放检测。如果发现在接受检测，该软件就会启动汽车的全部排放控制系统，使尾气排放达标。但在日常行驶中，该软件则不会启动，从而导致汽车日常的氮氧化物排放量最高可达法定标准的40倍，违反了美国《清洁空气法》。根据该法律，每辆违规排放汽车面临最多3.75万美元的罚款，大众或面临高达180亿美元的罚款，同时需要召回近50万辆汽车。

2015年9月20日，大众承认在美操纵尾气排放数据，涉及全球范围内1100万辆汽车，大众再次被推到舆论的风口浪尖。“尾气检测门”事件或许刚刚露出“冰山一角”，如果事件波及整个德国汽车制造业，一直誉满全球的“德国制造”形象甚至可能毁于一旦。

对于大众来说，今年注定是不平静的一年。首席执行官文德恩和监事会主席费迪南德·皮耶希之间“宫斗大戏”刚落下帷幕不久，一场“尾气检测门”事件又让大众重新站在了风口浪尖。

（资料来源：王志远. 2015-9-23. 大众“尾气检测门”让“德国制造”蒙羞. 经济日报，4.）

案例讨论：

1．大众“尾气检测门”危机管理应该遵循什么原则？重点做好哪些协调工作？
2．谈谈大众如何进行形象恢复。
3．结合本案例，谈谈它给我们的启示。

思考与练习

一、思考题

1．展览活动的类型有哪些？试述其实施过程。
2．新闻发布会的含义是什么？简述其实施过程。
3．试述赞助活动的含义、类型及实施过程。
4．简述庆典活动的含义及实施过程。
5．概述公共关系危机的成因。

二、课堂讨论题

1．结合我国近些年企业公共关系活动，讨论自己对企业公共关系专题活动的认识。
2．讨论企业公共关系专题活动对企业的作用。
3．“危机时时都会发生”，“一切危机都会发生”，结合这些说法谈谈你对危机的认识。

三、课外实践题

1．选择一个企业，调查它是如何进行公共关系专题活动的。

2．结合自己熟悉的企业，思考如何开展有效的公共关系专题活动，并且进行公共关系专题活动设计。

3．查找一个典型企业公共关系危机事件，试写出危机管理的策划方案。

第十一章 公共关系礼仪

CHAPTER 11

学习目标

- 了解礼仪的含义、地位与作用。
- 掌握礼仪的各种规范，如举止仪态、服饰、交往、宴请和礼宾次序。
- 掌握公共关系礼仪的基本原则。

案例导入

穿衣别出洋相

记得有一次国外朋友请我去看歌剧。我满心欢喜地穿上了一套白色的礼服美美地准时赴约。因为有好几个人，我们约定先到他家会合再一起出发。到了他家，我一看其他人都穿得很随便。我穿着礼服显得格格不入，甚至显得笨头笨脑。原来这天的歌剧在一个运动场演出。大家都将坐在草地上。可以说是一次正规但轻松的演出，所以不用穿礼服。都怪自己没有问一下朋友，结果出了洋相。

回国以后，我发觉这里不少人好像采取了“洋为中用”的政策，西服还是照着自己的规矩穿。我家旁边工地上的工人基本上都穿着西装和泥，还经常看见一些人穿着睡衣在街上跑。最有意思的一次在上海南京东路上，看到一对夫妻穿着睡衣在逛街。头发梳得整整齐齐，戴着太阳镜，脚上穿着皮鞋。在国外睡衣是绝不能在外人面前穿的。很多外国人觉得穿着睡衣跟没穿衣服没什么分别，他宁愿你看到他穿着内衣，也不愿意让你看到他穿着睡衣。

（资料来源：李艳. 2010. 穿衣别出洋相. 阅读与鉴赏（文摘版），8.）

【分析】上面这个例子提醒我们，服饰必须和周围的环境协调，必须考虑当时的具体场景。一个大学教授穿着短裤上课肯定会被认为是衣冠不整，但当你看到运动场上出现穿着西服、扎着领带的男运动员或穿着旗袍、职业套装的女运动员又有何感想呢？

第一节 礼仪概述

一、礼仪的定义

礼仪是“礼”和“仪”的统称，是人际交往过程中，人们相互表达尊重、友善，以建立和谐关系为目的而遵从的行为方式、行为准则和活动程序的总和。“礼”是指礼节、礼貌，“仪”则涵盖了仪容、仪表、仪态以及仪式。礼节是指人们在相互交往过程中，相互表示尊敬、问候、欢迎、哀悼、祝福等的习惯形式。礼貌是指言语、动作谦虚、恭敬、文明的表现。仪容、仪表、仪态都是指人的外表而言，但仪容重在人的容貌，仪表重在人的服饰、风度，仪态重在人的姿态。仪容、仪表、仪态综合起来，构成了一个人展示给其他人的外在形象。仪式是在一定场合举行的、具有专门程序的、规范化的活动。

二、礼仪的地位与作用

礼仪是人类文明的重要标志。在人们的日常生活中，几乎一切行为都可以同它相联系。

1. 礼仪是人类自身发展的必然产物

为社会和谐及人类自然发展，古人云："礼以安上化人。"礼仪正是维系、巩固这种人们之间联系和社会关系的纽带。礼尚往来促进了社会关系的发展，同时促进了生产力的发展。

2. 礼仪是治国之本，是民族凝聚力的体现

在孔子时代，"礼仪"被看作治国之本，当时人们所演习的"六艺"之中，礼一直被当作重要的必修课，是孔子治国的思想。荀子在《修身篇》中提出："故人无礼则不生，事无礼则不安。"足见对礼的重视程度。

"习俗是一种神圣的、不可侵犯的，除环境和文化进步之外不屈服于任何权利的东西。"由此可见，不论任何国家民族，礼仪在现实世界中是非常重要的。

3. 礼仪是个人道德水准和教养的重要标志

古人云："人之所以为贵者，以其有信有礼。"礼仪是以对别人的尊重为基础的，是一个人道德水准高低和有无教养的重要标志。"美德是精神上的一种宝藏，但是使它们生出光彩的则是良好的礼仪；凡是一个能够受到大家欢迎的人，他的动作不但要有力量，而且要优美。无论什么事情，必须具有优雅的方法和态度，才能显得漂亮，得到别人的喜悦。"

4. 礼仪是搞好改革开放，走向世界的桥梁

在世界各国人民的长期交往过程中，不论是使节往来、文化交流，还是宗教传播、通商贸易，礼仪都起着沟通与桥梁的作用。

第二节 公共关系礼仪的基本原则

由于公共关系礼仪是建立在历史基础上的现代礼仪，因而除了人类共同应有的交往原则以外，还应注意以下八个方面的原则：

1. 系统整体原则

礼仪是一个完整体系，几千年来已经无所不包，因而在对外交往和公共关系交往中，我们一定不能忽视它的整体性，并注意采集信息应完整。因为来宾或合作对象的性别、年龄、国籍、民族、宗教、信仰、职业等都决定了他适应并喜好什么样的礼仪接待，搞错一个环节都可能招来负面效果。

2. 公平对等原则

"投之以桃，报之以李"，"礼尚往来"，社会交往中每个人都希望得到尊重，体现自我

价值。如果有亲有疏，表现出傲慢、冷漠，或曲意逢迎，都会被视为不礼貌。故交往时应公平大方，不卑不亢，主动友好，热情又有所节制。

3. 遵时守约原则

中国传统文化讲人际交往，做人要以信义为本，提倡“一诺千金”。现代社会节奏加快，遵时守约更为重要。无论什么理由，不遵时守约都是不礼貌的，再正当的理由失约后也应道歉。如是无故违约，那就正如鲁迅所言，“浪费别人的时间同图财害命没有什么两样”。

4. 尊重习俗原则与风俗禁忌原则

“十里不同风，八里不同俗”，“进门见礼，出门问忌”，这些劳动人民有益的格言都说明尊重各地不同风俗与禁忌的重要性。特别是在对外交往中，不懂得不同国家和民族的禁忌可能会造成不愉快的后果。

5. 和谐适度原则

“礼仪使人们接近，礼仪使人们疏远。”为什么呢？在陌生人初次见面时，礼仪可以表现为有教养，可以展示气质与人格魅力。但不分场合、亲疏，乱用礼仪，又反过来表现为不懂教养，令人难以相处，甚至会弄巧成拙。因此使用礼仪一定要具体情况具体分析，因人、因事、因地恰当处理。

6. 外事礼宾顺序原则

外事礼宾顺序原则是指在多边外事活动中，根据礼宾需要列出的排名顺序规范。这一原则几乎渗透到一切外事交往中，迎来送往、衣食住行、会见、升旗。谁先谁后都要符合礼仪规范，稍有差错就会被认为是对一个国家的不尊重。因而国际上已有《维也纳外交关系公约》对此作出明文规定，所有从事涉外公共关系工作的人员都应掌握这一原则。

7. 女士优先原则

女士优先是西方的一个体现教养水平的重要标准。中国人讲“扶老携幼”，而外国人讲人格独立，“扶老”时人家可能不接受，但为女士开门、让座、引路、行走时让出安全的一边等，则都体现出懂礼貌和绅士风度。

8. 差异性原则

由于历史、文化、经济、政治的差异，在与外国人交往中，不光语言不同，而且在意识形态的许多方面都会产生歧异，因而我们必须有充分的心理准备和技术准备。这些差异主要包括自我意识不同，价值观不同，行为准则不同，崇拜方式不同，生活方式不同，招待方式不同，送礼受礼方式不同，民族心态、习惯不同，忌讳不同，审美情趣与标准不同。

以上这些原则只是众多礼仪原则中的几个关键。具体礼仪要求规范，我们下面要详细介绍。国际公共关系协会提出的口号是“传播、沟通、和谐、拓展”，我们应该运用礼仪的知识，提高自身的素质，成为一个符合时代潮流的现代公关人，和谐地拓展自己的公共关系事业。

第三节　公共关系人员的个人礼仪

个人礼仪是一个人在参加人际交往时用以要求自身的有关礼仪规范。一般而言，一个人的形象，主要与别人对他的评价与看法有关。而人们对于一个人的评价与看法，通常又与对他的第一印象直接相关。具体来看，人们对于一个人的第一印象，主要来自对其修饰、仪态、谈话等方面的综合认识与印象。“爱美之心人皆有之”，将良好的形象展示给他人，令他人心情愉悦，是尊重他人的具体体现。

一、仪表

仪表指人的外表，包括人的仪容、姿态、服饰、风度等。在人与人的交流之中，相互传递的信号主要有三种。加利福尼亚大学的阿尔伯特·马哈宾博士称其为 3V：视觉信号（visual）、声音信号（voice）和语言信号（vocal）。视觉信号是指我们所能看到的东西，如衣服、形体语言、面部表情等；声音信号是指人怎样使用他的声音；语言信号则是指我们的遣词造句。

当编者告诉你视觉因素在你给人的整体印象中所占的比例之时，你肯定会大吃一惊。55%！超过一半以上，与之相比，声音占了 38%，语言仅占 7%，这下你就找到了仪表重要性的科学依据了。

1. 站姿

站姿是公共关系人员在公共关系活动中最重要的姿势。正确健美的站姿给人以挺拔笔直、舒展俊美、精力充沛、积极进取、充满自信的感觉。基本站姿训练是一切姿态的基础，其他姿势都是在基本站姿训练的基础上演化出来的。因此，基本站姿的练习最为重要，其要领如下：

1）双脚并拢、两脚踝并拢、双腿直立、双膝并拢。

2）身躯直立、提臀、立腰、收腹、双肩舒展并略下沉。

3）手臂自然下垂，中指贴于裤缝（或女士裙子侧缝）。

4）颈直、头正、双目平视、下颌微收、面带微笑。

（1）男士站姿变化

1）肃立。①脚尖分开 15°，其他部位要领与基本站姿相同；②脚尖分开 30°，其他部位要领与基本站姿相同；③脚尖分开 45°，其他部位要领与基本站姿相同。这三种站姿适合长时间在正式场合站立。

2）直立。双脚平行分开，宽度不超过肩宽，双手自然下垂。其他部位要领与基本站姿相同。

3）后背手式直立。双脚平行分开，与肩同宽。左手握虚拳自然置于身后（尾骨处），右手握住左手手背，其他部位要领与基本站姿相同。此种站姿显得英姿飒爽。

4）前搭手式直立。双脚平行分开，与肩同宽，双手相握自然垂放于腹前。注意双肩打开，保持后背正直。此种站姿显得比较保守，如果与自然微笑的表情相配合，则显得比较亲切。

（2）女士站姿变化

1）肃立。①脚尖分开 15°，其他部位要领与基本站姿相同；②脚尖分开 30°，其他部位要领与基本站姿相同；③脚尖分开 45°，其他部位要领与基本站姿相同。这种站姿适用于升旗或其他非常庄严肃穆的场合。

2）前搭手直立。双脚脚尖分开，或呈“丁”字步站立。左手握虚拳，右手握住左手手背，双臂自然下垂置于腹前。

3）休闲站姿。双脚呈前后分开之“丁”字步，身体重心放在后脚上，双手可以相握自然垂放在小腹前，也可以自然下垂放于体侧。

（3）站姿的注意事项

1）站立时双手不可叉在腰间、抱在胸前或插在裤袋里。

2）忌浑身乱抖。

3）不要弯腰驼背。

补充说明 每个人都有自己习惯的站立姿势。美国夏威夷大学一位心理学家指出，不同的“站姿”往往可以显示出一个人的性格特征。

站立时习惯把双手插入裤袋的人：城府较深，不轻易向人表露内心的情绪。性格偏于保守、内向。凡事步步为营，警惕性极高，不肯轻信别人。

站立时常把双手置于臀部的人：自主心强，处事认真而绝不轻率，具有驾驭一切的魅力。他们最大的缺点是主观，性格表现为固执、顽固。

站立时喜欢把双手叠放于胸前的人：这种人性格坚强，不屈不挠，不轻易向困境压力低头。但是由于过分重视个人利益，与人交往经常摆出一副自我保护的防范姿态，拒人于千里之外，令人难以接近。

站立时将双手握置于背后的人：性格特点是奉公守法，尊重权威，极富责任感，不过有时情绪不稳定，往往令人感觉莫测高深，最大的优点是富于耐性，而且能够接受新思想和新观点。

站立时习惯把一只手插入裤袋，而另一只手放在身旁的人：性格复杂多变，有时会极易与人相处，推心置腹；有时则冷若冰霜，对人处处提防，为自己筑起一道防护网。

站立时两手双握置于胸前的人：其性格表现为成竹在胸，对自己的所作所为充满成功感，虽然不至于睥睨一切，但却踌躇满志，信心十足。

站立时双脚合并，双手垂置身旁的人：性格特点诚实可靠，循规蹈矩而且生性坚毅，不会向任何困难屈服低头。

站立时不能静立，不断改变站立姿态的人：性格急躁，暴烈，身心经常处于紧张的状态，而且不断改变自己的思想观念，在生活方面喜欢接受新的挑战，是一个典型的行动主义者。

2. 坐姿

坐是日常仪态的主要内容之一。符合礼仪规范的坐姿能传达出自信练达、积极热情、尊重他人的信息和良好的风范。

坐姿的基本要求是“坐如钟”。入座时，应以轻盈和缓的步履，从容自如地走到座位前，然后转身轻而稳地落座，并将两脚并排自然摆放。

（1）男士坐姿

1）男士入座的方法。入座时要保持稳、慢、轻、不要慌慌张张“扑通”一下“跌落”到座位上。正确的方法是：不慌不忙地走到座位前，如果椅子的位置不合适，应当先将椅子挪到合适的位置，然后再转身，控制身体稳稳地坐下。如果周围有尊者（或女士）需要入座，应当先帮助他们将椅子挪到合适的位置，待其坐定后自己再坐下，坐在椅子上拖动椅子是有失风度的行为。

2）男士的正式坐姿。坐下，双脚分开与肩同宽，两手分别放在两个膝盖上；立腰、收腹、挺胸、双肩舒展并略下沉；颈直、头正、双目平视、下颌微收。

3）男士坐姿变化。男士在非正式场合可将一条腿放在另一条腿上（俗称“二郎腿”），但忌高跷“二郎腿”，即将一条腿的大腿叠放在另一条腿的大腿上。

4）男士离座的方法。离座时，要自然稳当，右脚向后收半步，而后站起。

（2）女士坐姿

1）女士入座的方法。女士在入座时同样要保持轻、稳、慢。如果穿的是裙装，在入座时应当顺势整理一下裙子，使裙子后面保持平整状态，然后再落座。如果落座之后才发现裙子压皱了又去拉拽裙子，会显得很不优雅。

2）女士的正式坐姿。女士的正式坐姿不可坐得太深，凳子边缘不能超过大腿后部 2/3，否则无法坐直。双膝并拢，脚踝并拢、双脚并拢、脚尖向前，小腿垂直于地面；双手相握置于一侧大腿近 1/3 处；立腰、收腹、挺胸、双肩舒展并略下沉；颈直、头正、双目平视、下颌微收。

3）女士坐姿变化。女士坐姿不管怎样变化，有一条原则是不变的，即任何时候坐下时都应保持双膝并拢，即使变换坐姿时双膝也不能分开，这一点在着裙装时尤为重要。女士可在基本坐姿的基础上分别作如下变化：①双脚并拢，向左侧或右侧平移一只脚宽度，在坐比较矮的椅子或沙发时，这种姿势最为优美；②双腿在脚踝处交叉；③在非正式场合可将一条腿放在另一条腿上，两小腿要尽量靠拢，脚尖向下压。

（3）坐姿的注意事项

1）无论男士还是女士，也无论采用哪种坐姿，都要注意：绝不可以将鞋底对着别人，否则是极不礼貌的。

2）让尊者先落座。

3）通常，你的坐姿不可以显得比尊者更“休闲”。

4）坐着的时候抖动双腿也是坐姿之大忌，一定要避免。

3. 行姿

协调稳健、轻松敏捷的行姿会给人动态之美，表现朝气蓬勃、积极向上的精神状态。

行姿的基本要求是“行如风”。起步时，上身略向前倾，身体重心落在前脚掌上。行走时，双肩平稳，目光平视，下颌微收，面带微笑。手臂伸直放松，手指自然弯曲。摆动时，以肩关节为轴，上臂带动前臂，前后自然摆动，摆幅以 30°～35° 为宜。

步幅适当，一般应该是前脚的脚后跟与后脚的脚尖相距一脚长。跨出的步子应是前脚掌着地，膝和脚腕不僵直，行走足迹在一条直线上。行步速度，一般是男士每分钟 108～

110 步，女士每分钟 118～120 步。

4. 手势

手势是人们交际时不可缺少的体态语言。手指握拳，单伸出食指指向某人，这是一种非常令人不快的手势，给人一种居高临下、强制、镇压的感觉。因此，切记不要“对人指指点点”。正确的手势应当是：五指并拢，掌心向上，伸出手臂指向某人。掌心向上表达的是诚实、谦逊，而掌心向下表达的是命令、强制。手势美是动作美，要能够恰当地运用手势来表达真情实意，含蓄、彬彬有礼、优雅自如的手势，定会为交际形象增辉。

手势在人们的交往活动中具有重要的意义。需要注意的是，人们都用手势来表达一定的意义，但是在不同的地域，面对来自不同文化背景的客户时，同样的手势可能会被理解为不同的含义。例如，在广东，主人为客人斟酒时，客人为了表示感谢，以食指和中指轻叩桌面，这种手势在北方可能会用于表达一种不耐烦的情绪。公共关系人员在社会交往活动中可能会遇到来自全国甚至来自世界各国的客户，因此，我们需要了解几种常见手势的一般意义。

（1）“OK”手势

拇指和食指形成环形，其余三指伸开，这个手势在美国表示“OK”，即“行了”“可以”“很好”“还不错”的意思。但是，这个手势在比利时、法国、突尼斯表示“零”或“毫无价值”。在拉丁美洲，这个手势相当于表示“滚蛋”。在日本，拇指和食指呈环形表示“硬币”，因为硬币的形状是圆的。

（2）竖起大拇指的手势

大拇指向上竖起，其余四指握拳，这个手势在世界上大部分地方都表示“好”或“干得真棒”。在美国、英国、澳大利亚和新西兰，这种手势表示想搭便车。西方人用拇指朝下表示“坏”。在尼日利亚，这个手势被视为粗鲁，表示对别人的侮辱。在澳大利亚，竖起大拇指等同于骂“他妈的”。

在德国，人们竖起大拇指表示数字“1”，而我们竖起食指来表示“1”，竖起食指在德国表示数字“2”，在日本竖起大拇指表示数字“5”。

（3）“V”字形手势

大拇指、无名指和小拇指相握，食指和中指伸出呈“V”形，手掌向外，这个手势表示“胜利”或“和平”。在很多时候，你会看到人们在表示“胜利”时有时手掌向里，有时手掌向外。需要注意的是，在英国，作这个手势时如果手掌向里，以手背对着对方，就不是表示“胜利”与“和平”了，而是对对方的侮辱。因此，在英国，千万不要把手掌的方向搞反了。

由以上例子我们可以看出，同样的手势对于不同国家的人，可能有着不同的含义。因此，公共关系人员在交往的过程中，应当多用语言表达，尽量避免单独使用手势，以免对方不懂甚至误解。“手舞足蹈”“手足无措”“指手画脚”“指指点点”都是不良姿态，有损你的职业形象。另外，还应当避免手部不自觉的不雅动作，如当众挠头皮、掏耳朵、抠鼻孔、剔牙、咬指甲、剜眼屎、搓泥垢等。在商务会谈时不停地玩弄笔杆也会让别人觉得你缺乏自制力。

二、见面握手与介绍

1. 握手

握手礼起源于古代的欧洲，那时人们见面握手是为了表明自己手中并未握有武器，各自伸出右手与对方相握手以示友好。握手礼是中国人最常使用的见面礼和告别礼，很能显示一个人有无教养。

握手时需要注意以下问题：

1）一般来说，位尊者先伸手，位卑者后伸手。例如，职位高者先伸手，职位低者后伸手。但是，有时故意忽视这一原则即是一种心理战术。例如，营销人员先伸出手，而顾客后伸出手，这样营销人员便占据了主动的地位。当然，具体怎样做取决于你的具体判断，以不招致对方反感为好。假如你伸出手而对方不愿和你握手，你该怎么办？没关系，面不改色地收回手来就可以了；假如对方职位很高，也可收回手来再退后半步行鞠躬礼。

2）握手时一定要用右手握，用左手同别人握手是失礼的行为。伸出手时手掌稍微倾斜，拇指向上，当双方虎口处（拇指与食指相连接部位）相互接触时放下拇指，并用其余四指握住对方手掌。同性之间握手时要掌心相对方显真诚。男士握女士手时只需握住女士四个手指即可，无须掌心相对。

3）握手要坚定有力，不能毫不用力（西方人称之为“死鱼式握手”），也不可用力过大好像要“捏碎对方的骨头”。

4）握手的时间不宜过长或过短。握手时间过长，尤其是握住异性的手长时间不放，是失礼的行为。握手时间过短，给人的感觉是心不在焉，走过场，同样是失礼的表现。一般来说，以 2～3 秒为宜。

5）多人相见时不可交叉握手，即当两人正在握手时，第三人不可伸出手从这两人手臂上方（或下方）越过（或穿过）与第四个人握手，这样做是对前两人的失礼行为。

6）按照国际惯例，身穿军服的军人可以戴着手套与人握手，在社交场合女士可以戴着手套与男士握手。但一般人不可戴着手套与他人握手，女士也不可戴着手套与别的女士握手。如果因为特殊原因不能脱下手套或来不及脱下手套与别人握手，应当立即说明原因并表示歉意。

7）握手的其他注意事项：不要戴着墨镜和他人握手；握手时不要心不在焉、东张西望；握手时不要一只手插在衣袋里；如果对方两只手都拿着东西，不要急于和对方握手；握手以后不要马上擦拭自己的手掌；不要拒绝与他人握手；握手时不可一只脚在门内、另一只脚在门外；握手时要与对方有目光交流，这一点在与西方人握手时尤其要注意。

2. 介绍

“第一印象”在社会交往中具有十分重要的意义。第一印象使别人对你产生一个初步判断——关于你的社会地位、教育程度、经济状况、社会经验、性格特点、道德水平以及可信赖度等。这些判断强烈地影响着别人对你现在的看法以及对你将来的估计。这一印象一旦形成，便能持续很久。据很多用人单位反馈，他们在见到面谈对象并与之握手的 5～10 秒内已经决定了要不要录用这个人，而接下来的两小时面谈，他们是在搜集更多资料来支持先前的看法。心理学家也曾做过一项实验：他们给一群学生看了 3～5 秒的教授上课的剪辑录像，基于那几秒的观察，要求学生评价那位教授的教学效果，他们的评价结果实际上与从那些上了教授一个完整学期课程的学生那里得到的评价结果几乎是一样的。

见面是人与人交往的开始，初次见面时的礼节是给交往对象留下良好印象的重要组成部分，是取得成功的重要保证。

（1）为他人作介绍的方法

设想你和一个重要客户在你的办公室里谈话，这时你的老板走了进来——他们并不认识。这时你就应该为他们作相互介绍，否则客户会因为有陌生人进来而暂时中断谈话，老板也会因有陌生人在场而不便与你谈重要的事情，大家都会感到比较尴尬。从社交礼仪上讲，如果不把某人介绍给别人，意味着你忽视了他或她的存在（虽然你可能内心里并没有忽视他或她的意思）。

为他人作介绍应遵从以下原则：

1）先把晚辈介绍给长辈，再把长辈介绍给晚辈。

2）先把低级主管介绍给高级主管，再把高级主管介绍给低级主管。

3）先把自己公司的同事介绍给别家公司的同行，再把那位同行介绍给自己的同事。

4）先把公司同事介绍给客户，再把客户介绍给自己公司的同事。

5）先把个人介绍给集体。

例如，向本公司李总经理介绍新来的员工小赵时，应当先对李总经理说："李总经理，这是咱们部门新来的员工小赵。"然后对小赵说："小赵，这是咱们公司的李总经理。"

为别人作介绍时，应特别注意：虽然双方可能都是你的老朋友，但是他们可能是第一次见面，所以一定使用尊称来称呼他们，如"王经理，这是我的同事李萍"，而不应当说"老王，这是我的同事萍萍"。介绍时可以用一两句话简要说明双方的特点，为双方提供更多的交谈内容，但切不可信息含糊或过于累赘。给他人作介绍的时候，不可以用一根手指指人，应将右手（不要用左手）五指轻轻并拢，掌心向上略倾斜来指示。

（2）被介绍者的礼节

1）被介绍者一般应起立，即使由于座位过于拥挤而无法起立，也应当尽量作起立状，不起立意味着你的身份要高于对方。

2）给予对方善意而礼貌的关注，不可表现得心不在焉，也不可因周围的其他事情分散注意力。

3）握手——友好地表示信任和尊敬（位尊者先伸手）。

4）以恰当的方式问候对方，如"您好，李经理"。

5）交谈结束互相道别，如"再见！""再见！以后常联系！""多谢您的关照，我先告辞了！"。

道别的语言、动作、表情和刚见面时的语言、动作、表情同样非常重要，因为人类在记忆一连串的元素时，最前面的元素和最后面的元素留下的印象尤为深刻，这在心理学上被称为"首因效应"和"近因效应"。最先的印象和最后的（最近的）印象会更加长时间地留在人们的脑海里，所谓"善始善终"就是这个道理。

（3）自我介绍的方法

如果你没有被介绍或没有人为你作介绍，可以主动作自我介绍。平时应当预先准备一下自我介绍的内容，做到表达简练、清晰、真实、流畅。

在众人面前介绍自己时，可以在报出自己的姓名及工作单位后，简要介绍一下自己的工作，不要什么都不说把话筒推给下一个人（表现得很不合群）。

另外，在介绍自己名字时可以适当使用一些方法巧妙地加深对方对自己名字的印象，如“我叫鲁星，山东的明星”。这样一来，别人就会很容易记住你这位“明星”了。

（4）记住别人名字的方法

我们每天都可能和很多人打交道，对于见过的人，哪怕是只谈过一两句话的人，如果下次见面时能够准确无误、亲切流畅地喊出对方的名字，无疑会使对方产生极大的好感，他（她）会认为他（她）在你心目中非常重要，并且在以后的交往中和你拉近距离。那么，怎样快速、牢固地记住别人的名字？方法有以下三种：

1）礼貌重复法。在交谈中尽量称呼对方的名字，少用“你”“先生”“经理”这样无名无姓的通用代词。即使用头衔和尊称时，也尽量和姓名一起连用，如“王丽小姐是哪里人？”“刘青经理的报告，我已经读过好几遍了”。这样，在谈话当中不断重复对方的姓名，并在分手时再次重复对方的姓名，会帮助我们很快记住对方。

2）词汇记忆法。把对方的姓名与一些可能有联系的词汇关联起来记忆，也可以把单个文字拆成词汇来记忆，如“凯利”可以记“凯旋胜利”等。

3）图像记忆法。把对方的名字与对方的形象中某个特点联系起来，如“高英的个子不太高”，“章连峰就是那个戴黑镜框的胖胖的矮个子”，“李宏穿着蓝色的套裙”等。此法对于擅长图像记忆的人尤为好用。

每天的日常工作结束后，可以在晚上睡觉之前回顾一下白天见到了哪些人，他们叫什么名字、有什么特点，长此以往坚持下去，你的“人脉”体系一定会越来越“发达”。

3. 称呼

称呼，通常是指人际交往之中所使用的称谓语。一个人在与别人打交道时，能否使用恰如其分的称呼，不但体现其自身的修养、对对方尊重的程度，而且反映双方彼此之间的关系与整个社会的风尚。

在人际交往中，称呼尽管短而又短，往往被人们一带而过，但是在实践中它却备受关注。

（1）称呼的原则

1）称呼他人时必须优先考虑相互之间的具体关系。在人际交往中，彼此之间的关系若有不同，具体所使用的称呼自当有所区别。举例而言，教师在称呼学生时，可以直接称呼其姓名；而学生如果直接称呼教师的姓名，则属于不敬之举。

2）称呼他人时必须认真兼顾当时所处的具体场合。同样一种关系的人，在不同的场合，彼此之间所使用的称呼往往会有所不同。一般而论，在正式场合或在外人面前，需要采用正规称呼，如以“您”“先生”“小姐”“夫人”相称；在非正式场合或在自己人面前，则往往可以采用各种非正规称呼，如以“你”相称、以“姓名”相称、以“老”或者“小”加上姓氏相称、以“名字”或者“小名”相称、以“辈分”相称。

（2）称呼的禁忌

在人际交往中，为了使自己对他人的称呼不失敬意，通常应当避免触犯以下五种主要的禁忌：

1）不要使用绰号作为称呼。以绰号作为称呼，尤其是自作主张地给他人起绰号，既显得过于随便，也是不尊重他人的表现。

2）不要使用庸俗性的称呼。有些称呼，如“死党”“哥们”“姐们”“大腕”等，要么显得过分亲昵，要么具有黑社会的风格，都是难登大雅之堂的。

3）不要使用歧视性的称呼。在现代社会里，人与人之间应当是完全平等的。因此，在称呼他人时，切勿有意居高临下歧视对方。不允许随意以称呼去贬低对方，更不准在称呼上带有对对方民族、宗教或者生理、性别方面的歧视。

4）不要滥用行业性的称呼。有的称呼，仅仅适用某一特定的行业。如果超出了这一范围，便会显得不伦不类。“师傅”“老板”“战友”“出家人”之类的称呼，均属于这类不宜滥用的行业性称呼。

5）不要滥用地域性的称呼。不少称呼，只有在某一特定区域内使用才名正言顺，不会招致误会，它们即为地域性称呼。例如，中国人常用的“爱人”这一对配偶的称呼，到了境外则往往会被人理解为“情人”。

三、名片的使用

名片在中国古已有之，尤其在上层社会，王公贵族们身居深宅大院，客人上门拜访时必须由守门人通报。由于害怕守门人传话出错，于是就在纸上写清楚客人姓名，有的再加上职位、籍贯和必要的问候语，由守门人送给主人。在纸笔没有发明以前，名片是刻在竹木片上的；纸笔发明以后，改用纸来制作，称为“名帖”“拜帖”“名纸”，这就是古代的名片。

名片是一种给别人留下自己的联络方法的简单易行的方法。在不同的场合应当使用不同的名片，这样可以给对方留下不同的印象。一般的社交名片只印姓名、电话、传真、地址、E-mail，而商务名片则加印公司名称、办事处地址、职衔等。在与客户交往的场合应当使用商务名片，给对方正式、可信的感觉；与一般朋友交往时，应该使用社交名片，否则职务、头衔等会使对方产生疏远的感觉。

在社交场合，我们需要经常使用名片，并且在递接名片时应当遵循一定的礼节。

1. 递送名片

通常职务低者先递出名片。

自己的名片应放在名片夹中，装在伸手可及的地方（如西服的内袋或公文包里），以便随时取出。经常与陌生人打交道的公共关系人员，平时一定要携带充足的名片，这样才能更好地抓住每一个商务机会。赠送礼品、鲜花时，可以附上名片；拜访客户时，即使对方恰巧不在，也可以留下名片，便于客户联系。

名片代表着个人的形象，应当保持干净整洁，不可将折叠或破损的名片送给别人。因此，精致的名片夹不失为一个明智的选择。自己的名片应当放在容易拿出的地方，如公文包的最外侧夹层里。递送名片应用双手递出，以示对对方的尊重。递出名片者应使文字正面方向与对方视线方向一致，这样对方接受名片后可以直接阅读。同时向多人递送名片时，可按照“由尊而卑、由近而远”的顺序依次递送。

2. 接受名片

接受他人名片时应当用双手或右手接过来，同时表示感谢并立即阅读。如有任何疑问应当立即问明（如某些多音字等），以免事后尴尬。别人的名片应当恭敬地收在妥当的地方（如西装内袋或公文包里），不可随意乱放，也不宜当着对方的面放入自己的裤子口袋。

收好对方的名片以后，应当随之递上自己的名片。如果你接收了对方的名片，却不递上自己的名片，也不向对方说明原因，这是很不礼貌的。

公共关系人员每天都有很多机会能够得到名片，日积月累便是一张威力巨大的“关系网”。对于大量的名片一定要定期分类整理，若条件允许还可以根据名片建立电子版本的通信录，使其发挥最大作用。

3. 名片设计

名片是公共关系人员日常社会交往中不可缺少的小道具，被很多人称为“第二张脸”。所以，设计、制作名片时多花一些心思，使它能够反映自己独特的品位与风格，能够一下子吸引对方的注意力，给对方留下良好的、深刻的印象。当然，每个企业的名片都有一定的模式，但是如同职业服装一样，只要你多动脑筋，也一样能够展现个人的魅力。

常见的名片设计有横、竖两种版式。

（1）横式

行序自上而下，字序自左而右。

参考格式如下：

第一行：单位图标、名称（顶格书写）。

第二行：姓名（字号较大，居中），若有职务或职称等以小字标于姓名右下侧。

第三、四行：通信地址、邮政编码、电话、E-mail。

（2）竖式

行序由右至左，字序由上而下。

参考格式如下：

第一行：单位图标、名称（顶格书写）。

第二行：姓名（字号较大，居中），若有职务或职称等以小字标于姓名左下侧。

第三、四行：通信地址、邮政编码、电话、E-mail。

印制名片一定要选择质量上乘、做工精美的纸张，不可在这方面过于吝啬。要知道，这小小的名片体现的是“品质”和“态度”，切不可大意。

第四节　服饰礼仪

一、服饰概述

1. 西方国家的服装和我国的服装

西方各国日常穿着的服装有各式外衣、衬衫和西装。参加各种隆重的典礼仪式要着礼服或深色西服。男子的礼服可以分为晨礼服、小礼服和大礼服。女子服装种类样式繁多，礼服可以分为常礼服、小礼服和大礼服并佩戴相应的饰物。实际上，现在除极少数国家在个别场合另有规定外，大多数国家在穿着方面趋于简化。

我国没有严格的礼服、便服之分。一般而言，男子的礼服为上下身同色的毛料中山服，穿黑色皮鞋。现在，更多的男子穿着西装参加正式活动。女子按季节和活动性质不同，可穿西装（下衣为西裤或裙）、民族服装、中式上衣配长裙或长裤、旗袍或连衣裙。我国的出国人员基本上按国内服装穿着，但也应尊重当地的习惯和东道主的要求。女士在正式场合不应穿长裤，应穿旗袍或裙子。

2. 各种场合的服装

最隆重的场合如国家庆典、国宴、国家最高领导人接见、授勋等活动，应穿着严肃、大方的礼服。参加葬礼或吊唁活动，在我国，男子一般穿黑色或深色中山装；女子着深色服装，内着白色或暗色内衣，不用花手帕，不抹口红，不佩戴饰物。在剧院看剧、听音乐，一般要穿着礼服。参加婚礼、应邀到朋友家做客、参加联欢晚会则可以穿得美观大方，女子可适当化妆。郊游，远足，乘车、船、飞机旅行时，要穿便服。参加正式活动时，如请柬上要求穿礼服，则一定按规定穿着。

二、西装的穿着

1. 西装穿着的基本要求

（1）穿好衬衣

穿西装应穿长袖衬衣，不要穿短袖衬衣，许多人认为此举衣冠不整。衬衣最好不要过旧，领头一定要硬扎、挺括，外露部分要保持平整干净。衬衣下摆掖在裤子里，领子不要翻在西装外，衣袖的长度通常要伸出外套衣袖约一英寸。衣领应该合适，不要让自己有窒息感。

（2）系好领带

在比较正式的社交场合，穿西装应系领带。领带的长度要适当，以达到皮带下缘为宜。如果穿毛衣或毛背心，应将领带下部放在毛衣领内。系领带时，衬衣的第一个纽扣要扣好，如果佩戴领带夹，一般在衬衣的第四五个纽扣之间。

（3）内衣不宜过多

衬衣内除了背心之外，最好不要再穿其他内衣，如棉毛衫之类，如果穿则内衣的领圈和袖口也一定不要显露出来。如果天气较冷，衬衣外面还可以穿上一件毛衣或毛背心，但毛衣一定要紧身，不要过于宽松，以免穿上显得过于臃肿，破坏西服的线条美。

（4）扣好纽扣

西装上衣的纽扣在站着时应该扣上，坐下时可以解开。

西装的纽扣有单排扣和双排扣之分。单排扣有 1 粒、2 粒、3 粒或者更多粒；双排扣有 4 粒和 6 粒。单排扣 1 粒的扣与不扣都无所谓，2 粒的应扣住上面那一粒，3 粒纽扣可以都扣上或者只扣中间那粒。西方人认为，单排扣衣服上扣上的纽扣数目必须永远保持单数，双排扣西装要把纽扣都扣上。

（5）鞋袜搭配协调

西装革履，只有两者协调，才显完美。穿西装一定要穿皮鞋，不能穿旅游鞋、便鞋或凉鞋，否则不伦不类，让人啼笑皆非。皮鞋还应擦亮，不能蒙满灰尘。穿皮鞋还得配上合适的袜子，颜色要比西装稍深一些，千万不要穿白色或透明的袜子。

西装上衣口袋只作装饰，不要放东西，必要时只装折好的花式手帕。一般来说，深色西服宜配浅色手帕，而浅色西服宜用深色手帕，广泛使用的是白色手帕。西装左胸内侧衣袋，可以装名片、香烟、打火机等。裤兜不宜放物，以求美观，裤子后兜可以装手帕、零用钱等。

领带夹在穿着时起固定和修饰作用。应该根据衬衫和领带来选择领带夹。如果衬衫系素雅的领带，就应该用镶宝石的领带夹；如果穿条纹状西服、碎花点衬衫，就宜用不镶宝石或镶小宝石的领带夹。

2. 男子着西装时的注意事项

（1）西装的选择

男性西装的面料要高档一些，特别是作为正式礼服，可采用黑色、深蓝、深灰等颜色的全毛面料，平时穿的西装颜色可以有所变化，面料也不必太讲究。

（2）衬衫的选择

与西装相配的衬衫以白色为首选。衬衫领围大小要合适，宽松度以能插入 2 指为宜，领口要干净、平整、不起皱，如图 11-1 所示。穿上西装时，西装的领子应当紧贴衬衫的领子，并且衬衣领应比西装领高 1～2 厘米。也就是说，西装的领子绝对不要接触到颈部的皮肤，如图 11-2 所示。与西装相配的衬衫必须是长袖衬衫。这样，曲肘时衬衣袖口才能露出西装袖口外 1～2 厘米，如图 11-3 所示。长袖衬衫配领带时衬衫下摆应束在长裤里面。

图 11-1　衬衫的领围

图 11-2　西装领口与衬衫领口的搭配

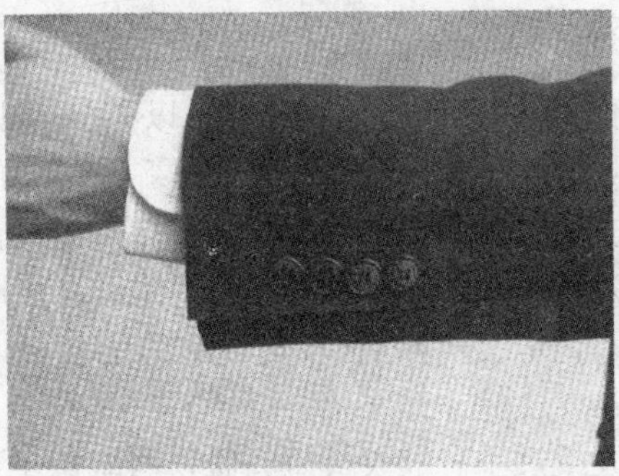

图 11-3　西装袖口与衬衫袖口的搭配

（3）领带与衬衫的搭配

作为职业服装，领带的颜色一般与衣服的颜色搭配一致，或形成鲜明对比。除宝蓝色西服外，黑色领带几乎可以同任何颜色的西装搭配。一般来说，黑西装、白衬衫，应选灰色、蓝色、绿色领带；灰西装、白衬衫宜选灰色、绿色、黄色领带；深蓝色西装，白色或明亮的蓝色衬衫，可以选择蓝色、灰色、黄色领带。

（4）鞋与袜子的选择

鞋子为腿部的时装，其选择要注意与整体装束的搭配，颜色至少要与皮带、表带相一致。

脚为人立于世上之根本，因此流传着“脚上无鞋穷半身”的说法。在一切正式场合，男士只宜穿黑色或深咖啡色皮鞋。黑色的皮鞋可以跟黑色、灰色、藏青色西装相搭配，除咖啡色的皮鞋可与咖啡色西装相配，白色和灰色的皮鞋，只适宜游乐时穿，不适合正式场合。

袜子的颜色以单一色调为好，穿彩条、带图案的袜子都不太合适。就质地而言，棉线袜子最好，不要穿太薄或太厚的袜子。男性挑选袜子时，可以选择黑色、棕色或藏青色，应保证袜子颜色与长裤颜色相配或相近。

3. 领带

如果说手提包是女性的特权，领带则同样是男性的专利。领带被称为西装的灵魂，同样一套西装，选一条合适的领带，效果大不一样，马上会改变主人的身份和形象。

100%优质真丝面料制成的领带是男士的首选，它具有轻、柔、细腻、光泽度好的特点，打出的结比较漂亮。领带在平放时应该很平滑，垂下时应该很直、不扭曲。挑选时应拿起领带，仔细检查有无织造、制作、染色、印花瑕疵，尤其是大头一端 30 厘米以内必须整洁无瑕疵、平整不扭曲。用手在领带上攥一下再松开，观察面料是否很快复原，长时间不复原的领带弹性差、易起皱。领带的宽窄要和西服翻领的宽窄一致，也要和穿者的体形相协调。瘦小的人不要戴过于宽大的领带，魁梧的人也不要戴细小的领带。

领带系好后，站立时其尖端应该落在腰带扣上下缘范围内，看上去最为稳定、美观。正式场合西装内通常不穿毛衣或毛背心，可以配穿西装背心，此时领带应当放在背心里面。天热出汗时可拿掉领带、松开领口。不可将松开的领带继续挂在脖子上，此形象极为不雅。如果使用领带夹，扣上西装扣子时领带夹不能露出。

4. 女子着西装时的注意事项

女西装配西装裙时，西装上衣应做得长短适中，以充分展现女性腰部、臀部的曲线美。如果配裤子，则可将上装做得稍长些。无论配裙子或裤子，一般采用同一面料做套装，使得整体感强。鞋和袜子要与西装搭配，要穿 4/4 长筒袜，没长筒袜时，可以光脚，但不应穿短筒袜。女子西装款式多样，要根据自己的年龄、体形、皮肤、气质、职业等来选择；要讲究皮鞋、袜子、皮包、饰物、发型、化妆与西装的配套协调。

女士着西装有“六不”：

1）西服套装不允许过大或过小。上衣最短齐腰，西服裙子最短到小腿中部；要合体典雅，体现服饰美。

2）不允许衣扣不到位。不能不系上衣扣，更不能当着人脱下套装。

3）不允许不穿衬裙。衬裙颜色应与套装裙颜色一致协调，不许内裤为人所见。

4）不允许内衣外现。衬衫不应透明，内衣不能从领口露出，不能不穿衬衫，直接把连胸式衬裙或文胸当衬衫穿在里面，这样非常有失身份。

5）不允许随意搭配。套装不能与休闲装混穿，不能与牛仔服、健美裤、裙裤“合作”，黑皮裙、黑皮靴也不能当正装来穿。

6）不允许乱配鞋袜。套装应穿黑高跟、半高跟皮鞋，肉色丝袜，不要穿花网袜，不能露袜口，也不能穿一长一短两层袜子。

三、日常着装“五忌”

1）忌露：公共关系人员工作与外出时，着装不能露出肚脐、脊背等。

2）忌透：衣服再薄、天气再热，也不能使内衣、背心等若隐若现，不能内衣外穿。

3）忌紧：制服过于紧身，让内衣、内裤的轮廓在外显露，是既不文雅也不庄重的。

4）忌异：公共关系人员不是时装模特，不能过分新奇古怪，招摇过市。

5）忌乱：不可穿着不讲究，卷袖子，敞扣子，颜色过乱，饰物乱配。衣服脏、破、皱，不烫不熨，油垢、牙膏遗迹“昭然若揭”。

四、服饰方面的注意事项

1. 服装

1）穿正装的时候如果天气寒冷，外面可以穿毛料的大衣，注意大衣的款式应该与西装风格相协调。女士如果在套裙外面穿大衣，比较经典的穿法是大衣的长度比裙子长出 5 厘米以上。穿半职业装的时候外面可以配风衣。而羽绒服适合搭配休闲装，有些羽绒服也具有运动风格，可用来搭配运动服。

2）在日常工作中，要求配西装的衬衫和领带每天都要更换，以保持清洁。相邻两次见同一个客户时，女士应当更换服装款式搭配，男士应当更换领带款式。

3）穿中山装要扣好领扣、领钩、裤扣，穿长袖衬衫要把前后摆掖入裤内，袖口不可卷起，袖扣扣上。女子的裙子不可过短。男子不可穿短裤参加外事活动，长裤的裤脚不可卷起。在房间里，不得赤脚或只穿睡衣、内衣或短裤接待来访者。从室外到室内参加活动，应摘下帽子，脱去大衣、风雨衣和套鞋，并存放在衣帽间。男子在室内不可戴帽子和手套，女子的纱手套、纱面罩、帽子、披肩、短外套等作为礼服的一部分则允许在室内穿戴。

2. 饰物

（1）女士饰物佩戴礼仪

1）首饰。女士在商务场合穿职业装时应当佩戴小型的、质量上乘的首饰，不可佩戴过于显眼的首饰。每只手只限戴一枚戒指。需要注意的是，首饰的质量一定要优良，佩戴质量低劣的首饰还不如不戴。在工作场所，首饰的选择以不妨碍工作为基本原则之一，所以太大的坠子、太长的项链、摇曳生辉的耳环、镶有大颗宝石的戒指、活动时叮当作响的首饰都不宜出现在工作场所。如果首饰可能会妨碍工作，那么就留到下班以后再佩戴。选择首饰时，应当考虑以下三点：①选择适合自己的首饰色彩。首饰同服装一样，其色彩是美的第一重要因素。肤色和首饰协调时才能相互辉映，人显得气质高贵，首饰显得精致华美。否则首饰显得低档，人显得庸俗。②仔细选择不同材质的饰品。黄金、白银、珍珠、翡翠等材质各有各的风格，一般情况下应当避免既“穿金”“戴银”，又“挂珍珠”“配翡翠”，否则别人眼中的自己便犹如一棵“圣诞树”，热闹有余而魅力不足。③选择与场合及服装相宜的饰品。不同的场合要穿不同款式的服装，穿不同的服装时要根据场合与服装款式选择不同风格的饰品。如果同时戴耳环、项链、戒指等，最好选择成套设计的，才不会显得杂乱、没有章法。搭配职业套装的首饰应当简单、大方、经典、精致，而搭配休闲装的首饰，选择夸张的、鲜艳的或自然朴素的均可，但是太简单或太小的却显得比较乏味。搭配晚礼服的首饰则一定要华丽、高贵、先声夺人。

2）丝巾。丝巾是职业女士的必备之物。丝巾的材质、款式、花色繁多，选择时要配合自己的肤色及服装质料、款式、颜色。真丝面料的丝巾打出的结最柔顺、最飘逸。如果财力有限，挑选时最好穿上目标服装现场进行实物搭配，避免造成不必要的浪费。

3）包。女士时装大多无口袋，即使有口袋多数也只是作为装饰，如果里面放满东西必然会影响整体造型。因此，女士常用的重要物品如手机、化妆工具、钥匙等都要放在必备的皮包里。应当尽量选择质地优良的皮包，避免关键时刻发生背带断裂或拉链坏掉等情况，造成不必要的尴尬局面。在选择颜色及款式时应当考虑能与大部分职业服装相配。

（2）男士饰物佩戴礼仪

男性比女性拥有的饰物少得多，少而精，它们的实用性更强，因而佩戴更要符合礼仪规范。

1）皮带。皮带质地有皮革（包括羊皮、牛皮、鹿皮）的、塑料的、金属的及人造革的。皮带头有金属板扣和嵌式扣的。皮带色彩与裤子色彩搭配时，可采用同一色、类似色和对比色。一般来说，黑色皮带可以配任何服装。皮带作用除了固定裤子外，装饰作用日益突出。选择一条质量上乘、款式大方、新颖别致的皮带，可以增加男人的风度和气质。

2）皮夹与名片夹。皮夹是男士重要的随身物品，有皮的和人造革的两种，有身份的男士最好购买皮的，如果经济实力强，可以购买好的皮料、好的品牌。颜色可选含有华贵之感的暗咖啡色和黑色，皮夹中不宜塞满东西。名片夹用于装自己的名片和他人给予的名片，以皮制的最好，金属的次之。

3）手表与笔。手表、金笔和打火机在西方被称作男士三大配料，被认为是身份的象征。男士在商务活动或社交活动中应该携带一支钢笔和一支铅笔。在较为正式的场合最好带一支金笔，因为笔同样是男士经济实力、身份和地位的代表，笔可以放在公文包内或西装上衣内侧的口袋内，不要插在西装上衣左胸外侧的装饰性口袋中。

4）公文包。男士的公文包或手提包应当选质地优良、做工精致的，以黑色为最佳，最易搭配。包上不宜有装饰物，如有金属点缀物，其颜色应当和腰带扣、眼镜框、手表等饰品的色调相协调。

5）首饰。每只手最多只能戴一枚戒指，商务场合男士最好不戴耳环，穿正装时项链不宜露出。

6）眼镜。眼镜除了有矫正视力的作用外，还能起到装饰作用。需要注意，眼镜的颜色要适合自己，并且与其他饰品相协调。如果戴墨镜，进入室内时应当将其摘掉。在室外如果见到其他人需要打招呼或谈话，也应当摘掉墨镜，否则会造成目光交流障碍，非常失礼。

知识点 国际上比较流行的戒指戴法的含义如下：

左手食指——想结婚、求婚或未婚。

左手中指——已经订婚或已有恋爱对象。

左手无名指——表示已经订婚或结婚。

左手小指——表示独身或已经离婚。

左手大拇指上一般不戴戒指，如戴即表示正在寻觅对象。

戒指一般戴在左手上（戴在右手上做事也不太方便）。至于右手，在传统上也有一个手指戴戒指时是有意义的，那就是无名指，据说戴在这里，表示具有修女的心性。

在国外，不戴戒指也表示“名花无主，你可以追。”

按照我国的习惯，订婚戒指一般戴在左手的中指，结婚戒指戴在左手的无名指，若是未婚姑娘，应戴在右手的中指或无名指上。镶嵌宝石的戒指又有不同的含义。钻石象征永恒，在欧洲和美国，每逢结婚周年纪念日，做丈夫的一般都要向自己的妻子赠送钻石戒指和贵重金属，以示爱情的忠贞。翡翠表示爱情，珍珠表示高贵，紫晶表示健康、机敏和幸运。

当然，还有一种戒指，无论你戴在哪里都不具备任何意义，这种戒指就是一般的花戒，它只起到一种装饰的作用，可以戴在任何你想带的手指上，没有任何约束。

第五节　宴　　请

宴请是外事交往中最常见的交际活动形式之一，各个国家和民族往往根据自己的特点和习惯，根据活动的目的、对象以及经费开支等因素举办不同形式的宴会。

一、宴请的分类

宴请根据内容可分为宴会、冷餐会、招待会、酒会、茶会等；根据礼宾规格通常分为国宴、正式宴会、便宴和工作进餐、家宴等；根据时间可分为早宴（早餐）、午宴、晚宴等，以晚宴最为隆重。

1. 宴会

宴会按照礼宾规格可分为以下四类：

（1）国宴

国宴是规格最高的宴会，是国家元首或政府首脑为国家的庆典或为外国元首、政府首脑来访而举行的正式宴会。国宴需要排座次，宴会厅内挂国旗，安排军乐队奏国歌及席间乐，席间致辞或祝酒。

（2）正式宴会

正式宴会规格仅次于国宴，除了不挂国旗、不奏国歌以及出席人员规格不同外，大体与国宴相同，需排座次。许多国家正式宴会十分讲究排场，在请帖上注明对客人服饰的要求。

（3）便宴

便宴即非正式宴会，较随便、亲切，宜用于日常友好交往。便宴可分为午宴、晚宴、早餐，可以不排座次，不作正式讲话，菜肴道数亦可酌减。

（4）家宴

家宴即在家中设的便宴，往往由主妇亲自下厨烹调，家人共同招待。

2. 招待会

招待会是指各种不备正餐、较为灵活的宴请形式，备有食品、酒水饮料，一般不排座位，可自由活动。常见的有以下四种：

（1）冷餐会

冷餐会（自助餐）规格隆重程度可高可低，常用于官方正式活动，以宴请众多的宾客。一般在中午12时～下午2时、下午5～7时举办。菜肴以冷菜为主，也可用热菜，连同餐具陈设在桌上。客人不排座位，可多次取食。酒水可放在桌上，也可由招待员端送。冷餐会可不设桌椅，站立就餐，也可设桌椅自由入座；可设在室内，也可设在室外、花园里。

我国举行的大型冷餐招待会，通常主宾席排座位，其余各席不固定座位。

（2）酒会

酒会规格可高可低，适用于各种节日、庆典、欢迎及招待演出前后。其形式活泼，便于广泛交流。酒会不设座椅，仅置小桌，以便客人随意走动。酒会以酒水为主，但不一定都是鸡尾酒，佐以各种小吃、果汁，不用或少用烈性酒。酒会中午、下午、晚上均可举行，请柬上往往注明整个活动延续时间，客人可在其间任何时候到达和退席，来去自由，不受约束。

（3）茶会

茶会是一种简便的招待形式，请客人品茶交谈，一般在下午 4 时左右（亦可上午 10 时）举行。茶会通常设在客厅，内设茶几、座椅，不排席位；如为贵宾举行，则应与主人安排在一起，其他人随意。茶叶、茶具讲究有特色，外国人一般用红茶（也可用咖啡），略备点心和地方小吃。

（4）工作进餐

工作进餐是现代交际中常常采用的一种非正式宴请形式。往往因日程紧张而利用进餐时间，边吃边谈。工作餐可分为工作早餐、工作午餐和工作晚餐，只请与工作有关的人员，不请配偶。双边工作进餐往往排席位，为便于谈话，常用长桌。

二、宴请的组织

由于宴请工作的种类不同，宴请组织工作的难易也有较大差别。工作餐较简单，而正式宴会，尤其是国宴，组织工作则相当复杂，有很多国际惯例、礼仪要求，是外事活动中的重要项目之一，有许多具体工作要进行认真的筹划。

1. 确定宴请目的、名义、对象、范围与形式

1）宴请的目的多种多样，可用于欢迎代表团、外交官员到离任，也可为庆祝某纪念日举行某项活动和工作交流等。

2）宴请名义和对象的确定主要依据主客身份对等的原则。通常如果请主宾携夫人赴宴，主人一般以夫妇名义发出邀请。我国大型正式活动以一人名义发出邀请，日常交往小型宴请则根据情况以个人名义或以夫妇名义出面邀请。

3）宴请的范围指请什么人、请多少、请到哪一级别、谁来作陪。确定范围的依据包括

宴请的性质、主宾身份、国际惯例、与我方关系及政治气候等多种因素。

4）宴请形式的确定主要视具体情况和当地的习惯而定。一般正式的、规格高的、人数少的进餐以办宴会为宜，人数较多的以冷餐会或酒会更为合适，妇女界则多用茶会。此外，还应考虑宴请目的与经费情况。

2. 确定宴请时间、地点

宴请的时间应于主、客双方都合适。为此事前应与客方商定。注意不要选在对方的重大节假日、重要活动和禁忌的日子与时间内。例如，宴请信奉基督教的人士不要选 13 日、星期五；伊斯兰教在斋月内白天禁食，宴请宜在日落后举行。

宴请的地点要按活动性质、规模、宴请形式、主人意愿及实际可能而择定。官方正式隆重活动一般安排在政府、议会大厦或宾馆内。举行小型正式宴会在可能条件下，通常另设休息厅供宴会前简短交谈用，待主宾到达后一起进入宴会厅。民间的宴请可以设在酒店、宾馆，也可以在有独特风味的餐馆。

3. 发出邀请

各种宴请活动一般均应提前发请帖，这既是礼貌，也是对客人起提醒、备忘的作用。便宴若口头约妥，也可不发邀请，工作餐一般不发请帖。

4. 定菜

宴请的酒菜根据活动形式和规格，在预算标准内安排。选菜主要考虑主宾的喜好与禁忌，如个别人有特殊需要，也可单独为其上菜。菜肴道数与分量要适当，以有地方特色的食品为佳，事前应开列菜单征得主管负责人同意。讲究的宴请每人一份菜单，一般宴请至少每桌一份。

5. 席位安排

正式宴请一般均排桌次和席位。也可只排部分主要宾客的席位，其他人只排桌次或自由入座。

排席位的主要依据是礼宾次序，除此以外还应考虑客人间的政治关系、语言沟通和专业志趣等因素。桌次高低以离主桌远近而定，右高左低。同一桌上，席位高低以离主人座位远近而定。外国习惯男女掺插安排，以女主人为准，主宾在女主人右上方，主宾夫人在男主人右上方。我国习惯按职务排列，如夫人出席，通常把女方排在一起。译员一般安排在主宾右侧。如遇特殊情况还可灵活处理。

无论采取哪种办法，都要事前通知出席人，使之心中有数，现场要有人引导。排座次的宴请应放置桌次牌、座位卡，我国举办宴会时牌卡的中文在上，外文在下。不排座次的宴请对座位也要有个大致安排。

席位安排是公共关系礼仪的一项日常工作，不仅宴请要安排，会见、谈判、迎送客人乘车等活动也需要安排。桌次、席位排列形式如图 11-4～图 11-11 所示。

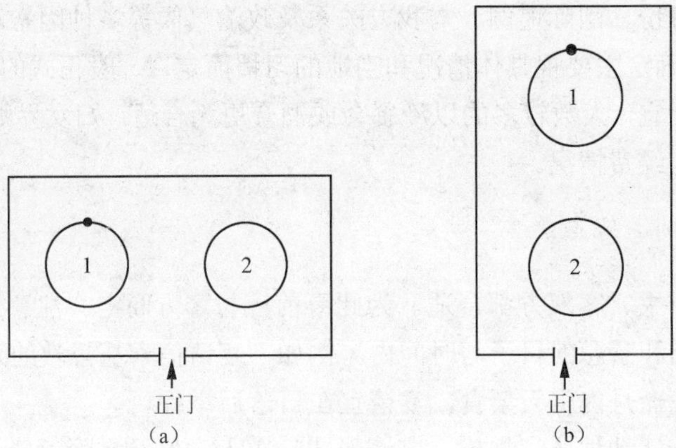

图 11-4 两桌的小型宴会桌次排法

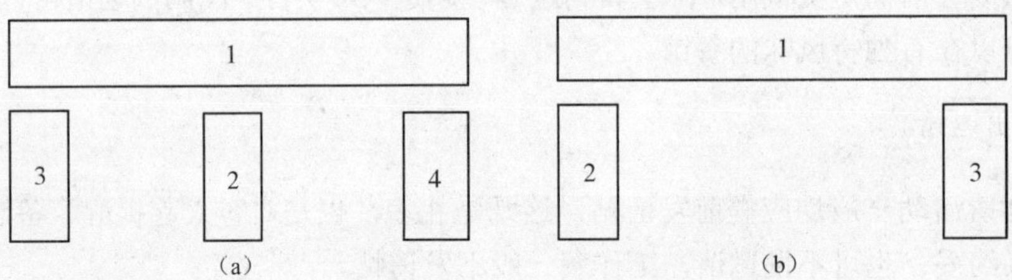

图 11-5 长桌的桌次排法

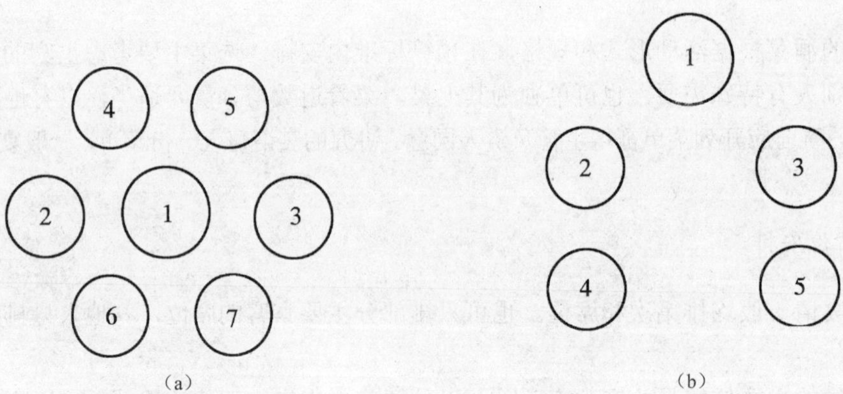

图 11-6 大型宴会圆桌的桌次排法

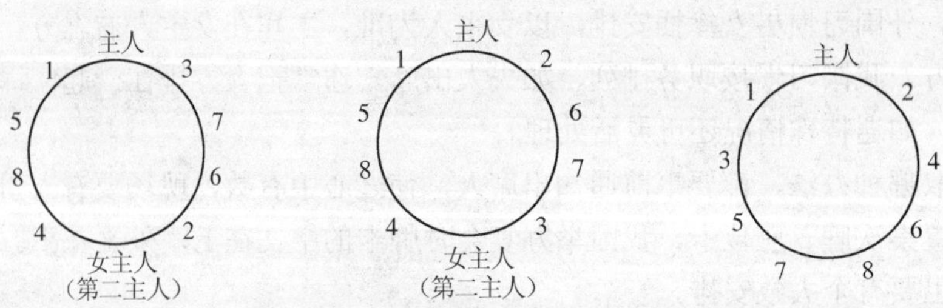

图 11-7 几种常见的圆桌席位排法

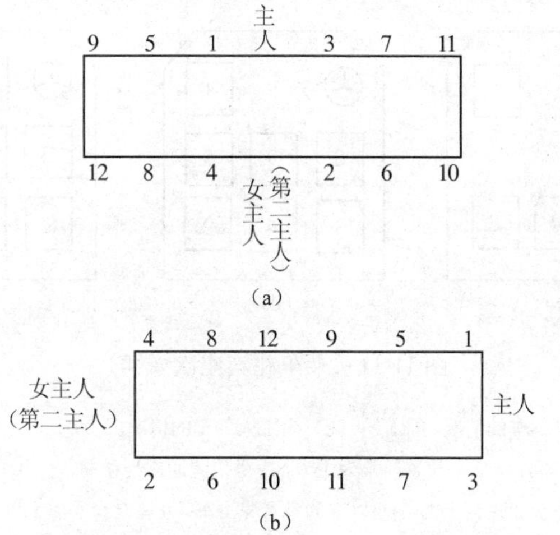

图 11-8 几种常见的方桌席位排法

（a）摆法谈话集中，但一般不能把客人排在末端，由陪同人员坐在末端；

（b）摆法可避免客人坐在末端，同时提供两个谈话中心。

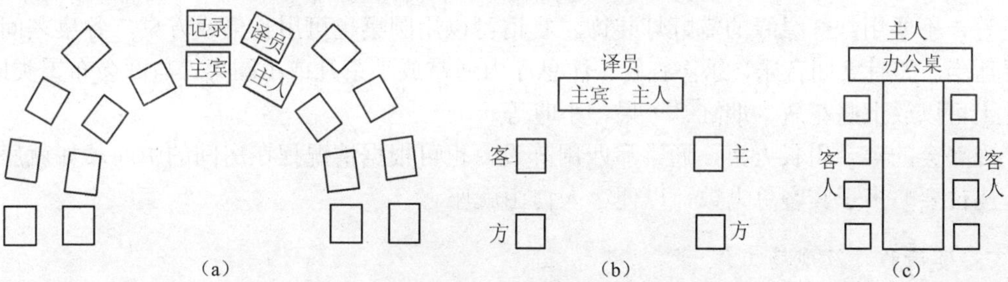

图 11-9 会见桌次

左方为其他客人，右方为主方陪见人。

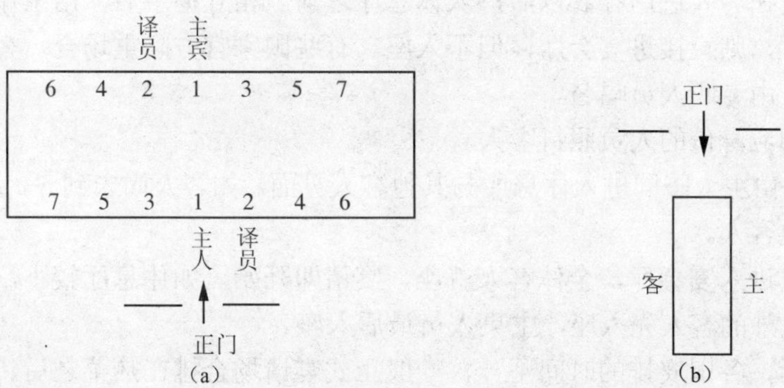

图 11-10 会谈、谈判席位

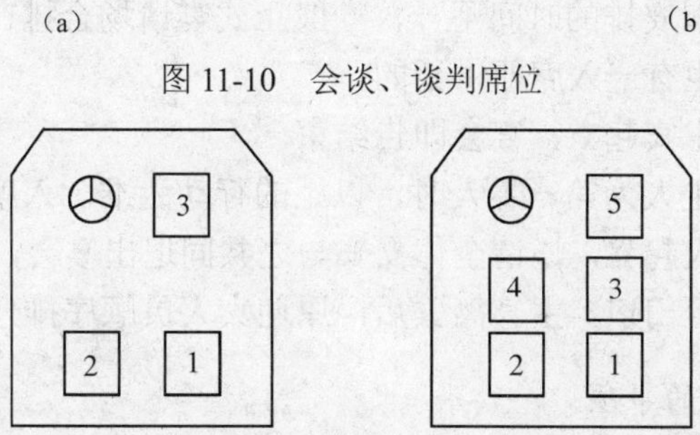

图 11-11 乘车礼宾座次

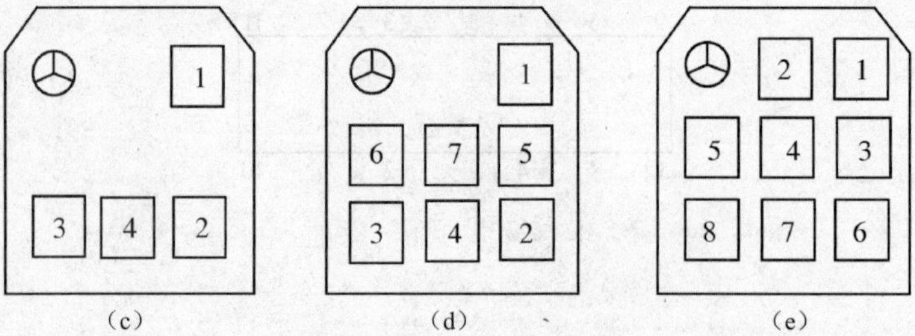

图 11-11　乘车礼宾座次（续）

① （a）～（d）为司机驾车的情况，（c）～（e）为主人驾车的情况。

② 图中 1 号位置为尊者宾客，2 号位置通常为主人，3 号位置通常为秘书、公共关系人员，⊛为司机位置。

③ 图中前为尊，面对车头“左为上”。9 座以下的尊者先上车，9 座（含 9 座）以上的尊者后上车。

6. 现场布置

现场布置取决于活动的性质和形式。宴请的布置应该庄重、大方，可以少量点缀鲜花、刻花等，不要用红红绿绿的霓虹灯装饰。宴请可以用圆桌也可用长桌或方桌，各桌之间距离要适当。如有席间音乐，乐声宜轻。休息厅内通常放小茶几或小圆桌，与酒会布置类同，茶几上可以放上些花瓶、烟缸、干果、小吃等。

冷餐会的菜台用长方桌，通常靠四周陈设，也可根据情况摆在房间的中间。如就座用餐，座位要略多于宾客总人数，以便客人自由就座。

7. 宴请程序及现场工作

宴请时，主人一般在门口迎接客人，如规格较高，可由少数主要官员陪同主人排列成迎宾线。其位置宜在客人进门存衣以后，入休息厅之前。相互握手后，由工作人员引进休息厅。如无休息厅，则直接进宴会厅，但不入座。有些国家官方隆重场合，客人（包括本国客人）到达时，由专职人员唱名。

休息厅内有相应身份的人员照料客人。

主宾到达后，由主人陪同进入休息厅与其他客人见面。如客人尚未到齐，迎宾先不撤，代表主人迎接其他客人。

主人陪同主宾进入宴会厅，全体客人就座，宴请即开始。如休息厅较小，宴请规模较大，也可请主桌以外的客人先入座，主桌人员最后入座。

如有正式讲话，各国安排的时间不一，一般正式宴请场合排在热菜之后、甜食之前，主人先讲，宾客后讲，也有一入席即讲话的。

吃完水果，主人与主宾起立，宴会即告结束。

外国日常宴请以女主人为第一主人时，以她的行动为准。入席时她先坐下，然后招呼大家开始。餐毕，女主人起立，邀请全体女宾与之共同退出宴会，男宾尾随在后。

主宾告辞，主人送至门口，主宾离去后，原迎宾人员顺序排列，与其他客人握别。

8. 工作人员应注意的事项

首先应提前到现场布置并检查组织工作的落实情况，如是宴会，应事先将座位卡及菜单摆上。席位的通知除在请帖上注明外，还可在宴会厅陈列宴会简图，标出全场席位图及全体出席者位置；还可用卡片写好姓名席次，发给本人。

如有讲话，双方通常事先交换讲稿，由东道主先提供。答谢宴会则由客方先提供。由何人翻译也应事先谈好。

三、赴宴

随着对外交往的发展，我们出席涉外宴会的机会越来越多，出席涉外宴会的意义也远不是吃一顿饭。它涉及外交、文化、习俗礼仪等许多方面，特别吃西餐时有很多讲究，与中餐大相径庭。我们应该适应这种形势发展与用餐方式的变化，掌握必要的礼仪要求，做到得体、大方，不要闹出笑话。

1. 应邀

接到宴会邀请（无论何种形式），能否出席都应尽早回复。如是已经口头约妥后再发来的请柬，上面一般注有“To remind”（备忘）字样，只起提示作用，可不答复。

一旦接受邀请，不要随意改动。万一遇特殊情况不能出席，尤其是主宾缺席，应尽早向主人解释、道歉，乃至亲自登门表示歉意。应邀出席前，要核实宴请的主人是谁、举办的时间与地点、是否邀请了配偶、有无服装要求等，以免搞错。

2. 掌握时间

抵达时间的迟早，逗留时间的长短，在一定程度上反映了对主人的尊重程度，应根据活动的性质和当地习惯来掌握。有的国家是正点或晚一两分钟抵达，我国是正点或提前两三分钟到达。如确实有事需提前退席，应向主人说明，然后悄悄离去；也可事先打招呼，届时离席。

3. 抵达

抵达后通常先到衣帽间脱下大衣帽子，然后前往迎宾处，主动向主人问好，并根据活动内容表示祝贺。

4. 赠花

参加外事庆祝活动，可按当地习惯及两国关系赠送花束或花篮，赴家宴可酌情给女主人赠少量鲜花。在国际上，赠花一般忌讳赠送菊花、石竹花、杜鹃花和黄色的花。对女士如为一般关系，不宜赠红玫瑰花，赠花宜单数。

5. 入座

进入宴会厅之前应先了解自己的桌次和席位，入座时进行核对，不要随意乱坐。如邻座是长者或妇女，应主动为他们拉开椅子，协助他们先坐下。在西方国家夫妻不坐在同一桌上。入席的方法很多，应看清是何种排法再入席。坐下后应主动与周围的人打招呼，进行自我介绍。

6. 进餐

大家入座后，主人应招呼客人用餐，在中国是男主人为主，西方是女主人为主。招呼的方法是将餐巾拿起来，意为“可以开始用餐了”，餐巾应铺在膝盖上，进餐时姿势要端正。餐巾用后应叠好放在盘子右边。餐巾只可擦嘴，不可擦汗。

取菜时不要盛得过多，也不要一看不喜欢就一点儿都不拿，吃完可再添。如是招待员分菜，需增添时，应等招待员送上时再取。

当有人敬上本人不能吃或不爱吃的菜肴时，不要拒绝，可取少量放在盘内，并表示“谢谢，够了”，不要露出难堪的表情。

进餐要文雅。吃东西不要发出声音，闭嘴咀嚼，喝汤时不要以嘴就碗去啜，也不要出声。如汤、菜太热，勿用嘴吹，可等稍凉后再吃。

吃带骨头的鸡、鸽子等或带皮的大虾、龙虾时，如主人打了招呼，那么可以用手撕着吃；如主人没打招呼，就应用刀叉。先用叉子按住鸡或虾，再用刀将肉剥下来，切成小块吃。

吃煎炸食品或腥味食品时，往往盘上有一两片柠檬，不要当水果吃掉，而是将汁挤到食品上调味去腥。

吃面包时注意不要拿错别人的面包，每人的面包放在左手小盘上。宴会上的面包都是用手撕成小块，抹上黄油吃。整咬、刀切、叉挑、用汤泡都不对。

嘴里有骨头、鱼刺，不要直接向外吐，应用手或餐巾掩嘴，用筷子（中餐时）取出，或轻轻吐在叉上，放在菜盘内。剔牙时也应掩住嘴，吃剩的食物和用过的餐具、牙签都应放在盘内，勿放在桌上。

遇到以前没碰到过的情况，没吃过的菜，不要着急鲁莽，先看看人家是怎样做的，然后再做，就不会失礼了。

自助餐的菜和餐具都摆在菜台上，由客人自取。菜往往很丰盛，不要一次取太多，吃完可以再取，不要围在菜台边不走开。

酒会主要是饮料、小吃，数量较少，要注意风度，不要一拥而上。

喝茶（咖啡）时，通常牛奶、白糖单放，可自取加入杯中，用小茶匙搅拌后，将茶匙放回碟内，喝时右手把杯，左手端碟。

吃梨、苹果等应先用水果刀将其切成 4 瓣或 6 瓣，再用刀去皮、核，然后用手拿着吃，削皮时刀口朝里，从外向内削。香蕉、西瓜等去皮切块食用。橘子、荔枝等剥皮直接食用。

宴会上，上鸡、龙虾时，有时送上一个水盂（铜盆、瓷碗或水晶玻璃缸），水上漂有玫瑰花瓣或柠檬片，供洗手用，洗时两手轮流沾湿指头，轻轻涮洗，然后用餐巾或小毛巾擦干。

7. 宽衣

在社交场合，无论天气如何炎热，不能当众解开纽扣，脱下衣服。小型便宴上，如主人请客人宽衣，男宾可脱下外衣搭在椅背上。

8. 祝酒

作为主宾参加宴请时，应了解对方祝酒习惯，以便做必要的准备。碰杯时，主人和主宾先碰，人多时可同时举杯示意，不一定碰杯，祝酒时注意不要交叉碰杯。

主人和主宾致辞、祝酒时，应暂停进餐和交谈。奏国歌时应肃立，主人和主宾致辞后往往到各桌敬酒，各桌宾客应起立举杯，碰杯时目视对方致意。主桌未祝酒时，其他桌不可先起立或串桌祝酒。

9. 纪念物品

有时主人为每位出席者备有小纪念品或一朵鲜花，宴会结束时，主人招呼客人带上。这时可说一两句赞扬礼品的话，但不必郑重致谢。有时外国访问者往往把宴会菜单作为纪念品带走，并请同席者在菜单上签名留念。

除主人特别示意作为纪念品的东西以外，各种招待用品，包括烟、糖，都不要顺手带走。

10. 致谢

在出席私人宴请之后，往往应在 3 日内致便函或名片表示感谢。

11. 特殊情况处理

宴会中遇意外情况，如碰倒酒水、碰掉餐具等，应沉着冷静，可轻轻向邻座（或主人）说声“对不起”，餐具掉落后可请招待员另送一副。酒水溅到邻座身上，应致歉并协助擦干，如对方是妇女，则只要把干净餐巾或手帕递上即可，由她自己擦干。

补充说明　鲜花在现代生活中的地位越来越重要，它广泛地运用于人际关系之中，传情、致意、慰问、祝福等种种情感的沟通，都离不开鲜花。在相互馈赠过程中，应多了解一些送花的技巧，以便充分表达你的心意。

结婚：适合送色彩鲜艳而富于浪漫情调的花卉，如玫瑰、百合、郁金香等。

生产：宜送色泽淡雅而富清香的花（不可浓香），表示温暖、清新、伟大。

乔迁：适合送稳重高贵的花木，如剑兰、玫瑰、盆栽、盆景，表示隆重之意。

生日：送诞生花最贴切，玫瑰、雏菊、兰花也可表示永远祝福。

访亲：宜送吉祥草和月季，象征幸福吉祥。

祝寿：宜送长寿花或万年青，长寿花象征健康长寿，万年青象征永葆青春。

探病：宜送剑兰、玫瑰、兰花，避免送白色、蓝色、黄色或香味过浓的花。

丧事：适合送白玫瑰、白莲花、白菊或黄菊，象征惋惜怀念之情。

拜访朋友：选择对方喜欢的，不知道可选择观叶类植物或兰花、花期长的花。

新居落成：送兰花或万年青，可长久欣赏，也可为新家绿化环境。

开业之喜：送幸运竹、万年青等，祝福公司的业绩像这些植物般永远常青，能让受礼人感受到你的心意。

情人节：2 月 14 日，花朵并不局限于玫瑰花、郁金香、香水百合，三色堇、桔梗、向日葵也是不错的选择。

母亲节：5月的第 2 个星期日，宜送康乃馨、蝴蝶兰、玉兰花等。

父亲节：5月的第 3 个星期日，宜送海芋、天堂鸟等。

圣诞节：宜送圣诞花环，用柏树叶、松果、铃铛、缎带编织。

中秋节：百合、兰花能体现人们花好月圆之情，桂花、大丽花、一串红、百日草也是不错的选择。

春节：要选择色彩鲜艳的花卉，能体现合家欢喜、繁荣昌盛的美好心意，宜送仙客来、杜鹃、百合、火鹤、瓜叶菊等。

四、餐具的使用

国际上最常见的用餐形式主要是刀叉、碗筷或用手抓，我国宴请外宾通常是中餐西吃，既摆碗筷，又设刀叉。

吃西餐时，每人正面放菜盘，刀叉放于盘两侧，左上方是黄油、面包，右手边是茶杯或咖啡杯。吃西餐通常右手持刀，左手持叉，将食物切成小块，用叉送入口中。欧洲人不换手。美国人切割食品后，把刀放下，右手持叉进食。如是多种刀叉排列在前，应按顺序由外往里取用。每道菜吃完后，将刀叉并拢平排放盘内，以示吃完。如未吃完，则摆成“八”字或交叉摆，刀口向内。

切带骨头或硬壳的肉食，叉子一定要把肉叉牢，食指压在刀把上，刀紧贴叉边下切以免滑开。注意不要过于用力，撞击盘子发出声音。不易叉的食品可以用刀轻轻推上叉。吃米饭时，可以用刀把饭压在叉上盛起来吃，也可用叉尖把饭铲起来吃。

吃西餐时，不能吸烟，不能离席，如必须离席应请主人原谅。

第六节 礼宾次序

礼宾次序是指国际交往中对出席活动的国家、团体、各国人士的位次按某些规则和惯例进行排列的先后次序。一般来说，礼宾次序体现东道主对各国宾客所给予的礼遇，在一些国际性的集会上则表示各国主权平等的地位。礼宾次序安排不当或不符合国际惯例，则会引起不必要的争执与交涉，甚至影响国家关系。因此在组织涉外活动时，对礼宾次序应给予足够的重视。

对于礼宾次序的排列，国际上已有一些惯例，各国也有各国的具体做法。为此，有些排列顺序和做法已由国际法或国内法肯定了下来。例如外交代表位次的排列，在《维也纳外交关系公约》中就有专门的规定。很多国家对本国各级官员的排列也用法律形式固定了下来，明确规定中央与地方的官方机构、团体和个人参加公共活动的排列顺序。

一、礼宾次序排列方法

常见的礼宾次序排列方法有以下三种：

1. 按身份与职务的高低排列

这是礼宾次序排列的主要根据。一般的官方活动，经常是按这一次序排列的，如按国家元首、副元首、政府总理（首相）、副总理（副首相）、部长、副部长等顺序排列。

在通常的外事交往中，各国提供的正式名单或正式通知是确定职务高低的依据。由于世界各国的国家体制不同，所设的部门及部门之间的职务高低也不尽一致，排列时可根据各国的规定，按相当的级别和官衔进行安排。

在多边活动中，有时会按其他方法排列，但无论按什么方法排列，都应考虑身份与职务。

2. 按字母顺序排列

这是指多边活动中，按照参加国国名字母的顺序来排列礼宾次序、职务高低的问题。现代交往中一般以英文字母排列居多，但少数情况也是按其他语种的字母顺序排列的。这种排列方法最常见于国际会议、体育比赛等活动。在联合国召开联合国大会时，为了避免一些国家的国名总是前排席位，因此每年抽签一次，决定本年度大会席位从哪一个字母打头排起，从而让各国在运用这一排名原则时都有机会排在前列。

在国际体育比赛中，体育代表队名称的排列、开幕式出场顺序一般也按国名字母顺序排列（东道国一般排在最后）。代表团观礼或召开理事会、委员会等则按出席代表团的团长身份高低排列。

3. 按通知代表团组成的日期先后排列

这是国际交往中经常采用的礼宾次序排列方法之一。其做法具体分为以下三种情况：

1）东道国对同等身份的外国代表团，按派遣国通知东道国该国代表团组成的日期先后排列。

2）按各国代表团抵达活动地点的时间先后排列。

3）按派遣国决定应邀派遣代表团参加该活动的答复时间先后排列。

以上三种属于常规做法。

二、变通方法与排列中应注意的问题

以上任何一种排列方法都可以酌情采用，但需注意的是，东道国在致各国的邀请书中，都应加以明确说明。如注明："在级别相同的情况下，代表团团长的礼宾次序将按通知代表团组成的日期先后确定。如果同时接到两个或两个以上的代表团的组成通知，将按其字母顺序确定先后。"

在实际工作中，情况往往十分复杂，多种因素纠缠在一起。例如，有的国家不管以上种种惯例，把关系密切国家的代表排在最前列。所以礼宾次序的排列常常不能按一种排列方法，而是几种方法交叉，并考虑其他因素。

比较客观公正的方法是：例如，在一次多边国际活动中，礼宾次序的排列首先按正式代表团的规格，即代表团团长的身份高低来确定，这是最基本的；然后在同级代表团中按派遣国通知代表团组成日期先后来确定，对同级同时收到通知的代表团则按国名英文字母顺序排列。

在安排确定礼宾次序时所应考虑的其他因素包括国家之间的关系、地区所在、活动的性质及内容和对活动的贡献大小，以及参加活动人的威望、资历等。通常的做法是：把同一国家、集团的，同一地区的，同一宗教信仰的或关系特殊的国家的代表团排在前面或排在一起；对同一级别的人员，常把威望高、资历深、年龄大者排在前面。有时还要考虑业务性质、相互关系、语言交流等因素，将业务对口、语言相通、宗教信仰一致、风俗习惯相近的安排在一起。尤其是在观看演出与出席宴会时更应考虑这些因素。

总之要将礼宾次序的原则与具体情况有机地结合起来，耐心、细致、反复考虑研究，设想多种方案，以避免因礼宾顺序方面问题引起的不愉快。

三、国旗的悬挂

国旗是国家的一种标志，是国家的象征。悬挂国旗是一种外交礼遇与外交特权，人们往往通过悬挂国旗，表示对本国的热爱或对他国的尊重。但在一个主权国家领土上，一般不得随意悬挂他国国旗。不少国家对悬挂外国国旗都有专门的规定。在国际交往中，还形成了一些悬挂国旗的惯例，为各国所公认。

1. 外事活动中悬挂国旗的几种场合

按国际关系准则，一国元首、政府首脑在他国领土上访问，在其住所及交通工具上悬挂国旗（有的是元首旗）是一种外交特权。

东道国接待来访的外国元首、政府首脑时，在隆重场合，在贵宾下榻的宾馆、乘坐的汽车上悬挂对方（或双方）的国旗（或元首旗），这是一种礼遇。

国际上公认，一个国家的外交代表在接受国境内，有权在其办公处和官邸，以及交通工具上悬挂本国国旗。

在国际会议上，除会场悬挂与会国国旗外，各国政府代表团团长亦按会议组织者有关规定，在一些场所或在车辆上悬挂本国国旗（也有不挂国旗的）。有些展览会、体育比赛等国际活动，也往往悬挂有关国家的国旗。在大型国际比赛中，还往往为获前三名的运动员升起其代表国家的国旗。

2. 悬挂国旗的类型与方法

在建筑物上或室外悬挂国旗，一般应日出升旗，日落降旗。有时需要悬旗致哀。例如外国元首逝世，通常的做法是降半旗，即先将旗升起来至杆顶，再下降至距杆顶相当于杆长 1/3 的地方；降旗时，也应先将旗升至杆顶，然后再下降。也有的国家不用降半旗的做法，而是在国旗上方挂黑纱致哀。

升降国旗时，服装要整齐，要立正脱帽行注目礼，有的国家还举行升降旗仪式，不能使用破损和污损的国旗。升国旗一定要升至杆顶。

悬挂双方国旗，按照国际惯例，以右为上，左为下。但这是以旗面本身为准的，搞不好会弄错。所以还应记住以挂旗人为准，“面对墙壁左为上，右为下”。挂旗时，挂旗人必然面对墙壁，这时左为上，挂客方国旗，右为下，挂主方国旗。乘车时应记住“面对车头左为上”，左边挂客方国旗，右边挂主方国旗（有的书上说以汽车行进方向为准，驾驶员右手为上）。所谓主客标准，不以在哪国举行活动为依据，而以活动举办的主人为依据。例如，外国代表团来访，东道国举办欢迎宴会，东道国是主人；来访者举办答谢宴会，来访者是主人。也有个别国家，把本国国旗挂在上手位。

（1）注意国旗的图案

由于国旗是一个国家的标志与象征，代表一个国家的尊严，所以悬挂国旗时，一定不能将国旗挂倒。一些国家的国旗由于文字和图案的原因，不能竖挂和反挂。有的国家明确规定，竖挂时须另制国旗，将图案转正。例如，朝鲜民主主义人民共和国国旗竖挂时，五角星的一个星尖应依然朝上。因此，正式场合悬挂国旗宜以正面（面对墙壁旗杆套在左）面向观众，不用反面。

常见的几种挂旗法有以下三种：

1）两面国旗并挂（图 11-12）。

2）三面以上国旗并挂（图 11-13）。

3）并列悬挂（图 11-14）。

如果挂在墙壁上，应避免交叉挂法（图 11-15）和竖挂法（图 11-16）。如果交叉悬空挂旗（图 11-17），则不成问题。

（2）注意国旗尺寸

各国国旗图案、式样、颜色、比例均由本国宪法规定。不同国家的国旗有时长、宽比例是不同的，如果用同样尺寸制作，两面国旗放在一起，就会显得大小不一。例如，同样 6 尺宽的旗，3∶2 的旗就显得较 2∶1 的旗大。因此，并排悬挂不同比例的国旗，应将其中一面略放大或缩小，以使旗的面积大致相同。

图 11-12　两面国旗并挂

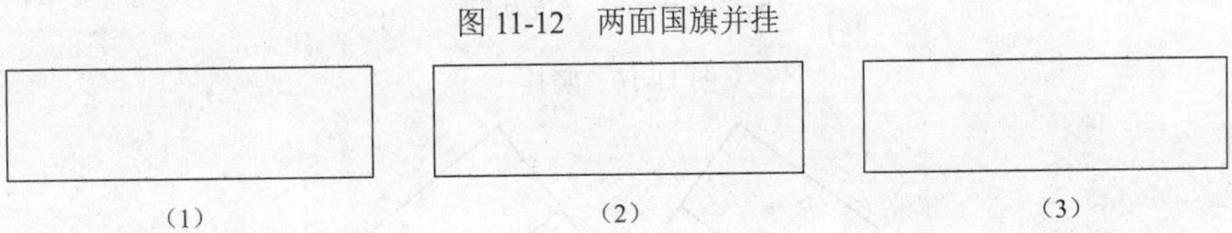

图 11-13　三面以上国旗并挂

多面并列，主方在最后。如系国际会议，无主客之分，则按会议规定之礼宾顺序排列。图中数码表示排列顺序。

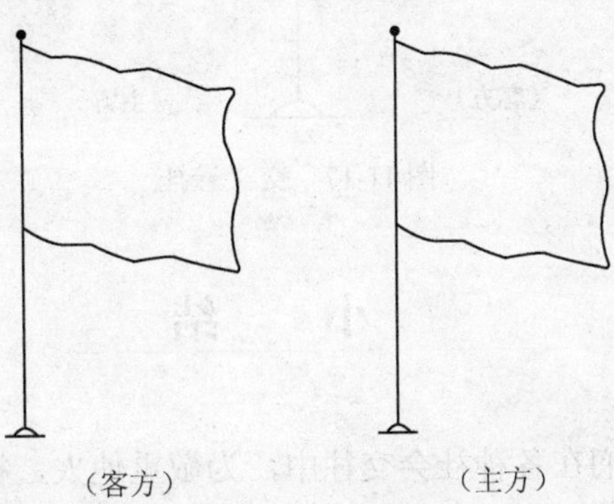

图 11-14　并列悬挂

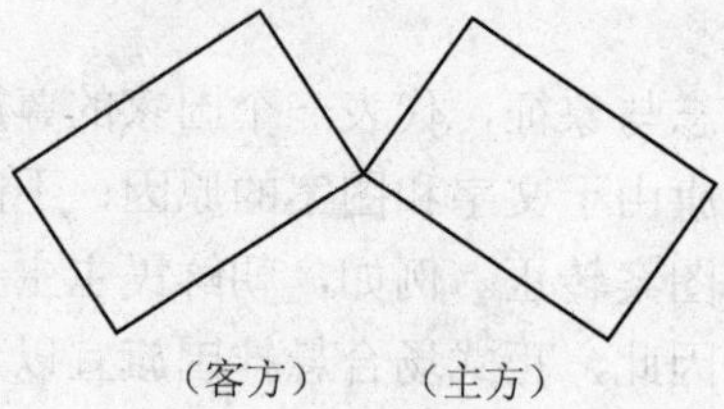

图 11-15　交叉挂

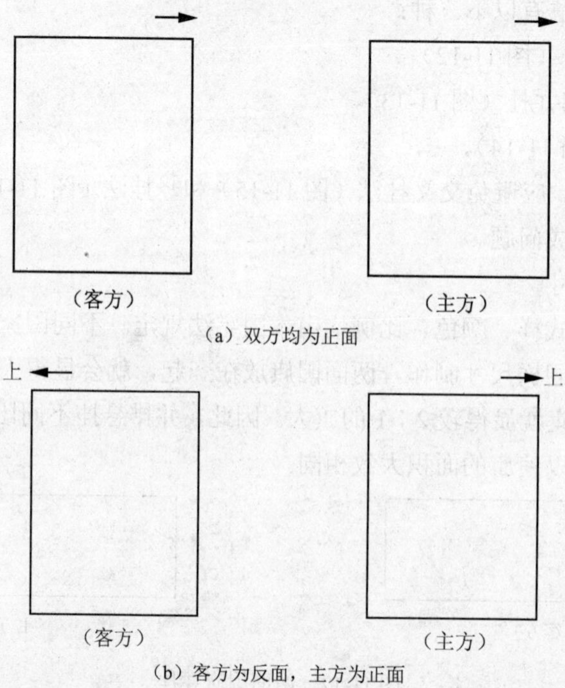

图 11-16　竖挂

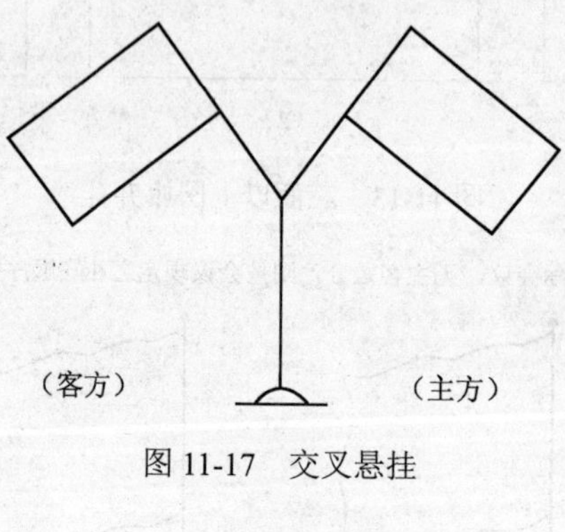

图 11-17　交叉悬挂

小　结

公共关系礼仪是指人们在各种社会交往中，为敬重他人，树立自身良好的形象而在仪容服饰、举止仪态等方面约定俗成的、共同认可的规范和程序。公共关系礼仪具体表现为礼貌、礼节、仪表与仪式等，其核心是尊重他人、美化自己。礼仪无小事，公共关系人员的一举手一投足都会影响自身的形象及所代表的组织形象，甚至会影响国家、民族的形象。因此，公共关系人员一定要认真学习礼仪知识，以确保自己的言行举止能符合礼仪要求。随着科学技术的发展和经济全球化的加剧，国家与国家之间、人与人之间的交往不断增强，东西方文化不断融合与碰撞，世界各地的礼仪与习俗不断汇合与交流，已经成为当今礼仪发展阶段的主要内容。同样一个礼节、同样一个手势，在不同的国家、不同的场合以及不同的文化背景下可能代表截然不同的意义。要正确地应用礼仪，必须进行认真的学习和深入的了解，使我们的商务交往活动文明规范、恰当得体。

案例分析

为住宿而进行的对话交易

在一些日本的禅院中有一个旧的传统：一个流浪的和尚要与一个当地的和尚辩论有关佛教的问题，如果他赢了，那么他就能住下过夜，如果输了，他就不得不继续流浪。

在日本的北方，有兄弟俩掌管着这样的一座寺院。哥哥非常有学问，而弟弟比较笨，并且只有一只眼睛。

一天晚上，一个流浪的和尚来请求住宿，哥哥整天都在学习佛经，感到非常累，所以吩咐他的弟弟去辩论，并嘱咐说："要在沉默中进行对话。"

过了一小会儿，那个流浪者来见哥哥，并且说："你弟弟真是个厉害的家伙，他非常机智地赢了这场辩论，所以我要走了，晚安。"

"在你走之前，"哥哥说，"请将这场对话告诉我。"

"好，"流浪者说，"首先我伸出一个手指代表佛陀，接着，你弟弟伸出两个手指，表示佛陀和他的教导；为此我伸出三个手指，代表佛陀、他的教导和他的门徒，接着，你聪明的弟弟在我面前挥动着他紧握的拳头，表明那三个都是来自一个整体的领悟。"随后，流浪者走了。

过了一会儿，弟弟带着一副痛苦的样子跑进来。

"我知道你赢了那场辩论。"哥哥说。

"没什么赢的，"弟弟说，"那个流浪者是个非常粗鲁无礼的人。"

"噢？"哥哥说，"告诉我那场辩论的主题。"

"嗨，"弟弟说，"当他看见我时，他伸出一个手指头侮辱我只有一只眼睛，但因为他是一个新来的人，我想还是应该礼貌些，所以我伸出两个手指，祝贺他有两只眼睛。这时，这个无礼的人伸出了三个手指，表示在我们中间只有三只眼睛，所以我气疯了，威胁要用拳头打他的鼻子——所以他走了。"

（资料来源：奥修. 1996. 没有水，没有月亮：禅的故事. 陶稀译. 上海：上海三联书店.）

案例讨论：

这个故事说明了什么问题？

思考与练习

一、思考题

1．和别人握手时，有哪些需要注意的问题？

2．见面问候有哪些常用礼节？

3．为他人作介绍应遵循什么原则？

4．男士穿西装时应当注意哪些问题？

5．怎样理解宴请礼仪？

6．怎样使用礼仪次序原则？

7．如何悬挂国旗？左为上还是右为上？

二、课堂讨论题

1．如何才能成功地组织一次宴请活动？

2．礼仪对一个人来讲有何重要性？

三、课外实践题

1．找几位同伴，练习见面握手的方法。

2．虚拟场景：为你的老板和客户作介绍。

3．对镜检查，看看此时此刻的你，在个人卫生方面有哪些地方还需要改进。

4．参照人行道上的笔直线条，练习走姿，注意纠正脚的内“八”字或外“八”字。

5．每天利用 10 分钟对镜练习站姿和坐姿。

6．找几个同伴，模拟不同的场景和不同的身份，练习互相交换、递、接名片。

参 考 文 献

格伦·布鲁姆，阿伦·森特，斯科特·卡特里普. 2002. 有效的公共关系. 明安香译. 北京：华夏出版社.

郭惠民. 2003. 中国最佳公共关系案例选评. 上海：复旦大学出版社.

和铭. 1999. 公关员. 上海：复旦大学出版社.

李道平. 2000. 公共关系学. 北京：经济科学出版社.

李兴国. 1998. 现代商务礼仪. 哈尔滨：黑龙江科学技术出版社.

李兴国. 2000. 公共关系实用教程. 北京：高等教育出版社.

廖为建. 2002. 公共关系学. 北京：高等教育出版社.

汪秀英. 2001. 公共关系学. 北京：中国商业出版社.

王乐夫. 1994. 公共关系学概论. 北京：高等教育出版社.

熊源伟. 2001. 公共关系案例. 合肥：安徽人民出版社.

熊源伟. 2003. 公共关系学. 合肥：安徽人民出版社.

余明阳. 1995. CIS 教程. 北京：中国物资出版社.

余明阳. 1997. 辉煌的创造：名牌战略. 深圳：海天出版社.

余明阳. 1999. 公共关系学. 广州：广东高等教育出版社.

余明阳. 2006. 2006 中国品牌报告. 上海：上海交通大学出版社.

袁凯锋，刘敏. 2004. 公共关系学. 沈阳：东北大学出版社.

翟向东. 1994. 中国公共关系教程. 北京：中国商业出版社.

张克非. 2001. 面向 21 世纪课程教材公共关系学. 北京：高等教育出版社.

张念宏. 1989. 公共关系辞典. 北京：中国国际广播出版社.

张永. 2006. 公共关系管理. 北京：科学出版社.

中国国际公共关系协会. 2005. 最佳公共关系案例. 合肥：安徽人民出版社.